Grundrisse
der
Rechtswissenschaft

Unter Mitarbeit von

Prof. Dr. Ernst v. Beling-München, Prof. Dr. G. J. Ebers-Köln a. Rh., Dr. Alexander Elster-Berlin, Prof. Dr. Friedrich Endemann-Heidelberg, Prof. Dr. Hans Fehr-Bern, Prof. Dr. Heinrich Gerland-Jena, Prof. Dr. Julius v. Gierke-Göttingen, Prof. Dr. Justus Wilh. Hedemann-Jena, Prof. Dr. Herbert Kraus-Königsberg i. Pr., Prof. Dr. Heinrich Lehmann-Köln a. Rh., Prof. Dr. Claudius Freih. v. Schwerin-Freiburg i. B., Prof. Dr. Fritz Stier-Somlo-Köln a. Rh.

herausgegeben von den

Professoren Dr. Hans Fehr-Bern, Dr. Heinrich Gerland-Jena, Dr. Justus Wilh. Hedemann-Jena, Dr. Heinrich Lehmann-Köln a. Rh.
und dem redaktionellen Leiter
Professor Dr. Fritz Stier-Somlo-Köln a. Rh.

Dreizehnter Band

Zweite Auflage

Berlin und Leipzig 1928

Walter de Gruyter & Co.

vormals G. J. Göschen'sche Verlagshandlung - J. Guttentag, Verlagsbuchhandlung - Georg Reimer - Karl J. Trübner - Veit & Comp.

Grundzüge des deutschen Privatrechts

von

Dr. Claudius Frh. von Schwerin
ordentlicher Professor der Rechte
an der Universität Freiburg i. B.

Zweite Auflage

Berlin und Leipzig 1928
Walter de Gruyter & Co.
vormals G. J. Göschen'sche Verlagshandlung - J. Guttentag, Verlagsbuchhandlung - Georg Reimer - Karl J. Trübner - Veit & Comp.

Druck von Metzger & Wittig in Leipzig

Vorwort.

Dieses Buch wendet sich nicht an Gelehrte, sondern an Lernende, nicht an Historiker, sondern an Juristen. Den Jüngern der Rechtswissenschaft gelten auch die folgenden Worte.

Das Studium des deutschen Privatrechts ist, wie das der deutschen Rechtsgeschichte, erschwert durch das Fehlen einer einheitlichen Quelle, die es gleich dem Corpus juris oder dem Bürgerlichen Gesetzbuch ermöglichte, die Worte des Lehrbuchs aus eigener Anschauung ihrer Grundlagen zu bereichern und zu ihnen kraft eigenen Urteils Stellung zu nehmen. Die Teilnahme an Übungen über deutsche Rechtsquellen, die nur dringend empfohlen werden kann, schwächte diesen Mangel ab, kann ihn aber nicht aufheben. Denn sie führt zwar in Sprache und Ausdrucksweise einer oder einiger Quellen ein, vermag aber nur mit einem kleinen Bruchteil des reichen und verzweigten Stoffes bekannt zu machen.

Um so wichtiger ist es, das deutsche Privatrecht in vergleichender Weise zu studieren, einerseits in der Gegenüberstellung mit dem römischen Recht und andererseits in stetem Hinblick auf das geltende Recht. Daraus folgt, daß die Kenntnis des römischen Rechts ebenso Voraussetzung für das Studium des vorliegenden Buches ist, wie allein die dauernde Heranziehung moderner Kodifikationen vollen Nutzen schaffen wird; ohne sie wird manches unverständlich bleiben. Hinweise auf das römische Recht und die Anführung von Bestimmungen der geltenden Gesetze versuchen, hierfür den Weg zu weisen, ohne erschöpfend sein zu können und sein zu wollen. Daß hierbei der deutsche Jurist das Bürgerliche Gesetzbuch zur Hand nimmt, ist selbstverständlich; aber auch die gelegentliche Einsicht des Schweizer Zivilgesetzbuchs wird seinen Blick für die gesetzgeberische Technik und die verschiedenen Möglichkeiten der Lösung gesetzgeberischer Probleme nur vorteilhaft erweitern.

Es ist in dem Buche der Versuch gemacht, durch Anwendung verschiedenen Druckes das Wichtige vom weniger Wichtigen zu scheiden und im Sperrdruck ein Gerippe des Stoffes zu geben, wenn auch oft nur in Schlagworten. Aber eine vollkommene Durchführung jener Scheidung wäre nur bei einem erheblich größeren Umfang des Buches möglich gewesen, wenn auch für das weniger Wichtige mehr Raum zur Verfügung stände. Daher soll auch die Verschiedenheit des Druckes nur ein ungefährer Anhaltspunkt sein, keine strenge Norm. Im übrigen ist die Frage, was wichtig und was unwichtig, verschiedener Beantwortung fähig, und eine Darstellung des deutschen Privatrechts wird im Rahmen eines kurzen Lehrbuchs immer nur ein Ausschnitt sein.

An alle Benützer dieses Buches richte ich die Bitte, die Bedenken, die ihnen beim Studium aufsteigen, mir mitzuteilen. Aus den Kreisen der Lernenden muß die Kritik eines Buches in erster Linie kommen, das für ihren Gebrauch geschrieben ist; sie empfinden seine Mängel am deutlichsten. Im voraus sage ich für jede Anregung und jeden Hinweis Dank.

St. Märgen im Schwarzwald, August 1919.

v. Schwerin.

Vorwort zur zweiten Auflage.

Die Aufforderung zur Herstellung dieser Neuauflage überraschte mich in einer Zeit, in der mit Rücksicht auf andere, dringliche Arbeiten an eine völlige Umarbeitung nicht gedacht werden konnte. Ich mußte mich beschränken auf einzelne Änderungen und auf die Aufnahme neuerer Forschungsergebnisse, die mir gesichert genug erschienen, um in einem Grundriß Platz zu finden. Für die Besorgung der Korrektur und manchen wertvollen Hinweis sage ich auch an dieser Stelle Frl. Dr. Sinauer herzlichen Dank.

Freiburg i. Br., Oktober 1927.

v. Schwerin.

Inhaltsverzeichnis.

Einleitung.

I. Teil. Allgemeine Lehren.

II. Teil: **Einzelne Privatrechtsverhältnisse.**

Verzeichnis der Abkürzungen.

ABGB.	= Allgemeines bürgerliches Gesetzbuch für das Kaisertum Österreich v. 1811 (mit Novellen von 1914—16).
afränk.	= altfränkisch.
afranz.	= altfranzösisch.
AGBGB.	= Ausführungsgesetz zum BGB.
ahd.	= althochdeutsch.
AHGB.	= Allgemeines deutsches Handelsgesetzbuch v. 1861.
alam.	= alamannisch.
ALR.	= Allgemeines Landrecht für die preußischen Staaten v. 1794.
as.	= altsächsisch.
BGB.	= Bürgerliches Gesetzbuch v. 18. VIII. 1896.
BSchG.	= Gesetz betr. die privatrechtlichen Verhältnisse der Binnenschiffahrt v. 15. VI. 1895.
C. c.	= Code civil.
CMB.	= Codex Maximilianeus Bavaricus v. 1756 (Bayr. Landrecht).
d.	= deutsch.
EG.; EGBGB.	= Einführungsgesetz zum BGB.
EGZGB.	= Anwendungs- und Einführungsbestimmungen zum ZGB.
EGZPO.	= Einführungsgesetz zur ZPO.
fläm.	= flämisch.
fries.	= friesisch.
frz.	= französisch.
GBO.	= Grundbuchordnung v. 24. III. 1897.
GenG.	= Gesetz betr. die Erwerbs- und Wirtschaftsgenossenschaften v. 1. V. 1889 (Neuf. 1898).
GewO.	= Gewerbeordnung für das Deutsche Reich.
got.	= gotisch.
GmbHG.	= Gesetz betr. die Gesellschaften mit beschränkter Haftung v. 20. IV. 1893 (Neufassung 1898).
HGB.	= Handelsgesetzbuch v. 10. V. 1897.
JRA.	= Jüngster Reichsabschied v. 1654.
lang.	= langobardisch.
lat.	= lateinisch.
LR.	= Landrecht.
mhd.	= mittelhochdeutsch.
mlat.	= mittellateinisch.

mnd.	= mittelniederdeutsch.
nd.	= niederdeutsch.
obd.	= oberdeutsch.
OR.	= Schweizerisches Obligationenrecht v. 30. III. 1911.
part.	= partikulär.
pr.	= preußisch.
r.	= römisch.
RA.	= Reichsabschied.
RG.	= Reichsgesetz.
RV.	= Reichsverfassung.
Sächs. BGB.	= Bürgerliches Gesetzbuch für das Königreich Sachsen v. 2. I. 1863.
Schwsp.	= Schwabenspiegel.
Ssp.	= Sachsenspiegel.
StGB.	= Strafgesetzbuch für das Deutsche Reich.
thür.	= thüringisch.
UnlWG.	= Gesetz gegen den unlauteren Wettbewerb v. 7. VI. 1909.
VO.	= Verordnung.
WO.	= Wechselordnung v. 1848.
ZGB.	= Schweizerisches Zivilgesetzbuch v. 10. XII. 1907.
ZPO.	= Zivilprozeßordnung v. 17. V. 1898.
ZVG.	= Gesetz über die Zwangsversteigerung und die Zwangsverwaltung v. 24. III. 1897.

Einleitung.

Begriff und Aufgabe des deutschen Privatrechts. § 1.

I. Der Begriff des deutschen Privatrechts ist in Wissenschaft und Lehre nicht einheitlich. Man versteht darunter:

1. das vor 1900 in Deutschland geltende Privatrecht,

2. den Teil dieses Rechtsstoffs, der aus deutschrechtlichen Wurzeln entsprungen ist und sich daher als die Weiterbildung von Rechtssätzen darstellt, die vor der im ausgehenden Mittelalter erfolgten Rezeption des römischen Rechts in Deutschland gegolten haben,

3. das zurzeit in Deutschland geltende Privatrecht.

Keiner dieser Begriffe ist heutzutage als Grundlage des akademischen Unterrichts über deutsches Privatrecht ohne wesentliche Änderungen verwendbar. Das heute geltende Privatrecht darzustellen, ist Aufgabe der sogenannten Vorlesungen über bürgerliches Recht und Handelsrecht und bürgerlichrechtlicher Nebenvorlesungen. Die Kenntnis allein des vor 1900 in Deutschland geltenden Rechts verliert an praktischer Bedeutung, je mehr die Zahl der Lebensverhältnisse abnimmt, die nach dem Rechte vor 1900 zu beurteilen sind. Sie hatte nie einen erheblichen Erkenntniswert, da sie nur ein Bruchstück der Geschichte deutscher Rechtsideen darstellt und dieses in einer durch den Einfluß des römischen Rechts und zahlreiche Mißverständnisse verdunkelten Form.

Die Lehre vom deutschen Privatrecht muß ausgehen von der Tatsache, daß ihr Stoff heute geschichtlich ist in dem Sinne des Vergangenen. Von da aus aber ergibt sich, daß das deutsche Privatrecht als Gegenstand des akademischen juristischen Unterrichts nur dann von Wert sein kann, wenn es mit dem geltenden Recht in Beziehung gesetzt wird und in dieses von der deutschrechtlichen Seite her einführt. Seine Aufgabe muß es sein, die Mittel zu liefern zur historischen Interpretation des geltenden Rechts, sodann den Anteil aufzuzeigen, den deutsche Rechtsgedanken am Aufbau des geltenden Rechts haben, und die Veränderungen, die mit deutschen Rechtsgedanken vor sich gegangen sind. Diese mehrseitige Aufgabe zwingt dazu, in den Mittelpunkt der Darstellung das deutsche Recht auf dem Höhepunkt seiner vom römischen Recht unbeeinflußten Entwicklung zu stellen, also das Recht des Mittelalters; denn nur hier offenbaren sich die deutschen Rechtsgedanken in voller Reinheit. Zum Verständnis des mittelalterlichen Rechts sind die in früherer Zeit gegebenen Ausgangspunkte darzulegen. Die Brücke zum geltenden Recht muß geschlagen werden durch Aufzeigung der Einflüsse des römischen Rechts und der von ihm gebrachten Ergänzungen. Als Endpunkt der Entwicklung muß das geltende Recht herangezogen werden.

Die hiermit gestellte Aufgabe ist weder dogmatisch, noch historisch. Sie ist beides zugleich. Nur eine dogmatische Erfassung des früheren Rechts vermag deutsche Rechtsgedanken zu erschließen. Ohne den inneren Zusammenhang der einzelnen Bestimmungen des mittelalterlichen Rechts herzustellen und die einzelnen Rechtssätze auf ihre allgemeinen und allgemeinsten Grundgedanken zurückzuführen, bleibt nicht nur das deutsche Privatrecht ein Nebeneinander und Nacheinander geschichtlicher Einzelheiten, sondern es ist auch nicht möglich, die Eigenart des deutschen Rechts und seinen Gegensatz zum römischen Recht zu erfassen. Diese Aufgabe aber ist dogmatischer Art und verliert diesen Charakter nicht dadurch, daß ihr Objekt der Geschichte angehört. Damit verbindet sich die historische Aufgabe, den Wandel der Rechtsinstitute, aber auch wieder die Veränderung der allgemeinen Grundlagen darzustellen.

Die Lösung dieser Aufgabe ist zurzeit nur in beschränktem Umfang möglich. Die Wissenschaft des deutschen Privatrechts hat erst begonnen, den allgemeinen Grundsätzen nachzugehen, deren Folgerungen bei der Regelung der einzelnen Rechtsverhältnisse richtunggebend geworden sind; die noch bestehenden Lücken können hier nicht ausgefüllt werden. Wenn aber in zahlreichen Einzeluntersuchungen der Nachweis geliefert ist, daß und wie das deutsche Recht auch die Probleme gelöst hat, die wir heute den allgemeinen Teil des Privatrechts nennen, dann wird die Darstellung des deutschen Privatrechts auch eines neuen Aufbaues bedürfen. Dann wird dazu übergegangen werden müssen, auch im deutschen Privatrecht den Stoff nach Perioden zu gliedern. Denn nur bei solcher Gliederung kann das deutsche Recht in seiner reinen Form und im inneren Zusammenhang zur Darstellung kommen. Nur so kann die dogmatische Aufgabe voll gelöst werden, deren Erledigung erst die Grundlage für die restlose Lösung der historischen Aufgabe gibt.

II. Die dem Begriffe eines deutschen Privatrechts zugrunde liegende **Abgrenzung zwischen Privatrecht und öffentlichem Recht** muß von dem Zwecke ausgehen, der dem deutschen Privatrecht eben zugeschrieben wurde. Soll das deutsche Privatrecht eine geschichtliche Einführung in das neuzeitliche bürgerliche Recht sein, so ist ihm der zu behandelnde Stoff durch dessen in Gesetzgebung und Wissenschaft gegebene Begrenzung vorgeschrieben. Es muß so eine moderne Scheidung in Zeiten zurückverlegt werden, denen sie in eben dieser Form jedenfalls fremd war. Denn noch im Mittelalter sind Privatrecht und öffentliches Recht eng miteinander verflochten. Am deutlichsten wird dies im Lehnwesen, das sich auf dem privatrechtlichen Institut der Grundleihe aufbaut, aber durch die Verwendung von öffentlichen Ämtern und Hoheitsrechten als Lehnsobjekt zu einem wesentlichen Element der mittelalterlichen Verfassung geworden ist.

Durch diese Grenzziehung wird die Frage, ob das deutsche Recht des Mittelalters den Unterschied zwischen öffentlichem und privatem Recht gekannt hat, ihrer scheidenden Kraft für den Einzelfall entkleidet. Sie behält aber gleichwohl ihre allgemeine Bedeutung und würde besondere Bedeutung gewinnen, wenn nur das Privatrecht des deutschen Mittelalters darzustellen wäre; denn dann würde sie zum Ausgangspunkt.

Die Abgrenzung des deutschen Privatrechts vom übrigen Rechtsstoff ist zugleich eine solche gegenüber der deutschen Rechtsgeschichte; mit dieser zusammen muß es den gesamten geschichtlichen Rechtsstoff behandeln. Doch ist die Trennung nicht völlig durchführbar, ohne die Darstellung unmöglich zu machen; so z. B. im Lehnrecht. Immerhin enthält das deutsche Privatrecht in der üblichen Form noch zu viel des öffentlichen Rechts. Am deutlichsten zeigt sich dies bei der Lehre von den Personen, die zu einer Lehre von den Ständen geworden ist, statt eine Lehre von der Person im Rechtssinn zu sein. Im folgenden ist der Versuch gemacht, hier andere Wege zu gehen.

III. Das Begriffselement des „deutschen" kann hier so wenig wie bei irgendeiner geschichtlichen Rechtsbetrachtung anknüpfen an die politischen Gebilde, die den Namen eines Deutschen Reiches geführt haben oder mit diesem in politischem Zusammenhang gestanden sind, sondern nur an die Erscheinung des deutschen Kulturkreises, der sich in älterer Zeit mit dem westgermanischen Kulturkreis deckt, schon im Mittelalter infolge der Differenzierung der kulturellen Entwicklung sich verengt und äußerlich durch den Gebrauch der deutschen Sprache in die Erscheinung tritt. Diese Verengung schließt in Mittelalter und Neuzeit die Gebiete aus, die der römischen Kultur erlegen oder doch von ihr entscheidend und dauernd beeinflußt sind, wie das französische, englische, italienische Rechtsgebiet. Sie beläßt dem deutschen Privatrecht die Gebiete, die ihre deutsche Sprache und mit ihr die deutsche Kultur bewahrt haben, unter den gegenwärtigen politischen Verhältnissen die Gebiete Deutschlands, die deutschen Gebiete von Österreich und der Schweiz; nur für das Mittelalter kommen auch Holland und Friesland in Betracht. Daraus folgt, daß die Darstellung ausmünden muß in die neueste Gesetzgebung jener Gebiete. Allerdings kann sie sich dabei dem Einfluß nicht entziehen, dem das deutsche Recht durch die Rezeption ausgesetzt war (s. unten § 2) und muß daher auch Rechtssätze in ihren Bereich ziehen, die einer fremden Kultur entsprossen sind.

Nicht das geltende Recht schlechthin ist der Endpunkt; denn es kann seiner Entstehung nach einer früheren Periode angehören. Von Bedeutung ist dies für die Behandlung des österreichischen Rechts, des ABGB., das zwar gilt, aber ein echtes Erzeugnis aus dem Beginn des 19. Jahrhunderts ist. Nur die den letzten Jahren angehörenden Novellen verdienen die Gleichstellung mit den Gesetzen des Deutschen Reiches und der Schweiz.

§ 2. Äußere Entwicklungsstufen.

Die Geschichte des deutschen Privatrechts läßt sich nach inneren Merkmalen in vier Perioden zerlegen. Diese decken sich nicht mit den üblichen Perioden der deutschen Rechtsgeschichte, deren trennendes Kriterium im wesentlichen die Veränderung der Verfassung ist, während hier das ausschlaggebende Moment in der Rezeption des römischen Rechts liegt. Es sind vielmehr folgende Perioden zu bilden:

1. die Zeit bis zum Ende des Mittelalters,
2. das Zeitalter der Rezeption,
3. das 18. und der Beginn des 19. Jahrhunderts,
4. die neueste Zeit.

I. Die Eigentümlichkeit der ersten Periode ist der fast ausschließlich nationale Charakter des Rechts, seine Bodenständigkeit. Nur vereinzelt sind fremde Einflüsse maßgebend geworden, wie z. B. durch die Aufnahme des Urkundenwesens, der testamentarischen Verfügung. Abgesehen hiervon ist jedoch das Privatrecht dieser Periode keineswegs während ihrer ganzen Dauer das gleiche geblieben. Die starken Veränderungen auf wirtschaftlichem Gebiete, die Ausbildung des Großgrundbesitzes, das Aufkommen der Städte und hiermit in Verbindung der Aufschwung von Handel und Handwerk, der Übergang von der Naturalwirtschaft zur Geldwirtschaft, die Entwicklung staatengleicher Gebilde und die Schwächung des Sippenbandes, endlich die Einführung des Christentums und der hiermit verbundene Einfluß kirchlicher Anschauungen und Bedürfnisse haben kaum einen Teil des Privatrechts unberührt gelassen. So ist diese Periode auch die Zeit der Entfaltung des deutschen Rechts, seines Wachstums aus kleinen Anfängen am Beginn unserer Zeitrechnung zu einem reich entwickelten System von Rechtsinstituten. Sie ist eine Periode des Aufstiegs, in der mühelos neue Formen für neue Bedürfnisse gefunden und mit der Kraft der Jugend ohne Bedenken Formen über Bord geworfen wurden, deren man nicht mehr bedurfte.

Deutlicher als in anderen, verwandten Kulturkreisen zeigt das Recht dieser Periode die typischen Erscheinungen des jugendlichen Rechts, ist es Spiegelbild geistiger und wirtschaftlicher Jugend. Der Geist ist zunächst noch unfähig zur Abstraktion; er bedarf der sinnenfälligen Erscheinung der rechtlichen Beziehungen, schafft sich eine Fülle plastischer Formen, um diesen äußeren Ausdruck zu verleihen und knüpft an die regelmäßigen Erscheinungsformen der Rechtsverhältnisse an. Recht ist nur da, wo die Form es verbürgt, und wo die Form sich zeigt, da wird das Recht vermutet. Durchaus sinnenfällig ist auch die Terminologie des Rechts in ihrer alliterierenden oder, seltener, auch reimenden Art (erbe und eigen, hand und halm, kind und kegel, geben und gelten, haben und halten), durch ihre Verwendung der Tautologie (kraft und macht, heischen und manen, vri, dorslechtig, recht egen, quit, los und ledig) und des negativen Schlußsatzes (recht erlauben und unrecht verbieten, uzlendisch und nit inlendisch, bürge und nicht selbschol, vri und nicht egen). In gleicher Weise vermag die Terminologie nicht zwischen Recht und Rechtsgegenstand zu unterscheiden. So ist ihm eigentum das Eigentumsrecht wie sein Objekt, lehen das Leiherecht wie das Leihegut.

Aber wie Entwicklung und Blüte der Konkretisierung in diese Perioden fallen, so auch schon der Untergang der Form, die eine steigende, aus antiken und christlichen Quellen gestärkte geistige Kultur überwindet.

Das Recht ist noch nicht Gegenstand wissenschaftlicher Durchdringung, sondern ein ungelehrtes Recht; wo es zum Objekt des Denkens geworden ist, bleibt dieses an der Oberfläche und ahnt nur die Tiefe. So ist es auch nicht das Ergebnis konstruktiver Arbeit, in seinen einzelnen Sätzen keine Deduktion. Es erscheint als eine Summe einzelner Sätze, deren innerer Zusammenhang und Grund nur selten aufgedeckt wird. Aber gleichwohl ist es schon in seinen Anfängen ein geschlossener Bau, getragen von der unerbittlichen Konsequenz, die das Festhalten an der starren Form gezeitigt hat, erst in den Jahren der Befreiung aus der Form geneigt und geeignet, den feineren Bedürfnissen des Lebens gerecht zu werden. So entbehrt es zwar der formalen Durchbildung durch die Wissenschaft, hat auch mit der raschen

Entwicklung des wirtschaftlichen Lebens in den Städten, diesen Inseln einer fortgeschrittenen Kultur, nicht Schritt halten können, es mangelt ihm die Schärfe der Terminologie, aber es steht an innerer Klarheit und Entwicklungsmöglichkeiten hinter keinem anderen Rechte einer gleichen Kulturstufe zurück.

Bei alldem hat es ein äußerlich einheitliches deutsches Recht in historischer Zeit nicht gegeben, sondern nur Stammesrechte, die zwar in den Grundlagen übereinstimmen, aber in Einzelheiten abweichen; nur die Rechtsvergleichung vermag ein einheitliches deutsches (westgermanisches) Recht als prähistorischen Ausgangspunkt zu rekonstruieren. Im Mittelalter nimmt diese Zersplitterung des Rechts weiteren Umfang und neue Formen an. Jedes Territorium entwickelt sein eigenes Recht, sein eigenes landrecht, eine natürliche Folge des Mangels einer ergiebigen, zentralen, rechtsbildenden Gewalt und der Bildung rechtserzeugender Faktoren innerhalb des einzelnen Landes. Territorium in diesem Sinne waren auch die Städte, deren Sonderrecht, das Stadtrecht oder Weichbildrecht, den schneller fortschreitenden Bedürfnissen der Städte gerecht werden wollte. Hatte aber auch jede Stadt ihr eigenes Recht, so führten die gleichen Bedürfnisse doch auch da zu einer Gleichförmigkeit der städtischen Rechte, wo diese nicht schon durch äußere Gründe wie Bewidmung bedingt war. So tritt das Stadtrecht als geschlossenes Ganzes dem Landrecht gegenüber, ungeachtet der Einzelabweichungen hüben und drüben. Beide verdrängen das auf ganz anderer Grundlage ruhende Stammesrecht; doch haben sich Spuren hiervon erhalten und insbesondere beruht auf diesem Gedanken die teilweise Geltung des jüdischen Rechts, z. B. in Ehesachen.

Neben Landrecht und Stadtrecht treten im Mittelalter noch besondere sogen. Rechtskreise, die des Hofrechts, Dienstrechts und Lehnsrechts. Zunächst nur Rechte besonderer wirtschaftlicher und persönlicher Beziehungen, haben sie sich mit der Ausbildung des Hörigen-, Dienstmannen- und Ritterstandes zu Standesrechten entwickelt. Sie führten zu einer weiteren Zersplitterung des Rechts.

Aber trotz dieser vielfachen Differenzierung blieb das Recht des Mittelalters innerlich doch einheitlich, auf gleicher Grundlage erwachsen und in unbewußter Konsequenz weitergebildet. Mochte die Zahl der Blüten wechseln, die an den einzelnen Zweigen hingen, mochte da und dort die Blüte nicht zur Frucht reifen und auch der eine oder andere Zweig verdorren, die Wurzel war die gleiche, aus der sie alle Kraft und Saft zogen.

II. Das Zeitalter der Rezeption nimmt, soweit die Rezeption überhaupt wirkte, dem Recht den rein nationalen Charakter. Der einheitliche Bau wird zerstört, durch unharmonische Anbauten und Umbauten verunziert, die folgerichtige Entwicklung des Rechts wird abgebrochen, die Zersplitterung des Rechts gesteigert, indem nun dem deutschen Recht das römische Recht gegenüber trat, dem weltlichen Recht das geistliche. Die von der Rezeption erhoffte Einheit des Rechts scheiterte an der nur subsidären Geltung des römischen oder kaiserlichen Rechts. Aber der Einfluß des römischen Rechts war doch größer als aus dieser subsidären Geltung notwendig sich ergeben mußte. Die Gründe hierfür lagen in der Überlegenheit der wissenschaftlichen Erkenntnis des römischen Rechts gegenüber der praktischen Kenntnis des deutschen Rechts; jene feierte in Rechtsprechung und Gesetzgebung ihre Triumphe. Die gelehrten Richter, die in den oberen Gerichten den zwar theoretisch ungebildeten aber rechtskundigen Volksrichter verdrängten und die gelehrten Juristen, unter deren Einfluß die Reformationen des Landrechts und Stadtrechts dieser Periode standen, waren allein im römischen Recht gebildet, aber eben dadurch für die Anwendung und Verarbeitung des deutschen Rechts verbildet. Sie waren geschickt genug, in den Bahnen sich zu bewegen, die eine jahrhundertelange Arbeit der Glossatoren und Postglossatoren geebnet hatte, aber sie standen verständnislos dem deutschen Recht gegenüber, dessen einzelne Rechtssätze sie sahen, ohne den Schlüssel zu finden, nach dem die scheinbaren disiecta membra zusammenzufügen waren. Daraus erklärt sich die Vergewaltigung, der das deutsche Recht in dieser Periode ausgesetzt war, daraus auch das Ergebnis der Rezeption für das Recht als Ganzes. Hatte es bis zur Rezeption ein einheitliches Recht gegeben, dessen Einheitlichkeit nur unerkannt blieb hinter der Fülle einzelner Rechtssätze, so war nun eine Summe einzelner Sätze vorhanden, denen das einigende Band wirklich fehlte.

III. Die dritte Periode, vornehmlich das 18. Jahrhundert, bringt den Rückschlag. Sie ist charakterisiert durch das Wiedererstehen des deutschen Rechts, das von dem noch in erheblichem Umfang (ländliche Rechtsquellen, Gebiet des sächsischen Rechts, einzelne Stadtrechte und Landrechte) bestehen gebliebenen deutschen Recht seinen Ausgang nahm, durch naturrechtliche Einflüsse und die beginnende deutsche Rechtswissenschaft (H. Conring) ermöglicht wurde. Der Niederschlag der Rückbewegung findet sich in den großen Kodifikationen des ausgehenden 18. und beginnenden

19. Jahrhunderts, in erster Linie in dem durchaus auf deutsche Rechtsanschauungen eingestellten preußischen Landrecht (1794) und im österreichischen Bürgerlichen Gesetzbuch (1811). Ganz in den Bahnen der Romanistik wandelte noch das bayerische Landrecht (1756), das zudem die subsidiäre Geltung des römischen Rechts aussprach; ein später Nachkömmling war das sächsische bürgerliche Gesetzbuch (1863). In den linksrheinischen Gebieten kam durch Napoleon der Code civil (1804) in Geltung, der, auf dem droit coutumier des französischen Nordens aufbauend, starken germanischen Einschlag hatte. Im wesentlichen nur Übersetzung dieser Quelle ist das Badische Landrecht (1809).

IV. Hatte die dritte Periode die Nationalisierung des Rechts gefördert, so schritt auch die vierte Periode auf dieser Bahn fort. Sie führte aber auch den Kampf um das älteste Problem der deutschen Rechtsentwicklung, um das der Rechtseinheit im Privatrecht siegreich durch. Allerdings hatten die politischen Verhältnisse inzwischen unstreitig deutsche Rechtsgebiete so voneinander getrennt, daß diese Frage nur noch durch eine parallele Gesetzgebung gelöst werden konnte und in Österreich war sie schon in der vorhergehenden Periode gelöst worden. Für Deutschland aber lag die Lösung in der um 1900 erfolgenden Gesetzgebung, in deren Mittelpunkt das Bürgerliche Gesetzbuch steht, für die Schweiz im Obligationenrecht (1881, Neufassung 1911) und im Zivilgesetzbuch (1907). Kraftvolle Ansätze zur Vereinheitlichung waren um die Mitte des Jahrhunderts vorangegangen in der Wechselordnung (1848) und im Allgemeinen deutschen Handelsgesetzbuch (1861). Überwunden aber wurde nicht nur die territoriale Zersplitterung des Rechts, sondern auch die Berufsrechte und Standesrechte, die noch in der vorigen Periode als Sprößlinge der mittelalterlichen Rechtskreise in Blüte waren. Doch gelten immer noch Ausnahmen. Die partikuläre Rechtsbildung ist in nicht unerheblichem Umfange erhalten und auch für die Zukunft gesichert durch das EG.BGB. (insbesondere 55—152), in geringerem Umfange durch einzelne Bestimmungen im HGB. (z. B. 4, 472, 740), vgl. EZGB. 51ff., ZGB. 5. Ferner enthält das HGB. ein Berufsrecht, nachdem das AHGB. diesen Standpunkt inzwischen verlassen hatte. Eine geringe Verminderung des Partikularrechts erfolgt zurzeit auf Grund der RV. (109, 155).

Während so in der Vereinheitlichung des Rechts fast alles erreicht wurde, was erreicht werden konnte, und damit die Entwicklung des Privatrechts auf eine Stufe geführt wurde, die sie vor der Rezeption nie eingenommen hatte, sind die entnationalisierenden Wirkungen der Rezeption in Deutschland in dieser Periode doch nicht voll beseitigt worden. Mehr als notwendig hat auch das BGB. Anleihen im römischen Recht gemacht und hat das deutsche Recht es büßen müssen, daß die Wissenschaft seine Erforschung und dogmatische Verarbeitung bei der Abfassung des BGB. erst begonnen, nicht vollendet hatte. Erfreulicher ist der Gehalt an deutschen Rechtsgedanken im neuesten Schweizer Recht, das allerdings von der Rezeption verschont geblieben war und eine ungestörte Fortentwicklung krönt. Ebenso zeigt die neuere Reichsgesetzgebung unverkennbar ein Zurückgreifen auf deutsche Gedanken, insbesondere des Genossenschaftsrechts und des Liegenschaftsrechts, und eine Zurückdrängung des romanistischen Individualismus.

Wissenschaftliche Behandlung und Literatur. § 3.

I. Die wissenschaftliche Behandlung des deutschen Rechts hat drei Stufen durchlaufen. Auf der ersten Stufe begnügt man sich mit der in beschränktem Maße von wissenschaftlichen Gesichtspunkten geleiteten Sammlung, Ordnung und Erklärung des Rechtsstoffes; sie beginnt mit primitivsten Formen.

Hierher gehören aus der fränkischen Zeit verschiedene Privatarbeiten, wie z. B. die Lex Frisionum, die Schrift de ordine palatii, ein Traktat über romanisch-fränkisches Ämterwesen, ferner die Glossen zur Lex Salica und anderen Volksrechten, die Formelsammlungen. Allerdings sind dies nur sehr bescheidene Anfänge, die zudem mehr dem Strafrecht, Prozeßrecht und Verfassungsrecht, als dem Privatrecht zugute kommen; nur die Formeln tragen diesem in größerem Umfange Rechnung.

Den Höhepunkt dieser Stufe bildet vor der Rezeption der Sachsenspiegel (etwa 1224—35). Zwar ist auch dessen Verfasser, Eyke von Repgowe, von einer geistigen Durchdringung des von ihm gesammelten Rechtsstoffes noch weit entfernt; er hat nicht einmal seinen Stoff in ein System gebracht, aber er sucht doch innere Zusammenhänge der Rechtssätze auf, reflektiert über deren Grund und Entstehung, wagt juristische Konstruktionen.

Auf der zweiten Stufe wirkt die Kenntnis des römischen Rechts und seiner Wissenschaft ein, deren Methode nun vorbildlich wird. Auf das deutsche Recht fällt nun erst der Blick des Theoretikers, während es bisher nur mit den Augen des Praktikers gesehen war. Dies zeigt sich zuerst in den Glossen zum Sachsenspiegel (Johann von Buch) und anderen Rechtsbüchern, die das deutsche Recht zu erklären und mit dem fremden Recht des Corpus iuris und der kanonischen Quellen in Verbindung zu bringen versuchen. Es zeigt sich ferner in der umfangreichen populär-juristischen

Literatur, wie dem Klagspiegel, dem Laienspiegel, zahlreichen Satansprozessen, deren Zweck die Vermittlung der Kenntnis des römischen Rechts ist. Es zeigt sich endlich in den Werken, die den usus hodiernus (modernus) pandectarum der Rechtsprechung zu ihrem Gegenstand machen und so die Anwendung des römischen Rechts auf die deutschen Verhältnisse versuchen. Hierher gehören Arbeiten von B. Carpzow (Jurisprudentia forensis Romano-Saxonica, 1638, eine Darstellung der Praxis des Leipziger Schöffenstuhls), S. Stryck (Specimen usus moderni Pandectarum, 1690ff.), A. Leyser (Meditationes ad Pandectas, 1717—48), J. H. Böhmer (Exercitationes ad Pandectas, 1745—64). Seit dem 17. Jahrhundert kommen auch die Feudisten in Betracht, die seitdem neben dem longobardischen auch das deutsche Lehnrecht behandeln.

Diese Erzeugnisse sind weder in ihrem absoluten noch in ihrem relativen Wert für das deutsche Privatrecht gleich. Gemeinsam ist ihnen, daß sie den deutschen Rechtsstoff nicht nur sammeln, sondern auch methodischer, als dies in der früheren Zeit geschehen war, verarbeiteten. Sie gleichen sich auch darin, daß ihnen die Rücksichtnahme auf das römische Recht den offenen Blick für das deutsche Recht benimmt. Denn nicht um des deutschen Rechts willen sind diese Werke entstanden, sondern um die nicht zerstörbaren und unentbehrlichen deutschen Rechtssätze dem System des römischen Rechts möglichst gut einzupassen. Im übrigen stellen die Arbeiten über den usus modernus einen unzweifelhaften Fortschritt gegenüber den früheren dar, und unter ihnen ragt wiederum J. Schilter hervor, der die Brücke zur nächsten Stufe schlägt.

Die dritte Stufe vereinigt wissenschaftliche Methode mit dem Zwecke der Erforschung deutschen Rechts. Den Weg hatte schon H. Conring (de origine iuris germanici, 1643) gewiesen, indem er die Selbständigkeit des deutschen Rechts gegenüber dem römischen Recht erwies. Ihm folgten vor allem J. G. Heineccius (Elementa iuris germanici tum veteris, tum hodierni[3], 1746) und J. Schilter (Praxis iuris romani in foro germanico, 1686), bei denen aber doch noch die Stoffsammlung gegenüber der Stoffverarbeitung überwiegt. Wesentlich anders liegt dies bei Chr. Thomasius, der zum ersten Male das deutsche Recht als ein geschlossenes Ganzes erfaßte und bearbeitete und zum Gegenstand akademischer Vorlesungen machte; sein Schüler G. Beyer hat auf Grund dieser Vorlesungen eine Delineatio iuris germanici ad fundamenta sua revocata (1718) herausgegeben, eine Darstellung des deutschen Privatrechts.

Die Fortführung dieser Auffassung knüpft sich zunächst an die Namen J. St. Pütter (Elementa iuris germanici civilis, 1748), J. H. C. Selchow (Elementa iuris germanici ex ipsis fontibus deducta³, 1795) und J. F. Runde, Grundzüge des gemeinen deutschen Privatrechts (1795, zuletzt 1829). Dabei öffnet sich aber auch ein neues Problem von grundlegender Bedeutung, die Frage nach der allgemeinen, praktischen Geltung der aus unzähligen Partikularrechten und Statuten abgeleiteten deutschen Rechtssätze, des sogen. gemeinen deutschen Privatrechts. Runde hat sie entschieden bejaht, die beiden anderen sie verneint; doch hat auch jener nur unter Heranziehung des Naturrechts seine Ansicht von der bindenden Kraft des gemeinen deutschen Privatrechts zu begründen vermocht.

Auf die Höhe geführt wurde die Wissenschaft des deutschen Privatrechts erst im 19. Jahrhundert auf dem Boden der historischen Rechtsschule, von der historischen Seite her durch K. F. Eichhorn (Deutsche Staats- und Rechtsgeschichte; 5. Aufl. 1843/44, — Einleitung in das deutsche Privatrecht; 5. Aufl. 1845), von der Dogmatik aus durch Beseler (System des gemeinen deutschen Privatrechts; 4. Aufl. 1885) und O. Gierke (s. u. II.).

II. Aus der derzeitigen Literatur des deutschen Privatrechts ragt hervor das leider unvollendete „Deutsche Privatrecht" von O. Gierke (I. Allgemeiner Teil, 1895; II. Sachenrecht, 1905; III. Schuldrecht, 1917). Sein Stoff sind die geltenden Rechtssätze deutscher Herkunft, deren Verknüpfung mit dem früheren Recht historische Vorbemerkungen herstellen, während sie selbst mit vollendeter Beherrschung der Literatur innerlich erfaßt und verarbeitet werden und ihre Eigenart gegenüber dem römischen Recht nachgewiesen wird. Eine knappe Darstellung des gesamten Gebietes gibt der Verfasser in der Enzyklopädie der Rechtswissenschaft von Holtzendorff-Kohler I⁷ (1913) 175—302. Stärker betont wird der geschichtliche Teil in den „Grundzügen des deutschen Privatrechts" von R. Hübner (4. Aufl. 1922), wobei jedoch die Fortführung der Entwicklung bis auf die neueste Zeit erfolgt, durch Angabe wichtigerer Literatur der Weg in diese gewiesen und durch Abdruck typischer Quellenstellen eine Einführung in Sprache und Ausdrucksweise der Quellen geboten wird. Durch klare Darstellung und durch Beigabe von Quellenstellen zeichnet sich aus H. Planitz, Grundzüge des deutschen Privatrechts (1925), durch Heranziehung ausländischen Rechts H. Schreuer, Deutsches Privatrecht (1921). Eine soziologische Grundlegung versucht K. Haff,

Institutionen des deutschen Privatrechts 1 (1927). Unentbehrlich ist als Handbuch noch immer das für die Zeit seiner Entstehung glänzend geschriebene „Handbuch des deutschen Privatrechts“ von O. Stobbe (1. Aufl. 1871 ff.; jetzt I³ 1893, II³ 1896/97, III³ 1898, IV³ 1900, V¹/² 1901), das, in Einzelheiten überholt und in der Neuauflage von H. O. Lehmann verschlechtert, an Reichtum der Quellennachweisungen noch nicht übertroffen und für das Familienrecht und Erbrecht überhaupt noch nicht ersetzt ist. Erst im Erscheinen begriffen ist v. Schwind, Deutsches Privatrecht (I, 1919, II, 1921), ein Grundriß zu den Vorlesungen des Verfassers. Einen Platz für sich beanspruchen können die „Institutionen des deutschen Privatrechts“ von A. Heusler (I, II, 1885/86), die sich in strenger Beschränkung auf das rein deutsche Recht vor der Rezeption durch Eigenart und Selbständigkeit des Systems, Klarheit des Denkens und der Darstellung auszeichnen, allerdings auch nicht selten von der herrschenden Meinung abweichen.

Im Rahmen der gesamten Rechtsgeschichte behandeln das Privatrecht R. Schröder, „Lehrbuch der deutschen Rechtsgeschichte“ (6. Aufl. von v. Künßberg, 1919/22), sodann in meisterhafter Abgeklärtheit und Kürze H. Brunner, „Grundzüge der deutschen Rechtsgeschichte“ (6. Aufl. 1913; 7. Aufl. von E. Heymann 1919), endlich unter Heranziehung und selbständiger Verwertung des gesamten germanischen Quellenstoffes, aber beschränkt auf die Zeit bis zum Ende des Mittelalters, in vollendeter Weise v. Amira, „Grundriß des germanischen Rechts“ (3. Aufl. 1913).

Eine immer noch brauchbare, aber durch neue Publikationen und insbesondere durch die Änderung der Problemstellung doch vielfach veraltete Sammlung von Quellenstellen gibt in systematischer Anordnung Th. Kraut, „Grundriß zu Vorlesungen über das deutsche Privatrecht“ (6. Aufl. v. Frensdorff, 1886), eine vorzügliche Auswahl von Urkunden Lörsch-Schröder, „Urkunden zur Geschichte des deutschen Privatrechts“ (3. Aufl. von Schröder und L. Perels, 1912), eine Reihe einzelner Quellenstellen v. Schwerin, Quellen zur Geschichte der Eheschließung I (1925). Nicht auf das Privatrecht beschränkt ist J. Grimm, „Deutsche Rechtsaltertümer“ (4. Aufl. von Heusler und Hübner, 1899), eine reiche Sammlung von Quellenstellen mit verbindendem Text, von seltenem Gefühl für die sinnige Innerlichkeit des deutschen Rechts und seine Schönheit.

I. Teil.

Allgemeine Lehren.

I. Abschnitt.

Die Grundlagen der Privatrechtsverhältnisse.

1. Kapitel.

Die Rechtsinhaber.

Rechtsfähigkeit und Rechtsinhaber im allgemeinen. § 4.

I. **Begriffliches. Älteres Recht.** Rechtsinhaber oder Person im Rechtssinn kann nur sein, wer Rechtsfähigkeit hat. Rechtsfähigkeit ist die vom Recht verliehene, nicht dem Menschen immanente Fähigkeit, Subjekt von Rechten und Pflichten zu sein. Ihren Charakter als eine von der Rechtsordnung verliehene Eigenschaft zeigt sie besonders deutlich im älteren Recht. Denn sie kommt im älteren Recht nicht jedem Menschen, sondern nur dem freien Volksgenossen zu; nur er ist vulkomen an sime rechte.

Dies äußert sich in älterer Zeit beim Unfreien und beim Fremden. Der Unfreie ist Sache, also nur Rechtsobjekt, und zwar in der Regel bewegliche Sache; auf einem Grundstück angesiedelt, kann er Zubehör des Grundstücks und damit dem Recht der unbeweglichen Sachen unterworfen werden. Ihm hat das Recht die Rechtsfähigkeit nicht verliehen. Der Fremde ist zwar nicht Rechtsobjekt, auch nicht friedlos, aber auch nicht Rechtssubjekt. Ihm kann die Rechtsordnung die Rechtsfähigkeit nicht verleihen, da sie als Volksrecht auf ihn nicht anwendbar ist; er ist als Ausländer (ahd. alilanti, eliporo) ein „Elender".

Bei der Verleihung der Rechtsfähigkeit ist das Recht insoweit gebunden, als nur der Träger eines freien Willens, den Recht wie Pflicht gleicherweise voraussetzen, Rechtsfähigkeit erlangen kann. Dies schließt die Rechtsfähigkeit lebloser Erscheinungen aus, soweit nicht animistische Vorstellungen ergänzend eingreifen; um solcher willen kann der Tote nach ältestem Recht rechtsfähig sein. Damit hängt ferner die Rechtsunfähigkeit des nasciturus zusammen (s. u. § 5 I). Andererseits erklärt sich hieraus die Möglichkeit, Personenverbände und Anstalten zu Rechtssubjekten zu erheben (s. u. §§ 9, 13), die den auf die geistig-leibliche Einheit des Menschen aufgebauten, sogenannten Einzelpersonen oder physischen Personen zur Seite treten.

Das Erfordernis eines freien Willens führt allerdings dazu, daß jede Form des Rechtssubjekts von der psychisch-physischen Erscheinung des Menschen ihren Ausgang nimmt; denn nur ihr erkennen wir einen freien Willen zu. Aber die Verknüpfung von Wille und Mensch bleibt für das Recht eine zufällige Erscheinung und der Wille des Menschen ist beim Gesamtwillen der Personenverbände nur der unentbehrliche Baustein.

Wie die Rechtsordnung die Rechtsfähigkeit frei verleiht, hat sie auch die Möglichkeit der Entziehung der Rechtsfähigkeit; Beispiele hierfür sind die Friedlosigkeit und der sogenannte Klostertod. Die Rechtsfähigkeit ist aber auch verzichtbar; dies zeigt sich bei der Selbstverknechtung (vgl. u. § 5).

II. **Weiterentwicklung.** Schon in germanischer Zeit beginnt der scharfe Gegensatz zwischen Freien und Unfreien sich abzuschwächen, in späterer Zeit unter dem Einfluß des Christentums zu verschwinden. Die Anerkennung fremder Rechte schon in fränkischer Zeit und späterhin das Landrecht haben die Rechtsfähigkeit des Fremden gesichert.

Die ursprüngliche Rechtsunfähigkeit des Fremden wurde schon in ältester Zeit dadurch praktisch aufgehoben, daß ein Volksgenosse als Gastfreund den Fremden aufnahm und ihm so das Recht vermittelte. In fränkischer Zeit war dieser Schutz nur für die Reichsfremden erforderlich und wurde nunmehr vom König übernommen; der Fremde stand unter Königsschutz, wurde zum Schutzgänger (wargangus). Inzwischen aber war das Prinzip des nur für den Volksgenossen geltenden Rechts so weit zurückgedrängt und das Interesse an der Rechtsfähigkeit der Fremden, in deren Hand überwiegend der Handel lag, so sehr erstarkt, daß von einer grundsätzlichen Leugnung der Rechtsfähigkeit nicht mehr die Rede sein konnte.

Im Mittelalter führte die Zersplitterung des Reiches in eine große Zahl von Territorien, die sich gegeneinander abschlossen, zu einer rückläufigen Bewegung, indem der Begriff des Landesfremden neben dem des Reichsfremden steigende Bedeutung gewann. Aber die Rechtsfähigkeit des Fremden blieb grundsätzlich anerkannt.

Im Mittelalter erscheinen als letzte Ausläufer der Rechtsunfähigkeit des Fremden nur das Wildfangsrecht und das Strandrecht.

Das Wildfangsrecht, das insbesondere der Pfalzgraf bei Rhein in Anspruch nahm, war das Recht, zugewanderte Fremde ohne nachfolgenden Herrn (Wildfänge, Bachstelzen) nach Jahr und Tag des Aufenthalts im Lande als Eigenleute zu behandeln. Das Strandrecht wirkte im wesentlichen gegenüber dem gestrandeten Vermögen (s. u. § 36 I 3c), führte aber vereinzelt auch zu einer Verknechtung der schiffbrüchigen Personen.

Im Zusammenhang mit dem Fremdenrecht steht auch die Nachsteuer (gabella emigrationis), die von dem Vermögen des Auswanderers erhoben wurde, der Abschoß (gabella hereditaria, ius detractus), der von einer an ausländische Erben gehenden Erbschaft erhoben wurde, und das Fremdlingsrecht (ius albinagii, droit d'aubaine), kraft dessen der Nachlaß eines Inländers nur zum Teil oder überhaupt nicht ausländischen Erben ausgeliefert wurde. Doch ist bezüglich des Abschosses und des Fremdlingsrechts überhaupt zweifelhaft, ob sie in Deutschland heimisch wurden; jedenfalls wurde das Fremdlingsrecht durch ein Gesetz Friedrichs II., die Authentica „Omnes peregrini" (1220) verboten, während sich Parallelen zum Abschoß in mittelalterlichen Stadtrechten finden.

Endlich ist unter dem Einfluß des Naturrechts, das die Rechtsfähigkeit des Menschen für eine ihm immanente Eigenschaft hielt, die Verleihung der Rechtsfähigkeit an ihn zu einem gewissermaßen selbstverständlichen Rechtssatz (typisch ABGB. 16, 33; ZGB. 11), der Verzicht auf sie unmöglich geworden. An Stelle des Mangels der Rechtsfähigkeit sind im Mittelalter insbesondere Erwerbsbeschränkungen getreten (s. u. § 7 II a β).

Andererseits ist die Rechtsfähigkeit von Körperschaften und Anstalten überhaupt erst spät erreicht worden (s. u. § 9 II).

Dem Grundsatz des Naturrechts entsprach die privatrechtliche Gleichstellung von Inländern und Ausländern. Doch hängt die Gleichbehandlung vielfach von der Verbürgung der Gegenseitigkeit (Reziprozität; vgl. ABGB. 33) ab und kann als Gegenmaßregel gegen die Schlechterstellung Deutscher im Ausland eingeschränkt oder aufgehoben werden (Retorsion). Im Verhältnis zu Nichtdeutschen hält hieran auch das geltende Recht fest (vgl. EG. BGB. 31, WarenzeichenschutzG. 23, UnlWG. 28). Die deutschen Inländer sind zunächst durch die Bundesakte (18) von den Beschränkungen im Erwerb des Grundeigentums und der Nachsteuer befreit worden. Die volle privatrechtliche Gleichstellung ist durch Art. 3 der Reichsverfassung von 1871 erfolgt.

III. **Relativität der Rechtsfähigkeit.** Die Abhängigkeit der Rechtsfähigkeit von der Rechtsordnung führt in Verbindung mit deren Zersplitterung (s. o. § 2 I) dahin, daß die Verleihung der

Rechtsfähigkeit nur im Geltungsgebiete der einzelnen Rechtsordnung wirkt, die Rechtsfähigkeit also relativ und immer nur Rechtsfähigkeit für einen bestimmten Bereich ist. So erklärt sich die hofrechtliche Rechtsfähigkeit von landrechtlich unfreien Personen, die Lehnrechtsunfähigkeit von landrechtlich voll Rechtsfähigen (s. u. § 49 III), wohl auch die Möglichkeit des Satzes, daß Stadtluft frei macht. Mit der Herrschaft naturrechtlicher Auffassungen (s. o. II.) mußte diese Relativität der Rechtsfähigkeit verschwinden.

I. Einzelpersonen.

§§ 5—8. Physische Personen.

§ 5. Beginn und Ende der Rechtsfähigkeit.

I. **Beginn.** Der Beginn der Rechtsfähigkeit hing in ältester Zeit von lebendiger Geburt und Aufnahme in die Hausgenossenschaft ab (s. u. § 92). An die Stelle der Aufnahme ist mit dem Eindringen des Christentums in verschiedenen Rechten die Taufe getreten, so daß die Rechtsfähigkeit von der Taufe abhängig wurde. Ferner wurde nunmehr Lebensfähigkeit (Vitalität) verlangt und menschliche Gestalt, während in früherer Zeit die tatsächliche Aussetzung nicht lebensfähiger und mißgestalteter Kinder diese Fragen nicht hatte aufkommen lassen; so verlangte der Ssp. vom Kinde, dat it lifhaftich mochte wesen.

Die neueren Rechte haben im Gegensatz zum gemeinen Recht von dem Erfordernis der Vitalität meist abgesehen (anders C. c.), dagegen das der menschlichen Gestalt zum Teil (ALR.) beibehalten. Das geltende Recht verlangt nur lebendige Geburt (BGB. 1; ZGB. 31).

Nicht rechtsfähig war nach älterem Recht der nasciturus, wenngleich auf ihn Rücksicht genommen wurde, indem man z. B. Erbteilungen bis zur Geburt verschob; man behielt ihm den Erwerb von Rechten vor. Auch neuere Rechte haben dem nasciturus im Einklang mit dem römischen Recht den Erwerb von Rechten vorbehalten. Dies führte zur Einsetzung von Pflegschaften für Neugeborene. Im geltenden Recht kennt einen solchen Vorbehalt BGB. (1923) hinsichtlich des Erbrechts und dementsprechend eine Pflegschaft für den nasciturus (1912), während ZGB. (31) den nasciturus schlechthin für rechtsfähig erklärt unter dem Vorbehalt seiner lebendigen Geburt.

Der Beweis für die lebendige Geburt war von demjenigen zu erbringen, der sie behauptete (anders ABGB. 23). Der Beweis konnte von je durch Erfahrungszeugen, nach einigen Rechten auch durch Frauen, geführt werden. Für die Tatsache des Lebens stellen außerdem fränkische und mittelalterliche Rechte bestimmte Lebensäußerungen als typische Kennzeichen auf, so das Öffnen der Augen und Erblicken des Dachfirstes, das Beschreien der vier Wände; vom Geschrei des Kindes wurde dabei nicht selten solche Stärke verlangt, daß man es durch eine eichene Planke hören konnte, wodurch das Zeugnis von Männern ermöglicht wurde. Partikulär (z. B. ALR.) haben sich solche typischen Beweismittel als qualifizierte auch erhalten, als im allgemeinen der formale Beweis dem materiellen Platz gemacht hatte.

Als Beweismittel mochten auch die Eintragungen der Geburt in Taufregister und Kirchenbücher dienen. Solche wurden in der katholischen Kirche schon im 5. Jahrhundert geführt, aber nur kurze Zeit. Durch das Tridentinum (1545—1563, ALR.) und evangelische Kirchenordnungen wurden sie allgemein wieder eingeführt; sie beurkundeten aber nur die Taufe, gaben daher über den Tag der Geburt nur unvollkommen Aufschluß. In der Neuzeit wurden für die Juden ähnliche Bücher bei den Synagogen geführt, für Dissidenten und Nichtchristen von der weltlichen Behörde. Als Beweismittel waren alle diese Bücher infolge ihrer Lückenhaftigkeit und Ungenauigkeit von zweifelhaftem Werte. Seit der Einführung der durch die französische Revolutionsgesetzgebung geschaffenen Zivilstandsregister (actes de l'état civil) kamen in den Gebieten des französischen Rechts diese als Beweismittel in Betracht. In neuester Zeit erbringen vollständigen Beweis die ihnen nachgebildeten Geburtsregister (deutsches Personenstandsgesetz von 1875) und die Zivilstandsurkunden (ZGB. 33), ohne andere Beweismittel auszuschließen.

II. **Ende.** Das Ende der Rechtsfähigkeit trat nach älterem Recht ein mit dem Tod und mit der Friedlosigkeit. Doch hat das älteste Recht, ausgehend von den animistischen Vorstellungen seiner Zeit, ein rechtliches Fortleben nach dem Tode in einzelnen Beziehungen anerkannt; es beruht darauf z. B. der Totenteil, der Sterbfall, der Widerstand gegen die Witwenehe (s. u. § 87). Daß die Verknechtung (s. u. § 74) die Rechtsfähigkeit endete, folgt aus dem oben (§ 4 I.) Gesagten.

Der Vergleich des Todes mit der Friedlosigkeit zeigt, daß diese schärfer wirkt. Mit dem Eintritt der Friedlosigkeit enden alle Rechte und Pflichten des Friedlosen, enden seine verwandtschaftlichen Beziehungen, seine Ehe, seine Vermögensrechte. Daß der Animismus diese Wirkungen beim natürlichen Tod abschwächen kann, zeigt wiederum, wie sehr die Rechtsfähigkeit von der konkreten Rechtsordnung abhängt.

Auch nach späterem und geltendem Recht endet die Rechtsfähigkeit mit dem Tode, nach diesem nur durch ihn (ZGB. 31 I). Nur im Mittelalter noch zieht die Oberacht als letzte Folge der Rechtsweigerung das Ende der Rechtsfähigkeit nach sich.

Eine Weiterbildung des Unterganges der Persönlichkeit durch die Acht ist der in Frankreich im Mittelalter unter dem Einfluß der römischen capitis deminutio und der kanonischen excommunicatio entwickelte bürgerliche Tod, der im Anschluß an Verurteilung zu einer Kapitalstrafe verhängt wurde. In Deutschland hat er nur vorübergehend in den Gebieten des französischen Rechts, in Baden und in Bayern Eingang gefunden, ist aber im 19. Jahrhundert überall abgeschafft worden, nur in England als civil death noch erhalten. Die Wirkung ist gleich der der alten Friedlosigkeit.

Ebenso endete der durch Profeßableistung herbeigeführte sogenannte Klostertod die Vermögensfähigkeit, so daß das gegenwärtige Vermögen an die Erben fiel und neues nicht erworben werden konnte. Von den neueren Rechten steht ALR. auf diesem Standpunkt, von dem allerdings das kanonische Recht abwich, indem es die Persönlichkeit des Klosterangehörigen nicht untergehen, sondern auf das Kloster übergehen ließ. Das geltende Recht kennt den Klostertod nicht.

Der Beweis des Todes obliegt wie bei der Geburt demjenigen, der den Tod einer Person behauptet. Im Mittelalter kamen hierfür Zeugenaussagen in Betracht, ferner auch Einträge in den Kirchenbüchern. Nach geltendem Recht gelten gleiche Regeln wie bei der Geburt.

Der Beweis des Todeszeitpunktes stand von je unter besonderen Regeln, wenn mehrere Personen in gemeinsamer Gefahr umkamen (sog. Kommorienz). Konnten in solchem Fall die Todeszeiten nicht bewiesen werden, so traten Vermutungen ein. Nach deutschem Recht wurde gleichzeitiger Tod vermutet, so daß keiner den anderen beerben konnte. Nach römischem Recht wurde vermutet, daß die Eltern vor ihren mündigen, aber nach ihren unmündigen Kindern verstorben sind, im übrigen aber gleichzeitiger Tod angenommen. Die neueren Rechte stehen überwiegend auf dem deutschrechtlichen Standpunkt (ABGB. 25), ebenso BGB. (20) und, in Ausdehnung auf alle Fälle mangelnden Beweises, ZGB. 32 II.

III. **Todeserklärung.** Rechtswirkungen des Todes konnten sich schon im Mittelalter an die Todesvermutung knüpfen, die das Recht bei Verschollenheit einer Person aufstellte. Verschollen aber ist derjenige, über den man seit längerer Zeit ohne Nachricht ist. Doch hat das Mittelalter feste Grundsätze für die Behandlung der Verschollenheit noch nicht entwickelt und man beschränkte sich auf Bestimmungen über das Vermögen des Verschollenen, ohne diesen im übrigen als tot zu behandeln.

Nach längerer Dauer der Verschollenheit wurde das Vermögen des Verschollenen den Erben ausgeantwortet. Diese mußten es aber, wenn der Verschollene zurückkehrte, ihm wieder herausgeben und zu seiner Sicherung vielfach Kaution stellen; erst wenn der Tod infolge Zeitablaufes als sicher gelten konnte oder durch Eid des Erben bewiesen wurde, fiel es endgültig an die Erben. Einzelne Rechte ließen das Vermögen in den Besitz des Richters übergehen, der es späterhin an die Erben gab.

Das römische Recht entbehrte der Vermutungen über Leben und Tod. Dagegen hatte die italienische Jurisprudenz die Vermutung aufgestellt, daß der Verschollene bis zur Erreichung eines Alters von hundert Jahren lebe, von da an tot sei. Dieser Verbindung der Todesvermutung und des Endes der Lebensvermutung mit dem Eintritt eines bestimmten Alterstermins schlossen sich die deutschen Rechte meist an (sächsisches System). Das Vermögen erhielten die Erben bis zum Eintritt des Termins nur zur Verwaltung.

Im einzelnen zeigen sich manche Verschiedenheiten. So trat an Stelle der hundert Jahre eine Frist von siebzig Jahren. Das in neueren Gesetzen (ABGB. 24) häufigere, sogen. schlesische System knüpfte überhaupt nicht an das Lebensalter an, sondern an die Dauer der Verschollenheit, indem es nach Ablauf einer bestimmten Verschollenheitsfrist seit der letzten Nachricht von dem Verschollenen, z. B. 30 Jahre und Jahr und Tag, in späteren Rechten 10—30 Jahre, die Todesvermutung eintreten ließ. Auch kommen beide Systeme kombiniert vor, indem man bei hohem Alter des Verschollenen die Verschollenheitsfrist ermäßigte oder sogar von ihr absah.

Seit dem 18. Jahrhundert bilden einzelne Rechte ein besonderes Verfahren der Todeserklärung aus, in dessen Mittelpunkt ein Aufgebotsverfahren mit Ladung des Verschollenen (Ediktalzitation) stand. Meldete sich der Verschollene nicht, wurde er durch Urteil für tot erklärt. Entschiedener als die früheren Rechte ziehen die neueren aus der urteilsmäßigen Todeserklärung die Konsequenz, den für tot Erklärten in jeder Beziehung als gestorben zu behandeln. Die Todeserklärung schafft aber nur eine Vermutung, kann daher durch den Nachweis des Lebens wie des Todes zu einem anderen als dem angenommenen Zeitpunkt entkräftet werden.

Das geltende Recht hat die richterliche Todeserklärung (Verschollenerklärung) beibehalten, BGB. (19) ausdrücklich auch die Lebensvermutung, doch knüpft ZGB. die Verschollenerklärung allein an den Ablauf einer Verschollenheitsfrist, während BGB. (14) und seit 1914 auch das österreichische Recht daneben auch das Lebensalter des Verschollenen berücksichtigen; beide Rechte bringen das Verfahren in die Form eines Aufgebotsverfahrens (BGB. 14 mit ZPO. 960ff.; ZGB. 36).

Erst der Neuzeit gehören die verkürzten Verschollenheitsfristen für Fälle typischer oder erhöhter Lebensgefahr (Brand, Seefahrt, Krieg) an; vgl. ABGB. 24, BGB. 15—17, ZGB. 34 und in neuester Zeit die VO. v. 18. IV. 1916 und das Ges. v. 20. II. 1925 über die Todeserklärung Kriegsverschollener.

Der Einfluß der Todeserklärung auf die Ehe des Verschollenen war nach den einzelnen neueren Rechten verschieden. Während einige Rechte die Auflösung der Ehe von einem richterlichen Ausspruch (ABGB. 114) oder einem Scheidungsprozeß abhängig machen, nehmen andere sofortige Auflösung der Ehe an. Bei Wiederverheiratung und Rückkehr des Toterklärten ist wiederum das Schicksal der zweiten Ehe verschieden, indem sie bald der ersten weichen muß, bald diese ihr.

Nach BGB. (1348 II) wird die erste Ehe erst durch Abschluß einer neuen Ehe aufgelöst, die aber bei Rückkehr des Verschollenen einer Anfechtung unterliegt (1350). Nach ZGB. (102) kann der zurückgebliebene Ehegatte die Auflösung der alten Ehe verlangen.

§ 6. Beschränkungen der Rechtsfähigkeit.

I. Die Rechtsfähigkeit ist Fähigkeit, Rechte und Pflichten zu haben, nicht aber die Fähigkeit zu einer aufzählbaren Summe von Rechten und Pflichten. Sie ist ein einheitlicher Begriff und kann daher nach deutschem Recht ähnlich wie das Eigentum Beschränkungen erleiden, durch die sie gemindert, aber nicht aufgehoben wird. Auch der beschränkt Rechtsfähige ist rechtsfähig.

Solche Beschränkungen liegen dann vor, wenn das Recht einer Person die Fähigkeit zu bestimmten Rechten und Pflichten abspricht. Sie wurzeln durchweg im öffentlichen Recht, indem sie sich zum einen Teil auf Personen beziehen, die nicht Volksgenossen im engeren Sinne sind, wie die Fremden oder, im christlichen Staat, die Juden und Häretiker, im konfessionellen Staat die Andersgläubigen, zum anderen Teil von Beschränkung oder Entzug der öffentlichen Rechtsfähigkeit ihren Ausgang nehmen. Es handelt sich im Privatrecht im wesentlichen um Begleiterscheinungen des öffentlichen Rechts, um privatrechtliche Nebenwirkungen einer öffentlichrechtlichen Verneinung oder Beschränkung der Rechtsfähigkeit.

II. Einzelne Fälle. Die Beschränkungen der Rechtsfähigkeit sind teils absolute, teils relative, je nachdem sie allgemein gelten oder nur im Verhältnis verschiedener Bevölkerungsklassen zueinander.

1. Absolut wirkende Beschränkungen sind selten. Es gehören hierher, wenn man von der nur in frühester Zeit annehmbaren Vermögensunfähigkeit der Frauen absieht,

a) die Unfähigkeit zum Eintritt in Zünfte und andere Genossenschaften. Sie betraf Fremde, Juden, Ehrlose und in früherer Zeit auch Ketzer.

b) die Unfähigkeit zur Vormundschaft. Diese ist insbesondere und seit ältester Zeit bis in die Gegenwart eine Folge des Verlustes der vollen Ehre, an den sich außerdem im Privatrecht nur die Lehnsunfähigkeit und die Unfähigkeit zum Eintritt in ehrliche Genossenschaften knüpft, während im öffentlichen Recht die Fähigkeit zur Teilnahme am und zum Handeln im Gericht beschränkt war.

Die Minderung der Ehre beruht im Mittelalter auf der Begehung einer ehrlosen Handlung (z. B. Treubruch) und Ehrloserklärung, auf Verurteilung zu schimpflicher Strafe, d. h. einer Strafe, die an Hals und Hand oder Haut und Haar geht, auf dem Betrieb eines unehrlichen Gewerbes, auf unehelicher Geburt. Zu einer einheitlichen Behandlung dieser Fälle und zu einheitlicher Terminologie hat es das Mittelalter nicht gebracht.

Auf alle in ihrer Ehre geminderten Personen werden die Ausdrücke erlos und rechtlos angewandt, die man gelegentlich durch den Hinweis auf den Grund der Ehrlosigkeit ergänzt, indem man aus dem unehrlichen Gewerbe die Ehrlosigkeit von ammechte, aus der unehelichen Geburt die von bort folgen ließ; diese beiden Kategorien bezeichnete man auch als unecht oder skalbar, später als anrüchig. Die Reihe der unehrlichen Gewerbe war in den einzelnen Rechten verschieden; es finden sich darunter die Lohnkämpfer und ihre Kinder, Spielleute, Henker, christlichen Wucherer, Huren.

Im späteren Mittelalter schlossen sich einzelne Gruppen dieser Leute zu Genossenschaften zusammen, innerhalb deren sie als voll rechtsfähig galten. So die Spielleute zu den Pfeifergesellschaften, die Kämpfer zu den Fechtergilden.

Die Rezeption brachte wohl die zwei Begriffe der infamia iuris mediata und immediata und der infamia facti oder turpitudo. Von ihnen hatte die infamia iuris mediata Ähnlichkeit mit der Ehrlosigkeit wegen Verbrechens, die infamia facti und die infamia iuris immediata mit der Anrüchigkeit. Aber die innere Unähnlichkeit war zu groß, als daß eine volle Rezeption hätte erfolgen können; so konnte z. B. die Infamie wegen Verurteilung wegen eines Privatdelikts nicht durchdringen. Die Bedeutung der Ehrminderung für das Privatrecht hat dabei mehr abgenommen als zugenommen.

In der neueren Zeit ist die Anrüchigkeit verschwunden und der „Verlust der bürgerlichen Ehrenrechte" im wesentlichen zu einer Strafe und Verbrechensfolge geworden. (Vgl. auch ABGB. 178, 191, 768.) Insoweit kann die Ehrminderung auch heutzutage noch eine mittelbare Bedeutung für Privatrechte haben (vgl. z. B. BGB. 1680, 1781 Z. 4, 1866; ZGB. 384 Z. 2, 503, 139).

c) die **Erbunfähigkeit** (s. u. § 99 III).

2. **Relativ wirkende Beschränkungen** ergeben sich aus dem **Gesichtspunkte der Ebenbürtigkeit** (evenbort).

Diese war eine Folge der Vorstellung, daß ein Mensch besser geboren als ein anderer, dieser daher sein übergenoz und er dessen ungenoz ist, und beschränkt sich daher auf das Gebiet des Familienrechts im weiteren Sinn, einschließlich des Vormundschaftsrechts und des Erbrechts. Ihre Blütezeit war das Mittelalter; doch reicht sie in ihren Anfängen jedenfalls in die fränkische Zeit zurück. Als eine nur relative Minderung der Rechtsfähigkeit trifft sie immer nur Personen, die absolut rechtsfähig sind. Ihre Wirkung ist die, daß gewisse Rechtsbeziehungen zwischen einem Menschen und seinem Ungenossen und demgemäß auch seinem Übergenossen unmöglich sind oder doch andere Folgen haben als zwischen Genossen.

Im einzelnen ist die Ehe mit dem Ungenossen oder der Ungenossin eine **ungleiche Ehe** (Mißheirat, disparagium). Es entfällt der allgemeine Grundsatz, daß die Frau dem Stande des Mannes folgt, wenn dieser der Übergenosse ist, wogegen sie, wenigstens im Mittelalter, in den Stand des Mannes sinkt, wenn dieser ihr Untergenosse ist. Die Kinder folgen der „ärgeren Hand", d. h. sie erwerben den Stand des niederer geborenen Ehegatten. Gleichwohl besteht auch zwischen den Nichtgenossen eine bürgerliche Ehe und steht das Kind im Kindschaftsverhältnis zum übergenössischen Elternteil. Dagegen kann niemand Vormund des Übergenossen sein oder dessen Erbe nehmen.

Die vermögensrechtlichen und erbrechtlichen Wirkungen einer ungleichen Ehe können vertraglich festgesetzt werden. Solche Ehen führen dann die Bezeichnung der morganatischen Ehe (matrimonium ad legem Salicam) oder Ehe zur linken Hand; dies von der Form der Antrauung der Frau zur linken Hand, jenes von der Morgengabe (s u. § 84 I 2).

Ansätze zum Ebenbürtigkeitsrecht finden sich schon in fränkischer Zeit. Die Ehen zwischen Freien und Hörigen sind ungleiche Ehen, partikulär (Sachsen) auch die zwischen einzelnen Klassen der Freien. Im Mittelalter schlossen sich die Fürsten und Edlen gegenüber den Gemeinfreien ab. Daran hat die Ausbildung des Ritterstandes nichts geändert, da die diesem angehörigen, früher unfreien Dienstmannen den edelfreien Rittern nicht gleichgestellt wurden. Sie bildeten in ihrem Zusammenschluß zum niederen Adel (Mittelfreie) dauernd einen Stand der Untergenossen gegenüber dem edelfreien Ritter oder dem hohen Adel (Hochfreie, Semperfreie, Altfreie). Der Abschluß des niederen Adels gegenüber den nicht rittermäßigen Gemeinfreien war nur eine vorübergehende Erscheinung. Noch im Mittelalter setzte sich insbesondere der Rechtssatz durch „Ritters Weib hat Ritters Recht".

In der Neuzeit hat sich das Recht der Ebenbürtigkeit mit seinen Folgeerscheinungen kraft der dem hohen Adel zustehenden Autonomie im wesentlichen erhalten. Vereinzelt aber haben hochadlige Familien auch solche des niederen Adels als ebenbürtig anerkannt, nachdem solche Familien selbst in den hohen Adel erhoben waren und damit die Kluft zwischen Hochadel und niederem Adel überbrückt war. Ein Ebenbürtigkeitsrecht des niederen Adels ist dem gemeinen deutschen Recht der Neuzeit unbekannt.

Das BGB. hatte das Ebenbürtigkeitsrecht des hohen Adels, insoweit es auf autonomer Satzung oder Observanz beruht, durch EG. 57, 58 aufrechterhalten. Nach der RV. (109) ist es aufzuheben. Vgl. preuß. Adelsgesetz v. 23. VI. 1920.

Der Ebenbürtigkeitsgedanke hat noch im Mittelalter eine eigenartige Fortbildung erfahren, die in der Verdrängung der Geburtsstände durch Berufsstände ihren Grund hatte. Schlossen sich auch die Berufsstände nicht in gleicher Weise familienrechtlich gegeneinander ab, so bildete sich nun die Vorstellung, daß gewisse Sachen und Gewerbe mit einzelnen Ständen verknüpft seien; es entstand der Begriff des bürgerlichen Gewerbes (bürgerliche Nahrung), des Bauerngutes, des adligen Gutes usw. Diese Begriffe haben sich bis weit in die Neuzeit herein erhalten. Die Folge dieser Unterscheidungen war, daß z. B. ein adliges Gut nur von einem Angehörigen des Adelsstandes erworben werden durfte.

Erwerbs- und Verfügungsfähigkeit. § 7.

I. **Allgemeines.** Die Rechtsfähigkeit ist nur die Fähigkeit, Träger von Rechten und Pflichten zu sein, sie enthält als solche nicht die Fähigkeit zu jeglichem rechtsgeschäftlichem Erwerb und zu jeglicher rechtsgeschäftlichen Verfügung über Rechte. Die Erwerbsfähigkeit und Verfügungsfähigkeit sind zwar auch nach deutschem Recht regelmäßig mit der Rechtsfähigkeit verbunden, erweisen sich aber deutlich als deren Annexe, nicht als ihre Ausflüsse. Beide sind unabhängig von der Handlungsfähigkeit, setzen diese nicht voraus und sind nicht mit ihr gegeben.

Wie die Rechtsfähigkeit selbst sind auch Erwerbsfähigkeit und Verfügungsfähigkeit vom Recht verliehene Eigenschaften. Wie jene können sie versagt, entzogen und beschränkt werden. Die Beschränkungen hängen wie die der Rechtsfähigkeit zum Teil mit der politischen Stellung der von ihnen Betroffenen zusammen, zum Teil haben sie andere Gründe.

II. **Einzelfälle.** Die wichtigsten Erscheinungen sind folgende:

a) die Beschränkung des Erwerbs von Grundeigentum und sonstigen Rechten an Grundstücken. Diese ist Folge des Zusammenhangs von Grundeigentum und politischen Rechten. Sie betrifft daher alle diejenigen, die diese ganz oder teilweise entbehren, nämlich die Fremden, die Juden und im neuzeitlichen konfessionellen Staat die Andersgläubigen; sie ist bei den Fremden an die Stelle der früheren Rechtsunfähigkeit getreten. Im einzelnen zeigen sich manche Verschiedenheiten, die sich aus dem Zusammenwirken verschiedener Gesichtspunkte erklären.

α) Bei den Juden war von Bedeutung der Wandel der allgemeinen Rechtsstellung, der sie seit der fränkischen Zeit betroffen hat. So scheint ihnen auch der Erwerb von Grundbesitz erst im Mittelalter verwehrt worden zu sein, als sich ihre Stellung infolge des Auflebens des religiösen Fanatismus und aus der Absicht, ihre Konkurrenz im Handel einzudämmen, verschlechterte. Aber auch da ist es nur in einem Teil der Rechte zu einem völligen Ausschluß vom Grunderwerb gekommen; einige Rechte, insbesondere Stadtrechte, lassen solchen Erwerb zu, beschränken ihn aber auf Grundstücke in einer bestimmten Gegend (Judenviertel, Judengasse).

β) Entschiedener griff diese Beschränkung bei den Fremden durch, obwohl auch bei ihnen erst das Mittelalter sie herbeigeführt haben dürfte. Im Mittelalter aber war der Erwerb von Grundbesitz unter Lebenden meist an den Erwerb der Landsässigkeit oder des Gemeindebürgerrechts gebunden (landsassiatus plenus); nur vereinzelt genügte die Unterwerfung unter den dinglichen Gerichtsstand (landsassiatus minus plenus). Von Todes wegen erworbene Grundstücke mußten binnen bestimmter Frist an einen Inländer veräußert werden oder es wurde der Erwerb für nichtig erklärt. Diese Beschränkungen galten partikulär nicht nur für den Erwerb des Eigentums, sondern auch anderer dinglicher Rechte an Grundstücken, z. B. für Pfandrechte, Renten. Sie nahmen seit dem 13. Jahrhundert zu und sind im 16. Jahrhundert fast allgemein, wobei der landsassiatus plenus jünger ist als der landsassiatus minus plenus.

γ) Gegenüber Andersgläubigen sind solche Beschränkungen erst in der Neuzeit und nur sehr partikulär durchgeführt worden.

Allgemein aufgehoben wurden diese Beschränkungen erst durch das Freizügigkeitsgesetz vom 1. XI. 1867 für das Gebiet des deutschen Bundes, die Landsässigkeit für alle Deutsche schon durch die Bundesakte.

b) Beschränkung in der Veräußerung von Vermögen. Diese traf allgemein nach langobardischem Recht den leprosus, der aber gleichwohl rechtsfähig bleibt; er hat einen Unterhaltsanspruch gegen seine Verwandten und vermag sogar eine Ehe zu schließen. Ferner trifft sie nach den meisten Rechten des Mittelalters den im Siechbett Liegenden hinsichtlich letztwilliger Verfügungen, teilweise auch hinsichtlich sonstiger Verfügungen über Grundeigentum.

Die ausreichende Gesundheit erkannte man an äußeren Merkmalen, indem man von dem Veräußernden bestimmte Kraftproben verlangte. Er mußte gerüstet ein Pferd besteigen können, wobei allenfalls ein hengstmäßiges Pferd gefordert wird, oder ohne Hilfe, ungehabt und ungestabt, zu Gericht oder zur Kirche gehen, oder einen umbgang umbpflügen können, oder er durfte nur vergeben, was er über das bettbrett hinwegreichen kann.

Diese Beschränkungen auf Grund körperlicher Krankheit verschwinden seit dem Mittelalter und machen einer stärkeren Berücksichtigung der geistigen Gesundheit Platz, die aber in einer Beschränkung der Handlungsfähigkeit ihren Ausdruck findet (s. u. § 8). Immerhin haben sie sich partikulär auch in der Neuzeit noch erhalten. Dem geltenden Recht sind sie fremd.

c) Erfordernis der Genehmigung zu Rechtsgeschäften. Typische Beispiele hierfür sind der für Hörige erforderliche Ehekonsens des Herrn, aus dem Recht der Neuzeit die Genehmigung von Darlehnsgeschäften, Eheschließungen, Gewerbebetrieb von Beamten.

Mündigkeit (Handlungsfähigkeit). § 8.

I. **Allgemeines.** Die Handlungsfähigkeit, d. h. Fähigkeit, alle Rechtshandlungen mit voller rechtlicher Wirkung vorzunehmen, hing in älterer Zeit von der Erreichung eines bestimmten Alters und dem Ausscheiden aus dem elterlichen Hause, dem Besitze des männlichen Geschlechts und geistiger und körperlicher Gesundheit ab. Sie war gleichbedeutend im wahren Wortsinn mit der Mündigkeit, indem der Handlungsfähige einer fremden Munt nicht bedurfte; er war sin egen vormunt, er war selfmundich (selpmundius). Der Unmündige stand notwendig unter fremder Munt; ihm vermittelte die Tätigkeit eines Muntwalts allen oder doch einen Teil des rechtsgeschäftlichen Rechtserwerbs. Die Unmündigkeit aber war nach deutschem Recht nicht eine absolute Handlungsunfähigkeit; sie äußerte sich darin, daß der Unmündige gewisse Rechtshandlungen nicht vornehmen durfte, und daß er alle Rechtshandlungen nach erreichter Mündigkeit widerrufen konnte. Von Rechts wegen unmündig waren Minderjährige, Hauskinder, Frauen und Kranke.

Außer der gesetzlichen kannte das Mittelalter eine gewillkürte Unmündigkeit. Wer des Vormunds kraft Gesetzes nicht mehr bedurfte, konnte ihn freiwillig beibehalten oder freiwillig einen Vormund wählen. Die Munt, unter die er sich freiwillig begab, machte ihn handlungsunfähig in dem erörterten Sinne.

Wie in diesen Fällen die Beschränkung der Handlungsfähigkeit nur kraft Willensaktes eintrat, so geschah dies ähnlich durch die seit dem Mittelalter vorkommende Entmündigung, die gerichtliche Absprechung der Mündigkeit. Diese konnte zuerst bei Verschwendern erfolgen, später auch bei Geisteskranken, in neuester Zeit auch wegen Trunksucht; die Entmündigung wegen Verschwendung setzte entweder Gefahr des Notstandes voraus (österreichisches Recht; BGB. 6; ZGB. 370) oder eine Vermögensvergeudung (ALR.).

II. **Einzelfälle.** 1. Minderjährige. Mündigkeitstermine hat das ältere Recht nur für Männer gekannt (s. u. 2). Für diese aber ist der Mündigkeitstermin der der Wehrhaftmachung, da nur der Wehrhafte in der Lage war, sein Recht auch bis zum Ende zu verteidigen und die Wehrhaftmachung an die körperliche Reife anknüpfte. Erst die fränkische Zeit geht dazu über, die Erlangung der Mündigkeit an die Erreichung bestimmter Altersgrenzen zu binden. Aber auch der seinem Alter nach mündige Mann stand noch unter der hausherrlichen Munt (s. u. § 83), solange er nicht im eigenen Hause war.

Die ältesten bekannten Mündigkeitstermine liegen sehr früh. Zehn Jahre ist der Termin bei Angelsachsen und (ursprünglich) Saliern, fünfzehn Jahre bei den Ribuariern, zwölf Jahre bei anderen Stämmen. Die weitere Entwicklung geht einen doppelten Weg. Die meisten Rechte tragen den Ansprüchen, die die veränderten Lebensverhältnisse stellen, dadurch Rechnung, daß sie den Termin hinausschieben.

Die Erhöhung des Mündigkeitstermins erfolgte in den einzelnen Rechten sehr ungleich. Man findet Termine von 14, 15, 16, 17, 18, 20, 21, 24, 25 (Schwabenspiegel) Jahren. Sehr verbreitet war der Termin von 18 Jahren, den die Goldene Bulle zu dem der Kurfürsten bestimmt hatte.

Dagegen ist das sächsische Recht bei seinem alten Termin von 12 Jahren stehen geblieben, hat ihm aber einen zweiten von 21 Jahren hinzugefügt. Bis zu 12 Jahren war man binnen sinen jaren, mit 12 Jahren kam man zu sinen jaren, wurde mündig, mit 21 Jahren zu sinen tagen. Die tage waren die Zeit der Mündigkeit. Vor deren Erreichung und nach Ablauf des zwölften Jahres konnte der Unmündige einen Vormund haben, wenn er wollte, und dies war die Regel; hier wurde die freiwillige Vormundschaft praktisch.

Ebenso aber konnte auch derjenige, der über 60 Jahre, der boven sine dage gekommen, getaget war, wieder unter Vormundschaft treten.

Spätestens im Mittelalter aber bekommt auch die Unmündigkeit insofern einen anderen Inhalt, als sie jede Beziehung zur Waffenunfähigkeit verliert. Man wird mündig, nicht, weil man waffenfähig, sondern weil man zu Verstand, zu den anni intellegibiles, zu den kenntlichen oder den bescheidenen Jahren gekommen ist, unterscheiden und erkennen kann.

Die Notwendigkeit, das Alter zu beweisen, zwang noch im Mittelalter oft dazu, zu älteren Merkmalen zurückzukehren. Da das Geburtsjahr vielfach nicht bekannt und schwer festzustellen war, hielt man sich im sächsischen Recht in Zweifelsfällen an die Zeichen der Geschlechtsreife und ließ den Geschlechtsreifen zu seinen Tagen gekommen sein.

Der Einfluß der Rezeption machte sich grundsätzlich dadurch geltend, daß nunmehr eine Stufe der absoluten Handlungsunfähigkeit bis zur Erreichung des 7. Lebensjahres aufgenommen wurde, die Stufe der infantia, dagegen wurde die römische Unterscheidung von impuberes und minores nur partikulär und äußerlich rezipiert, indem die Rechtsstellung beider Klassen die gleiche war; sie waren unfähig, sich rechtlich zu verpflichten. Der Mündigkeitstermin des gemeinen Rechts war das 25. Lebensjahr. Andere Rechte nahmen das 21., 22., 23., 24. (ABGB. seit 1919: 21) Jahr an; der hohe Adel blieb bei 18 Jahren stehen. In dieser Beziehung schuf erst das Personenstandsgesetz (1875) Einheit mit dem Termine von 21 Jahren, dem nur der hohe Adel nicht unterworfen wurde.

Wesentlich der Neuzeit gehören besondere Mündigkeitstermine, z. B. für Verlöbnis, Eheschließung, Testamentserrichtung, Wechselverkehr an, ferner die Verleihung der Mündigkeit an noch nicht volljährige Personen, die aber auch im Mittelalter schon Kaiser und Landesherren, auch die kaiserlichen Hofpfalzgrafen vorgenommen hatten (Jahrgebung); hier wurde die venia aetatis rezipiert.

Das geltende Recht Deutschlands steht auf römischem Boden, indem es zwischen dem Geschäftsunfähigen (bis 7 Jahre) und dem Geschäftsbeschränkten (7—21 Jahre) scheidet (104, 106 BGB.). Es kennt ferner die Volljährigkeitserklärung (BGB. 3). Dagegen knüpft ZGB. (13) die Handlungsfähigkeit an Vollendung des 20. Lebensjahres und Urteilsfähigkeit; diese wird insbesondere im „Kindesalter" (keine Jahresgrenze!) als fehlend vermutet (16). Außerdem hat ZGB. (14 II; vgl. auch 96 II), entsprechend einzelnen früheren Rechten, den Satz „Heirat macht mündig" aufgenommen, der in Deutschland nur in der Neuzeit partikulär gegolten hatte. Auch Sondertermine haben sich erhalten, so für die Eheschließung von Frauen (BGB. 1303 = 16 Jahre; ZGB. 96 = 18 Jahre), die Testamentserrichtung (BGB. 2229; ZGB. 467).

2. Frauen. Diese waren in älterer Zeit lebenslang muntbedürftig; sie standen unter der Munt des Vaters oder des Vormunds oder des Ehemanns. Nachdem die Mündigkeit von der Waffenfähigkeit unabhängig geworden und damit der innere Grund für die Muntbedürftigkeit der Frau weggefallen war, konnte das mittelalterliche Stadtrecht zunächst die Handelsfrauen und Kauffrauen von ihr befreien. Dagegen erzeugte auch im Mittelalter die Waffenunfähigkeit der Frau ihre Lehnsunfähigkeit und das Landrecht blieb vielfach auf dem alten Standpunkte, von gewissen Ausnahmen, insbesondere zugunsten von Witwen abgesehen.

Die neuzeitliche Entwicklung stand unter dem Einfluß des römischen Rechts, aus dem man die weiblichen Rechtswohltaten rezipierte; die Entwicklung im ganzen weist in einigen Rechten eine rückläufige Bewegung auf. Die Beschränkungen der Frauen in der Handlungsfähigkeit wurden vielfach damit begründet, daß deren Verstand „schwach und leichtlich zu vernachtheilen" ist. Doch sind die neueren Rechte (ALR., C. c.) im wesentlichen zur Gleichstellung der Geschlechter gelangt, worin ihnen das geltende Recht folgt (vgl. auch RV. 109). Einzelne Beschränkungen kannte insbesondere ABGB. (z. B. 192, 198, 591, 434), die aber 1915/16 aufgehoben sind. Landesrechtlich bestehen Beschränkungen noch im Lehnrecht, Fideikommißrecht und Bauerngüterrecht.

Über die Rechtsstellung der Zwitter fehlen aus dem Mittelalter ausreichende Aufschlüsse. Nach der Rezeption zählte man sie entweder, dem römischen Recht entsprechend, dem vorherrschenden Geschlecht zu, oder man ließ die Eltern (oder auch den Zwitter selbst) das Geschlecht wählen. Das geltende Recht (schon ABGB.) kennt keine Zwitter.

3. Kranke. Das ältere Recht berücksichtigt den Mangel der körperlichen Gesundheit, indem es daran Erbunfähigkeit und Lehnsunfähigkeit knüpfte (s. u. §§ 49, 99); auch die Vornahme einzelner Rechtsgeschäfte war von körperlicher Gesundheit abhängig (s. o. § 7 IIb). Außerdem sind bestimmte Kranke, wie der Aussätzige (leprosus, miselsuchtig), auch Taube und Stumme unter Vormundschaft gestellt worden. Daneben macht sich schon im Mittelalter der später herrschend gewordene Gedanke geltend, daß nicht die

körperliche, sondern die geistige Gesundheit maßgebend sein müsse. Der geistig Kranke aber (sinneloser, unsinniger man, rechter dor, geck) stand im Mittelalter unter Vormundschaft.

Der Rechtszustand der Neuzeit wurde unter dem Einfluß des römischen Rechts sehr verschieden. Hervorzuheben ist die Ausbildung eines besonderen Entmündigungsverfahrens und die Ausbildung der Entmündigung, die den Entmündigten unabhängig von seinem tatsächlichen Geisteszustand der Handlungsfähigkeit beraubt. Die Beschränkung der körperlich Kranken findet sich nur noch vereinzelt.

Das geltende Recht nimmt auf die körperliche Gesundheit keine Rücksicht. Dagegen kann der Geisteskranke nach BGB. entmündigt und dadurch geschäftsunfähig werden (6, 104); ferner nimmt der Mangel freier Willensbestimmung die Geschäftsfähigkeit (104). ZGB. greift weiter, da es die Handlungsfähigkeit von der Urteilsfähigkeit abhängen läßt.

§§ 9—12. Verbandspersonen (Genossenschaften und Körperschaften).

Begriff, Geschichte und Theorien. § 9.

I. **Begriffliches.** Körperschaften sind Verbindungen einer Vielheit von Einzelpersonen zu einer Einheit, denen die Rechtsordnung als solchen Rechtsfähigkeit verliehen hat; aus Einzelpersonen zusammengesetzt, stellen sie als Ganzes selbst wiederum eine Einzelperson dar, die man Gesamtperson (Verbandsperson) nennen kann. Der tragende Gesamtwille ist von der Rechtsordnung aus der Summe der Einzelwillen abstrahiert (vgl. § 4 I). Als zusammengesetzte Person bedarf die Körperschaft im Gegensatz zur Einzelperson der inneren rechtlichen Ordnung.

II. **Geschichte.** 1. Bis zur Rezeption. Dem ältesten Recht sind Körperschaften unbekannt. Zwar fehlen auch der Frühzeit nicht völlig die tatsächlichen Erscheinungen, die zur Ausbildung der Körperschaft drängen, der Zusammenschluß mehrerer Personen auf Grund gemeinschaftlicher Interessen und die überindividuelle Art dieser Interessen, kraft deren sie den Wegfall eines oder aller ursprünglichen Interessenträger überdauern können. Aber andere Gründe standen der Entwicklung der Körperschaft entgegen. Es fehlte die Fähigkeit der Abstraktion, durch die allein der

Weg zur Erkenntnis der als solcher unsichtbaren Einheit des Personenverbandes geöffnet werden konnte; das Bedürfnis nach sinnlicher Anschauung heftete den Blick fest auf die als solche sichtbare Vielheit der Verbandsglieder. So sind schon aus diesem Grunde die ältesten Personenverbände Genossenschaften, bei denen die Vielheit der Personen nicht zur Einheit entwickelt ist und in der Form der Gesamthandschaft ihre Regelung findet (vgl. §§ 14ff.). Zudem war in der Hausgenossenschaft, dem Typus des herrschaftlichen Verbandes, die Stellung des Hausherrn so überragend (s. u. § 83 I), daß sie die Gemeinschaftlichkeit von Interesse und Recht verdeckte; der Hausherr erschien dem oberflächlichen Blick als der allein Berechtigte. Andererseits war die Markgenossenschaft, der Typus des genossenschaftlichen Verbandes, in der älteren Zeit infolge ihrer Geschlossenheit tatsächlich von gemeinsamem Handeln der Markgenossen getragen.

Bei den genossenschaftlichen Verbänden führten die tatsächlichen Bedürfnisse frühzeitig zu einer tatsächlichen inneren Organisation. Die Markgenossenschaft bedurfte einer formellen Leitung genau so wie der politische Verband. Die Ausübung der Mitgliedschaftsrechte mußte bestimmten Regeln unterstellt werden, je mehr die rein gemeinschaftliche Nutzung des Gemeinschaftsgutes der Sondernutzung Platz machte. Die Nichteinhaltung von Gemeinschaftsbeschlüssen zwang zur Ausbildung eines genossenschaftlichen Strafrechts und Zwangsverfahrens. Dieser innere Ausbau erzeugt Ähnlichkeit mit den Gebilden, die später als Körperschaften oder juristische Personen erscheinen. Er erzeugt aber keine Gleichheit, da es an dem allein entscheidenden Moment, der Verleihung der Rechtspersönlichkeit an diese Verbände durch die Rechtsordnung fehlt. Immerhin wird diese Verleihung durch die innere Organisation vorbereitet. Auf dem Wege der Entwicklung von der reinen Gesamthandschaft zur juristischen Person stellen diese organisierten Gemeinderschaften eine Phase dar, die man als *Genossenschaft* bezeichnen kann. Eigentümlich ist diesen Genossenschaften, daß sie, auch hierdurch die Körperschaft vorbereitend, die Individualität ihrer Mitglieder allmählich zurückdrängen.

In der *fränkischen Zeit*, noch mehr im Mittelalter, *beginnt man in der Markgenossenschaft eine von der Summe der Einzelpersonen verschiedene*, und daher von deren Wechsel völlig unberührte *Einheit zu sehen und von den sinnlichen Trägern zu abstrahieren*. Gleichzeitig dringt das Majoritätsprinzip durch als deutlichstes Merkmal der werdenden Einheit.

Der Fortschritt kommt zum Ausdruck in der Terminologie, wenn das Subjekt der der Markgenossenschaft zustehenden Rechte bezeichnet werden soll. Da werden nicht nur die commarcani, pagenses, vicini, merker, nachbarn genannt, sondern auch die communitas, villa, gemeinde, burscap. Allerdings ist die Terminologie während des ganzen Mittelalters wechselnd und schwankend gewesen.

Klarer noch zeigt sich diese neue Auffassung bei der Stadtgemeinde, bei der noch deutlicher die Interessen des Einzelnen und der Gesamtheit als solcher sich scheiden, und beeinflußt nun auch die anderen Verbände der Gilden, Zünfte und wirtschaftlichen Genossenschaften. Ihnen allen erkennt nun das Recht die Rechtsfähigkeit als Verbänden zu, unabhängig von der Persönlichkeit der sie aufbauenden Glieder. Damit aber ist die Körperschaft entstanden. Die durch ihren inneren Ausbau körperschaftsähnliche Genossenschaft ist zur Körperschaft geworden. Sie ist nach außen hin Einzelperson.

Eine Frage für sich ist es, wann der einzelne Verband und wann die einzelne Verbandsart unbestritten als Körperschaft anerkannt wurde. Man wird diese Wandlung ebensowenig schon in die Zeit setzen dürfen, in der erstmalig von einer communitas usw. die Rede ist, wie erst in diejenige, in der der Gebrauch der Worte merker, nachbarn usw. aufgehört hat. Der Zeitpunkt ist nicht nur territorial verschieden, sondern wohl auch für einzelne Verbände der gleichen Art, indem die eine Markgenossenschaft früher, die andere später ihre Anerkennung als Körperschaft durchsetzte. Zudem ist bei der Schwierigkeit der erforderlichen Abstraktion lange Zeit hindurch mit einem Schwanken der Auffassung zu rechnen. Die gleiche Gemeinschaft mochte heute als juristische Person, morgen nicht als solche anerkannt werden.

Auf einem anderen Blatt steht es, daß die Anerkennung der Körperschaft nicht auch zu einer völligen Scheidung zwischen ihr und den sie bildenden Einzelpersonen geführt hat. Die Rechtssphären der sie bildenden Einzelpersonen einerseits und der Körperschaft andererseits werden nicht so scharf getrennt, wie die von Einzelpersonen es sind. Das deutsche Recht hat nicht darüber hinweggesehen, daß die Mitglieder der Körperschaft jedes für sich Rechtspersönlichkeit haben und diese einzelnen Persönlichkeiten es sind, aus denen die Gesamtpersönlichkeit der Körperschaft sich aufbaut, ohne daß sie durch die Gesamtpersönlichkeit aufgesogen zu werden brauchten. Das einzelne Mitglied der Körperschaft hat dieser gegenüber, die Körperschaft ihm gegenüber, eine besonders geartete Rechtsstellung, die nur Mitgliedschaft begründen kann. Die Rechtsbeziehungen zwischen Mitglied und Körperschaft sind anders geartet als irgendwelche Rechtsbeziehungen zwischen Einzelpersonen oder auch zwischen einer Körperschaft und einer Einzelperson, die nicht ihr Mitglied ist. Es sind Rechtsbeziehungen, die nur innerhalb einer Körperschaft möglich sind und in deren Innenleben die Vielheit bewahren, die nach außen hin verschwunden ist; sie werden daher als sozialrechtliche bezeichnet.

Die Anerkennung der Einheit der Körperschaft hat in einzelnen Fällen auch in deren Verhältnis nach außen hin die Vielheit der Glieder nicht völlig verdeckt. So kam es vor, daß für Delikte der Gesamtheit einzelne Mitglieder in Anspruch genommen wurden, wobei dahingestellt bleiben kann, inwieweit es sich hierbei um Schuld oder nur um Haftung des Einzelnen handelte. Oder es wurde eine Klage von allen Bürgern einer Stadt erhoben oder gegen sie alle gerichtet. Dagegen war es nur eine tatsächliche Wirkung gegen die Vielheit, wenn der über eine Stadt verhängte Bann die einzelnen Bürger traf. Die Körperschaft blieb bei all dem Einheit und löste sich nicht in Vielheit auf.

Im Innern führte die Tatsache der Rechtspersönlichkeit der Glieder dazu, daß am Vermögen der Körperschaft, z. B. am Grund und Boden der Markgenossenschaft, sowohl die Gesamtheit als jeder Einzelne Rechte haben konnte. Daß diese Rechte nicht als iura in re aliena galten, erklärt sich einmal daraus, daß zu der Zeit, als sie sich bildeten, der Begriff der iura in re aliena überhaupt fehlte, ferner aus der Teilbarkeit des Eigentums (s. u. § 31), endlich aber daraus, daß sie ein alienus schlechthin nicht haben konnte, da sie überhaupt nur sozialrechtlich bestanden.

Die Anerkennung der Körperschaft zog die Bildung von Handlungs- und Willensbildungsorganen nach sich und hatte sie zur Voraussetzung. Die Ansätze waren in der Organisation der Genossenschaft vorhanden. Es bedurfte nur einer Umwertung der schon früher für die Genossen auftretenden einzelnen Mitglieder; sie wurden aus Vertretern der Genossen Organe der Körperschaft. Die Mitgliederversammlung konnte schon bisher den Willen der Genossen zum Ausdruck bringen; sie bildete nunmehr den Willen der Körperschaft, der aus den Einzelwillen der Mitglieder abstrahiert wurde und mit der nun steigenden Anerkennung des Mehrheitsprinzips immer deutlicher als Wille des einheitlichen Ganzen erkennbar wurde.

2. Rezeption und Neuzeit. Das römische Recht ging in der von den italienischen Juristen gegebenen Form von dem scharfen Gegensatz von societas und universitas aus. Diese ist Rechtssubjekt, nach außen hin Einheit, die die Vielheit der Mitglieder völlig absorbiert; daher der bekannte Satz: si quid universitati debetur, singulis non debetur, nec quod debet universitas, singuli debent. Die societas aber ist nicht Rechtssubjekt, sondern nur Rechtsverhältnis und nur Vielheit.

Der Gegensatz zwischen universitas und societas ist von den römischen und italienischen Juristen schärfer durchdacht worden, als dies dem deutschen Mittelalter möglich war. Daraus ergab sich eine folgerichtigere Behandlung der societas in der Praxis und eine schärfere begriffliche Erfassung der universitas. Aber ein begrifflicher Gegensatz zwischen der römischen universitas und der deutschen Körperschaft ist dadurch nicht aufgedeckt worden, soweit man allein die Beziehungen des Verbandes zu Dritten ins Auge faßt; nach außen hin ist die universitas Einzelperson wie die Körperschaft. Der Gegensatz zeigt sich erst dann klar, wenn man sich zur Betrachtung des Innenlebens wendet.

Im Innenverhältnis entbehrt die römische universitas der Rezeption der Fülle von Formen, die das deutsche Sozialrecht ausgebildet hatte. Hier widersprach das römische Recht dem deutschen und war ungeeignet, zur Norm für die Regelung der körperschaftlichen Verhältnisse zu werden.

Neuestens wird behauptet, daß die Armut des rezipierten römischen Rechts an sozialrechtlichen Sätzen nicht auch dem älteren römischen Recht angehörte, sondern erst das „Resultat eines langdauernden Entwicklungsprozesses ist". Immerhin wird die deutsche Rechtsgeschichte an Reichtum der Körperschaftsformen und Vielgestaltigkeit ihres inneren Aufbaus auch dann unerreicht bleiben, wenn, wie vermutet wird, der Gedanke des Sozialrechts in der Frühzeit des römischen Rechts genau so bekannt war wie dem deutschen Recht.

Gleichwohl wurden die deutschen Körperschaften nach der Rezeption den für die universitas geltenden Sätzen unterworfen und dadurch schwer geschädigt, denn der Mangel der inneren Organisation machte sich auch im Außenleben geltend. Er verhinderte das Verständnis für die Handlungen von Organen als Handlungen der Körperschaft selbst. Man faßte die für die Körperschaft handelnden Personen als Vertreter auf, wie sie anscheinend gleicherweise die Minderjährigen und Wahnsinnigen hatten, und stellte schließlich die Körperschaften unter Vormundschaft. Dem römischen Recht entsprechend wurde die Körperschaft wesentlich nur als Vermögenssubjekt anerkannt, die Deliktsfähigkeit aber verneint.

So griff die Rezeption störend in die Entwicklung der Körperschaft ein. Die reine Erkenntnis des logischen Gegensatzes von Einheit und Vielheit wurde erkauft durch die Zerstörung der sozialrechtlichen Erscheinungen und den Verlust des deutschrechtlichen Gedankens einer parallelen Ausgestaltung von Einzelperson i. e. S. und Verbandsperson; denn in diesem Punkte, in den Folgerungen aus der Persönlichkeit für die Bewegungsfreiheit der Körperschaft im Rechtsleben war das deutsche Recht dem römischen überlegen gewesen. Hand in Hand damit ging eine Unterdrückung des Verbandslebens überhaupt.

Die Neubelebung der deutschrechtlichen Ideen erfolgte unter dem Einfluß der naturrechtlichen Gesellschaftslehre, der sich in den Kodifikationen des ausgehenden 18. und beginnenden 19. Jahrhunderts geltend machte. Späterhin waren es insbesondere die Vertreter der Genossenschaftstheorie (s. u. III), die das Verständnis für das deutsche Verbandsrecht weckten. Dies führte wiederum zu einem Aufblühen der Verbände, die an Zahl und Art ständig wuchsen. Immerhin ist in Deutschland erst mit dem BGB. der Anschluß an die durch die Rezeption abgebrochene deutschrechtliche Entwicklung erreicht worden.

III. Körperschaftstheorien.

1. Während die tatsächliche Bildung von Personenverbänden schon im Mittelalter zu einer Anerkennung ihrer Rechtsfähigkeit geführt hat, ist man in gleicher Zeit einer Erklärung dieser neu geschaffenen Gesamtpersonen nicht näher getreten. Das deutsche Mittelalter kennt keine Theorien über die juristische Person. Infolgedessen bewegte sich die gelehrte Jurisprudenz der Neuzeit auf dem Boden der romanistisch-kanonistischen Korporationslehre. Diese ist das Ergebnis einer Verschmelzung der Ansichten, die von den Glossatoren einerseits, den Kanonisten andererseits aufgestellt waren.

Die Glossatoren (Hugolinus, Tillius, Placentinus, Roffredus) anerkannten die universitas als corpus unum und als Rechtssubjekt. Sie ist ihnen aber nichts anderes als die Summe, die Gesamtheit der in ihnen enthaltenen singuli. Das Wesen der universitas wird von ihnen nicht untersucht und daher diese wichtigste Frage nicht gelöst. Erst die Kanonisten sind zu einer Lösung gelangt, an ihrer Spitze Innocenz IV., dem sich andere, wie z. B. Hostiensis, Durantis, Joh. Andreae weiterbauend anschlossen. Der hier sich zeigende Fortschritt ist mit veranlaßt durch die Veränderung des Untersuchungsobjekts. Während für die Glossatoren der Staat im Mittelpunkt steht, ist es hier die Kirche; jene gehen von einer Erscheinung aus, die wir heute als Körperschaft bezeichnen können, diese von einem Gebilde, das wir Anstalt nennen. Dies führte zu einer anstaltlich gefärbten Umprägung des Korporationsbegriffes. Das durch die göttliche Stiftung und Leitung der Kirche eingeführte transzendentale Moment erleichterte ihnen die Scheidung des in der universitas (ecclesia) gegebenen corpus von den singuli. In folgerichtigerer Betonung der Rechtssubjektivität dieser universitas aber, nannten sie auch die universitas eine persona. Ihrem Wesen nach aber war ihnen diese Person ein nomen intellectuale et res incorporabilis und verglichen mit der sichtbaren Einzelperson eine persona ficta, die in scharfem Gegensatz zu ihren Gliedern, aber auch zur societas steht.

2. Die romanistisch-kanonistische Korporationstheorie, die von den Postglossatoren namentlich Baldus und Bartolus in Einzelheiten weiter ausbildeten, war die Fiktionstheorie. Diese hat Wissenschaft, Praxis und Gesetzgebung der Neuzeit zunächst ausschließlich beherrscht. Dabei ist sie innerlich feiner ausgebaut worden. Insbesondere ist erst die Wissenschaft der Neuzeit dazu gelangt, die Scheidung zwischen Körperschaft und Anstalt durchzuführen, indem sie weder einseitig auf den Staat, noch einseitig auf die Kirche abstellte, sondern beide gleicherweise untersuchte und so im Staate den Typus der Körperschaft, in der Kirche den Typus der Anstalt erkannte. Terminologisch trat neben die persona ficta die persona imaginaria oder mystica.

3. Im Widerspruch zur Fiktionstheorie, weil im Widerspruch zum Körperschaftsbegriff überhaupt, stand die naturrechtliche Gesellschaftslehre, die alle Personenverbindungen auf den Sozietätsvertrag gründete und die Körperschaft in die durch Vertrag verbundene Vielheit der Mitglieder auflöste. Wo sie in reiner Form zum Durchbruch kam, war der nun die Bezeichnung „persona ficta" vielfach verdrängende Name der „moralischen Person" nur „ein Name für die Zusammenfassung von Individuen", nicht für eine selbständige, einheitliche Verbandsperson. Diese körperschaftsfeindliche Auffassung gewann auch auf die Gesetzgebung Einfluß, so z. B. mit einigen Abschwächungen auf das ALR.

4. In der ersten Hälfte des 19. Jahrhunderts griff die Wissenschaft unter Führung von Savigny entschieden auf die Fiktionstheorie zurück, die nun eine weitreichende Herrschaft, nicht nur bei romanistischen, sondern auch bei germanistischen Schriftstellern erlangte; durch Savigny ist auch der Name „juristische Person" allgemein geworden. Nur vereinzelt machte sich Widerspruch geltend, der entweder die Verbandspersönlichkeit überhaupt leugnete (Brinz, Ihering), oder gerade die Realität der Verbandspersönlichkeit betonte. Der Gedanke der Realität der Verbandsperson ist die Grundlage für die von Beseler begründete, von O. Gierke ausgebaute Genossenschaftstheorie oder organische Theorie. Diese kann auch als germanistische Theorie bezeichnet werden, aber nicht so sehr deshalb, weil sie zuerst von Germanisten vertreten wurde, sondern, weil sie dem deutschen Denken verwandter ist als die Fiktionstheorie.

Der Kern der organischen Theorie ist der Satz, daß die Verbandsperson „eine wirkliche und reelle Person gleich der Einzelperson" ist; sie steht somit im schärfsten Gegensatz zur Fiktionstheorie. Von hier aus ist der Name der juristischen Person zu verwerfen, denn die Verbandsperson ist wie die Einzelperson das Ergebnis einer „Abstraktion, die aus der Wirklichkeit einen Teilinhalt heraushebt", ist also nicht mehr und nicht weniger als diese juristische Person. Als reelle Person ist die Verbandsperson fähig, einen Gesamtwillen, den Verbandswillen, zu bilden. Sie steht aber auch sonst im Rechtsleben der Einzelperson insolange gleich, als nicht der Gegensatz zwischen der psycho-physischen Einheit der Einzelperson und der Zusammensetzung der Verbandsperson aus Einzelpersonen Abweichungen erzeugt.

§ 10. Rechtsverhältnisse.

Unter den die Körperschaft beherrschenden Rechtssätzen sind die sozialrechtlichen Sätze, die das Innenleben der Körperschaft regeln, von denen zu scheiden, die die Stellung der Körperschaft als Einheit im Rechtsleben bestimmen. Diese Unterscheidung gewinnt erhöhte Bedeutung dadurch, daß das Außenleben der Körperschaft im Laufe der Entwicklung abhängiger erscheint von den jeweiligen Körperschaftstheorien als das Innenleben.

I. Die das Innenleben der Körperschaft regelnden Sätze sind die über Organisation, Bildung des Körperschaftswillens und Mitgliedschaft. Sie ruhen auf der oben (§ 9 II 1) betonten Eigenart der deutschen Körperschaft, die Vielheit der Mitglieder nicht zu zerstören, sondern im Gegenteil zum inneren Ausbau zu verwerten.

1. Jede Körperschaft unterscheidet sich von der Gesellschaft durch ihre Organisation, durch das Vorhandensein von Organen, die teils der Willensbildung dienen, teils Handlungsorgane sind, deren die Körperschaft als Einheit im Gegensatz zu der nur in einer Vielheit bestehenden Gesellschaft bedarf.

Im Mittelalter ist es nicht selten, daß sämtliche Mitglieder der Körperschaft handelnd auftreten. Aber schon seit ältester Zeit findet sich auch ein besonderes Handlungsorgan, dem später der Name des Vorstandes beigelegt wird. In der Markgenossenschaft ist dies der Markmeister (s. u. § 11 I 1), in der Zunft sind es die Zunftmeister (s. u. § 12 II 2); die neueren Gesetze sprechen durchweg vom Vorstand, der aus einer oder mehreren Personen bestehen kann (BGB. 26; HGB. 231).

Daneben sind für einzelne Funktionen besondere Handlungsorgane häufig, wie z. B. Markschöffen, Deichgeschworene, Zunftgericht zu Zwecken der Rechtsprechung und Polizei, Wahlausschüsse als Wahlorgane, in den modernen Kapitalgenossenschaften Aufsichts- und Kontrollorgane (Aufsichtsrat der A.-G., Revisoren).

Die Handlungen der Organe sind rechtlich Handlungen der Körperschaft. Die Organe sind nicht Vertreter im Sinne einer Stellvertretung.

Das Wesen des Organismus kann nicht in den Organen gesehen werden. Organe sind jedem Organismus eigentümlich, an ihrem Dasein ist der Organismus äußerlich erkennbar, und sie verleihen ihm seine „eigenartige Struktur"; aber er erschöpft sich nicht in ihnen, und sie vermögen ihn nicht zu erklären. Entscheidend ist vielmehr die Tatsache der Organisation als solcher, d. h. des geordneten Zusammenschlusses von Vielheiten zu einer Einheit, wobei durch das Ineinandergreifen der einzelnen Teile und ihre gegenseitige Abhängigkeit von und ihr gegenseitiges Einwirken aufeinander die Einheit geschaffen und erhalten wird. Dieser Zusammenschluß wird erreicht durch Rechtssätze, und daher kann man von einer „rechtlichen Organisation" der Körperschaft sprechen. Doch darf nicht verkannt werden, daß auch diese Umschreibung des Begriffs des Organismus keine Erklärung bedeutet. Der Organismus bleibt trotz ihrer, wie selbst der Hauptvertreter der organischen Theorie, Gierke, anerkennt, ein „ungelöstes Rätsel".

2. Der Bildung des körperschaftlichen Gesamtwillens dient seit ältester Zeit als Organ der Körperschaft die Mitgliederversammlung. Sie ist bis heute in der Regel eine Versammlung der Mitglieder im wahren Sinn des Wortes. Doch sieht das neuere Recht vom Erscheinen aller Mitglieder ab und läßt ausnahmsweise (GmbHG. 48, BGB. 32 II; ZGB. 66 II) einen Ersatz durch schriftliche Willenserklärung der einzelnen nicht versammelten Mitglieder zu. Nur selten und nur im neueren Recht finden sich Körperschaften, denen die Mitgliederversammlung überhaupt fehlt. Die Willensbildung in der Versammlung erfolgt durch Beschlußfassung. Hierfür gilt seit dem Mittelalter grundsätzlich das Mehrheitsprinzip; so auch im geltenden Recht (BGB. 32 I; ZGB. 67 II; HGB. 251), doch sind dem Mittelalter wie dem geltenden Recht Beschlüsse mit verstärkter Mehrheit ($^2/_3$, $^3/_4$) für besondere Fälle bekannt.

Im Vergleich mit anderen Organen der Körperschaft kann man die Mitgliederversammlung als oberstes Organ bezeichnen (so ausdrücklich ZGB. 64 I).

3. Der Erwerb der Mitgliedschaft beruht in älterer Zeit, solange nur die Markgenossenschaft in Frage kommt, nicht auf einer ausdrücklich hierauf gerichteten Erklärung, sondern ist Folge anderer Tatsachen; er knüpft sich zuerst an die Teilnahme an dem Ansiedlungsverbande, an den Erwerb von Grund und Boden in der Markgenossenschaft. Im Mittelalter konnte sodann Mitgliedschaft durch Geburt erworben werden, so z. B. in den Personalgemeinden, später

auch in den Zünften. Die Regel aber wird, in der Neuzeit die fast ausnahmslose Regel, die Aufnahme, also Begründung der Mitgliedschaft durch Willensakt der Körperschaft und des eintretenden Mitgliedes.

II. Die Rechtssätze, die das Außenleben der Körperschaft regeln, sind die über ihr Entstehen, Erwerb der Rechtsfähigkeit und deren Ausmaß und Handlungsfähigkeit.

1. Die Entstehung einer Körperschaft setzt das Vorhandensein eines personenrechtlichen Verbandes voraus, des sogen. persönlichen Substrats. Dieser Verband unterscheidet sich nach der Ausbildung des Körperschaftsrechtes schon in seiner Entstehung von einer Gesellschaft, da er auf einem sozialrechtlichen, durch das Zusammenwirken der Gründer geschaffenen Gesamtakt, einem Konstitutivakt, nicht wie diese auf einem Vertrag beruht. Insoweit sich einzelne Genossenschaften zu Körperschaften entwickelt haben, kann dieser Unterschied fehlen. Aber auch in diesem Fall gilt der Satz, daß das persönliche Substrat einer Körperschaft im Gegensatz zur Gesellschaft immer ein Organismus ist. Der modernrechtliche Typus dieses persönlichen Substrats ist der nicht rechtsfähige Verein (BGB. 54), den allerdings ZGB. 62 der Gesellschaft gleichstellt.

Während das persönliche Substrat allen Körperschaften begriffswesentlich ist, trifft dies hinsichtlich des sachlichen Substrats, eines Vermögens, nur bei einem Teile zu. Allerdings sind gerade die ältesten Körperschaften, die Markgenossenschaften, notwendig Vermögensgenossenschaften, da sie ohne einen Grund und Boden nicht denkbar sind. Gleiches gilt von anderen Agrargenossenschaften, den Deichgenossenschaften, den Gewerkschaften. Aus dem geltenden Recht gehören hierher z. B. die Aktiengesellschaft, die Gesellschaft mit beschränkter Haftung.

Das Vorhandensein des notwendigen Substrats ist Voraussetzung für die Erlangung der Rechtsfähigkeit. Die Art, wie sie erlangt wird, hat im Laufe der Entwicklung geschwankt. Man pflegt drei verschiedene Systeme zu unterscheiden, das der freien Körperschaftsbildung, das Konzessionssystem und das Normativsystem.

Nach dem ersten dieser Systeme erlangt der den gesetzlichen Regeln entsprechend gebildete Verband die Rechtsfähigkeit mit der Entstehung. Dieses System gilt z. B. bei Gewerkschaften, nach ABGB. 26, nach dem Schweizer Recht; es beherrschte das Mittelalter und steht historisch in Wechselbeziehung zur Freiheit der Vereinsbildung. Das Konzessionssystem knüpft im Gegensatz hierzu die Rechtsfähigkeit an besondere staatliche Verleihung; es entspricht der Beschränkung der Vereinsbildung und herrscht daher im 18. und in der ersten Hälfte des 19. Jahrhunderts vor, insbesondere im ALR. Zurzeit gilt es nach BGB. 22 für wirtschaftliche Vereine. Das System der Normativbestimmung bindet die Erlangung der Rechtsfähigkeit an die Erfüllung allgemein aufgestellter Normen über die Entstehung und Gestaltung der Körperschaft und eine öffentliche Kundmachung, insbesondere durch Eintrag in einem Register. Es gilt nach BGB. 21 für ideale Vereine, ferner z. B. für Aktiengesellschaften (HGB. 206), Gesellschaften mit beschränkter Haftung.

Die **Rechtsfähigkeit** der Körperschaft ist grundsätzlich **unbeschränkt**, wenn auch, wie bei der Einzelperson, beschränkbar. Daher ist die Körperschaft aller Rechte und Pflichten fähig (so ausdrücklich ZGB. 53). Daß ihr die Familienrechte verschlossen sind, beruht darauf, daß ihr die physisch-psychische Erscheinung des Menschen fehlt, auf der die Familie aufbaut, daß sie nicht im technischen Sinn beerbt werden kann, auf dem gleichen Grunde. Darin liegt so wenig eine Beschränkung der Rechtsfähigkeit, wie eine solche in dem Umstand gefunden werden kann, daß die physische Person, die nicht Mitglied einer Körperschaft ist, der Körperschaftsrechte unfähig ist.

2. Die Körperschaft ist **handlungsfähig**, kann Rechtsgeschäfte **abschließen**, ist **erwerbsfähig**, **deliktsfähig**, **parteifähig** und **prozeßfähig**.

Die Handlungsfähigkeit der Körperschaften ist vom Standpunkt des römischen Rechts aus theoretisch bestritten, aber praktisch und in der Gesetzgebung fast ausnahmslos anerkannt worden. Im Mittelalter war sie unbestritten und ist auch heutzutage anerkannt. Auch die Deliktsfähigkeit der Körperschaft war im Mittelalter außer Zweifel. Unter dem Einfluß des römischen Rechts ist sie erst im 18. Jahrhundert verneint worden und diese Auffassung hat vorübergehend Einfluß gewonnen. Das BGB. bringt die Deliktsfähigkeit der Körperschaften gelegentlich (31), ZGB. 55 II ausdrücklich zum Ausdruck.

Die Erwerbsfähigkeit der Körperschaften ist im neueren Recht insbesondere zuungunsten geistlicher Körperschaften durch Amortisationsgesetze beschränkt worden. So auch im geltenden Recht (EG. BGB. 86).

3. Für die Frage der **Beendigung** der rechtsfähigen Körperschaft ist zu **unterscheiden zwischen der Endigung der Körperschaft** und dem **Verluste der Rechtsfähigkeit** unter Zurückbleiben einer nicht rechtsfähigen Körperschaft.

Die Körperschaft überhaupt endigt, wenn auf bestimmte Zeit eingegangen, mit deren Ablauf, im übrigen durch Auflösungsbeschluß, Wegfall des persönlichen oder des notwendigen sachlichen Substrats und durch Auflösung seitens einer übergeordneten Gewalt, wie z. B. des Staates.

Der Verlust der Rechtsfähigkeit tritt nach neuerem Recht z. B. ein bei Eintritt des Konkurses (BGB. 42) oder durch Entscheidung der Aufsichtsbehörde (BGB. 43, 73). Der persönliche Verband bleibt dabei bestehen, wird aber zum nicht rechtsfähigen Verband.

§ 11. Einzelne Körperschaften.

Die Körperschaften teilen mit fast allen Personenvereinigungen den Zweck, Kräfte zur Erreichung eines Zieles zu vereinigen, deren der Einzelne nicht fähig ist. Verschieden aber sind die Zwecke, die erreicht werden sollen, und verschieden ist die Art der vereinigten Kräfte. Sind diese in der älteren Zeit in der Regel Arbeitskräfte, in der neueren überwiegend Kapitalkräfte (Kapitalgenossenschaften), so sind die Zwecke bald wirtschaftliche, bald ideale, bald die des Schutzes und der Unterstützung. Auf Grund dieser Unterscheidungsmerkmale läßt sich eine Gruppierung der Körperschaften vornehmen; dabei darf aber nicht übersehen werden, daß eine konkrete Körperschaft verschiedene Zwecke verfolgen kann, daß die gleiche Körperschaftsform verschiedenen Zwecken dienstbar gemacht werden kann (z. B. Aktiengesellschaften), oder ihrem Wesen nach dienstbar ist (z. B. Zünfte), daß im Laufe der Entwicklung einzelne Körperschaften innere Veränderungen durchgemacht haben, die eine andere Einordnung rechtfertigen würden. Endlich ist zu beachten, daß die Einteilung nach dem Zwecke mit der geschichtlichen Tatsache der konkreten Körperschaftsform rechnet, mit dem Umstande, daß in früherer Zeit die einzelnen Vereinigungsgründe auch besondere Vereinigungsformen erzeugt haben. Dagegen hat das geltende Recht im Verein (BGB. 21 ff.) eine Form gefunden, die an keinen Zweck gebunden ist und daher jedem Zweck dienstbar gemacht werden kann; für den Kreis der nicht wirtschaftlichen Zwecke ist gleich frei der Verein des BGB. 60 ff. Theoretisch gilt allerdings das gleiche auch von den etwas älteren Formen der Aktiengesellschaften und der Gesellschaft m. b. H. (s. u. I 4 c); aber hier liegt tatsächlich eine Zweckbeschränkung nicht nur in den geschichtlichen Wurzeln, sondern auch in der durch die Einzelausgestaltung begrenzten Eignung.

Zu betonen ist, daß die nachfolgenden, in keiner Hinsicht erschöpfenden Bemerkungen zwischen Genossenschaften und Körperschaften nicht scharf scheiden, sondern sowohl diese wie jene berücksichtigen. Denn nicht nur ist bei einigen, nur in begrenzten Zeiträumen auftretenden Personenvereinigungen infolge des oben erörterten Schwankens ihrer Behandlung im Mittelalter kaum sicher festzustellen, ob sich die Auffassung als Körperschaften schon durchgesetzt hatte, ehe sie wieder verschwanden, sondern es sind auch alle diejenigen, die in späterer Zeit mit Sicherheit als Körperschaften anzusprechen sind, mit Ausnahme der jüngsten Bildungen durch die Form der Genossenschaft hindurchgegangen. Daher würde jeder Versuch einer reinlichen Scheidung der konkreten Erscheinungen von Genossenschaften und Körperschaften notwendig zu einer Störung des geschichtlichen Zusammenhanges führen.

Nicht berücksichtigt sind diejenigen Körperschaften, deren neuzeitliche Fortsetzungen in den typisch öffentlichrechtlichen Körperschaften der Gemeinden und des Staates zu finden sind. Um so mehr bedarf es der Hervorhebung, daß das Problem der Körperschaft auch sie mit umfaßt. Es darf ferner nicht übersehen werden, daß auch die öffentlichrechtlichen Körperschaften Subjekte des Privatrechtsverkehrs sind.

I. Wirtschaftliche Körperschaften.

1. **Markgenossenschaft.** a) Ältere Zeit. Am weitesten zurück reicht von allen Körperschaften überhaupt und daher auch von den wirtschaftlichen die Markgenossenschaft. Sie ist in germanischer Zeit entstanden aus gemeinsamer Ansiedlung als typische Arbeitsgemeinschaft, die sie auch dann noch blieb, als sie mit der Entwicklung des Eigentums an Grund und Boden auch zur Eigentumsgemeinschaft geworden war; erst später wurde sie zur Nutzungsgemeinschaft. Frühestens der fränkischen Zeit gehören Markgenossenschaften an, die der wirtschaftlichen Expansion der Grundherrschaft ihr Dasein verdanken.

Das sachliche Substrat jeder Markgenossenschaft ist Grund und Boden, und zwar der gesamte Grund und Boden innerhalb ihrer Grenzen; an diesem besteht zunächst genossenschaftliches, später korporatives Gesamteigentum. Allerdings ist mit der Aufteilung des Kulturlandes zu Sondereigentum bei dorfweiser Ansiedlung das Eigentum der Markgenossenschaft auf die Allmende (gemeine Mark, ahd. marka, später gemain, meenmerk, allgmoin, communitas) beschränkt worden und bei der Ansiedlung im Einzelhofsystem hat es von Anfang an nur diese erfaßt. Aber nicht nur macht sich auch nach dieser Aufteilung das ursprüngliche Gesamteigentum in der Form von Eigentumsbeschränkungen der Teile geltend (s. u. §§ 38, 53), sondern die Markgenossenschaft behält auch an diesen Teilen bestimmte Rechte, insbesondere noch lange Zeit das der Zusammenlegung und Neuaufteilung, der Regelung der Bewirtschaftung.

Im Umfang waren die Markgenossenschaften sehr verschieden. Sie deckten sich meist mit einem Dorf; aber auch mehrere Dörfer, eine Hundertschaft oder sogar das ganze Volksland konnten eine Markgenossenschaft bilden. Ausbau aus einem Dorfe führte zur Verbindung von Dorf und Einzelhöfen. Im Gebiet der ursprünglichen Einzelhöfe schlossen sich benachbarte Höfe zu einer Markgenossenschaft oder Bauerschaft (Hude) zusammen.

Die Glieder der Markgenossenschaft sind die **Markgenossen** (märker, markgenossen, gemeiner, gewerte leute, erfexen [s. u. § 30], vicini, commarcani, consortes). Erworben wird die Mitgliedschaft in ältester Zeit durch die Teilnahme an der gemeinsamen Ansiedlung; damit hängt zusammen, daß die Markgenossen ursprünglich in der Regel auch Verwandte waren, Wirtschaftsverband und Geschlechtsverband sich im wesentlichen deckten. Der Zugehörigkeit zum persönlichen Verbande folgte die zur Eigentumsgemeinschaft, aus ihr der Anspruch auf die Hufe (s. u.). Später kehrte sich das Verhältnis um, indem der Erwerb einer Hufe die Mitgliedschaft in der Markgenossenschaft nach sich zog.

Der Erwerb einer Hufe konnte noch in fränkischer Zeit durch den Widerspruch eines Markgenossen verhindert werden. Auch späterhin noch bestanden Veräußerungsbeschränkungen, und ferner knüpfte man auch für den Erwerber einer Hufe die Mitgliedschaft an weitere Erfordernisse, wie z. B. eine Wartefrist, eigenen Haushalt (eigenen Rauch), Wohnsitz in der Mark. Auch die Vererblichkeit der Hufe ist erst in fränkischer Zeit erweitert geworden.

Die den einzelnen Genossen bei der Ansiedlung zugewiesenen Hofstätten und die damit verknüpften Rechte der Nutzung (später des Sonderanteils) am Kulturland und in der Allmende waren gleich groß. Der sich so ergebende Anteil des einzelnen Genossen am Grund und Boden hieß **Hufe** (ahd. huoba, lat. mansus). Eine solche Hufe konnte jeder beanspruchen, der durch Geburt von einem Markgenossen dem persönlichen Verbande angehörte, sobald er volljährig geworden war. Doch mußte dieser Anspruch verschwinden, als der zur Verteilung verfügbare Grund und Boden verteilt war. Nunmehr schritt man zur Teilung von Hufen. Es entstanden Halbhufen, Drittelshufen usw.; damit traten neben die Vollhufen (Vollspänner) die Halbhufen, Drittelshufen usw. (Halbspänner, Schupposer, Mentager, Halbbauern), deren geringerem Besitz ein geringeres Genossenrecht in der Mark, geringeres Stimmrecht entsprach. Seltener vereinigten sich mehrere Hufen in einer Hand und wurden so zur Grundlage eines gesteigerten Genossenrechts. Diese Entwicklung hat sich gegen das Ende des Mittelalters zuerst in den großen Marken vollzogen, dann in der Neuzeit größere Kreise erfaßt. Die Nutzung der Allmende wurde gleichzeitig beschränkt, da mit der Zunahme der Nutzungsberechtigten die frühere unbeschränkte Nutzung unmöglich wurde.

Nicht Mitglieder der Markgenossenschaft waren die sogen. **Schutzgenossen**, nämlich Familienangehörige der Genossen, Beisassen (kötter, seldner, handwerker, taglöhner), Lehner und in der Mark wohnende, besitzlose Ausmärker. Diese nahmen an den Nutzungen der Mark in der Regel nur durch Vermittlung eines Genossen teil; nur ausnahmsweise hatten sie selbständige Nutzungsrechte geringen Umfangs.

Die Versammlung der Genossen ist das Märkerding (haingericht, holzgericht, hubgericht). Es ist oberste Instanz für Verwaltung, Rechtsprechung und Gesetzgebung in der Mark. Daneben kennen alle Markgenossenschaften andere Organe, deren Zahl aber nach der Größe der Marken schwankte. Wohl immer vorhanden war als Leiter der Versammlung wie der Genossenschaft überhaupt ein Vorstand (Markmeister, Obermärker, Holzgraf, Waldgraf, Waldbote, Baumeister, Bauermeister, Heimburger, iudex, villicus). Unterbeamte waren die Förster, Flurschützen, Schreiber, Büttel, Hirten. Endlich finden sich in vielen Marken Ausschüsse, die den Vorstand in der Verwaltung der Mark unterstützten (Markgeschworene, Beisitzer, Kornoten, Achter, Zwölfer, Vierundzwanziger).

b) Weiterbildung. Die Rezeption ist auf die Markgenossenschaft nur von geringem Einfluß gewesen. Dagegen haben andere Umstände, die sich zum Teil schon im Mittelalter geltend machten, in der Neuzeit erheblich umgestaltend auf die Markgenossenschaft eingewirkt und sie schließlich untergehen lassen.

Zu diesen Umständen gehört in erster Linie die Entstehung der politischen Gemeinde. Diese hat sich zuerst in den Städten, dann, wenn auch nur langsam und allmählich, auf dem Lande entwickelt. Für die Markgemeinde ist dies vor allem in den Städten von Bedeutung geworden, wo die politische Gemeinde die Markgemeinde aufsog, das Markvermögen, das nun im wesentlichen nur aus der Allmende bestand, zum Vermögen der politischen Gemeinde gezogen und das Sondereigentum der Genossen (Bürger) frei wurde. Nur vereinzelt hat sich die Markgemeinde in Agrargenossenschaften fortgesetzt. Auf dem Lande erwies sich die Kraft der politischen Gemeinde nicht gleich stark. Sie blieb zunächst mit dem wirtschaftlichen Verbande verschmolzen. Gleichwohl führte sie zu Veränderungen der Markgemeinde, die örtlich verschieden waren.

Die sich so bildenden Formen unterschieden sich je nach dem rechtlichen Grunde des Genossenrechts in folgender Weise:

α) am weitesten von der ursprünglichen Regelung entfernten sich die Personalgemeinden, in denen die Mitgliedschaft den Besitz eines eigenen Hausstandes in der Mark zur Voraussetzung hatte, im übrigen durch Aufnahme oder Geburt erworben wurde.

Da aber die Aufnahme vielfach sehr erschwert oder sogar ausgeschlossen wurde, entstand inmitten mancher Gemeinde ein Dorfpatriziat, dem als Fortsetzung der alten Markgemeinde allein die Nutzung des Grund und Bodens zustand.

β) dagegen blieb in den Realgemeinden das Vollgenossenrecht mit Grund und Boden verbunden. Aber auch sie sind untereinander nicht gleich. Teils knüpft sich das Genossenrecht an die in ihrem Umfang bestimmte Hufe, wobei dann minderberechtigte Klassen von Halbhufnern usw. erhalten bleiben, teils an die altberechtigten Hofstätten (Ehehofstätten), teils an irgendwelchen Grundbesitz von beliebigem Umfang.

γ) in den Rechtsamegemeinden (Nutzungsgemeinden) verengerte sich das Genossenrecht zum veräußerlichen Nutzungsrecht an der Allmende, mit dem dann die Mitgliedschaft verknüpft war.

Schließlich erfolgte auch auf dem Lande eine Auseinandersetzung zwischen der politischen Gemeinde und der Markgemeinde, allerdings mit verschiedenem Erfolge. Soweit das Gesamteigentum an den Marken nicht auf die Landesherren überging, fiel es entweder an die politische Gemeinde und wurde zum Nutzungsobjekt der Gemeindebürger oder an besondere Agrargenossenschaften.

c) Auflösung. Seit dem Ende des 18. Jahrhunderts sind auch die letzten Reste der Markgenossenschaft durch den Staat nahezu völlig beseitigt worden. Das Gesamteigentum wurde unter die Berechtigten zu Sondereigentum aufgeteilt (Gemeinheitsteilung). Die Nutzungsrechte wurden abgelöst oder aufgehoben. Die Gemengelage und mit ihr der Flurzwang wurde durch Zusammenlegungen (Verkoppelung, Flurbereinigung, Arrondierung) beseitigt. Weniger durchgreifend als der Norden war bei den Gemeinheitsteilungen der Süden, wo die Allmende vielfach zum Eigentum der politischen Gemeinde mit Nutzungsrecht der Bürger geworden war.

2. **Sonstige Wirtschaftsgenossenschaften.** Während die Markgenossenschaften auf die allseitige Benutzung des Markgebietes abzielten und die Mark in allen Beziehungen erfaßten, finden sich seit deren allmählicher Auflösung Wirtschaftsgenossenschaften, die nur eine einzelne Nutzungsart bezwecken. Sie sind überwiegend Neubildungen, können aber Reste von Markgenossenschaften sein; dies gilt insbesondere von manchen Weidegenossenschaften und Waldgenossenschaften, während z. B. die Haubergsgenossenschaften, Gehöferschaften, Wassergenossenschaften, Fischereigenossenschaften, Weinbergsgenossenschaften neu entstanden sind.

a) Der Weidenutzung dienen die in einzelnen Schweizer Kantonen, im Allgäu, in Bregenz und in Tirol vorkommenden Alpgenossenschaften (Alpen).

Objekt des Genossenschaftseigentums ist hier die Alpe. An dieser bestehen Nutzungsrechte (alpe, alprecht, stoss) der einzelnen Alpgenossen (Älpler), die aber nicht ungemessen sind, wie auf der Allmendweide, sondern begrenzt unter Berücksichtigung der Ertragsfähigkeit der Alpe.

Die mögliche Gesamtnutzung der Alpe ist in so viele Nutzungsrechte geteilt, daß der Umfang des einzelnen Nutzungsrechts dem sommerlichen Futterbedarf einer Kuh gleichkommt, weshalb die Nutzungsrechte auch Kuhessen (Kuhrechte, Rinderrechte, Kuhschweren) heißen. Die Alpe wird so „gestuhlt", der einzelne Alpgenosse hat dann ein oder mehrere Kuhrechte; auch Teilungen kommen vor (z. B. Viertelskühe), die entweder durch Auftrieb eines kleinen Tieres (z. B. Schafe) genutzt werden oder so, daß z. B. die vier Inhaber von je einem Viertelsrecht eine Kuh auftreiben.

An der Spitze der Alpgenossenschaft steht ein Vorstand, der aus einer (Alpmeister) oder mehreren Personen (z. B. 5 Alpleider in Glarus) besteht und die Leitung der Genossenschaft hat. Daneben gibt es eine Versammlung der Alpgenossen. Diese sind mit ihren Anteilen in einem Verzeichnis, dem Alpbuch, eingetragen.

b) Der Ackerwirtschaft dienen die nur im Siegerland noch heute vorkommenden Haubergsgenossenschaften. Bei ihnen steht im Gesamteigentum ein Niederwaldgebiet, der sogen. Hauberg. Dieser ist in 16—18 Haue eingeteilt, von denen jedes Jahr ein anderer (Jahreshau) abgeholzt, unter die Haubergsgenossen verteilt und von diesen einzeln aber gleichzeitig mit Getreide (meist Roggen) bestellt wird. Im darauffolgenden Jahr wird er wieder aufgeforstet und ein anderer Hau abgeholzt; nach Ablauf einer der Zahl der Haue entsprechenden Reihe von Jahren (Umtriebszeit) wird er wiederum unter Anbau genommen. Die Anteile am Hauberg sind vererblich und frei veräußerlich.

Jeder Hau zerfällt in eine bestimmte Zahl von Jähnen. Da die einzelnen Haue mit Rücksicht auf den verschiedenen Bodenwert ungleich groß sind, sind auch die Jähne reell verschieden groß. Jeder Jahn aber im ganzen Hauberg entspricht einer immer gleichen idealen Größe, die durch ein Getreidemaß (1 Malter = 16 Maßen = 128 Becher) oder ein Flächenmaß (1 Rute = 10 Schuh = 100 Zoll) oder ein Geldmaß (1 Rädergulden = 24 Albus = 192 Pfennig) ausgedrückt wird. Nach diesem ideellen Maß bestimmen sich die Anteile der Genossen. So hat z. B. in einem Hauberg, der aus 4 Jähnen besteht, deren jeder gleich 6 Albus gesetzt ist, ein Genosse 3 Albus, ein anderer 2 Albus 4 Pfennig usf.; der erste erhält dann die Hälfte eines Jahnes zugewiesen.

Geltende Rechtsquelle ist die Haubergsordnung vom 17. III. 1879.

c) Nur im Regierungsbezirk Trier finden sich die Gehöferschaften, die im Mittelalter vermutlich aus grundherrschaftlichen Betriebsgenossenschaften auf Beunden (Achten) entstanden sind. Sie waren ursprünglich Feldgemeinschaften, innerhalb deren wie in den älteren Zeiten der Markgenossenschaft eine periodische Aufteilung und Verlosung des Bodens an die Genossen (Gehöfer, Erbgenossen) stattfand. In späterer Zeit ist dann die Ackerwirtschaft durch Wiesen- und Waldwirtschaft ersetzt worden.

d) Ebenso lokal beschränkt sind die Sohlstättengenossenschaften, und zwar wie die Hauberge auf das Siegener Gebiet; doch ist bei ihnen der Zusammenhang mit alten Markgenossenschaften nicht ausgeschlossen. Die Sohlstätte ist eine Hausstelle, auf die bestimmte Bodennutzungen, insbesondere an Wald, Weide und Wiese radiziert sind.

e) Der Ausnutzung des Wassers dienten im Mittelalter Fischereigenossenschaften. In neuerer Zeit sind hierzu Wassergenossenschaften gebildet worden, zum Teil als Zwangsgenossenschaften (z. B. ZGB. 703; Bayern, Baden).

3. **Gewerkschaften.** Eine Gruppe für sich bilden diejenigen Genossenschaften, deren Zweck die Ausbeutung der Erdschätze ist, die bergrechtlichen Gewerkschaften. Unter diesen unterscheidet man zwischen der älteren und der jüngeren Gewerkschaft.

a) Die ältere Gewerkschaft ist zunächst eine genossenschaftliche Bildung, die sich aber schon im Mittelalter durch eine korporationsähnliche Verfassung ausgezeichnet und, nachdem sie das Stadium der Genossenschaft überwunden hat, in der Neuzeit richtigerweise als Körperschaft anzusehen ist; nur das preußische Recht hat noch im ALR. an der Auffassung der Gewerkschaft als Gesellschaft festgehalten. Die Organisation der Gewerkschaft ist ähnlich der der Aktiengesellschaft.

Die Gewerkschaft löst als Art der Betriebsorganisation den Abbau durch grundherrschaftliche Organisationen und den Gesellenbau durch „Eigenlöhner" ab. Sie unterscheidet sich von dem Gesellenbau insbesondere dadurch, daß die Gesellen eine Arbeitsgenossenschaft bilden, während sie eine Kapitalgenossenschaft darstellt. Damit hängt zusammen, daß in der Regel auch die Zahl der Gewerken größer ist als die der Gesellen.

Die Mitglieder der Gewerkschaft (Gewerken) sind am Gewerkschaftsvermögen mit ideellen Anteilen (Kux) beteiligt, deren Zahl 128 betrug; der einzelne Gewerke kann mehrere Kuxe, aber auch nur die Quote eines Kuxes besitzen. Der Kux hat die Eigenschaft einer unbeweglichen Sache, ist vererblich und veräußerlich. Doch gilt als Eigentümer nur derjenige, der im Berggegenbuch, einem Seitenstück zum Grundbuch, als solcher eingetragen ist. Über den Kux wird vom Bergamt eine der Aktie ähnliche Urkunde, der Gewährschein (Kuxschein), ausgestellt. Er ist Grundlage des Mitgliedschaftsrechtes.

Die Zahl der Kuxe der älteren Gewerkschaft vermehrte sich in der Regel um Kuxe, die Nichtgewerken zustanden. So die Freikuxe für Kirche, Schule, Knappschaftskasse und der auch Erbkux genannte Freikux des Grundeigentümers. Diese Freikuxe begründen keine Mitgliedschaft, sondern nur Anspruch auf einen Gewinnanteil.

Der Gewerke nimmt an Gewinn und Verlust nach Verhältnis seines Kuxbesitzes teil. Er ist außer zur Zahlung der übernommenen Einlage zur Leistung von sogen. Zubußen verpflichtet, soweit diese für den Betrieb erforderlich sind. Dagegen haftet er den Gläubigern der Gewerkschaft auch unmittelbar. Säumnis in Leistung der Zubuße (Retardat) führt zur Entziehung (Kaduzierung) des Anteils. Auch kann sich der Gewerke durch freiwillige Aufgabe des Anteils (Abandon) von der Zubußpflicht befreien.

Oberstes Organ der Gewerkschaft ist die Gewerkenversammlung, in der nach Kuxen und in der Regel mit einfacher Mehrheit abgestimmt wird. Vertreten wird die Gewerkschaft vom Schichtmeister, später Grubenvorstand (Repräsentant).

b) Die neuere Gewerkschaft ist gemäß der neueren Berggesetzgebung im 19. Jahrhundert unbestreitbar juristische Person. Der Kux ist bewegliche Sache, nach neuestem Recht überhaupt nicht Sache, aber Bestandteil des beweglichen Vermögens. Die Zahl der Kuxe ist auf 100 festgesetzt; doch kann sie durch Statut bis auf 1000 erhöht werden. Der Kux ist frei veräußerlich; doch bedarf die Veräußerung der Umschreibung im Gewerkenbuch und schriftlicher Form. Die Freikuxe sind weggefallen.

Die Organisation hat sich nicht wesentlich verändert. Die Institute der Kaduzierung und des Abandons haben sich erhalten.

4. **Gewerbegenossenschaften.** Dem Gewerbebetrieb dienen in älterer Zeit die Münzerhausgenossenschaften und verschiedene Transportgenossenschaften. In neuerer Zeit sind die Aktiengesellschaften, Gesellschaften mit beschränkter Haftung und die Erwerbs- und Wirtschaftsgenossenschaften hinzugetreten, von denen allerdings die beiden erstgenannten auch nicht gewerblichen Zwecken dienen können.

a) Die Münzergenossenschaften (Hausgenossenschaften) finden sich im Mittelalter in verschiedenen Städten, insbesondere des westlichen und südwestlichen Deutschlands (z. B. Köln, Mainz, Straßburg, Basel, Augsburg, Regensburg); im 14. und 15. Jahrhundert sind sie wieder untergegangen.

Entstanden sind sie aus den Hausgenossenschaften (communitas campsorum), zu denen sich die Dienstleute des Münzherren oder des Münzmeisters vereinigt hatten, gehören also in die Reihe der dienstrechtlichen Genossenschaften und wie die Münzer selbst zur familia des Dienstherren, was ihnen den Namen der husgenozen verschaffte. Die persönliche Abhängigkeit vom Münzherren wurde aber schon im 13. Jahrhundert abgestreift und die Hausgenossen wurden als freie Einigung mit der Münze und dem Wechselverkehr beliehen. Damit Hand in Hand zogen sich die Hausgenossen von der persönlichen Mitarbeit zurück und beschränkten sich auf die Beschaffung der Betriebsmittel, die Leitung und Beaufsichtigung des Betriebes. Aus der Arbeitsgenossenschaft wurde eine Kapitalgenossenschaft.

b) Gleichfalls nur lokal treten in den Alpen, in Bayern, Tirol und der Schweiz **Transportgenossenschaften** auf. Von ihnen reichen in das 12. Jahrhundert die **Rottgenossenschaften** zurück, während die auf die Schweiz beschränkten **Portgenossenschaften** erst dem 14. Jahrhundert angehören.

Zweck dieser Genossenschaften ist die gemeinsame Ausübung insbesondere des Warentransportes, der Landrod oder der Wasserrod, wobei das Recht, Waren zu transportieren, diesen Genossenschaften auf bestimmten Straßen (Rottstraße) oder Flüssen ausschließlich zustand und ausdrücklich verliehen war (Rottlehen). Die Portgenossenschaften waren zudem in gewissem Umfang zur Unterhaltung der Straße verpflichtet.

c) Als **Typus der Kapitalgenossenschaft** und schärfster **Gegensatz zur Personalgesellschaft** hat sich erst in der **Neuzeit die Aktiengesellschaft** entwickelt, wenngleich nicht ohne Anknüpfung an Assoziationsformen des Mittelalters und an ausländische Rechtsformen, insbesondere der Niederlande und Frankreichs. Im AHGB. noch nicht aufgenommen, beruhte das deutsche Aktienrecht auf den sogen. Aktiennovellen von 1870 und 1884, das geltende auf HGB. 178ff., das Schweizer Aktienrecht auf OR. 612ff.

In der Aktiengesellschaft ist der Gedanke einer von den Mitgliedern verschiedenen Einheit am schärfsten durchgeführt worden. Darauf beruht ihre Bezeichnung als société anonyme im französischen Recht (auch OR. 612), die Regel der Sachfirma HGB. 20. Folgerichtig ist jede Haftung des Aktionärs gegenüber den Gläubigern der Aktiengesellschaft ausgeschlossen (OR. 612, HGB. 178); der

Gesellschaft gegenüber ist sie auf die übernommene Einlage beschränkt, woher die englische Bezeichnung company limited.

Die Mitgliedschaft ruht hier, ähnlich wie bei der Gewerkschaft auf dem Kux (s. o. 3) und der Reederei (s. u. § 15 II 3b) auf der Schiffspart, auf der Aktie, die zugleich Teil des Grundkapitals, Anteilsrecht und Urkunde hierüber ist. Der Erwerb der vererblichen und meist frei veräußerlichen Aktien zieht den der Mitgliedschaft nach sich; so ist diese von allen persönlichen Voraussetzungen losgelöst.

Oberstes Organ ist die Mitgliederversammlung (Generalversammlung), Vertretungsorgan und Geschäftsführungsorgan, jenes mit unbeschränkbarer Vertretungsmacht, der Vorstand.

Die Gesellschaft mit beschränkter Haftung unterscheidet sich von der Aktiengesellschaft in Einzelheiten; sie ist eine modifizierte Aktiengesellschaft, die durch Gesetz vom 20. 4. 92 geschaffen wurde zur Befriedigung besonderer von der Aktiengesellschaft nicht erfüllbarer Bedürfnisse. Die Möglichkeit, die Gesellschafter zu Nachschüssen heranzuziehen (26 GmbHG.), scheidet sie von der Aktiengesellschaft und nähert sie der Gewerkschaft und der Reederei; sie kennt ferner eine weiterreichende interne Haftung der Mitglieder (24 GmbHG.). Überhaupt erscheint sie der Personalgesellschaft angenähert, was wiederum in der Firmenbildung (4 GmbHG.) zum Ausdruck kommt, sowie in der Leichtigkeit, mit der den Gesellschaftern persönliche Dienstleistungen auferlegt werden können.

Dagegen unterscheiden sich die Erwerbs- und Wirtschaftsgenossenschaften (GenG. v. 4. 7. 68, 1. 5. 89, 20. 5. 98) von der Aktiengesellschaft in einem hier sehr wesentlichen Punkte. Sie sind zwar juristische Personen (GenG. 17) und als solche verschieden von der Summe ihrer Mitglieder. Aber die Genossen haften bei der Genossenschaft mit unbeschränkter wie bei der mit beschränkter Haftpflicht gleichwohl auch den Gläubigern der Genossenschaft (GenG. 2 Ziff. 1, 3), wenn auch nur subsidiär (122 GenG.) für den Ausfall. Der Gesetzgeber hat hier von dem Umstand Gebrauch gemacht, daß die Persönlichkeit der Mitglieder trotz des Zusammenschlusses zur Einheit erhalten geblieben ist (s. o. § 9 II).

Fortsetzung. § 12.

II. Körperschaften zu Unterstützungszwecken.

1. Gilden. In älteste Zeit reichen zurück die Gilden in der Form der Schutzgilden. Aus dieser, ihrerseits mit der heidnischen Schwurbrüderschaft zusammenhängenden Form, haben sich

im Mittelalter Gilden zu verschiedenem Zweck abgespalten, die wiederum teils religiösen, teils weltlichen Charakter tragen. Von den weltlichen Gilden sind schon im 11. Jahrhundert die Kaufmannsgilden vorhanden, die dann im 13. Jahrhundert voll entwickelt wurden. Sie sind ihrem Zwecke nach eine typisch städtische Erscheinung und umfassen jeweils Kaufleute der gleichen Branche (insbesondere Krämergilden, Gewandschneidergilden).

Die Kaufmannsgilden haben in der Regel für ihren Handelszweig ein Monopol, Gerichtsbarkeit in Gildesachen und Autonomie. Organe waren die Gildeversammlung, einer oder mehrere Altermänner und neben diesen vielfach ein Gildeausschuß. Die Gildegenossen wurden in Matrikeln oder in den zur Aufnahme der Gildestatuten dienenden Gildebüchern eingetragen.

In der Neuzeit sind die Kaufmannsgilden in korporative Staatsanstalten zur Förderung der Handelsinteressen umgewandelt worden.

2. Zünfte. Anderen Ursprung als die Kaufmannsgilden haben die Handwerkergilden oder Zünfte. Sie sind höchstwahrscheinlich Ergebnis freier Einigung der Handwerker und gehen kaum auf behördliche, polizeilichen Zwecken dienende Organisation der Handwerker und Gewerbetreibenden in magisteria zurück, zu denen die Unternehmer je eines Handwerks vereinigt wurden; jedenfalls wurzeln sie nicht im Hofrecht. Die treibende Kraft der Zunftbildung lag im Zunftzwang, kraft dessen jeder, der ein zunftmäßiges Gewerbe betrieb, gezwungen war, der Zunft seines Gewerbes beizutreten. Die Ausübung des Gewerbes war Pflicht und ausschließliches Recht der Zunftgenossen.

Die Mitgliedschaft in der Zunft wurde erworben durch Aufnahme, die zunächst nur von der Voraussetzung der Bürgereigenschaft, eines bestimmten Maßes von gewerblichem Können (Meisterstück) und der Zahlung eines Eintrittsgeldes abhing. Erst in der Neuzeit führte das Streben nach Geschlossenheit der Zunft und Unterdrückung der Konkurrenz zu einer Begrenzung der Zunftstellen, Erschwerung des Eintritts durch übermäßige Anforderung an die Person (Leumund), andererseits Vererblichkeit der Mitgliedschaft.

Oberstes Organ der Zunft war die Zunftversammlung (Morgensprache), von der aber die bloßen Schutzgenossen der Zunft, die Familienangehörigen der Meister, die Gesellen und Lehrlinge, ausgeschlossen waren. Weitere Organe waren als Vorstand die gewählten Zunftmeister, Gildemeister oder Alterleute, das Zunftgericht, das meist einen Ausschuß der Zunft darstellte, Ausschüsse zu besonderen Zwecken.

Die Zunft hatte Autonomie, Gerichtsbarkeit in Zunftsachen und auch beschränkt in bürgerlichen Sachen der Zunftgenossen, besaß eigenes Vermögen und im Zunftsiegel das äußere Symbol ihrer körperschaftlichen Einheit.

Nachdem die Zünfte durch das engherzige Streben nach Geschlossenheit den Zweck einer Hebung des Gewerbes völlig aufgegeben hatten und gewerbefeindliche und egoistische Vereinigungen zur Ausnutzung eines gewerblichen Monopols geworden waren, begann seit dem 16. Jahrhundert ein langsamer und stetiger Verfall; die Zünfte wurden zu vom Staate geregelten und beaufsichtigten gewerbepolizeilichen Anstalten, denen allerdings die Eigenschaft von Privatrechtssubjekten verblieb. Zugleich begann die Durchlöcherung des Zunftzwanges, den endlich im 19. Jahrhundert die Gewerbefreiheit völlig beseitigte. Die Zünfte selbst wurden im 19. Jahrhundert teils aufgehoben (Frankreich, linkes Rheinufer), teils nur ihrer Privilegien entkleidet (Preußen), teils in öffentlichrechtliche Körperschaften, die Innungen der Reichsgewerbeordnung, übergeleitet.

3. Deichverbände. Im engsten Zusammenhang mit der Markgenossenschaft entwickelten sich in Nordwestdeutschland und Friesland die Deichverbände (Deichacht, Koog) zum Zwecke der gemeinschaftlichen Herstellung des das Kulturland schützenden Deiches.

Die Deichachten sind ursprünglich Arbeitsgemeinschaften gewesen, deren Mitglieder in gemeinschaftlicher Arbeit den Deich herstellten (alte Kommuniondeichung). Sie deckten sich mit der wirtschaftlichen Gemeinde und erschienen als eine besondere Seite dieser. Allmählich wurde der Deich in einzelne Stücke (slag, cavel, lot, deich) zerlegt und jedem Grundstück ein Stück zur Herstellung und Unterhaltung zugeteilt; so wurde die Deichpflicht zu einer Grundstückslast (Kabellast), die auf den innerhalb des Deiches liegenden Grundstücken ruhte. (Kein Land ohne Deich, kein Deich ohne Land.) Land und Deich wurden untrennbar miteinander verbunden, so daß das Land nicht ohne Deichpflicht übertragen werden konnte. Für das Ausmaß des Kabels war in der Regel die Größe des Grundstücks maßgebend; auch kam eine Aufteilung in sogen. Großkabel vor, deren jedes von einem Ortsbezirk herzustellen war. Doch haben sich neben dieser Kabellast (Deichlast) einzelne Fälle der Pflicht zu gemeinsamer Arbeit (Gemeinlast) erhalten. Die Übereinstimmung mit der wirtschaftlichen Gemeinde entfiel insbesondere da, wo sich Nachbargemeinden nur zum Zwecke der Deichung zu einer Deichgenossenschaft zusammenschlossen.

Die Nichterfüllung der Deichpflicht hatte zur Folge die Verspatung. Durch rechtsförmliche Handlung des Deichbeamten, der den Spaten in den Kabel des Säumigen stieß, wurde dieser seines Grundstücks für verlustig erklärt (Wer nicht will deichen, der muß weichen). Andererseits konnte sich der Deichpflichtige dadurch von Deich und Land lossagen, damit auch von der Mitgliedschaft in der Deichacht, daß er in förmlicher Weise den Spatenstich vornahm (Spatenrecht). Jenes ähnelt der Kaduzierung, dieses der Abandonnierung des Kuxes (s. o. § 11 I 3).

Auch die Deichachten haben zumeist die Entwicklung zur Körperschaft (s. o. § 9 II 1) durchgemacht. Organ der Willensbildung ist die Deichversammlung. Andere Organe sind der Deichgraf (dijckgraf, watergraf) als Leiter der Genossenschaft, der Deichrichter und die ihm beigegebenen Deichgeschworenen (atten, toleven, schwaren, dijckriuchter).

Die Deichverbände erscheinen nach ihrer Verselbständigung gegenüber der Markgenossenschaft zunächst als Genossenschaften. Aber schon früh entwickeln sich einige von ihnen zu Körperschaften, die bald auch herrschaftlichem Einfluß ausgesetzt waren. Dieser seit dem Ende des Mittelalters bemerkbare Einfluß äußerte sich in der Ernennung von Deichbeamten, Erlaß von Deichordnungen, Beaufsichtigung der Deiche durch den Landesherrn. Er hat seine Parallele bei den großen Deichanlagen, die von geistlichen und weltlichen Herren, zum Teil im Zusammenhang mit kolonisatorischen Unternehmungen gemacht wurden und von Anfang an der genossenschaftlichen Unterlage entbehrten. Die weitere Entwicklung führte zur Ausbildung eines Deichregals, das mit dem Anspruch auf ein Regal am Außendeichsland einsetzte. Unter diesen Einflüssen wurden aus den Deichverbänden im 17. und 18. Jahrhundert Staatsanstalten.

Hand in Hand mit der Überführung der Deichverbände in Staatsanstalten ging der Ersatz der Kabeldeichung durch eine geldwirtschaftliche Deichung. Die Deichpflicht wurde aus einer Arbeitslast zu einer Geldlast.

Im 19. Jahrhundert ist durch die neue Deichgesetzgebung (insbesondere Preußen 1848, 1872) die Selbständigkeit der Deichverbände wieder gesteigert worden. Sie sind jetzt öffentlichrechtliche Körperschaften, die nach EG. 66 dem Landesrecht unterstehen.

4. Sielverbände. Ein Seitenstück zu den Deichverbänden sind die Sielverbände (Sielachten), deren Zweck die Herstellung von Sielen (Abzugsgräben) und Schleusen ist. Sie sind auch diesen ähnlich organisiert. An Stelle des Deichrichters steht der Sielrichter.

III. **Körperschaften zu sonstigen Zwecken.**

Idealen Zwecken dienten die zum Teil als Körperschaften organisierten Universitäten, die Kollegien und Bursen, politischen die Stubengesellschaften, Altbürgergilden und die Kölner Richerzeche, ferner die Städtebünde, insbesondere auch die Hanse. In den Bruderschaften vereinigten sich religiöse Zwecke mit denen der Unterstützung.

Von den mit dem Lehrbetrieb zusammenhängenden Vereinigungen sind die Kollegien und Bursen, die wesentlich dem Unterhalt und der Überwachung der Studierenden dienten, bald zurückgegangen. Die Universitäten waren nach dem Muster von Paris gebildete Körperschaften, in denen die volle Mitgliedschaft nur den Lehrern zukam und durch Erbringung wissenschaftlicher Leistungen (Doktorat) erworben wurde. Die innere Gliederung erfolgte ursprünglich und bis in das 14. Jahrhundert nach Nationen, die sich wiederum in Landsmannschaften schieden. Erst später wurde sie durch eine Gliederung nach Fakultäten ersetzt. Die Universitäten hatten eigenes Vermögen, Autonomie und Gerichtsbarkeit (s. auch § 13 II).

Von den Bruderschaften gewannen im Mittelalter größere Bedeutung die von Belgien aus verbreiteten Vereinigungen der (weiblichen) Beghinen und (männlichen) Begharden. Sie dienten gegenseitiger Unterstützung und der Übung frommer Werke und führten nicht selten gemeinsamen Haushalt mit Gütergemeinschaft. Eine Vereinigung von Klerikern waren die am ersten eines Monats zusammentretenden und davon so genannten Kalandsgilden.

Anstalten. § 13.

I. **Begriff.** Anstalten sind Organisationen, denen die Rechtsordnung auf Grund des in ihnen wirksamen Willens einer Stifterperson Rechtssubjektivität verliehen hat; der Wille des Stifters ist hier in einem einzelnen Willensentschluß gewissermaßen erstarrt, vom Recht aber mit fortdauernder Kraft ausgestattet. Eine Abart der Anstalten sind die Stiftungen; sie sind die privatrechtlichen Anstalten.

II. **Geschichtliches.** Die historische Wurzel der Anstalt im germanischen Recht ist der herrschaftliche Verband (s. o. § 9 II 1). Der Begriff der Anstalt ist ein Ergebnis der kanonistischen Wissenschaft, ihr ältester historischer Typus die katholische Gesamtkirche und die Einzelkirchen. Hier wurde die Vorstellung des herrschaftlichen Verbandes, der zunächst auch die Kirche untergeordnet wurde und in dem für die Gesamtkirche Christus, für die Einzelkirche der Heilige der Herr war, verdrängt durch die Vorstellung einer unsichtbaren über der sichtbaren Kirche stehenden Person; seit dem 12. Jahrhundert wird diese Auffassung unbedingt herrschend. Von erheblichem Einfluß war hierbei die besondere Prägung, die die Einzelkirche in der Form der Eigenkirche gefunden hatte. Auf weltlichem Gebiete aber ist es der Staat, an dem sich in unmittelbarem Zusammenhang mit den deutschen Herrschaftsverbänden der Anstaltsbegriff weiter entwickelt, wenngleich die Verbindung mit körperschaftlichen Elementen reicher ist als bei der Kirche. Die Anstalten haben, namentlich in der Form der Stiftungen, Ähnlichkeit mit den römischen universitates bonorum, hängen aber nicht mit ihnen zusammen.

Kirche und Staat sind auch in der Folgezeit im Mittelpunkt der Anstalten geblieben. Neben sie treten früh einzelne Universitäten (s. aber auch o. § 12 III), in der neueren Zeit die ältesten Aktiengesellschaften, dann schon im 18. Jahrhundert Assekuranzanstalten, später Leihhäuser, Kreditinstitute.

Auch die Stiftungen stehen ursprünglich in engem Zusammenhang mit der Kirche; es sind zumeist Stiftungen zu frommem Zwecke, analog den piae causae des römischen Rechts, und zu Wohlfahrtszwecken. Erst in der Neuzeit werden die weltlichen Stiftungen zahlreicher, insbesondere für Wohltätigkeit und Unterricht, aber auch zu sonstigen gemeinnützigen oder, wie z. B. die Reichsbank, zu wirtschaftlichen Zwecken. Weitere Beispiele sind Schulen, Bibliotheken, Sammlungen, Familienstiftungen.

III. **Rechtsverhältnisse.** Anstalten und Stiftungen sind nur als Rechtssubjekte möglich; es fehlt hier an einer Analogie zum nicht rechtsfähigen Verband. Daher fällt bei ihnen Entstehung und Erwerb der Rechtspersönlichkeit zusammen; sie entstehen als Rechtssubjekte, als solche sind sie rechtsfähig und handlungsfähig. Wie bei den Körperschaften gibt es auch bei ihnen Fälle der unvordenklichen Entstehung, wofür die Kirche das Hauptbeispiel. In der Neuzeit entsteht die Anstalt durch öffentlichen, die Stiftung durch privaten Willensakt unter Lebenden oder von Todes wegen. Diesen Willensakt nimmt der Stifter vor; doch bedarf es nach neueren Rechten in der Regel der Genehmigung des Staates (so auch BGB. 80). Regelmäßig, wenn auch nicht ausnahmslos, ist mit dem Kreationsakt der Stiftung die Widmung eines Vermögens für die Zwecke der Stiftung verbunden, das in das Eigentum der Stiftung übergeht.

In grundlegendem Unterschied zur Körperschaft wird die Anstalt von dem Willen einer außer ihr stehenden, von ihr verschiedenen Person beherrscht; sie ist unfähig, einen eigenen Willen zu bilden. Die Folge davon ist das Fehlen eines Organs zur Willensbildung. Dagegen bedarf die Stiftung wie die Körperschaft der Handlungsorgane, die aus Einzelpersonen wie aus Kollegien bestehen können und den Willen des Stifters auszuführen haben (Stiftungsverwaltung).

Allerdings bringt es die Natur der Sache mit sich, daß auch die Handlungsorgane zu Tätigkeiten ähnlich der Willensbildung gezwungen sein können, und zwar in um so größerem Umfange, je allgemeiner die Erklärung des Stifterwillens ist. Aber dabei kann es sich in Wahrheit immer nur um eine Feststellung des Stifterwillens handeln, indem aus der Fülle des Stifterwillens der für die Erledigung einer einzelnen Frage erforderliche Teilinhalt herausgehoben wird.

In weiterem Unterschied zur Körperschaft hat die Anstalt keine Mitglieder, ist also keine zusammengesetzte Person.

Dem steht es nicht entgegen, daß etwa die Genußberechtigten einer Anstalt oder Stiftung korporationsähnlich zusammengefaßt und organisiert sind. Dies ist z. B. bei den kirchlichen Kapiteln, bei der Reichsbank der Fall. Überhaupt ist in früherer Zeit die Scheidung zwischen Körperschaft und Anstalt noch nicht scharf, hat der Anstaltsbegriff vielfach noch eine körperschaftliche Färbung. Daraus erklärt es sich auch, daß einzelne Anstalten im Laufe der Entwicklung zu Körperschaften wurden (z. B. Universitäten), Körperschaften zu Anstalten (z. B. geistliche Bruderschaften).

Die Stiftung endigt, wenn die Erreichung des Zweckes unmöglich geworden ist, ferner durch Aufhebung durch den Staat; doch wird auch in jenem Fall ein staatlicher Aufhebungsakt im Zweifel erforderlich sein, da es sich um den Untergang eines Rechtssubjekts handelt (BGB. 87; ZGB. 88). Möglich ist auch eine Änderung des Stiftungszweckes.

IV. **Unselbständige Stiftung.** Von der mit Rechtspersönlichkeit ausgestatteten Stiftung zu unterscheiden ist die sogen. unselbständige Stiftung. Hier wird Vermögen einem bestehenden oder zur Entstehung kommenden Rechtssubjekt übertragen, aber gleichzeitig zu einem bestimmten Zweck gebunden, zu dem es von der bewidmeten Person verwendet werden soll.

II. Personenverbindungen (Gesamthandschaften).

Begriff und Rechtsverhältnisse. § 14.

I. **Begriffliches.** Die Verbindung von Personen zu einer Gesamtperson findet ein Gegenstück in den Vereinigungen zu gesamter Hand (Gesamthandschaft, gemeinschaft, gemeinderschaft, coniuncta manus), aus denen sie selbst hervorgegangen ist (s. o. § 9 II). Während dort eine neue Einheit geschaffen wird, die allerdings die sie aufbauende Vielheit nicht auslöscht (s. o. § 9 II), bleibt hier die Vielheit bestehen und besteht sie allein. Die Gesamthand ist aber nicht eine Summe von obligatorischen Beziehungen der Gesamthänder zueinander, auch nicht eine Summe nebeneinander stehender Berechtigungen der Gesamthänder in bezug auf das Vermögen; sie läßt sich so wenig wie die Körperschaft in Einzelbeziehungen auflösen. Vielmehr ist, soweit eine Sache, eine Forderung, überhaupt ein Vermögenswert Objekt der Gemeinschaft ist, das Recht hieran der Gesamtheit der Gesamthänder zuständig; es ist nicht quotenweise aufgeteilt, sondern eben Gesamtrecht. Doch schließt das Gesamtrecht am Gemeinschaftsvermögen das Bestehen von Sonderrechten oder Sonderpflichten einzelner Gesamthänder nicht aus. So z. B. Rechte auf gesonderte Nutzung eines Teiles des Gemeinschaftsvermögens.

Die Gesamtheit der Vermögensrechte, die dem einzelnen Gesamthänder aus dem Gesamthandverhältnis, aus Gesamtrecht und Sonderrecht erwächst, ist sein Anteil. Dazu kommt, daß bei den ältesten Formen der Gesamthand (s. u. § 15 I) eine von der Rechtsgemeinschaft verschiedene personenrechtliche Verbindung die einzelnen Gesamthänder auch personenrechtlich ergreift; einzelne Folgen dieser personenrechtlichen Verbindung haben sich auch dann erhalten, als diese selbst weggefallen war.

Hieraus ergibt sich, daß die Gesamthandschaft ebenso zu scheiden ist von den bruchteilsmäßigen Vermögensgemeinschaften, wie sie bei Gesamteigentum, Gesamtforderung, Gesamtschuld vorliegen, wie von der römischen societas, die sich in obligatorischen Beziehungen zwischen den socii erschöpft.

Die Gesamthandschaft ist demnach nicht selbst Rechtssubjekt, sondern nur ein Rechtsverhältnis zwischen solchen und eine besondere rechtliche Form der Personenverbindung, neben der andere Formen möglich und auch der deutschen Rechtsentwicklung bekannt sind. Da sie überhaupt nicht Rechtssubjekt ist, kann sie weder rechtsfähig noch handlungsfähig sein. Dem ententspricht es, daß die Gesamthandschaft im Gegensatz zur Körperschaft keinen Gesamtwillen bilden kann und keine Organe hat.

An diesen Sätzen hat das geltende Recht nicht durchweg festgehalten, sich dabei allerdings notwendig von der folgerichtigen Durchführung des

Gesamthandprinzips entfernt. So ist z. B. bei der offenen Handelsgesellschaft eine starke Annäherung an die einheitliche Körperschaft erfolgt (HGB. 124), ebenso bei der Schweizer Kollektivgesellschaft (OR. 559).

II. Rechtsverhältnisse.

1. Die Entstehung der Gesamthandschaft ist im älteren Recht regelmäßig die notwendige Folge des Bestehens einer personenrechtlichen Gemeinschaft; typisch hierfür ist die Gesamthandschaft in der Hausgemeinschaft. Daran hat das Recht der folgenden Zeit und auch das geltende Recht im allgemeinen festgehalten. Infolgedessen ist die Zahl der Formen von Gesamthandschaften jeweils geschlossen und auf die vorhandenen personenrechtlichen Gemeinschaften beschränkt. Nur ausnahmsweise ist es möglich, kraft Vertrags eine von einer personenrechtlichen Gemeinschaft unabhängige, isolierte Gesamthandschaft zu begründen; dies trifft zu bei der Reederei, nur scheinbar bei den über die Hausgenossenschaft hinausreichenden Erbengemeinschaften, vor allem aber bei den Handelsgesellschaften der Neuzeit, bei den Gesamtbelehnungen des Mittelalters.

Hiermit hängt zusammen, daß bei der Gesamthandschaft das Vorhandensein eines dem sachlichen Substrat der Verbandsperson entsprechenden Vermögens in der Regel nicht Voraussetzung für die Entstehung ist; doch gibt es Ausnahmen (z. B. Reederei).

2. Da die Gesamthandschaft der Organe entbehrt, können Rechtsgeschäfte, die sich auf die Rechte der Gesamthänder beziehen, nur von diesen selbst oder von einem Vertreter ihrer aller vorgenommen werden. Die Regel ist es in älterer Zeit, daß alle Gesamthänder zusammenwirken, daß sie coniuncta manu, mit gesamenter hand, mit samder hand handeln, gemeinsam den zu übergebenden oder zu erwerbenden Gegenstand erfassen und übergeben, sämtlich in die Hand des Vertragsgegners greifen; von diesem im Wortsinne gesamthändigen Handeln hat auch die Gesamthandschaft ihren Namen. Doch kommt schon in älterer Zeit die Vertretung durch einen Gesamthänder vor, so z. B. in der Hausgenossenschaft durch den Vater oder den ältesten Bruder.

Die Vertretung der Gesamthänder durch einen von ihnen scheint mit einer überragenden Stellung dieses Einen ursprünglich zusammenzuhängen, die wiederum ihren Grund in dem mit der Gesamthandschaft verbundenen personenrechtlichen Verbande hat. Dieser Verband kann entweder herrschaftlichen Charakter tragen (z. B. Hausgemeinschaft) oder genossenschaftlichen (z. B. Erbengemeinschaft). Später ist dann die Vertretung nur von dem Willen der übrigen Gesamthänder getragen oder beruht auf dem Gesetz.

3. Die Berechtigung der Gesamthänder an den einzelnen Vermögensobjekten führt in älterer Zeit und folgerichtig dazu, daß Verfügungen des Einzelnen ebenso unmöglich sind, wie andererseits gegen den Willen auch nur eines Einzelnen nicht verfügt werden kann. Der Wille jedes Einzelnen ist hinsichtlich des Gesamtgutes durch den der übrigen gebunden; daher bedarf es wiederum des einstimmigen Zusammenwirkens aller Willensträger, wenn irgendein Wille hinsichtlich des Gesamtgutes wirksam werden soll. Es gilt durchaus das Prinzip der Einstimmigkeit. Erst allmählich ist vereinzelt das Mehrheitsprinzip aufgenommen worden. Jünger auch ist die Erscheinung, daß die Stimmen der Gesamthänder gewogen und nicht nur gezählt werden.

Ein Wägen der Stimmen findet statt bei der Reederei, indem sich hier die Stimmkraft des einzelnen Mitreeders nach der Größe seines Anteils am Schiff bestimmt (HGB. 491). Es hängt mit dem Überwiegen des kapitalistischen Charakters der Reederei gegenüber dem persönlichen der übrigen Gesamthandschaften zusammen.

4. Das Fehlen quotenweiser Berechtigung und die Berechtigung jedes einzelnen Gesamthänders am gesamten Vermögen, wenn auch nur in Gemeinschaft mit den übrigen Gesamthändern, hat zur Folge, daß ein Gesamthänder von den übrigen nicht beerbt werden kann. Vielmehr tritt, wenn ein Gesamthänder stirbt und nicht von außerhalb der Gesamthand Stehenden beerbt wird, sogen. Anwachsung ein. Sein Anteil wächst den übrigen an oder, anders und richtiger ausgedrückt, sein Wille scheidet als bewegende Kraft der Gesamtrechte aus, wodurch gleichzeitig die innere Kraft der verbleibenden Willen gestärkt wird; es liegt nicht sowohl eine Anwachsung als der Wegfall einer Mitberechtigung vor.

Dagegen ist es an sich möglich, daß ein Gesamthänder seinen Anteil überträgt. Dies kommt vereinzelt schon in der fränkischen Zeit vor. Es ist ferner möglich, daß ein Gesamthänder aus der Gesamthand ausscheidet und hierbei mit einem entsprechenden Anteil, der grundsätzlich ein Kopfteil ist, abgesondert wird.

§ 15. Einzelne Gesamthandschaften.

Da die Gesamthandschaft gegenüber der Körperschaft die ältere Form der Personenverbindung ist und die Körperschaften sich aus ihr entwickelt haben, sind die Gesamthandschaften des Mittelalters diejenigen Genossenschaften, die sich nicht zu Körperschaften fortgebildet hatten. Daneben entstehen dann analoge Neubildungen.

In der älteren Zeit aber liegen die Typen herrschaftlicher wie genossenschaftlicher Gemeinderschaften im Gebiete des Familienrechts.

I. **Hausgenossenschaftliche Gesamthandschaften.** 1. Die älteste Form eines Gesamthandverhältnisses ist die germanische Hausgemeinschaft. Sie ist zugleich der Typus einer herrschaftlichen Gemeinschaft, unter der Munt des Hausherrn, der damit der geborene Vertreter der Gesamthänder ist, wenngleich er bei Dispositionen durch das Mitrecht der übrigen gebunden ist. Mit der Rechtsgemeinschaft verbindet sich hier eine Lebensgemeinschaft; die Wirtschaft wurde auf gemeinsamen Gedeih und Verderb geführt.

2. Der Tod des Hausherrn nahm dieser Gemeinschaft die Spitze. Dadurch wandelte sich die herrschaftliche Gemeinschaft in eine oft durch mehrere Generationen erhaltene genossenschaftliche Gemeinschaft der Erben um, sofern nicht die hausherrliche Gewalt durch einen der Erben fortgesetzt wurde. Eben diese Gemeinschaften werden vorzugsweise als Ganerbschaften bezeichnet, der Einzelne als Ganerbe (ahd. geanervo, lat. coheres); doch wird diese Terminologie auch auf andere, ähnliche Gemeinschaften angewendet.

Die Ganerben lebten in der Regel in gemeinsamem Haushalt auf Gedeih und Verderb. Rechtsgeschäfte über das Gemeinschaftsgut schlossen sie meist communi manu ab; doch konnten die Gemeiner auch durch einen von ihnen, z. B. den ältesten männlichen Ganerben, unter Geschwistern den ältesten Bruder vertreten werden.

Die Ganerbschaft konnte aufgelöst werden. Dies war aber nur so möglich, daß das gemeinsame Vermögen der Substanz nach unter die Ganerben verteilt wurde; es mußte eine sogen. Totteilung oder Grundteilung (ahd. swâs-scara), eine Aufteilung in Watscharen erfolgen. Damit endete hinsichtlich der einzelnen Teile jede Beschränkung des Ganerben aus dem bisherigen Gemeinschaftsverhältnis; über den ihm zugefallenen Teil konnte jeder Einzelne, von den allgemeinen Eigentumsbeschränkungen (s. u. insb. §§ 39—41) abgesehen, frei verfügen.

Diese Erbengemeinschaften haben sich in ländlichen Gegenden, insbesondere Süddeutschlands und Westdeutschlands, als bäuerliche Gemeinderschaften (zusammenteilungen), im burgundischen Gebiet unter dem Namen der indivisions oder raffrarachements (= Verbrüderungen) durch das ganze Mittelalter hindurch und auch in der Neuzeit erhalten. Daneben aber sind entsprechende vertragsmäßige Zusammenlegungen von Vermögen zu einer Gemeinderschaft möglich geworden, wobei der Umfang des zur Gemeinschaft gehörigen Gutes ebenfalls durch den Vertrag bestimmt wurde; solche Verträge wurden vielfach zwischen Hörigen, insbesondere der Kirche, abgeschlossen.

Das geltende Recht der Schweiz kennt Gemeinderschaften kraft Erbfolge und kraft Vertrags, hält aber in diesem Falle an der Voraussetzung der Verwandtschaft der Gemeinder fest (ZGB. 336ff.). Auch BGB. behandelt die Erbengemeinschaft als Gesamthandschaft (s. u. § 107).

Im Familienrecht wurzeln endlich die Gesamthandschaften des ehelichen Güterrechts (s. u. §§ 88—90) und der fortgesetzten Gütergemeinschaft.

II. **Sonstige Gesamthandschaften.** Der Zusammenhang mit der Hausgenossenschaft fehlt den ritterlichen Ganerbschaften und den fürstlichen Erbverbrüderungen, von denen aber mindestens die erstgenannte den Zusammenhang mit der Familie im weiteren Sinne wahrte.

1. Die ritterschaftlichen Ganerbschaften, beim Herrenstand seit dem 12. Jahrhundert, beim Ritterstand seit dem 13. Jahrhundert häufig, sind Gesamthandschaften unter den verschiedenen Linien einer Familie. Sie sind von den bäuerlichen Gemeinderschaften insoweit nicht verschieden, als das Prinzip der Gesamthandschaft auch sie beherrschte. Sie weichen dagegen ab dadurch, daß sie regelmäßig keinen gemeinsamen Haushalt kennen und daß sie grundsätzlich unauflösbar sind.

Vom gemeinsamen Haushalt konnte um deswillen leichter abgesehen werden, weil in der Regel mehrere Burgen zur Verfügung standen; war dies nicht der Fall, so verteilten sich die Ganerben wenigstens auf die einzelnen Flügel einer Burg (Ganerbenburg). Die festgehaltene Unteilbarkeit des Gesamtgutes entsprach dem Zwecke der Zusammenhaltung des Familiengutes. Dies schloß aber eine Nutzteilung (Mutschierung, Örterung), die Teilung in Mutscharen, nicht aus, da diese nicht Teile zu freier Verfügung schuf, sondern die Einheit des Gutes und die Gesamthand nach außen hin bestehen ließ.

Jünger sind analoge Bildungen unter verschiedenen Familien auf Grund von Verträgen (Burgfrieden) oder Gesamtbelehnung.

2. Die seit dem 14. Jahrhundert vorkommenden Erbverbrüderungen zwischen fürstlichen Familien, haben, wie auch der Name sagt, im wesentlichen einen erbrechtlichen Zweck. Beim Aussterben einer Familie soll deren Herrschaft an die andere fallen. Dieser Zweck aber wird erreicht durch die Begründung eines Ge-

samthandverhältnisses zwischen den noch bestehenden Familien, das sich in der Notwendigkeit gesamthändiger Verfügung über die von ihm erfaßten Herrschaften äußert. Im übrigen fehlt nicht nur der gemeinsame Haushalt, sondern auch die gemeinsame Verwaltung. Die gegenseitige Huldigung der Untertanen, das Zugeständnis wechselweisen Gebrauches der Wappen und gegenseitige Rekognitionszinse haben nur formelle Bedeutung.

3. Schon das Mittelalter hat eine Reihe von **Handelsgesellschaften** (selschap, kumpanie, societas) ausgebildet, bei denen verwandtschaftliche Beziehungen ebensowenig wesentlich sind wie gemeinschaftlicher Haushalt, wenngleich eine von ihnen aus der Erbengemeinschaft entstanden ist.

a) Als Gelegenheitsgesellschaft erscheinen im Mittelalter **Sendevegesellschaft** und **Widerlegung** (wedderlegingc, rechte gesellschaft, contrapositio, compositio). Bei jener gibt der eine Kontrahent (geselle, kumpan) dem anderen Geld oder Waren als sendegut (sendeve) in den Gewerbebetrieb; sie entspricht der romanischen commenda i. e. S. Bei dieser legen beide Gesellschafter Güter ein; sie entspricht der romanischen collegantia.

Die beiden Formen sind trotz ihrer Ähnlichkeit mit romanischen unabhängig von diesen als deutschrechtliche Bildungen entstanden und schon nach der Auffassung des Mittelalters beide echte Gesellschaften. Sie sind aber Innengesellschaften und haben demgemäß keine gemeinschaftliche Firma. Dies erklärt, daß sich die Widerlegung in der Neuzeit zur stillen oder heimlichen Gesellschaft fortbilden konnte (vgl. HGB. 335ff.), während die Sendevegesellschaft in der Neuzeit verschwand.

b) In ihren älteren Erscheinungen Abspaltungen der Hausgemeinschaft oder der Erbengemeinschaft sind die sogen. **Gewerbsgesellschaft** des Mittelalters und die **Reederei** (Mitreederschaft). Jene entsteht durch den gemeinschaftlichen Gewerbebetrieb der Hausgenossen oder Erben, indem sich unter dem Einfluß der Widerlegung die familienrechtliche Gemeinschaft zu einer handelsrechtlichen umgestaltet. Bei dieser steht im Mittelpunkte ein Seeschiff, das die Mitreeder (Schiffsfreunde) thosamende hebben, während jedem Einzelnen ein ideeller Anteil (del) daran zukommt (daher auch selscop in scepes parten).

Das römische Recht hat diese beiden als Gesamthandschaften typischen Gesellschaften nur wenig beeinflußt. Die Gewerbsgesellschaft ist im geltenden Recht als offene Handelsgesellschaft

(HGB. 105ff.) oder Kollektivgesellschaft (OR. 552ff.) erhalten, die Reederei unter gleichem Namen (HGB. 489ff.).

c) Nicht aus deutscher Wurzel entstanden ist die Kommanditgesellschaft (HGB. 161ff.; OR. 590ff.), bei der im Gegensatze zur offenen Handelsgesellschaft mindestens ein Gesellschafter (Kommanditist) nur beschränkt haftet, mindestens einer aber unbeschränkt. Sie geht zurück auf die italienische accomandita, die ihrerseits der romanischen collegantia entsprungen ist, und hat zuerst in Frankreich als société en commandite, dann partikulär in Deutschland Eingang gefunden, bis sie im AHGB. gemeines deutsches Recht wurde.

2. Kapitel.

Rechtsgegenstände (Sachen).

§ 16. Der Rechtsgegenstand im allgemeinen.

I. **Bis zur Rezeption.** Dem Rechtssubjekt als Träger des herrschenden Willens tritt das Rechtsobjekt (Rechtsgegenstand) als Beherrschtes gegenüber. Wie die Rechtsfähigkeit ist auch die Rechtsobjektivität eine von der Rechtsordnung verliehene Eigenschaft. Was Rechtsgegenstand ist, bestimmt sich jeweils nach der konkreten Rechtsordnung und daher verändert sich der Begriff des Rechtsgegenstandes im Laufe der Entwicklung. Aber das Recht ist zu allen Zeiten bei der Verleihung der Rechtsobjektivität insoweit gebunden, als nur das Rechtsgegenstand sein kann, was der Herrschaft eines Rechtssubjekts zugänglich ist.

Im ältesten Recht gab es nur zwei Arten von Rechtsgegenständen, nämlich körperliche Gegenstände und physische Personen. Das Recht blieb hier wie überall am Sichtbaren und Greifbaren haften. Indem es so die Teile der uns umgebenden unfreien Außenwelt als mögliche Rechtsgegenstände anerkannte, war es aber auch der oben erwähnten Schranke bewußt; die jeder Herrschaft entzogenen Teile der Außenwelt, wie z. B. die Luft, das offene Meer, die Himmelskörper hat es so wenig wie das spätere Recht als Rechtsgegenstände angesehen. Indem es physische Personen als Rechtsgegenstände behandelte, war es weit davon entfernt, sie sämtlich auf eine Stufe zu stellen. Es schied zwischen dem Unfreien, der nur Rechtsobjekt war (s. o. § 4 I), und dem Freien, der auch Rechtssubjekt war. Dieser Unterschied spiegelt sich wieder in den beiden Formen rechtlicher Herrschaft, die das ältere Recht kannte, in Gewere und Munt; der Unfreie war wie die körperlichen Gegenstände nur gewerefähig, der Freie nur muntfähig.

Die Veränderungen, die seit der fränkischen Zeit vor sich gingen, bewegten sich in zweifacher Richtung. Der Kreis der gewerefähigen Gegenstände wurde durch die Einbeziehung von Rechten erweitert; allerdings blieb man zunächst bei den Rechten stehen, die sich auf Sachen bezogen oder doch mit solchen in Beziehung standen. So sind Gerechtsame verschiedenster Art wie Gerichtsbarkeit, Regalien, Patronat, ferner Reallasten, wie insbesondere Zehnten, aber auch Zinse, Renten und Gülten, Bergwerksanteile Rechtsgegenstände geworden; es kann an ihnen Nießbrauch, Pfandrecht, Leibzucht bestellt werden. Bei den Schuldverhältnissen, die auf Leistung einer Sache gerichtet waren, wie z. B. Kauf, erschien der Auffassung des Mittelalters eben diese Sache als Objekt. Bei Schuldverhältnissen, die sich auf eine Handlung richteten, wie z. B. Werkvertrag, wurde als Objekt die Person des Schuldners angesehen. Dies hing damit zusammen, daß man in dem Augenblick, in dem das Recht des Gläubigers erst zu greifbarem Ausdruck kam, nämlich im Stadium der Realisierung der Haftung, den Zugriff auf Sache oder Person vor Augen hatte. Fraglich ist, ob schon das Mittelalter dazu gelangt ist, als einheitlichen Gegenstand aller Schuldverhältnisse die Handlung des Schuldners anzusehen.

Im ganzen betrachtet, war das deutsche Recht des Mittelalters weit davon entfernt, Rechtsgegenstand und natürlichen Gegenstand als Teil der uns umgebenden leblosen Außenwelt gleichzusetzen. Es greift über den natürlichen Gegenstand hinaus und bezieht andererseits einzelne natürliche Gegenstände nicht ein. Nicht ganz klar ist im Mittelalter die rechtliche Stellung der natürlichen Sachen, die dem allgemeinen Gebrauche dienten, wie die Reichsstraßen und die großen, schiffbaren Flüsse. Sie waren allerdings dem privatrechtlichen Vermögensverkehr durch ihre Zweckbestimmung entzogen, konnten aber doch jederzeit unter Änderung ihrer Zweckbestimmung in ihn einbezogen werden.

II. **Neuere Zeit.** Nach der Rezeption machte sich der Einfluß der römischen Jurisprudenz und ihrer abweichenden Fragestellung geltend, indem erst hierdurch der Sachbegriff zum Problem und für seine Behandlung die römische Terminologie maßgebend wurde. Das römische Recht ging von dem Oberbegriff der res = Vermögensbestandteil aus und schied von da aus zwischen den res corporales, quae tangi possunt und den res incorporales, quae tangi non possunt. Dieser Unterschied ist als solcher der körperlichen und unkörperlichen Sachen in neueren Rechten aufgenommen worden. Dabei verstand man unter den körperlichen Sachen Teile der uns umgebenden, leblosen Außenwelt, unter den unkörperlichen Sachen Beziehungen zu solchen, insbesondere Rechte. Indem man aber res = Sache und dann = Rechtsgegenstand setzte, blieb man in der Bahn deutschrechtlicher Auffassung, was sich wiederum in der Gleichung Sache = Rechtsgegenstand neuerer Kodifikationen ausdrückt. So nennt ALR. Sache alles, was Gegenstand eines Rechtes oder einer Verbindlichkeit sein kann, ABGB. 285 alles, was von der Person unterschieden ist und zum Gebrauch der Menschen dient. Dagegen versteht BGB. 90 unter Sachen nur körperliche Gegenstände; allerdings erstreckt es dann gelegentlich die Vorschriften über Sachen auch auf Rechte, behandelt diese wie Sachen (s. § 17 I a. E.). Auf dem gleichen Standpunkt steht das Schweizer Recht. Die Frage, was Sache im Sinne von Rechtsgegenstand sein kann, hat die neuere Zeit scheinbar im wesentlichen nicht anders beantwortet, als das Mittelalter. In Wahrheit hat eine erhebliche Vergeistigung stattgefunden, insofern man von der Grundlage der Gewerefähigkeit und Muntfähigkeit sich entfernte; damit war aber auch die Möglichkeit geschaffen, Rechte schlechthin und Handlungen als Sachen in diesem Sinne aufzufassen.

§ 17. Arten der Rechtsgegenstände.

I. **Fahrnis und Liegenschaft.** Die Sachen werden im älteren Recht unterschieden in Fahrnis (ahd. haba, mhd. varend guot, lat. pecunia) und Liegenschaft (ahd. eigen, erbe, mhd. ligend guot, lat. terra, hereditas, proprietas).

Diese Unterscheidung deckt sich mit der in bewegliche und unbewegliche Sachen und knüpft damit an natürliche Eigenschaften der körperlichen Gegenstände an, insofern der Typus der Fahrnis die von Natur bewegliche Sache, der Typus der Liegenschaft das von Natur unbewegliche Grundstück ist; daher nennt z. B. der Schwabenspiegel alles Fahrnis, daz man getriben und getragen mag. Sie ist aber nicht an den natürlichen Unterschied gebunden und erweist sich gerade durch zahlreiche Abweichungen als ihrem Wesen nach juristische Einteilung der Sachen; natürlich bewegliche Sachen können rechtlich als Liegenschaft, natürlich unbewegliche rechtlich als Fahrnis gelten.

Dieser Gegensatz ist älter als die Anerkennung von Rechten als Rechtsgegenstand. Er hat aber dann die Rechte mit ergriffen. Doch ist er im Mittelalter auf die gewerefähigen Sachen beschränkt geblieben; auf nur Muntfähige, später auf Handlungen ist er um so weniger angewandt worden, als diese dem auf ihm aufbauenden Sachenrecht nicht unterworfen waren.

Im Gegensatz zum römischen Recht knüpft das deutsche Recht an diesen Unterschied wichtige Folgen, da die Fahrnis vielfach anderen Rechtssätzen unterliegt als die Liegenschaft (so z. B. im Haftungsrecht, Erbrecht), verschiedene Rechtsinstitute (Grundleihe, Beispruchsrecht) von der Liegenschaft ihren Ausgang nehmen und erst in zweiter Linie auch Fahrnis ergreifen können, wogegen das römische Recht die res mobiles und die res immobiles gleich behandelte. Erst durch diese verschiedene Behandlung ist der Gegensatz von Liegenschaft und Fahrnis zu einem rechtlichen geworden. Hinsichtlich der Tragweite könnte diese Unterscheidung etwa der des römischen Rechts in res mancipi und res nec mancipi verglichen werden. Aus ihrer Bedeutung für die Entwicklung der Sachenrechte erklärt es sich, daß sie dem Einfluß des römischen Rechts widerstanden hat und in einzelnen Folgeerscheinungen auch dem geltenden Rechte angehört.

Im einzelnen erscheinen, zeitlich und örtlich begrenzt, im deutschen Recht von Mobilien dem Liegenschaftsrecht unterworfen, und daher rechtlich als Liegenschaften insbesondere Schiffe, vor allem Seeschiffe, Schiffsmühlen, ferner Sachinbegriffe, wie z. B. Warenlager, wertvolle Gegenstände, wie z. B. der Harnisch, Kostbarkeiten, Handwerkergeräte, das bewegliche Frauengut, selbständige Gerechtigkeiten, wie z. B. Zwangsrechte, Bannrechte, Münzrecht, Zollrecht, Vogtei, Realrechte, der Kur des älteren Rechts, ja sogar Urkunden über Rechte an Liegenschaften.

Der Grund der Verliegenschaftung kann im wirtschaftlich-sozialen Werte der einzelnen Sachen liegen. Dieser stellt sie den Grundstücken gleich, die nicht nur Träger politischer Rechte, sondern im frühen Mittelalter auch des Vermögens waren. So ist z. B. das Schiff für den Reeder, das Warenlager für den Kaufmann von gleicher Bedeutung wie der Acker für den Bauern. Bedeutsam konnte ferner die Beziehung zu Grundstücken werden, woraus sich die sogen. liegenschaftlichen Rechte erklären.

Auf anderem Grunde beruht es, wenn noch im Mittelalter Holzhäuser als bewegliche Sachen galten und von da aus das Rechtssprichwort gebildet wurde: Was die Fackel verzehrt, ist Fahrnis. Denn diese Häuser waren tatsächlich beweglich, konnten an einer Stelle abgebrochen, an einer anderen wieder aufgebaut werden. Allerdings kam man später in analoger Anwendung vereinzelt dazu, auch grundfeste Häuser als bewegliche Sachen zu behandeln.

Den schärfsten Ausdruck findet die rechtliche Qualität der Unterscheidung von Liegenschaft und Fahrnis darin, daß der gleiche Gegenstand bald als Liegenschaft, bald als Fahrnis gelten und daß rechtsgeschäftlich Liegenschaft zu Fahrnis und Fahrnis zur Liegenschaft umgestempelt werden konnte (rechtsgeschäftliche Verliegenschaftung — Entliegenschaftung).

So erklären z. B. Quellen des Mittelalters Häuser als fahrendes Gut gegenüber den Freunden, als liegendes Gut gegenüber dem Herrn. Damit soll gesagt sein, daß sie weder dem Beispruchsrecht der Verwandten, noch dem Besthauptsrecht des Herrn unterworfen sind.

Die rechtsgeschäftliche Verliegenschaftung und Entliegenschaftung (ameublissement) gehört insbesondere dem französischen und badischen Rechte an; diese auch dem lübischen Recht in der zweiten Hälfte des Mittelalters.

Endlich kann Fahrnis als Zubehör oder Bestandteil einer Liegenschaft dem Liegenschaftsrecht unterworfen werden (s. u. § 18 II); hierher dürfte es auch gehören, wenn ABGB. 295 Fische in einem Teich als unbewegliche Sachen behandelt.

In der Neuzeit häufen sich die Fälle, in denen die juristische Unterscheidung von der natürlichen abweicht. Insbesondere wurden nun auch alle Rechte dieser Einteilung unterworfen und z. B. Forderungen auf Herausgabe von Grundstücken als Immobilien, solche auf Herausgabe von Fahrnis als Mobilien behandelt. Der Versuch, die dem römischen Recht unbekannten Unterscheidungen in das römische System einzuzwängen, führte zu den Kategorien der res civiliter immobiles vel mobiles und der res naturaliter immobiles vel mobiles.

Im geltenden Recht nehmen Schiffe eine Sonderstellung ein, die an das Liegenschaftsrecht sich anlehnt (BGB. 1259ff.; ZPO. 864 I). Als Liegenschaften behandelt werden auch bestimmte Rechte (vgl. z. B. BGB. 1017; ErbbaurechtsVO. v. 15. 1. 19 § 11; ZGB. 655) aber keineswegs alle Rechte an Grundstücken; so z. B. nicht Grundpfandrechte.

II. **Vertretbare Sachen.** Eine weitere Unterscheidung der Sachen ist die in vertretbare und unvertretbare (individuelle). Sie dürfte schon dem ältesten Recht angehören und hat in älterer Zeit sowohl Fahrnis als Liegenschaften betroffen.

Der Typus der vertretbaren Fahrnis sind die rechtlich anerkannten Zahlungsmittel, also Metall, Vieh und Tuch. Vertretbare Liegenschaften gibt es nur so lange und insoweit, als die

Grundstücke bei wesentlich gleicher Bewirtschaftung wesentlich gleichwertig sind. Schon in fränkischer Zeit beginnen sie zu verschwinden.

Von Bedeutung ist dieser Unterschied insbesondere da, wo eine Sache als Leistungsgegenstand in Frage kommt. Die vertretbare Sache kann durch eine andere gleicher Art ersetzt werden, die unvertretbare nicht.

III. Verkehrsunfähige Sachen. Ob das ältere deutsche Recht solche gekannt hat, muß dahingestellt bleiben (s. o. § 16 I a. E.). Durch die Rezeption wurde der Begriff der res extra commercium vermittelt, der aber mit den allenfalls auch nach deutschem Recht als verkehrsunfähig anzusehenden Sachen jedenfalls insofern sich nicht deckt, als er die nicht im Eigentum stehenden res nullius einbezieht, die das deutsche Recht überhaupt nicht als Sachen behandelt. Die res extra commercium sind als durch Gesetz dem Privatverkehr entzogene Sachen in neuere Rechte übergegangen (ALR.). Es handelt sich um Sachen, die wie Straßen, Kirchen, dem allgemeinen Gebrauch oder wie Rathäuser, Dienstgebäude, der Stadtverwaltung dienen. Sie können nicht im Eigentum einer Privatperson stehen, wohl aber in dem des Staates oder der Kirche und sind durch ihre Zweckbestimmung allen diesem Zweck widerstreitenden Verfügungen entzogen.

Einzelsachen und Sachverbindungen. § 18.

I. **Einzelsache.** Der Begriff des Sachindividuums (Einzelsache) ist zunächst ein natürlicher. Er ist, soweit es sich um körperliche Sachen handelt, gegeben durch die Kohärenz der physikalischen Teile einerseits und die Abgrenzung der kohärierenden Teile gegen die übrige Außenwelt. Die Mittel der Kohärenz sind ebenso verschieden wie die der Abgrenzung. Jene können z. B. organische oder mechanische sein, diese in den Begrenzungsflächen des Körpers oder, z. B. bei Luft oder Flüssigkeiten, durch Einschließen oder Einfassen gegeben sein.

Das deutsche Recht geht auch hier seine eigenen Wege, indem es zwar in den meisten Fällen dem natürlichen Sachindividuum die Eigenschaft der Einzelsache zuerkennt, in anderen Fällen aber Teile natürlicher Sachen zu Sachindividuen erhebt oder mehrere natürliche Sachen zu einem sogen. Sachinbegriff zusammenfaßt, der wiederum als Sachindividuum behandelt wird. *Einzelsache im Rechtssinn ist jede (natürliche) Sache, jeder Sachteil und jede Mehrheit von Sachen, die, von anderen Sachen und Sachteilen unabhängig, einheitlicher Gegenstand* eines Rechtes ist. Dabei ist es nicht ausgeschlossen, daß z. B. ein Sachteil die Eigenschaft der Einzelsache nur relativ hat, indem er bezüglich eines Rechtes als Einzelsache erscheint, bezüglich eines anderen dagegen mit anderen Teilen derselben natürlichen Sache zu einer Einzelsache sich zusammenschließt. Inwieweit solche Relativität möglich ist, ist lediglich eine Frage der konkreten Rechtsordnung. Dies führt im einzelnen zu verschiedenen Folgeerscheinungen.

1. Teile einer natürlichen Sache können Gegenstand besonderer Rechte sein und insofern als Sachindividuum sich darstellen. Dies war im deutschen Recht möglich hinsichtlich der mit dem Grund und Boden verbundenen Gebäude und Anlagen. Das Gebäude konnte im Eigentum eines anderen stehen als der Boden, mit dem es verbunden war.

Dieser Satz mag auf die Zeit der beweglichen Häuser zurückgehen (s. o. § 17 I), hat sie aber jedenfalls überdauert. Von Bedeutung war er insbesondere bei der städtischen Leihe (s. u. § 48), insofern das auf der geliehenen area errichtete Gebäude Eigentum des Beliehenen sein konnte, während die area selbst Eigentum des Leihers blieb.

Ähnlich den Gebäuden wurden manche Anlagen behandelt, die zur Ausübung eines Gewerbes im Erdgeschoß von Häusern eingerichtet wurden; so z. B. Braukessel, Braupfannen, Fleischbänke. Auch sie fielen nicht in das Eigentum des Grundstückeigentümers, konnten selbständig veräußert und verpfändet werden.

Einen zweiten Fall dieser Art bilden die auf dem Boden stehenden Erzeugnisse, wie Getreide, überhaupt Früchte auf dem Halme und Bäume; bei ihnen war die eigene Individualität noch besonders betont, wenn sie trotz ihrer Verbindung mit dem Grundstück als bewegliche Sachen gelten. Endlich war an Teilen eines Gebäudes, Stockwerken, Kellern, einzelnen Stuben ein Sondereigentum möglich, das sogen. Stockwerkseigentum (Geschoßeigentum, Kellerrecht, Herbergsrecht).

Dieser Auffassung gegenüber hat sich der römische Grundsatz „superficies solo cedit“ nicht durchzusetzen vermocht; in weitem Maße ist partikulär der deutsche Standpunkt festgehalten worden. Auch das geltende Recht läßt trotz seiner grundsätzlich abweichenden, dem römischen Recht entsprechenden Haltung (BGB. 93, 94) wichtige Ausnahmen zu (z. B. BGB. 95, ZGB. 675—677) und läßt landesrechtlich Stockwerkseigentum weiter bestehen (EGBGB. 182; vgl. EGZGB. 20, 43). Auch ist das Bauwerk des Erbbauberechtigten dessen Eigentum, nicht das des Grundstückeigentümers (s. u. § 48 II).

Im übrigen hat das geltende Recht die Frage, inwieweit Teile einer natürlichen Sacheinheit Gegenstand besonderer Rechte und insoweit Einzelsachen sein können, durch den Begriff der wesentlichen Bestandteile BGB. (93) zu lösen versucht, bei denen es diese Möglichkeit im Gegensatz zu den unwesentlichen Bestandteilen verneint; ZGB. 642 nennt überhaupt nur jene Bestandteile.

2. Eine Verbindung natürlicher Sacheinheiten zu einer nur rechtlichen Sacheinheit ist die sogen. Gesamtsache oder der Sachinbegriff, die sachenrechtliche Parallele zum genossenschaftlichen Verbande.

Sachinbegriffe kennt schon die ältere Zeit. So erscheinen Heergewäte und Gerade als Gesamtsachen, die nur aus körperlichen Sachen bestehen, während im gesamten Vermögen einer Person körperliche Sachen und Rechte verbunden werden. Dem Mittelalter gehört die Bildung weiterer Sondervermögen im Lehnsvermögen und Fideikommißvermögen, beide im Gegensatz zum Allodialvermögen, an, in die fränkische Zeit reicht als solches das Eigenkirchenvermögen, das ehefrauliche Vermögen zurück.

Die so gebildeten Sachinbegriffe waren vor allem Gegenstand eines einheitlichen Erbrechts, was am deutlichsten beim Gesamtvermögen, bei Heergewäte und Gerade in die Erscheinung tritt; das Frauenvermögen ist einheitlicher Gegenstand der ehemännlichen Nutznießung. Im übrigen konnten die natürlichen Teile dieser Sachinbegriffe trotz ihrer Einfügung auch Stoff einer rechtlichen Einzelsache bleiben; so konnte ein einzelnes Stück des Frauenvermögens oder, unter bestimmten Voraussetzungen, des Eigenkirchenvermögens, ein einzelnes Lehnsgrundstück verpfändet werden.

Dem römischen Recht waren Gesamtsachen grundsätzlich fremd, wenngleich Ansätze dazu nicht fehlten. Jedoch hat die Rezeption die Gesamtsache nicht beseitigt. In der Theorie wurde der Oberbegriff der universitas rerum aufgestellt, der sich in die Unterbegriffe der universitas iuris als der unkörperlichen (Vermögensinbegriff) und der universitas facti als der körperlichen Gesamtsache teilte. So ist denn auch den neueren Rechten der Inbegriff von Sachen bekannt, der vielfach durch den „gemeinschaftlichen Namen" charakterisiert wird (ALR.; ABGB. 302). Herden, Warenlager, Schiffsvermögen, Gutsinventar, Bibliotheken, Bahneinheit sind weitere Beispiele.

Das geltende Recht erwähnt die Gesamtsache als solche nicht. Gleichwohl kennt es den Sachinbegriff, läßt z. B. Nießbrauch an einem Vermögen (BGB. 1085 ff.), Pfändung einer Bahneinheit zu.

II. **Sachverbindungen.** Eine Sachverbindung, d. h. eine Verbindung von rechtlichen Einzelsachen, stellt das Verhältnis zwischen Hauptsache und Zubehör (Zugehör, zugehörunge, Pertinenz, Nebensache) dar. Diese Verbindung ist zunächst eine wirtschaftliche, indem das Zubehör dem wirtschaftlichen Zwecke der Hauptsache dient, aber körperlich in der Regel von ihr getrennt bleibt, wenn auch, dem Zwecke gemäß, in ein räumliches Näheverhältnis gebracht wird. Das Recht anerkennt die wirtschaftliche Zusammengehörigkeit und läßt in bestimmten Fällen, insbesondere bei Veräußerungsgeschäften, das Zubehör dem rechtlichen Schicksal der Hauptsache folgen. Dagegen schließt das Zubehörverhältnis getrennte rechtliche Schicksale von Hauptsache und Zubehör keineswegs aus; insbesondere tritt die Sache, die Zubehör wird, damit nicht von selbst in die Rechtslage der Hauptsache ein. Hauptsache und Zubehör bleiben Einzelsachen. Damit stimmt im wesentlichen auch das geltende Recht überein.

Das Zubehör des älteren Rechts ist durchweg gesetzliches Zubehör; erst das neuere Recht kennt partikulär auch gewillkürte Pertinenzen, bei denen die Zubehörqualität auf dem Willen einer Person, meist des Eigentümers der Hauptsache beruht. Das Schweizer Recht hat diese Art der Zugehörung beibehalten (ZGB. 644), während BGB. 97 nur gesetzliches Zubehör kennt.

Die Hauptsache ist im älteren Recht regelmäßig ein Grundstück; im neueren und im geltenden Recht kann sie auch eine bewegliche Sache sein, während Rechte als Hauptsachen nur partikulär vorgekommen sind. Nebensachen können bewegliche Sachen sein, Grundstücke und Rechte. Doch gehören Liegenschaften als Zubehör vor allem dem Rechte des Mittelalters an, indem sowohl die zu einem Hofe gehörenden Äcker als auch die zu einem Herrenhof gehörenden einzelnen Güter als Zubehör behandelt wurden. Partikulär findet sich dies auch in der Neuzeit. Dem geltenden Recht sind Liegenschaften als Zubehör unbekannt.

Zu der Pertinenz eines landwirtschaftlichen Grundstücks rechnet seit alter Zeit das Inventar (Gutsinventar), lebendes und totes, auch der auf einem Grundstück angesiedelte Unfreie, überhaupt alles, was auf einem mansus der Bewirtschaftung diente. Bei Grundstücken innerhalb von wirtschaftlichen Genossenschaften gehören dazu die mit ihnen verknüpften Genossenschaftsrechte, die Anteile am Kulturland und in der Almende. Ein Seitenstück zum Gutsinventar ist die Ausstattung der Eigenkirche. Mittelalterliche Quellen erklären als Zugehörigkeit alles, was ertvast unde naghelvast ist, was nut und nagel begriffen hat. Daneben stellen sie, wie auch neuere Quellen, eingehende Pertinenzkataloge auf, in denen sich z. B. Winterfenster, Schlüssel, Löschgeräte finden, ferner Handwerksgerätschaften, z. B. Braugerätschaften, bei ländlichen Grundstücken Vieh, Dünger, Pflüge u. dgl.

Zu den Pertinenzen gehören nach älterer Auffassung auch die sogen. **Realrechte** oder radizierten Rechte, die mit dem Eigentum an Grund und Boden in der Art verbunden sind, daß ihr Subjekt der jeweilige Eigentümer ist; sie führen eben deshalb auch den Namen der subjektiv-dinglichen Rechte.

Der Inhalt der im Mittelalter sehr häufigen und wichtigen Realrechte ist sehr verschieden. Sie sind teils öffentliche Rechte, wie z. B. Landstandschaft, Reichsstandschaft, Gutsobrigkeit, Gerichtsbarkeit, Patronatsrecht, Gemeinderechte, teils private Rechte, wie z. B. Jagdrechte, Fischereirechte, Bannrechte, Reallasten, Dienstbarkeiten, Näherrechte, Erbkuxe, Mitgliedschaftsrechte.

Nach der Auffassung des geltenden Rechts sind die Realrechte nicht mehr Zubehör, sondern Bestandteil des Grundstücks, sind aber auch gegenüber dem Mittelalter stark an Bedeutung zurückgegangen, da die in dieser Form auftretenden Rechte teils aufgehoben sind (so insbesondere die patrimonialen Rechte), teils von Grund und Boden gelöst wurden. Aber landesrechtlich sind z. B. reale Gewerberechte, Jagdrechte, Fischereirechte erhalten (EGBGB. 74) und ferner können Dienstbarkeiten, Reallasten, Kaufsrechte (BGB. 1018, 1105 II, 1094 II) als subjektiv-dingliche Rechte bestellt werden.

II. Abschnitt.

Entstehung, Veränderung und Untergang der Privatrechtsverhältnisse.

Allgemeines. § 19.

I. **Entstehung.** Die Rechtsentstehungsgründe sind im deutschen Recht grundsätzlich keine anderen als in anderen Rechten. Daher entstehen die Privatrechte auch nach deutschem Recht durch den Eintritt eines Tatbestandes, an den die Rechtsordnung ihre Entstehung knüpft, sind insofern alle gesetzliche Rechte. Aber auch diese Tatbestände weisen im deutschen Recht keine Besonderheiten auf. Je nach der Rolle, die bei ihrem Zustandekommen der Wille von Rechtssubjekten spielt, scheiden sie sich in sogen. Zustände einerseits, Rechtsgeschäfte und Rechtshandlungen, sowie Handlungen öffentlicher Organe andererseits.

Die **Zustände** können durch die Äußerung eines Willens herbeigeführt sein, lösen aber Privatrechte in gleicher Weise auch dann aus, wenn dies nicht der Fall ist. Seit ältester Zeit gehören hierher

z. B. Geburt, Tod, Verwandtschaft, Nachbarschaft, Geschlecht, später dann z. B. Erreichung eines bestimmten Alters, Zugehörigkeit zu einem bestimmten Stande, Besitz eines Rittergutes.

Insoweit für die Entstehung von Privatrechten wesentlich ist, daß der sie auslösende Tatbestand von einem Rechtssubjekt gesetzt ist, also auf menschliche Handlung zurückgeht, muß unterschieden werden, ob der Wille des Subjekts nur auf die Schaffung des Tatbestandes oder auf den rechtlichen Erfolg gerichtet war. In diesem Fall liegt ein Rechtsgeschäft vor (s. u. § 20f.), in jenem eine Rechtshandlung oder eine unerlaubte Handlung. Unter den Rechtshandlungen kann man wiederum unterscheiden, ob sie sich auf ein Rechtsverhältnis beziehen, wie z. B. Mängelrüge, Mahnung, oder nicht, wie z. B. Fund, Schöpfung eines Geisteswerkes; jene werden als Rechtshandlungen in engerem Sinne, diese als Realakte bezeichnet. Die unerlaubte Handlung charakterisiert sich dadurch, daß ihr Erfolg von der Rechtsordnung mißbilligt wird (s. u. § 72).

Die in das Privatrecht eingreifenden Handlungen öffentlicher Organe sind insbesondere Verwaltungshandlungen und konstitutive Urteile. Für jene können als Beispiel dienen die Jahrgebung, Verleihung des Bergwerkseigentums, für diese das Ehescheidungsurteil. Es kann aber auch die gesetzgebende Gewalt in gleicher Richtung wirksam werden, indem sie durch einen besonderen Rechtssatz (Privileg) ein einzelnes Recht zur Entstehung bringt. Dies war in früherer Zeit häufiger als jetzt. So beruhte der Schutz der Verleger, Urheber und Erfinder am Beginne der Neuzeit nur auf Privilegien; ebenso erfolgte die Verleihung der Rechtsfähigkeit an Körperschaften durch Privileg.

II. **Veränderung und Beendigung.** Die für die Entstehung der Privatrechtsverhältnisse maßgebenden Gründe kommen auch für deren Veränderung und Beendigung in Betracht.

Hervorzuheben ist hier hinsichtlich des wichtigsten Falles der Veränderung, nämlich des Subjektwechsels, daß auch dem deutschen Recht, die Übertragung von Rechten schon in ältester Zeit bekannt war. Andererseits zeigen sich mindestens seit der fränkischen Zeit höchstpersönliche Rechte. Unübertragbar waren z. B. im älteren Recht Forderungen (s. u. § 59).

§ 20. Die Rechtsgeschäfte im besonderen.

I. **Arten der Rechtsgeschäfte.** Die Rechtsgeschäfte sind einseitige oder mehrseitige. Jene kommen zustande durch die Willenserklärung einer Partei, diese erfordern Willenserklärungen mehrerer Parteien.

Die einseitigen Rechtsgeschäfte treten an Zahl und Bedeutung von je hinter den mehrseitigen zurück und erscheinen im Gebiete des Obligationenrechts geradezu als Ausnahme (s. u. § 56). Aus dem Gebiete des Sachenrechts gehört hierher die Aneignung, aus dem des Familienrechts die Entsippung. Einseitig ist ferner der Verzicht (mhd. verziht, lat. renuntiatio), für dessen Anwendung die Auflassung und das Spatenrecht Beispiele geben, ferner Auslobung und Kündigung.

Die mehrseitigen Rechtsgeschäfte sind überwiegend zweiseitige oder Verträge; doch werden sie ohne feste Unterscheidung als Abreden, Gedinge (ahd. gidingi, mhd. gedinge), auch als ahd. einunga, gizunft, mhd. eintracht, vertracht bezeichnet.

Der Vertrag durchzieht das ganze Rechtsgebiet. Es gibt personenrechtliche, sachenrechtliche, obligationenrechtliche, familienrechtliche und erbrechtliche Verträge. So ist die Kommendation ein Vertrag des Personenrechts, gehört der Grundleihevertrag in das Sachenrecht, die Eheschließung unter den Ehegatten, wie die Trauung der älteren Zeit in das Familienrecht, der Erbvertrag in das Erbrecht. Aber auch bei dieser Klassifizierung darf nicht übersehen werden, wie vielfach anders die Auffassung verschiedener Zeiten gewesen ist. So vereinigt z. B. das ältere Recht alle Verträge, die auf eine Leistung gerichtet sind, unter einheitlichem Begriff und nennt sie alle Kauf, mag die Leistung eine Geldsumme oder etwa die Übergabe der Braut betreffen.

Der Vertrag kommt zustande durch Willenseinigung, die wenigstens bei obligatorischen Verträgen durch ein freies Versprechen (fidem facere, mnd. gelovede) und freie Versprechensannahme erzeugt wird. Das erzwungene, in getvange abgegebene Versprechen, so z. B. das des Gefangenen, ist nichtig; das Versprechen muß ungetrungen und ungetvungen abgegeben sein.

Aus verschiedenen Gründen kann die Wirksamkeit eines Rechtsgeschäfts von der Zustimmung (mhd. jawort, vullbort, volge und volbort, rat) oder der Erlaubnis (mnd. gelof) eines Dritten abhängen. Solche Zustimmung ist in vielen Fällen die Folge früherer Gemeinschaftsverhältnisse und hängt dann eng mit Wartrechten und Anwartschaftsrechten zusammen. Typisch hierfür ist das Erbenlaub bei Grundstücksveräußerungen (s. u. § 39), die Zustimmung des Grundherrn bei Veräußerung von Hofgütern. Andere Wurzel hat die Zustimmung des Verlobers zur Verlobung im Mittelalter. Das Fehlen der Zustimmung macht das Rechtsgeschäft nichtig oder anfechtbar.

Dagegen fehlt dem deutschen Recht die Zustimmung, durch die die mangelnde Kraft des Willens einer Vertragspartei ersetzt werden soll, da der Unmündige nicht schlechthin handlungsunfähig war und, soweit sein Handeln keine Wirkung hatte, der Vormund für ihn, nicht neben ihm handelte. (Vgl. andererseits z. B. BGB. 107.)

II. **Willenserklärung im besonderen.** Hinsichtlich der Wirkung der Willenserklärungen ist das deutsche Recht von einem allgemeinen Grundsatze beherrscht, der aber über die Grenzen des Privatrechts hinausreicht und auch im Prozeß und im öffentlichen Recht überall da zur Anwendung kommt, wo Willenserklärungen abzugeben sind und auf die Gestaltung von Rechten einwirken. Er geht aus von dem Festhalten an der äußeren Form, wie es dem noch unentwickelten Denkvermögen der älteren Zeit entsprach, aber auch in späterer Zeit und bis heute geboten sein kann; nur beruhte es in älterer Zeit auf allgemeiner Unfähigkeit, dem durch die Form verdeckten und allenfalls abweichenden Inhalt gerecht zu werden, während in neuerer Zeit die Unmöglichkeit im konkreten Einzelfall maßgebend ist. In rechtliche Form übertragen, lautet dieser Grundsatz, daß der rechtsgeschäftliche Wille in dem Umfang und mit dem Inhalt anerkannt wird, der sich aus seiner äußeren Kundgebung ergibt. Dieser Grundsatz bezog sich ebenso auf den ausdrücklich erklärten wie auf den verschwiegenen Willen. Er ist seinerseits nur ein Anwendungsfall des Strebens nach sinnlicher Anschaulichkeit im älteren Recht. Im einzelnen ergeben sich hieraus verschiedene Folgerungen.

1. Auf diesem allgemeinen Grundsatz beruht die Kraft des Scheingeschäfts, wie es in älterer Zeit in der Form der Scheintrauung (s. u. § 84 I 1. a. E.), der Scheinadoption zum Zwecke der Emanzipation (s. u. § 93 I) auftritt.

2. Darauf beruht ferner die Wirkung des Rechtsscheins, der da entsteht, wo die äußere Form der Rechtsverhältnisse dem materiellen Inhalt nicht entspricht. Auf den Rechtsschein gehen bis in das geltende Recht wichtige Rechtseinrichtungen zurück. So insbesondere der öffentliche Glaube des Grundbuchs (BGB. 892; ZGB. 973) und anderer öffentlicher Bücher, die Todeserklärung, die Legitimationskraft der Gewere, des Besitzes, der Wertpapiere. Im Gebiete des Grundbuchrechts verbindet sich der Rechtsschein mit dem Publizitätsprinzip (s. u. § 79).

3. Hiermit hängt endlich zusammen, daß für den Inhalt des Rechtsgeschäfts, im besonderen für die im Rechtsgeschäft eingegangene Verpflichtung in älterer Zeit allein das gesprochene Wort maßgebend ist. Der hinter der Willenserklärung stehende Wille wird demgegenüber nicht beachtet; daher gibt es für das

ältere Recht keinen Zwiespalt zwischen Wille und Erklärung, keinen Irrtum. Dieses, dem formellen Charakter des Rechts entsprechende Prinzip kommt in Rechtssprichwörtern wie „ein Mann, ein Wort", „Worte machen den Handel" zum Ausdruck.

III. **Symbole.** Eine weitere Folge des Bedürfnisses nach sinnlicher Anschauung ist es, daß man auch die Willenserklärung selbst sichtbar zu machen sucht. Diesem Zwecke dient das Symbol (Wahrzeichen, Sinnbild). Es ist bald ein Gegenstand, bald eine Handlung, bald eine Vereinigung von beiden.

Symbolischer Gegenstand ist z. B. die Hand als Symbol der Gewalt und des Schutzes, später vertreten durch den Handschuh, der Stab als Symbol des Auftrags, das Schwert als Symbol der ehemännlichen, die Schlüssel als solches der ehefraulichen Gewalt, das ungeschorene Haupthaar als Sinnbild der Freiheit. Daher ist die Handauflegung Sinnbild für die Aufnahme in den Schutz, die Überreichung eines Handschuhs bei der Übereignung Sinnbild der übertragenen Sachherrschaft. Der Auftraggeber übergibt dem Boten den Stab, der, ursprünglich bezauberter oder gesegneter Wanderstab, zum Abzeichen des Beamten wird, im Privatrecht insbesondere beim Formalismus der Wadiation (s. u. § 74) eine Rolle spielt. Doch wird im Mittelalter der Stab nicht selten durch den Handschuh ersetzt und kennzeichnet den Boten als den Gewaltträger. Dem Ehemann wird bei der Eheschließung das Schwert vorangetragen und übergeben; die Ehefrau erhält die Schlüssel und trägt sie am Gürtel.

Symbolische Handlung ist seit ältester Zeit das Wegwerfen zum Zeichen des Verzichts, sei es, daß der Gegenstand geworfen wird, auf den man verzichtet, sei es, daß ein Handschuh oder ein Stab (exfestucatio s. u. § 34); oder ein Halm geworfen und so das Werfen in reinster Form zum Symbol wird. Im Gegensatz dazu steht das Ergreifen als Zeichen der Inanspruchnahme einer Macht; so wird die beanspruchte Sache beim Anefang erfaßt, der Türpfosten des Grundstücks bei der gerichtlichen Besitzeinweisung. Ist der Verzicht nicht einseitig, sondern zugunsten eines anderen, so wird diesem zugeworfen, in den Schoß geworfen (in laisum jactare, laisiwerpitio, scotatio). Aus dem Zuwerfen entwickelt sich das Übergeben. Weitere symbolische Handlungen sind der Spatenstich bei Spatenrecht und Verspatung (s. o. § 12 II 3), die Kniesetzung bei der Adoption und der Trauung, die Umschließung der Kinder mit dem Mantel bei der Legitimation, das Zerbrechen von Stäben bei der Entsippung. Endlich gehören hierher die zahlreichen Handgebärden und bestimmte Körperhaltungen, die noch im Mittelalter lebendig sind.

Nicht Symbol ist die pars pro toto; sie wird aber bei symbolischen Handlungen verwendet. Damit hängt zusammen der Handschlag (Handreichung); indem der Versprechende die Hand als Teil seiner selbst in die des anderen legt, gibt er sich in dessen Gewalt, verpfändet sich ihm. Bei der Kommendation legt der Vasall seine Hände in die des Herrn und begibt sich so in dessen Schutz; der Herr umschließt sie mit seinen Händen und nimmt ihn so in den Schutz auf. Gleichen Sinn hat es, wenn Rockzipfel oder Mantelzipfel in die Hand des Gläubigers gelegt werden. Bei Übertragungen vertritt das Grundstück eine Erdscholle (s. u. § 34), durch Zweig oder Ähre individualisiert, die Kirche das Glockenseil oder die Altardecke.

IV. **Mängel des Rechtsgeschäfts.** Diese führen auch im deutschen Recht zur Anfechtung oder Nichtigkeit. Aus dem oben (II) Gesagten ergibt es sich, daß sie immer nur Mängel im äußeren Tatbestande des Rechtsgeschäfts sein können, also insbesondere Mängel in der Form oder die Unzulässigkeit des Geschäfts. Anfechtbar waren z. B. Grundstücksveräußerung ohne die Zustimmung der Beispruchberechtigten, nach sächsischem Recht die Selbstergebung in die Unfreiheit. Die Anfechtung erfolgte durch Widerspruch (rechte wedersprake), war aber regelmäßig an bestimmte Frist gebunden (s. u. § 23 I 1). Die Wirkung der Anfechtung ist nicht schlechthin Nichtigkeit. Vielmehr ist die Anfechtung in vielen Fällen nur die formale Voraussetzung für die dann im Wege der Klage zu erreichende Nichtigkeitserklärung des Geschäfts. Das Geschäft konnte aber auch von Anfang an machtelos sein oder chain chraft haben. So etwa die vor dem Rat statt vor dem Gericht gegebene Gabe, die Vergabung auf dem Siechbett, das Versprechen des Gefangenen.

V. Die Wirkung des Rechtsgeschäfts konnte von einer Bedingung abhängig gemacht werden; es kann mit underscheide abgeschlossen werden. So z. B. die Übertragung des Lehnsgutes durch den Vasallen von der Belehnung des Erwerbers durch den Herrn.

§ 21. Fortsetzung (Formen der Rechtsgeschäfte).

I. **Formen im allgemeinen.** Im älteren deutschen Recht sind die Rechtsgeschäfte grundsätzlich formgebunden. Dies ergab sich aus dem Bedürfnis nach konkreter Anschauung, nach

Offenkundigkeit der Rechtsverhältnisse, nach Eindeutigkeit der Willenserklärungen; dazu kam der Wunsch, durch den Gebrauch bestimmter Formen den Beweis zu erleichtern. Es entsprach dem auch sonst im Rechte der früheren Zeit zu beobachtenden Sinn für Formalismus und fest umrissene Typen.

Die Bedeutung der Form für das Rechtsgeschäft ist dabei nicht immer die gleiche. Teils handelt es sich um Formen, von deren Einhaltung die rechtliche Wirksamkeit des Geschäfts überhaupt abhing, also um Geschäftsformen im engeren Sinn (konstitutive Form). Teils ist nur die volle rechtliche Wirksamkeit auch, Dritten gegenüber, an die Einhaltung der Form geknüpft. Teils endlich dient die Form dem Beweise, ist also überhaupt nicht Geschäftsform, sondern Beweisform. Im einzelnen sind die Unterschiede nicht immer scharf, sondern vielfach fließend.

Mit dem Grundsatz der Formgebundenheit der Verträge beginnt das Mittelalter zu brechen. Immerhin haben sich die Formen bei einzelnen Geschäften erhalten. Zum Teil auch aus den früher maßgebenden Gründen. So erhält sich z. B. die Öffentlichkeit von Grundstücksübertragungen in Verbindung mit dem Beispruchsrecht. Unter dem Einfluß der Rezeption wurden die Rechtsgeschäfte grundsätzlich formfrei, da die italienische Jurisprudenz das schon im römischen Recht vorhandene Konsensualprinzip zur vollen Entfaltung gebracht hatte. Doch gab es nicht unerhebliche, partikulär verschiedene Ausnahmen. Dies hatte verschiedene Gründe. Vor allem war entscheidend, daß das Konsensualprinzip nur da vordrang, wo die Form inhaltlich leeres Hemmnis geworden war, nämlich im Gebiete des Obligationenrechts. Hier wurde im allgemeinen Rechtsverkehr und noch entschiedener im Gebiete des Handelsverkehrs die Form lästig und beseitigt. Dagegen konnten sich die bisherigen Formen bei anderen Rechtsinstituten erhalten, bei denen dieser Grund ihrer Beseitigung nicht gegeben war; so z. B. bei Testamenten und Erbverträgen. Auch bei der Übertragung von Liegenschaften gelang es dem Konsensualprinzip nur in verschwindendem Maße, Boden zu gewinnen (s. u. § 35). Daneben treten neue Zwecke der Geschäftsformen auf. Teils wollte man in der Form ein Hemmnis schaffen gegenüber übereilten, schwerwiegenden Verfügungen; die Form sollte Anlaß wiederholter Überlegung werden und findet sich daher bei Verträgen über einen bestimmten Wert. Teils suchte man in der Form einen Schutz geschäftsunfähiger Leute, z. B. der Landleute zu finden, indem man die Mitwirkung einer Behörde verlangte. Teils endlich nötigte gerade die Rücksicht auf den Verkehr zum Formenzwang; so setzte sich in der Formenstrenge des Wechselverkehrs das dem ältesten Recht eigene Bestreben fort, die Eindeutigkeit der Erklärung durch die Form zu sichern.

Das geltende Recht weist keine grundlegenden Änderungen auf. Die Mehrzahl der Rechtsgeschäfte ist formfrei, die des Obligationenrechts sind es grundsätzlich. Aber nicht nur hat sich z. B. bei Testament, Erbvertrag, Grundstücksübereignung die Formgebundenheit erhalten, sondern auch im Obligationenrecht fehlt es nicht an formbedürftigen Geschäften (z. B. BGB. 313, 566, 766; OR. 165, 493, 517), und das deutsche Recht hat außerdem von der Schutzfunktion der Form fortdauernd Gebrauch gemacht, indem es bei bestimmten Geschäften die Form nur denen zumutet, die nicht Vollkaufleute sind (HGB. 351).

II. **Einzelne Formen.** Die Form selbst ist nach Zweck und Zeit verschieden. Dem deutschen Recht entstammen die Rede, die Handlung, der Zeuge und die Öffentlichkeit, dem römischen Recht die Schriftform.

1. Die einfachste Form war die Rede. Die im Rechtsgeschäft wirksame Willenserklärung mußte in der Regel in gesprochenen Worten zum Ausdruck kommen; denn das Geschäft mußte grundsätzlich hörbar sein. Ungermanisch und der ältesten Zeit unbekannt ist das geschriebene Wort. Dagegen wird man weder dem Schweigen noch der konkludenten Handlung im früheren Recht die rechtliche Wirkung absprechen dürfen; ein Beispiel hierfür bietet die Verschweigung (s. u. § 23 I).

In den meisten Fällen aber genügte es dem ältesten Recht nicht, daß der Wille in Worten Ausdruck fand, sondern es mußten bestimmte Worte, feierliche Formeln gesprochen werden (verba solemniter concepta, gelerte worte), eine contemplatio verborum statthaben. Mögen auch solche Formeln ihr reichstes Anwendungsgebiet im Prozesse gehabt haben, wo sie sich jedenfalls am längsten erhielten und im Mittelalter in hoher Blüte waren, so fehlen sie doch auch nicht dem Privatrecht. Verlobungs- und Trauungsformeln bieten dafür Beispiele. Reim, Versmaß und Alliteration erleichtern Behalten und Verwendung; Tautologie und Pleonasmus verstärken und verdeutlichen die Erklärung. Die Neuzeit macht von solchen Wortformeln keinen Gebrauch. Nur Rudimente haben sich in der Wechselklausel (Scheckklausel) und in den Trauungsworten des Standesbeamten erhalten.

2. Das Geschäft mußte aber nicht nur hörbar, sondern auch sichtbar sein. Diesem Erfordernis wurde genügt durch bestimmte Handlungen, die sich mit den Worten verbanden. Die wichtigsten sind die Handgebärden, unter denen wiederum der Handschlag eine hervorragende Rolle spielt (s. o. § 20 III). Daher sagen die Quellen des Mittelalters, daß das Geschäft abgeschlossen werde mit hand und mund, ore et manu, mit vingern und mit tungen. Dazu kommen bestimmte Körperhaltungen und sonstige Handlungen. Beispiele bieten das Spatenstechen (s. o. § 12 II 3), das Brechen von Stäben bei der Entsippung (s. u. § 81), das Erfassen des Türpfostens bei der Besitzergreifung, das Einlegen der Hände bei der Kommendation (s. u. § 49). Doch ist die Handlung, eben weil sie das Geschäft, also einen Willensvorgang, sichtbar machen soll, in der Regel nicht nur Form, sondern Symbol (s. o. § 20 III). Mit diesem ist sie aus dem Rechtsleben verschwunden. Dem geltenden Recht ist sie unbekannt.

3. Die Zuziehung von Zeugen scheint vielfach nur um des Beweises willen erfolgt zu sein; doch kommen Zeugen auch als Geschäftsform vor. Das Zeugnis hängt eng mit den Handlungsformen und Wortformen zusammen. Bezweckten diese Hörbarkeit und Sichtbarkeit des Geschäfts, so sicherten jene das Hören und Sehen. Der zugezogene Zeuge ist als solcher Solemnitätszeuge und hat vom Zuziehen seinen Namen (ahd. tiuga). Er ist im wahrsten Wortsinn zugezogen als testis per aures tractus und immer ein testis rogatus. Dagegen drückt die Bezeichnung (ahd.) urkundo aus, daß er „erkundet" hat. Als Zeugen verwendet werden konnten nur freie Männer, die in der Zahl von 2, 3, 7, aber ausnahmsweise auch in anderer Zahl erschienen. Das Mittelalter stellt den Parteien partikulär amtliche Personen als Zeugen zur Verfügung (obd. genannte).

Das Institut des Geschäftszeugen hat sich durch die ganze Neuzeit und im geltenden Recht erhalten. Allerdings nur bei einzelnen Verträgen, die meist dem Familienrecht und Erbrecht angehören. So z. B. Trauung, Testamentserrichtung, Erbvertrag (vgl. BGB. 1318, 2233, 2276; ZGB. 116, 501). Partikulär erscheinen Zeugen auch bei der Liegenschaftsübertragung (ABGB. 434; 1916 aufgehoben), beim Verlöbnis.

4. Die Öffentlichkeit der Rechtsgeschäfte bezweckt im älteren Recht die Möglichkeit der Kenntnisnahme durch die Gesamtheit, der Gelegenheit zur Geltendmachung entgegenstehender Interessen gegeben oder auch nur die Kenntnis vermittelt werden soll; sie

steht in engem Zusammenhang mit der Verschweigung (s. u. § 23 I 1). Ersetzt werden kann sie in bestimmten Fällen durch nachträgliche Veröffentlichung. Erfüllt war dieses Erfordernis durch Vornahme des Rechtsgeschäfts in der Volksversammlung oder in der Gerichtsversammlung. Beispiele sind Geschlechtsleite, Affatomie und Thinx (s. u. § 103), Freilassung, Übertragung von Liegenschaften.

Am längsten hat sich die Öffentlichkeit in dieser Funktion bei der Liegenschaftsübertragung erhalten. Dagegen dient seit dem Ausgange des Mittelalters die Vornahme von Rechtsgeschäften vor dem Gericht oder dem städtischen Rat als Organ der freiwilligen Gerichtsbarkeit meist einer staatlichen Bevormundung des Rechtslebens. Daher handelt es sich bei der Gerichtlichkeit der Geschäfte nicht nur um eine Vornahme vor dem Gericht, sondern um eine aktive Mitwirkung des Gerichts. Teils hat das Gericht eine Rechtsbelehrung der Parteien (Certioration) vorzunehmen, teils das Vorliegen gesetzlicher Voraussetzungen des Geschäfts zu prüfen, teils das Geschäft zu bestätigen; namentlich in diesem Falle ist der Charakter der Bevormundung vorherrschend, womit es zusammenhängt, daß gerade Geschäfte von Bauern, Handwerkern und Taglöhnern der Bestätigung bedurften.

Das geltende Recht hat die Gerichtlichkeit beibehalten, teilweise in Wahl mit Vornahme des Geschäfts vor einem Notar. So z. B. BGB. 925 für die Auflassung.

§ 22. Fortsetzung (Schriftlichkeit).

5. Erst seit der fränkischen Zeit kommt, der Sache wie der Form nach aus dem römischen Recht aufgenommen, die Schriftlichkeit vor, der Abschluß von Rechtsgeschäften durch Urkunden, wie die Ausstellung von Urkunden über Rechtsgeschäfte.

a) Geschäftsform ist zunächst nur die dispositive Geschäftsurkunde, die in den Quellen den Sammelnamen der carta (epistola, testamentum) führt, oder ihre Benennung dem konkreten Geschäft entlehnt, demzufolge z. B. cessio, venditio, traditio, manumissio heißt. Dagegen hat die notitia (breve, memoratorium) lediglich die Bedeutung eines Beweismittels, die der carta allerdings auch zukam.

Die beiden Arten von Urkunden unterscheiden sich grundsätzlich in der Fassung. Die carta enthält die Erklärung der Partei selbst, spricht daher in der ersten Person (z. B. ego trado hunc fundum); die notitia berichtet über die erfolgte Erklärung, verwendet daher die dritte Person (z. B. Adalhardus tradidit hunc fundum). Die carta ist vom Aussteller mit seinem Namen oder seinem Handzeichen unterzeichnet oder durch Handauflegung gefestigt (cartam firmare, manufirmare). Sie ist ferner von Zeugen unterzeichnet oder gefestigt.

Vom Gebrauch der manufirmatio rühren die Ausdrücke „Handfeste, Manifest, Firma" her.

Die Ausstellung der Urkunde war nach verschiedenen Rechten selbst ein formeller Akt. Der Schreiber mußte vom Aussteller förmlich aufgefordert werden (rogatio), das zur Urkunde dienende Pergament wurde auf den Boden gelegt, nicht selten in Verbindung mit Tintenfaß und Feder, von dort wieder aufgenommen (cartam levare; Urkunde aufnehmen!), sei es durch den Schreiber, sei es durch den Aussteller, der es dann in diesem Fall dem Schreiber übergab.

Die Urkunde wird zum Abschluß des Geschäfts der anderen Partei übergeben (daher Datum!). Diese Übergabe ist der entscheidende Akt, da durch sie der Erklärende sich seines Willens entäußert; der Vertragsgegner muß die Urkunde und damit die Willenserklärung annehmen, damit das Geschäft zustande kommt. Durch Hingabe und Annahme der Urkunde kommt der sogen. Begebungsvertrag zustande. Doch ist diese Übergabe der Urkunde selten die einzige Geschäftsform; vielmehr verbinden sich mit ihr andere, einheimische Formen (s. z. B. u. § 34).

Die ältesten Urkunden finden sich bei der Übertragung von Liegenschaften. Doch kennt schon die fränkische Zeit ihre Verwendung bei anderen Geschäften, insbesondere im Gebiete des Obligationenrechts. Hier dienten sie der Begründung von Schulden wie von Haftungen, indem der Schuldner oder der Haftende seinen Schuldwillen oder Haftungswillen in der Urkunde erklärte, die Urkunde sodann dem Gläubiger übergeben und von ihm angenommen wurde. Dabei war in der Urkunde der Gläubiger genannt, diese also nach heutigem Sprachgebrauch ein Rektapapier.

Mit der Schuldurkunde (cautio) gingen schon früh wichtige Veränderungen vor sich, durch die Aufnahme besonderer Klauseln. Dabei ging die Entwicklung der einzelnen Veränderungen von Italien aus. Zunächst wurde in engem Zusammenhang mit der Unübertragbarkeit von Forderungen (s. u. § 59) und der Unzulässigkeit prozessualer Stellvertretung in die Urkunde die sogen. Exaktionsklausel aufgenommen; der Schuldner verspricht, zu zahlen an den namentlich benannten Gläubiger oder an denjenigen, cui hanc cartam dederit ad exigendum. Eng verwandt mit dieser Exaktionsklausel ist die in Deutschland seit dem 9. Jahrhundert vorkommende sogen. Begebungsklausel (tibi aut cui cartam dederis) und die sogen. Stellvertretungsklausel (tibi aut cui hoc scriptum pro parte tua in manu paruerit). Durch alle diese

Klauseln verspricht der Schuldner, an einen Dritten zu leisten, den der Wille des Gläubigers bestimmen werde. Dieser Gedanke findet zuerst in Italien noch schärfere Ausprägung in der Fassung vel cui ordinaveris oder vel cui praeceperis. Dem entsprechen in Deutschland seit dem 13. Jahrhundert Fassungen wie dir oder wer disen brief mit deinem willen innehat, dir oder dem getreuen inhaber. So entsteht aus der Exaktionsklausel die Orderklausel, die zuerst in Frankreich in der präzisen Form ou à son ordre, dann in Deutschland als an Ordre erscheint; die Urkunde ist zum Orderpapier geworden.

Da das Recht aus der Urkunde an deren Besitz und die Order des genannten Gläubigers geknüpft war, wurde der Beweis dieser Order und der Begebung des Papiers an den Inhaber durch den genannten Gläubiger erforderlich. Dieser konnte anfangs nur durch eine besondere, begleitende Urkunde, den willebrief (littera creditiva) geführt werden. In der Neuzeit wurden die Willebriefe durch das Indossament verdrängt, einen auf der Rückseite der Urkunde (in dorso) gesetzten Übertragungs- und Legitimationsvermerk, der sich zuerst in Frankreich im 17. Jahrhundert findet.

Jünger als die erwähnten Klauseln sind die alternative und die reine Inhaberklausel; jene findet sich in Italien im 9., diese im 10. Jahrhundert, während sie in Deutschland beide im 13. Jahrhundert auftraten; durch die alternative Inhaberklausel wird versprochen, die Zahlung an den genannten Gläubiger oder an den Inhaber (tibi aut cui hoc scriptum in manu paruerit) zu bewirken. In der reinen Inhaberklausel fehlt die Nennung eines Gläubigers; es wird Leistung an den Inhaber schlechthin versprochen (ad illo hominem, aput quem scriptio iste paruerit, illo cui scriptio ista in manu paruerit, dem behelder des brifs). Die Inhaberklausel macht den Nachweis einer Begebung entbehrlich, während allerdings der Schuldner dem Inhaber des Papiers die Einrede unrechtmäßigen Erwerbs entgegenhalten konnte. Die praktische Bedeutung des Inhaberpapiers liegt in der unbegrenzten und leichten Zirkulationsfähigkeit.

Noch vor der Rezeption findet sich die Form des Blanketts (ungeschriben briv), d. h. eines Inhaberpapiers oder Orderpapiers, das nicht völlig hergestellt ist, sondern Lücken aufweist, deren Ausfüllung der Aussteller dem Gläubiger überläßt.

Nach der Rezeption wurden die Inhaberpapiere stark zurückgedrängt; man gelangte sogar dazu, in völliger Verneinung ihres Wesens von dem Inhaber den Beweis des Rechtserwerbs zu verlangen. Doch sind sie im 17. Jahrhundert wieder aufgelebt; allerdings hat sich nur die reine Inhaberklausel erhalten. Etwa gleichzeitig entwickelte sich bei den Orderpapieren die Zulässigkeit einer mehrmaligen, unbegrenzten Übertragung. Damit wurde die Zirkulationsfähigkeit der Orderpapiere der der Inhaberpapiere nahezu gleich.

Neben die schuldrechtlichen Urkunden, unter denen Wechsel und Scheck die führende Rolle haben, traten im Laufe der Entwicklung personenrechtliche Urkunden, wie Kuxschein, Aktie, Reichsbankanteilschein, sachenrechtliche, wie Rentenbriefe, Gültbriefe, Grundpfandbriefe, Lagerschein, Ladeschein, Konnossement. Die Wissenschaft hat sodann, und ihr folgend die Gesetzgebung, die Orderpapiere und Inhaberpapiere mit den Rektapapieren zu einer einheitlichen Gruppe der Wertpapiere zusammengefaßt, als der „Urkunden über ein Privatrecht, dessen Verwertung durch die Innehabung der Urkunde privatrechtlich bedingt ist".

In neuester Zeit sind die einzelnen Wertpapiere wenigstens zum Teil gesetzlich geregelt worden, nachdem schon früher Kodifizierungen des Wechselrechts stattgefunden hatten. So z. B. der Wechsel in der Allgemeinen deutschen Wechselordnung (1848; Neufassung 1908), die handelsrechtlichen Wertpapiere, wie kaufmännische Anweisungen und Verpflichtungsscheine, Konnossemente, Ladescheine, Lagerscheine, Bodmereibriefe und Seeversicherungspolicen im HGB. 363ff., 642ff., 424, 682ff., 784; OR. 482), der Scheck im Scheckgesetz (1908; OR. 830ff.), die Schuldverschreibungen auf den Inhaber (BGB. 793ff.). Eine allgemeine Regelung der Orderpapiere gibt OR. 838ff., der Inhaberpapiere OR. 846ff.

b) Eine weitere Art der Verwendung hat die Schriftform in den öffentlichen Büchern gefunden, unter denen das Grundbuch das wichtigste ist. Die Einrichtung der öffentlichen Bücher nimmt ihren Ausgang von der Aufzeichnung der vor dem städtischen Gericht oder dem Rat vorgenommenen Geschäfte im Buche, den sogen. Stadtbüchern, die im 13. Jahrhundert durch ganz Norddeutschland verbreitet waren. Deren Führung war im einzelnen sehr verschieden. Teils wurde nur ein Buch geführt, teils mehrere Bücher für die verschiedenen Geschäfte; so finden sich Schuldbücher, Erbebücher, Rentbücher, Pfandbücher, Währschaftsbücher, Hypothekenbücher u. a. Insbesondere wurden so auch Liegenschaftsgeschäfte eingetragen. Hierbei vollzog sich eine in ihren Folgen wichtige Veränderung. Während die Auflassungen zunächst (so seit 1135 in Köln) auf einzelnen Blättern (Schreinskarten) aufgezeichnet wurden, dann chronologisch in Büchern (Schreinsbüchern), deren vereinzelt mehrere in einer Stadt geführt wurden, nämlich je eines für einen Teilbezirk (z. B. Viertel, Kirchspiel), begann man schon im 13. Jahrhundert in den Kölner Schreinsbüchern mit der Vereinigung aller auf ein Grundstück bezüglichen Eintragungen an einer Stelle. In Fortbildung dieses Verfahrens gelangte man endlich, und zwar vermutlich zuerst in Danzig, zu einer Einteilung der Bücher nach Straßen und Grundstücken, also zum Realfolium und **Grundbuch** im heutigen Sinn.

Die Grundbücher waren zunächst eine städtische Einrichtung. Sie wahrten diesen Charakter während des Mittelalters mit Ausnahme der Länder der böhmischen Krone (Böhmen, Mähren, Oberschlesien), wo die Grundbücher als Landtafeln auch auf dem flachen Lande auftraten.

Die rechtliche Bedeutung der Bucheintragung erschöpfte sich **zunächst** in der eines **Beweismittels**. Doch wurde die Eintragung **schon im Mittelalter** in einzelnen Städten (z. B. Lübeck, Hamburg, Bremen, München) und war immer in den böhmischen Ländern der **Perfektionsakt**, durch den dingliches Recht, sei es nur Pfandrecht, sei es auch Eigentum, begründet wurde (s. u. § 34).

Nach der Rezeption ist die **Bedeutung der Grundbücher zurückgegangen** (s. u. § 35). Diese selbst aber haben sich partikularrechtlich erhalten, wenn auch meist nur als Pfandbücher für die Eintragung von Pfandrechten, nicht auch für die Übereignung. **Im geltenden Recht** sind sie **für alle Liegenschaftsrechte von größter Bedeutung** geworden, da nunmehr sowohl in Deutschland (Grundbuchordnung von 1898) wie in der Schweiz (ZGB. 942ff.) die Grundbuchverfassung voll durchgeführt ist, jedes Grundstück, mit verschwindenden Ausnahmen, im Grundbuch aufgenommen wird und der **Liegenschaftsverkehr auf dem Grundbuch aufgebaut** ist; das gleiche gilt für Österreich (Grundbuchgesetz von 1871). Für die Anlage der Grundbücher ist das System der Realfolien maßgebend; Personalfolien können nur ausnahmsweise angelegt werden. Einzelheiten regelt das Landesrecht (GBO. 1).

Auf anderen Grundlagen als das Grundbuch beruhen die gleichfalls zu den öffentlichen Büchern zählenden **öffentlichen Register des Handelsrechts**, das Handelsregister, das Genossenschaftsregister und die Zeichenregister (Zeichenrollen). Sie gehen zurück auf die von den kaufmännischen Gilden geführten Verzeichnisse. Die Handelsregister haben in Deutschland ihre Vorläufer in Gesellschaftsregistern, Vollmachtsregistern (Prokurenregister) und vor allem auch in den Firmenregistern (Merkantilprotokolle, Ragionenbücher) neuzeitlicher Städte.

c) Aus der öffentlichen Beurkundung entwickelte sich im Mittelalter die notarielle Geschäftsform, die mit der Aufnahme des Notariats aus Italien als amtlicher Urkundsbehörde größere Verbreitung gewann. Reichsgesetzliche Regelung erfuhr sie durch die Notariatsordnung von 1512; doch erfolgte die Weiterbildung durch das Landesrecht, dem sie auch heute noch obliegt (vgl. auch EGBGB. 141; EGZGB. 55).

Zeitablauf. § 23.

I. Schon im älteren deutschen Recht war der Ablauf bestimmter Zeit von Bedeutung für die Gestaltung der Privatrechtsverhältnisse. Die hierher gehörigen Institute sind Verschweigung und Unvordenklichkeit, in der Neuzeit auch die Verjährung.

1. Die Verschweigung ist Verlust eines Widerspruchsrechtes durch Unterlassung eines Widerspruchs zu oder innerhalb bestimmter Zeit. Derjenige, der die rechte (rechtgemäße, meist auch rechtsförmliche, z. B. gerichtliche) widersprache unterläßt, muß für die Folgezeit ebenfalls schweigen; er hat geschwiegen und sich so verschwiegen. Die Hauptrolle spielte die Verschweigung im Grundstücksverkehr hinsichtlich des dem Beispruchsberechtigten zustehenden Widerspruchs (s. u. § 39), war aber auch sonst von Bedeutung; so schon nach fränkischem Recht bei der Ansiedlung eines Ausmärkers, ferner beim Fund, beim erblosen Nachlaß, im Lehnerbrecht, bei der Erbschaftsklage.

Die Verschweigung geht aus von der tatsächlichen oder zu vermutenden Kenntnis des Widerspruchsberechtigten von dem anfechtbaren Vorgang oder der anfechtbaren Tatsache. Sie tritt daher in der Regel sofort ein, wenn der Widerspruchsberechtigte bei dem anfechtbaren Vorgang, z. B. der Grundstücksübertragung, im Gericht anwesend ist und nicht sofort (tohant) widerspricht (vgl. oben § 20 I). Andernfalls dagegen verliert der Berechtigte das Widerspruchsrecht erst und tritt die Verschweigung erst ein nach Ablauf einer Verschweigungsfrist (Schreijahr), innerhalb deren die Erlangung der Kenntnis angenommen werden kann.

Die Dauer der Verschweigungsfrist war verschieden. Die regelmäßige Verschweigungsfrist betrug Jahr und Tag; daneben kommt die Frist von 30 Jahren und Jahr und Tag, von 31 Jahren, 6 Wochen und 3 Tagen vor.

Die Frist begann in der Regel von dem Eintritt der anzufechtenden Tatsache an zu laufen. Dies war vielfach eine gerichtliche Erklärung, das Aufgebot. Hinausgeschoben war der Beginn der Frist für Unmündige bis zur Erreichung der Mündigkeit, für Abwesende bis zur Rückkehr, vor allem allgemein durch echte not. d. h. einen vom Recht anerkannten Hinderungsgrund bis zur Behebung des Hindernisses.

Die Fälle echter Not sind nicht in allen Quellen die gleichen. Meist finden sich Königsdienst (Reichsdienst), Krankheit, Pilgerfahrt oder Kreuzzug (godes dienst buten lande), Gefängnis, höhere Gewalt (gottesgewalt); in ältester Zeit kam der Totenkult hinzu.

Die Wirkung der Verschweigung ist nicht unmittelbar Rechtserwerb oder Vollendung eines solchen. So wird das Recht des Grundstückerwerbers durch die Verschweigung der Beispruchsberechtigten nicht geändert. Die Verschweigung schließt aber eine künftige Anfechtung aus. Daher hat sie jene Wirkung wenigstens praktisch.

Dem römischen Recht war die Verschweigung unbekannt. Sie hat sich aber nicht nur partikularrechtlich erhalten, sondern ist auch die Wurzel des modernen Aufgebotsverfahrens bei der Todeserklärung (s. o. § 5 III), der Tabularersitzung, der Amortisation von Urkunden usw.

2. Das Institut der Unvordenklichkeit beruht auf dem Gedanken der Rechtmäßigkeit eines seit sehr langer Zeit bestehenden Zustandes. Wenn ein Zustand so lange besteht, daß niemand, sei es aus eigener Erfahrung, sei es vom Hörensagen, einen von ihm abweichenden Zustand kennt, so begründet dies die durch Gegenbeweis zerstörbare, rechtliche Vermutung, daß dieser Zustand rechtmäßig entstanden ist und rechtmäßig besteht. Die Unvordenklichkeit berührt sich mit der Verschweigung.

Die Geltendmachung der Vermutung setzt voraus den Unvordenklichkeitsbeweis. Dieser wird in verschiedener Weise geführt. In der Regel geschieht er durch Zeugen, die dahin aussagen, daß sie weder einen anderen Zustand je gekannt, noch auch von ihren Vorfahren über das Bestehen eines abweichenden Zustandes etwas gehört haben. Indem man Leute hohen Alters als Zeugen verwendete, stellte man so auf das Gedächtnis zweier Menschenalter ab. Ausnahmsweise kam auch Beweis durch Urkunden vor, die über die Verhältnisse während zweier Menschenalter, diese zu 40 Jahren gerechnet, Aufschluß gaben. Weiterhin aber war Voraussetzung, daß der Zustand nicht bloß faktisch, sondern als Rechtszustand bestanden hatte, d. h. in Ausübung eines Rechts, nicht aber auf Grund besonderer Vergünstigung.

Mit dieser zweiten Voraussetzung hängt es zusammen, daß die Unvordenklichkeit nur zugunsten von Rechten zur Anwendung kam, die eine dauernde Ausübung gestatteten. Aus dem Gebiete des Privatrechts kamen insbesondere in Frage Bannrechte, Reallasten, Grunddienstbarkeiten, Eigentum, Adel (Uradel), Wappenrecht.

Die Unvordenklichkeit ist durch die Rezeption nicht beseitigt worden, zumal auch das römische Recht vereinzelt den Zustand schützt, der seit Menschengedenken besteht und das kanonische Recht von ihr ausgedehnten Gebrauch macht. Dagegen haben die neueren Kodifikationen die Unvordenklichkeit nicht aufgenommen, zum Teil jedoch durch langfristige, außerordentliche Verjährung ersetzt.

3. Zu Unvordenklichkeit und Verschweigung steht im Gegensatz die Verjährung, die an den Ablauf bestimmter Zeit den Erwerb oder Verlust eines Rechtes knüpft, nicht lediglich Unanfechtbarkeit oder Vermutung. Sie ist dem deutschen Recht unbekannt, aber schon in fränkischer Zeit in einzelnen Rechten rezipiert worden, vollends dann im Mittelalter. Mit den genannten anderen Instituten hat sie vielfach unharmonische Verbindungen eingegangen; rein äußerlich ist die Übernahme typisch deutschrechtlicher Fristen in die Verjährung. In Theorie und Praxis entstand dabei die Vorstellung eines einheitlichen Rechtsinstituts der Verjährung, die Klageverjährung, Ersitzung, Rechtserwerb durch Rechtsausübung (erwerbende Verjährung) und Rechtsverlust durch Nichtausübung (erlöschende Verjährung) in sich vereinigte.

Die Verjährung ist auch dem geltenden Recht bekannt, aber nur in einzelnen Anwendungsfällen, wie der Anspruchsverjährung (BGB. 194ff.; OR. 127ff.) und der Ersitzung (s. u. §§ 33, 36).

II. Die Berechnung der Zeit erfolgte im älteren Recht ausschließlich nach natürlichem Maßstabe. Man rechnete nach Nächten (daher englisch sunnight = 8 Tage, fortnight = 15 Tage) und nach Wintern, nach Mondphasen (Neumond, Vollmond) und Jahreszeiten. In fränkischer Zeit tritt die Rechnung nach Tagen und Jahren auf. Der Tag währte von Sonnenaufgang bis Sonnenuntergang; daher muß z. B. der Gläubiger, der an einem bestimmten Tage Leistung des Schuldners verlangen konnte, den Sonnenuntergang abwarten, dem Schuldner „die Sonne setzen“ (solem collocare, solsaditio).

Die Zeiteinheiten treten in typischer Zahl zu Fristen zusammen. Von Einfluß war hierbei der zeitliche Abstand der Gerichtsversammlungen. So erklären sich Fristen von 14 und 40 Tagen, ferner die Frist von Jahr und Tag, insoweit sie einem Jahr, sechs Wochen und drei Tagen gleich war (Gerichtsjahr) und nicht, wie wohl ursprünglich, einem Jahr und einem Tag; auch die Frist von 3 Tagen könnte als die Dauer eines echten Dings erklärt werden. Von den Jahresfristen dürfte die von 3 Jahren mit der Dreifelderwirtschaft zusammenhängen. Aus dem römischen Recht stammen die Fristen von 10, 20 und 30 Jahren.

Bei der Berechnung von Fristen wurde nach deutschem Recht der Tag nicht mitgezählt, in den das fristauslösende Ereignis fiel. Auch wurden Fristen von Wochen, Monaten, Jahren nicht nach einzelnen Tagen berechnet, sondern kalendermäßig, so daß z. B. die am 15. Januar beginnende Vierteljahrsfrist am 15. April endete. Vor Einführung der Kalenderrechnung dürften Jahresfristen überhaupt nur an der Wiederholung bestimmter Ereignisse gemessen worden sein, so daß z. B. die am Frühlingsding des einen Jahres beginnende Jahresfrist am Frühlingsding des nächsten Jahres endete. Die Berechnung längerer Fristen nach Tagen, z. B. des Monats zu 30 Tagen, ist erst aus dem römischen Recht übernommen worden.

Das geltende Recht folgt im wesentlichen dem deutschen Recht (vgl. z. B. BGB. 187, 188 II; OR. 132, 77).

III. Abschnitt.

Ausübung und Schutz der Rechte.

§ 24. Allgemeines.

I. Die Ausübung eines Rechts steht grundsätzlich im Belieben des Berechtigten. Aber es gibt Ausnahmefälle, in denen die Ausübung eines Rechts auch Pflicht des Berechtigten ist, und solche, in denen die Nichtausübung Rechtsnachteile, insbesondere Rechtsverlust herbeiführt.

Die Verpflichtung zur Ausübung von Rechten findet sich z. B. im Kindschaftsrecht und Vormundschaftsrecht (Recht und Pflicht des Schutzes, der Erziehung). Die Nichtausübung eines Rechtes führt zum Verlust, z. B. beim Beispruchsrecht (s. u. § 39), überhaupt bei allen Rechten, deren Ausübung an eine Frist gebunden ist, also auch z. B. bei der bergrechtlichen Mutung (s. u. § 44 II 2). Aber auch die Abmeierung wegen Nichtbebauung eines

Bauerngutes hängt hiermit zusammen, der Untergang des Jagdrechts wegen Nichtausübung der Jagd.

Wie die Ausübung des Rechts selbst, so steht auch die Art der Ausübung grundsätzlich im Belieben des Berechtigten. Doch finden sich im deutschen Recht vereinzelt Vorschriften, die einen Mißbrauch in der Rechtsausübung verhindern sollen; so können Rechte durch Mißbrauch verwirkt werden (ALR.; vgl. ABGB. 217). Auch das geltende Recht schließt sich dem an (vgl. z. B. BGB. 1354 II, 1357 II, 1358 II, 1666), das Schweizer Recht (ZGB. 2), indem es dem „offenbaren Mißbrauch eines Rechts" den Rechtsschutz versagt. Als Mißbrauch galt wohl schon seit älterer Zeit die Ausübung eines Rechtes zur Schikane, zu dem Zwecke, einem anderen Schaden zuzufügen. Aus dem Mittelalter rechnet hierher der Fall des Neidbaues (s. u. § 38). In neueren Kodifikationen hat sich dieser Gedanke zu allgemeinen Schikaneverboten verdichtet (ALR.); so auch im geltenden Recht (BGB. 226; ABGB. 1295 II).

Hinsichtlich der Form der Ausübung war im älteren Recht persönliche Ausübung Regel (s. u. § 25).

II. **Kollision von Rechten.** Wenn Rechte verschiedener Personen miteinander kollidierten, so ging das stärkere Recht dem schwächeren vor. So geht die stärkere Gewere der schwächeren vor (s. u. § 28). Die größere Stärke eines Rechts beruht aber nicht immer auf seinem inneren Gehalt, sondern kann einem Rechte vom Gesetz beigelegt sein; dies ist der Fall bei den Privilegierungen einzelner Pfandgläubiger oder Konkursgläubiger, wie sie schon im Mittelalter vorkommen (s. u. § 79).

Waren die Rechte gleich stark, so entschied die Prävention (vgl. das Rechtssprichwort: Wer zuerst kommt, mahlt zuerst) oder das Los, das auch im neueren Rechte Anwendung findet (vgl. z. B. BGB. 659; ABGB. 841, 1273). Doch reicht in sehr alte Zeit der Konkurs zurück und damit das Prinzip der gleichmäßigen Berücksichtigung der kollidierenden Rechte.

Treuhandschaft und Stellvertretung. § 25.

I. **Treuhandschaft.** Der Treuhänder ist eine Person, der ein dingliches oder ein obligatorisches Recht übertragen wurde mit der von ihm übernommenen Verpflichtung, über dieses Recht zwar im eigenen Namen und als eigenes, aber im Interesse und gemäß den Weisungen des Übertragenden zu verfügen. Das ältere deutsche Recht nennt ihn salman, aber auch schon manufidelis, da ihm das Recht zu treuer Hand (in fidelem manum; in fidem) übergeben wurde.

Das Institut der Treuhandschaft dient im älteren Recht dazu, den Mangel echter Stellvertretung (s. u. II) und des Instituts letztwilliger Verfügungen (s. u. § 103ff.) zu beheben. Typisches Beispiel ist der Mittelsmann bei der Vergabung von Todes wegen, woraus sich dann auch die Verwendung solcher Mittelsmänner bei Geschäften unter Lebenden entwickelte, wenn z. B. die Übertragung eines Grundstücks durch den Veräußerer nicht möglich war. Aus der Treuhandschaft hat sich die Testamentsvollstreckung entwickelt (s. u. § 106).

II. **Stellvertretung.** Unbekannt war dem älteren deutschen Recht die Stellvertretung im Sinne einer Vertretung im Willen. Sie ist teils durch die Treuhand, teils durch den Vertrag zugunsten Dritter (s. u. § 55 I), teils durch das Kommissionsgeschäft (s. u. § 69 II 4) ersetzt worden. Auch die gesetzlichen Vertretungen, wie die des Mündels durch den Vormund, sind erst im späten Mittelalter zu echten Stellvertretungen geworden.

§ 26. Rechtsschutz.

Die Mittel des Rechtsschutzes im weiteren Sinne sind Selbsthilfe und Klage. Von diesen ist die Klage jünger und hat erst allmählich die Selbsthilfe zurückgedrängt, so daß diese zur Ausnahme, die Klage zur Regel geworden ist.

I. Die **Selbsthilfe** ist in älterer Zeit die regelmäßige Form für die Durchsetzung von Privatrechten, da die Anrufung des Gerichts wohl zur Feststellung des Rechts, aber nicht zum Eingreifen der Gesamtheit zwecks Durchführung des Rechts führte. Auch insoweit die Gesamtheit den Berechtigten dadurch unterstützte, daß sie den Rechtsweigerer in die Friedlosigkeit schickte, eröffnete sie ihm nur den Weg einer schrankenlosen Selbsthilfe, die sich dann allerdings außerhalb der Rechtsordnung abspielte. Übrigens ist auch jede andere Selbsthilfe letzten Endes Handlung gegenüber einem Friedlosen. Dies gilt auch von dem typischen Fall der Pfändung zur Durchsetzung der Personenhaftung (s. u. § 74).

Die Selbsthilfe war aber auch zum Schutz von Privatrechten möglich, da ein Schutz der Gesamtheit gegenüber dem Angriff auf die äußere Form des Rechtes überhaupt fehlte, und bewegt sich daher um die zentralen Faktoren der Gewere und der äußeren Gewalt über Personen, in deren Verteidigung Sachenrechte und Munt erst geschützt werden. Typische Beispiele sind die Selbsthilfe gegenüber dem Bruch der Gewere (s. u. § 28), die Selbsthilfe gegenüber dem Frauenräuber.

In der fränkischen Zeit versuchte man die Selbsthilfe zurückzudrängen, indem man sie einerseits durch ein öffentliches Befriedigungsverfahren überflüssig machte, andererseits an bestimmte Formen band. Doch ist die Entwicklung eines solchen Befriedigungsverfahrens in unzureichenden Anfängen stecken geblieben und im Mittelalter hat die Unzulänglichkeit der staatlichen Hilfe zu einem Aufblühen der Selbsthilfe in Form der Fehde geführt; dem hat erst der ewige Landfrieden von 1495 ein Ende gemacht, der die Fehde verbot und nur Anrufung des Gerichts zuließ. Doch bezog sich diese Aufhebung der Selbsthilfe nur auf die Fälle der Rechtsweigerung, also die Fälle der Durchsetzung eines Rechtes gegenüber der Rechtsverletzung. Daneben bleiben andere, insbesondere der Selbsthilfeschutz der Gewere und die Pfändung erhalten.

Unter dem Einfluß des römischen Rechts wurde die Selbsthilfe als Form der Rechtsdurchsetzung grundsätzlich verboten (ALR.; ABGB. 19). Doch blieben gleichwohl einzelne Fälle der verteidigenden Selbsthilfe unberührt. Im geltenden Recht ist die Selbsthilfe grundsätzlich nicht unerlaubt. Sie hat aber eine besondere Regelung erfahren, durch die ihr Form und Inhalt vorgeschrieben sind (BGB. 229 ff.); sie wird dabei als Angriffsmittel von der Selbstverteidigung (BGB. 227 f.) unterschieden. Daneben sind die typischen Einzelfälle des Besitzesschutzes (s. u. § 29) und die Privatpfändung (s. u. § 77) bestehen geblieben.

II. Die **Klage** diente in ältester Zeit ausschließlich der Feststellung bestrittener Rechtsverhältnisse durch Urteil. Seit der fränkischen Zeit führt sie auch zur Durchsetzung der Rechte durch Zwangsvollstreckung (s. o. I). Dabei geht das deutsche Recht davon aus, daß aus jedem materiellen Recht auch ein Klagerecht fließt, also wegen jeder Rechtsverletzung geklagt werden kann. Die Klage ist zunächst „Beschwerde über Rechtskränkung“, dann aber auch, soweit eine Vollstreckung ausgebildet ist, „Bitte um richterliche Abhilfe“. Sie ist Zubehör jedes Rechts.

Im Gegensatz zum deutschen Recht scheidet das römische Recht zwischen ius und actio. Das ius zieht nicht notwendig eine actio nach sich; aber es können wegen des gleichen ius mehrere actiones gegeben werden. Die actio gehört nicht begriffswesentlich zum ius, sondern wird ihm gegeben.

Mit diesem Gegensatz hängt eine verschiedene Ausgestaltung des Systems der Klagen im römischen und im deutschen Recht zusammen. Während das römische Recht ein auf dem Rechtsgrund der Klage aufbauendes Aktionensystem ausbildete, gliederte das deutsche Recht die Klage nach dem Zweck. So zerfallen nach Quellen des Mittelalters die bürgerlichen Klagen in die zwei Gruppen der Klagen um Schuld und der Klagen um Gut; diese sind Klagen auf Fahrnis oder Liegenschaften (Eigen und Lehen) oder Erbe. Die Klage um Gut entspricht in fränkischer Zeit den Klagen, die mit dem Vorwurf „malo ordine possides“ erhoben werden. Doch sind die Unterschiede der einzelnen Klagearten nicht scharf durchgeführt.

Nach der Rezeption ist das Aktionensystem nur sehr äußerlich verwendet worden. Es wurde insbesondere durch Einführung der sogen. unbenannten Klagen zersprengt. Daher ruht das geltende Recht auf dem deutschen Recht.

II. Teil.

Einzelne Privatrechtsverhältnisse.

Übersicht. § 27.

I. 1. Die einzelnen Arten der Privatrechtsverhältnisse haben schon vor der Rezeption eine reiche Entwicklung durchgemacht. Sie sind aus primitiven Anfängen zu einem reich gegliederten Bau erwachsen, haben sich vermehrt und innerlich gewandelt. Die allgemeinen, rechtsgestaltenden Kräfte (s. o. § 2 I) haben gerade hier ihr reichstes Betätigungsfeld gefunden.

Für vorhistorische Zeiten erschöpfen sich die Privatrechtsverhältnisse in der Herrschaft über Personen und in der Herrschaft über Sachen; jene findet ihren Ausdruck in der Munt, diese in der Gewere. Es gibt nur Personenrecht und Sachenrecht. Demgegenüber ist das historische Recht der ältesten Zeit schon reicher entwickelt. Für das Personenrecht sind zwei Begriffe richtunggebend geworden, die Sippe und das Haus. Die Beziehungen der Sippegenossen haben die Grundlage für die Anfänge des Familienrechts abgegeben, das aber nur Sippenrecht ist; denn das Haus ist noch von dem Gedanken einheitlicher Munt beherrscht. Dagegen fehlt es an einem privaten Obligationenrecht und einem Erbrecht. Schulden kommen bei dem Fehlen von Kreditgeschäften fast nur in der Form der Deliktsschuld vor, die dem Strafrecht angehört; die Haftungen weisen zwar ähnliche Formen auf wie in späterer Zeit, sind aber, wie das Delikt selbst, Teile des Strafrechts. Dem Erbrecht fehlt der Ausgangspunkt, nämlich der Nachlaß; die fahrende Habe folgt dem Toten ins Grab, Grund und Boden ist kommunistisch gebunden.

Die Weiterentwicklung bringt das Kreditgeschäft und mit ihm die Ausdehnung der privatrechtlichen Schuld. Sofort folgt die Haftung in den Bereich des Privatrechts. Die alten Formen der Haftung werden dem Privatrecht dienstbar gemacht, umgestaltet und um neue bereichert. So entstehen die Grundlagen des Obligationenrechts. Die beginnende Auflösung des Kollektiveigentums, später der Wegfall des Totenteils unter christlichem Einfluß, führen zur Bildung eines Nachlasses, damit zu den Anfängen des Erbrechts.

Diese Entwicklung ist in fränkischer Zeit abgeschlossen, setzt aber schon in der sogen. germanischen Periode ein. Sie ist kaum bei allen Stämmen gleichzeitig vor sich gegangen und kann überhaupt nur die Bedeutung eines Entwicklungsschemas haben; rechnet sie doch auch mit dem Gegensatze eines Privatrechts und eines Strafrechts, der selbst erst das Ergebnis längerer Entwicklung ist.

2. Von der fränkischen Zeit an geht die Entwicklung in einer doppelten Richtung. Sie differenziert und erzeugt so neue Rechtsinstitute innerhalb der großen Gruppen, und sie löst den inneren Zusammenhang einzelner Rechtsinstitute, knüpft neue Zusammenhänge und gruppiert so um.

Auf dem Gebiete des Obligationenrechts mehren sich die Vertragstypen, indem z. B. das Aufkommen freier Arbeit den Dienstvertrag und Werkvertrag nach sich zieht, die Grundbesitzlosigkeit aber Pacht und Miete. Die Haftungsformen verfeinern sich. Die Haftung mit dem Körper tritt zurück, da sie wirtschaftlich an Wert verliert; die Sachhaftung tritt aus dem Stadium des Faustpfands in das der Satzung, da das gesteigerte Kreditbedürfnis und die beginnende Rücksichtnahme auf die Person des Schuldners dies verlangen. Neben die in der älteren Zeit allein mögliche Mobiliarhaftung tritt die Immobiliarhaftung.

Im Sachenrecht differenziert sich der Inhalt der Sachherrschaft. Neben das Eigentum treten neue Herrschaftsrechte, die als begrenzte dingliche Rechte bezeichnet werden können; so in fränkischer Zeit schon die Leiherechte. Diese Differenzierung ist im deutschen Recht besonders reich und führt, an keinen numerus clausus gebunden, zu einer partikulär verschiedenen Fülle von Nutzungsrechten und Gebrauchsrechten. Das Aufhören des Kommunismus ließ Eigentumsbeschränkungen und Anwartschaftsrechte als dessen Reste entstehen. Die verschiedene Form der Gewere an Fahrnis und Liegenschaften führte zu weiteren eigenartigen Bildungen. Ferner traten nachbarrechtliche Beziehungen auf, als die Ansiedlungsgenossenschaft ihre verwandtschaftliche Basis verließ. Vor allem aber war es für die Entwicklung des Sachenrechts von Bedeutung, daß es unbedingt am Ausgangspunkt, der Gewere, festhielt. Daher zieht es alle Rechte in seinen Bereich, die in einer Gewere zum Ausdruck kommen; so sind z. B. Miete und Pacht zunächst dingliche Rechte. Endlich führte die Anerkennung von Rechtsformen besonderer Rechtskreise auch im Landrecht zu dessen Bereicherung; so z. B. ist das geteilte Eigentum entstanden.

Eine Zwischenform zwischen Sachenrecht und Obligationenrecht entstand im ius ad rem, dem Recht zur Sache. Dieses stand nach gemeinem Lehnrecht dem Vasallen nach der Investitur und vor dem tatsächlichen Besitzerwerb zu, nach ALR. jedem, der einen Anspruch auf Sacheinräumung hatte, gegenüber seinem Schuldner, in beschränktem Umfang gegenüber jedem Dritten. Seine Bedeutung lag in der Unwirksamkeit von Verfügungen zum Schaden des Berechtigten.

Im Bereiche des Personenrechts hatte die Differenzierung der Munt in die des Ehemanns, des Vaters und des Vormunds die Folge, daß sich nun die drei Gruppen des Eherechts, Kindschaftsrechts und Vormundschaftsrechts getrennt entwickeln konnten.

Wie diese allmähliche Entfaltung können auch die zahlreichen Erscheinungen der Umgruppierung nur angedeutet werden. Die vielleicht klarste von ihnen ist die Loslösung des Erbrechts aus dem Sippenrecht und Familienrecht. Sie war die Folge des Aufkommens der letztwilligen Verfügung. Erst mit dem Eintritt von Nichtverwandten in den Kreis der möglichen Erbberechtigten ist das Erbrecht gegenüber dem Familienrecht verselbständigt worden. Ferner hat die Scheidung zwischen Munt und hausherrlicher Gewalt einen engeren Zusammenschluß der eben erwähnten Teile des Familienrechts herbeigeführt, die nun mit den Resten des Sippenrechts zum Familienrecht im weiteren Sinne sich zusammenfügen. Schließlich wird das Vormundschaftsrecht aus dem engen Zusammenhang mit der Familie gelöst und tritt wenigstens mit einem Fuße in das öffentliche Recht.

Alle diese Entwicklungen sind zunächst solche der Rechtsverhältnisse selbst; sie vollziehen sich unbewußt. Erst allmählich werden die Zeitgenossen ihrer gewahr und werden die entstandenen Unterschiede in der Praxis der Gerichte bewußt verwertet. Zuletzt erst folgt die Ausbildung einer neuen, trennenden Terminologie.

II. Der hier angedeutete Entwicklungsgang ist durch die Rezeption unterbrochen worden. Da es vor ihrem Eintritt an einem wissenschaftlichen System der Privatrechte fehlte, konnte die Rezeption des Pandektensystems nicht ausbleiben. Als System einer viel späteren Entwicklungsstufe war es für die deutschen Verhältnisse völlig ungeeignet und konnte nur höchst gewaltsam mit ihnen verknüpft werden. Dies machte sich in Einzelheiten geltend, wie z. B. bei der Behandlung der Dienstbarkeiten, aber auch in größerem Maßstabe. So hat die im neuen Recht vollzogene Verselbständigung der Sachhaftungen als iura in re aliena zu einer Einordnung der Sachhaftungen in das Sachenrecht geführt, den Zusammenhang aber mit der Personenhaftung damit gewaltsam zerstört.

Da das Pandektensystem auch das neuere Recht beherrscht und auch dem geltenden deutschen Recht zugrunde liegt, ergibt sich die Frage, im Rahmen welchen Systems das deutsche Privatrecht darzustellen ist. Sie müßte für eine Darstellung des Rechtes bis zur Rezeption unbedingt dahin beantwortet werden, daß sich die Darstellung vom Pandektenrecht zu lösen und den dem deutschen Recht eigentümlichen Vorstellungen anzupassen hat. Im gegebenen Falle aber muß die oben (§ 1 I) gestellte Aufgabe einer Einführung zum geltenden Recht auch in dieser Beziehung von Einfluß sein. Dies führt dazu, im wesentlichen dem System des geltenden Rechts zu folgen, das im Grunde das Pandektensystem ist. Nur in einer wichtigeren Frage ist hiervon abgewichen. Die Formen der Haftung erscheinen geschlossen im Obligationenrecht.

A. Sachenrecht.

I. Abschnitt.

Formen der Sachherrschaft.

§ 28. Gewere.

I. **Begriff und Arten.** Gewere (mnd. gewere, lat. vestitura, investitura, frz. saisine, engl. seisin) ist das äußere Verhältnis, in dem eine Person zu einer Sache steht, und zugleich die äußere Form, in der das Recht an einer Sache in die Erscheinung tritt. So hat z. B. der Eigentümer einer Sache an dieser Gewere, hat sie in seiner Gewere; die Gewere ist in diesem Fall der sinnliche Ausdruck für das Eigentum an der Sache. Diese äußere Form einer tatsächlichen Sachherrschaft (sogen. leibliche Gewere; frz. saisine de fait) ist bei Fahrnis die Innehabung oder der Gewahrsam, das Haben (ahd. habida), bei Grundstücken die Nutzung (hebbende, brukende, nutzliche gewere) in Natur oder durch Zins. Mit ihr muß sich verbinden eine innere Beziehung zur Sache, der Wille, die Sache für sich zu haben, der z. B. bei dem arbeitenden Knechte hinsichtlich der Arbeitsgeräte fehlt.

Das Wort gewere gehört sprachlich zu got. vasjan = vestire, deckt sich daher mit vestitura. Seine ursprüngliche Bedeutung ist Bekleidung, und so dient es zunächst zur Bezeichnung der Übertragung der Herrschaft über eine Sache, dann erst dieser Herrschaft selbst. Warum von „Bekleidung" gesprochen wird, ist noch unaufgeklärt. Man denkt an Bekleidung mit dem als Übertragungssymbol dienenden Handschuh (Heusler), Bekleidung der Person mit der Sache (Gierke), Bekleidung mit der Herrschaft. Gewere hat sprachlich keinen Zusammenhang mit wehren = defendere und Gewähr = Bürgschaft.

Das Wesen der Gewere ist noch nicht unbestritten. Sie wird aufgefaßt als juristische Tatsache (Stobbe), als das „faktische Gewaltverhältnis", das aber kraft des ihm von der Rechtsordnung gewährten Schutzes „zwar nicht zu einem Recht, wohl aber zu einem Rechtsverhältnis" wird (Heusler), als ein „Formalbegriff" (Hübner), als „die als Rechtsverhältnis wirksame Erscheinungsform des Sachenrechts" (Gierke).

Aus dem Wesen der Gewere als Erscheinungsform der Sachenrechte erklärt sich, daß die Gewere begrifflich unabhängig ist vom Dasein des in ihr erscheinenden Rechtes. Die Form kann hohl sein, erzeugt aber dann immerhin den Schein eines Rechtes, so z. B. die roubliche gewere des Diebes. Andererseits wird aber die Gewere von der Art des tatsächlich vorhandenen Rechtes beeinflußt. Nicht nur unterscheidet man verschiedene Arten der Gewere (z. B. eigengewere des Eigentümers, lensgewere des Vasallen, gewere to rechter vormuntscap des Ehemannes und des Vormunds, gemene oder blote gewere ohne Rücksicht auf den Rechtsgrund), sondern die Rechtswirkungen der Gewere sind verschieden stark, je nach der Kraft des ihr entsprechenden Rechts.

Das Verhältnis zwischen Recht und tatsächlichem Haben ist insofern nicht unbestritten, als vielfach der Satz aufgestellt wird, daß der Inhaber der Gewere ein Recht an der Sache wenigstens behaupten müsse (Gierke, Hübner). Auch wird angenommen, daß die Gewere ende, wenn durch den Nachweis des Fehlens eines Rechts der Rechtsschein zerstört werde. Jedoch erzeugt zwar die Gewere einen Rechtsschein, aber dessen Wegfall vermag die Beziehung zwischen Person und Sache nicht zu vernichten, solange Innehabung oder Nutzung fortbesteht.

Arten der Gewere ergeben sich auch aus dem Nebeneinander verschiedener Rechtskreise (s. o. § 2 I). So kann man landrechtliche, lehnrechtliche, dienstrechtliche und hofrechtliche Gewere unterscheiden. Von diesen sind die letztgenannten im Landrecht erst allmählich anerkannt worden.

Diese Grundlagen haben eine Fortbildung in mehrfacher Richtung erfahren.

Die Form der Nutzung, in der die Gewere an Grundstücken erscheint, ermöglicht an diesen, nicht auch an Fahrnis, eine mehrfache Gewere; denn mehrere Personen können in verschiedener Weise gleichzeitig

Nutzungen ziehen. Der Hauptfall der mehrfachen Nutzung ist der, daß der eine die unmittelbare Nutzung in Form des Fruchtgenusses oder des Gebrauches hat, der andere als Entgelt Zins oder Dienst empfängt. So steht neben der Gewere des Eigentümers die des Zinsbauern, neben der des Lehnsherrn die des Vasallen, neben dieser beider Gewere die des Untervasallen, allgemein gesprochen neben der mittelbaren Gewere die unmittelbare (ledicliche gewere).

In den Fällen der ideellen (juristischen, unkörperlichen) Gewere (frz. sainine de droit) setzt das Recht den an der Sache Berechtigten in die rechtliche Lage des Gewereinhabers, obwohl die Nutzung von ihm noch nicht erlangt oder verloren ist. Das Recht an der Sache zog die Wirkungen der Gewere nach sich, ohne daß tatsächliche Herrschaft bestand. Sie kommt zur Anwendung bei Liegenschaften und solchen Sachgesamtheiten, in denen Liegenschaften enthalten sind. Der älteste dieser Fälle ist der mit dem Tode des Erblassers eintretende Übergang der Gewere auf den Erben (le mort saisit le vif; s. u. § 98). Ihm steht gleich ein zweiter, nämlich die Gewere dessen, der gewaltsam der tatsächlichen Herrschaft beraubt ist (Entwerung). Dagegen wirkten besondere Gründe, insbesondere der Verschweigungsgedanke, mit bei der ideellen Gewere, die durch Auflassung (s. u. § 34 I 2a) für den Erwerber eines Grundstücks und im Mittelalter durch gerichtliches Urteil für den siegreichen Kläger begründet wird. Dem Ausnahmecharakter der ideellen Gewere entspricht die Relativität ihrer Wirkung, die sich nur gegen den Nichterben, den Dejizienten, den Auflasser und den im Prozeß Unterlegenen richtet.

Der innere Grund für die Ausbildung der ideellen Gewere liegt in der Offenkundigkeit, die ursprünglich dem Erbschaftserwerbe durch den regelmäßig im gleichen Hause wohnenden Erben, der Dejektion und den gerichtlichen Vorgängen zukam.

Auf Fahrnis als solche ist die ideelle Gewere nicht ausgedehnt worden. Sie ergreift aber Fahrnissachen als Teile von Vermögensganzen, deren Mittelpunkt ein Grundstück bildet, so z. B. Fahrnis im ererbten Hofe, auf dem aufgelassenen Grundstück.

Von der besonderen Erscheinungsform der Gewere an Grundstücken, der Nutzung, aus entstand ferner die Rechtsgewere, d. h. Gewere an nutzbaren dinglichen Rechten, wie z. B. Zinsen und Renten und an grundstückgleichen Rechten, wie z. B. Gerichtsherrlichkeit, Gewerberechten, Regalien.

Gewere ohne gegenwärtige Sachherrschaft liegt vor bei der ruhenden und bei der anwartschaftlichen Gewere. Jene ist gegeben, wenn das an einer Sache bestehende Recht vorübergehend keine Nutzung verleiht, weil ein anderes Recht an der Sache die Möglichkeit der Nutzung ausschließt. So ruht z. B. die Gewere des Eigentümers während einer

Verpfändung in Form der älteren Satzung (s. u. § 78). Anwartschaftliche Gewere entspricht einem anwartschaftlichen Sachenrecht; sie steht z. B. dem Erwerber unter aufschiebender Bedingung, dem Veräußerer unter auflösender Bedingung bis zum Eintritt der Bedingung zu.

Dagegen handelt es sich nicht um eine Fortbildung des Gewerebegriffes bei der rechten Gewere. Diese ist ein Erzeugnis der Verschweigung (s. o. § 23 I 1) und kommt dem zu, der offenkundig Gewere erworben und bestimmte Zeit unwidersprochen gehabt hat. Sie ist unanfechtbar und daher die stärkste Gewere.

Dem Zusammenhang mit der Verschweigung entsprechend trat rechte Gewere ursprünglich nur Jahr und Tag nach gerichtlicher Auflassung ein; denn nur an den öffentlichen Akt konnte die Verschweigung anknüpfen. Später sah man hiervon ab und ließ vereinzelt die rechte Gewere auch beim Erwerb von Fahrnis eintreten.

II. **Erwerb und Verlust.** Erworben wird die leibliche Gewere durch Erlangung der tatsächlichen Gewalt, die ideelle mit dem sie begründenden Rechtsakt. Verloren wird sie durch Beendigung des Gewahrsams, bei Liegenschaften durch Beendigung der Nutzungsmöglichkeit, soweit nicht das Institut der ideellen Gewere (s. o. I) bewahrend eingreift. Doch kann leibliche Gewere nicht erworben werden ohne Willen des Inhabers.

Die Erlangung der tatsächlichen Gewalt geschah bei Mobilien durch Ergreifen der Sache. Bei Liegenschaften fand eine Grenzbegehung oder Einzäunung statt. Zur Verdeutlichung konnte Zeichnung mit einer Marke oder bei Liegenschaften die sessio triduana hinzutreten. Bei Liegenschaften begnügte man sich seit der fränkischen Zeit mit symbolischen Übertragungshandlungen (s. u. § 34 I 1), und daraus entwickelte sich eine Besitzübertragung durch Rechtsgeschäft im Gegensatz zu dem ursprünglich allein möglichen originären Besitzerwerb.

III. **Wirkungen.**

a) Defensivwirkung (Rechtsverteidigung). Die Gewere kann ohne Rücksicht darauf, ob ein Recht hinter ihr steht oder nicht, nur mit Urteil gebrochen werden; sie gibt gegen außergerichtliche Angriffe das Recht der Selbsthilfe. Im Prozeß verschafft sie kraft des von ihr ausgehenden Rechtsscheins den Beweisvorzug. Sie begründet die Vermutung, daß dem, der sie hat, auch das in ihr erscheinende Sachenrecht zustehe. Da aber der Prozeßgegner durch Beweis eines Rechts an der Sache durch die Form hindurch zum Inhalt, dem hinter ihr stehenden Recht, vordringen kann, muß sie der stärkeren Gewere des Gegners weichen. Dem germanischen Recht fehlt ein reiner Besitzprozeß.

Die Stärke der Gewere bemißt sich nach dem hinter ihr stehenden Recht. Daher ist grundsätzlich die des Eigentümers die stärkste, die widerrechtlich erworbene z. B. des Räubers die schwächste Gewere. Aber andererseits ist die Gewere kraft besonderen Rechtstitels, z. B. die des Pfandgläubigers oder Vormundes, stärker als die des Eigentümers.

b) Offensivwirkung (Rechtsverwirklichung). Die stärkere Gewere vermag auch angriffsweise eine ihr entgegenstehende schwächere Gewere durch Urteil zu brechen. So bricht z. B. die ideelle Gewere eine ihr entgegenstehende leibliche Gewere, die Eigengewere die des Beliehenen nach Ablauf der Leihzeit, des Pfandgläubigers bei Untergang des Pfandrechts.

In den Fällen der ideellen Gewere sprach der Rechtsschein zunächst für den Inhaber und gegen den Kläger. Daher fand z. B. bei der Klage wegen Dejektion zunächst ein Vorverfahren statt, in dem auf Nachweis der Entwerung der Dejizierte in die Gewere gesetzt wurde. Erst dann begann der Streit über das Besitzrecht, wobei der Dejizierte den Beweisvorzug hatte.

Von besonderer Bedeutung ist die Kraft früherer Gewere an Fahrnis, wobei das deutsche Recht zwei Fälle unterscheidet. Wer die Gewere an einer Fahrnissache unfreiwillig verloren hat, kann sie von jedem Dritten herausverlangen. Wer dagegen die Sache freiwillig aus der Hand gegeben und einem Dritten anvertraut hat, kann sie nur diesem Vertrauensmann wieder abverlangen. (Hand soll Hand wahren, d. h. die Hand des Empfängers leiste Gewähr der Hand des Gebers. Dazu das Rechtssprichwort: „Wo du deinen Glauben gelassen hast, sollst du ihn wieder suchen.")

Der innere Grund der verschiedenen Behandlung anvertrauten und verlorenen Gutes ist bestritten. Die Beschränkung der Fahrnisklage bei anvertrautem Gut kann nicht allein in der durch die Gewere geschaffenen Legitimation ihren Grund haben; denn die raublich erlangte Gewere trägt ihre Herkunft nicht zur Schau und müßte daher gleicherweise legitimieren. Es wird vermutet, daß die Unterscheidung Zeiten entstammt, in denen durch das Gerüfte beim Spurfolgeverfahren die Offenkundigkeit des Gewereverlustes herbeigeführt und damit der Rechtsschein der unrechten Gewere beseitigt wurde (H. Meyer), mit mehr Grund, daß der Erwerb des gestohlenen Gutes durch den im Diebstahl liegenden Friedensbruch gehindert wurde (A. Schultze).

Die beiden Sätze der beschränkten Verfolgbarkeit anvertrauten und der unbeschränkten Verfolgbarkeit abhanden gekommenen Gutes sind noch im Mittelalter durch Ausnahmen durchkreuzt worden. So wurde dem jüdischen Recht der Satz entnommen, daß Juden eine von ihnen in gutem Glauben erworbene, wenngleich vom Verkäufer gestohlene

Sache nur gegen Ersatz des Kaufschillings herausgeben mußten; einige Rechte dehnten dieses sogen. jüdische Hehlerrecht auf christliche Pfandleiher und Kleinhändler aus. Gleicherweise konnte Ersatz des Kaufschillings nach jüngerem deutschem Recht gefordert werden, wenn die Sache auf offenem Markt gekauft war. Andererseits wurde in einigen Fällen die Beschränkung der Klage um anvertrautes Gut aufgehoben. Insbesondere geschah dies nach Stadtrechten, wenn ein Handwerker Sachen, die ihm zur Bearbeitung übergeben waren, veräußerte oder verpfändete. Nach einigen anderen Quellen galt das gleiche schlechthin, wenn der frühere, nun klagende Besitzer dem gegenwärtigen allen Schaden ersetzte.

c) Translativwirkung (Rechtsübertragung). Die Übertragung der Gewere ist die äußere Form der Übertragung der Sachenrechte. Daher werden Rechte an Fahrnis nur unter Übertragung der leiblichen Gewere, solche an Liegenschaften nur unter Verschaffung mindestens der ideellen Gewere erworben, die allerdings im späteren Mittelalter durch den Bucheintrag vielfach ersetzt wurde.

Besitz. § 29.

I. **Gewere und possessio.** Das römische Recht hält entschiedener als das deutsche an dem Erfordernis der tatsächlichen Gewalt (corpus) fest und erkennt als Besitzwillen grundsätzlich nur den animus domini an. Daher schreibt es dem Nichteigentümer nur detentio zu; ausgenommen sind Faustpfandgläubiger, Sequester, Erbpächter (emphyteuta) und Prekarist, die Besitz haben. Der Besitz an Mobilien und Immobilien hatte die gleiche Form und unterlag daher den gleichen Regeln.

Fremd waren dem römischen Recht die ideelle Gewere, die mehrfache Gewere und die Rechtsgewere. Anders geordnet war der Besitzesschutz.

II. **Die Wirkungen der Rezeption** sind trotz des Unterschiedes zwischen Gewere und possessio nicht so einschneidend, als demnach zu erwarten wäre, da die römische Besitzlehre schon in der italienischen Jurisprudenz unter dem Einflusse der Kanonistik starke Abwandlungen erfahren und der Besitzbegriff deutschrechtliche Ideen in sich aufgenommen hatte, da ferner für die Liegenschaften das Grundbuchrecht deutsche Anschauungen festhielt. So litt zwar der geschlossene Aufbau, aber den praktischen Bedürfnissen genügten auch die unharmonischen Neubildungen.

Ausgleichung im usus modernus. Die Beschränkung des Besitzes auf Faustpfandgläubiger, Prekarist, Erbpächter und Sequester vermochte sich nur teilweise durchzusetzen. So unterschied zwar das ALR.

zwischen vollständigem Besitz des Eigentümers und nicht vollständigem Besitz, d. h. jeder Sachherrschaft mit dem Willen, ein Recht für sich auszuüben, erweiterte damit aber doch den Besitzbegriff. Der Begriff der detentio (Innehabung) beschränkte sich damit auf die Fälle, in denen jemand für einen anderen besitzt. Dagegen sprach ABGB. (309) nur bei Vorliegen des animus domini Besitz zu.

Hinsichtlich des Besitzerwerbs drang im Gegensatz zum römischen Recht, das nur originären Besitzerwerb kannte, im neueren Recht die Besitzübertragung durch (ALR.; ABGB. 315). An dem Erfordernis der Besitzergreifung wurde nur für Fahrnis und ungebuchte Grundstücke festgehalten. Für gebuchte Grundstücke trat an ihre Stelle der Bucheintrag, woraus sich im österreichischen Recht der sogen. Tabularbesitz entwickelt (ABGB. 321, 322). In mißverstehender Anlehnung an deutsche Investitursymbole erhielt und entwickelte sich die Besitzverschaffung ohne körperliche Besitzergreifung durch Übergabe von Schlüsseln, Erwerbsurkunden, Traditionserklärung, die sogen. traditio ficta oder symbolische Übergabe im Gegensatz zur traditio vera. Andererseits wurde unter dem Einfluß des Publizitätsprinzips der Besitz von Immobilien an die Bucheintragung geknüpft (ABGB. 321/22).

Die Gewere des Erben erhielt sich als possessio civilissima, bis neuere Rechte (nicht C. c.) Besitzergreifung durch den Erben forderten. Den Dejizierten setzte der Besitzesschutz in gleiche Lage wie seine frühere ideelle Gewere, sofern man ihm nicht fortdauernden Besitz solo animo zuschrieb (ALR.). Die Auflassungsgewere und Urteilsgewere fanden Ersatz im Grundbuchrecht. Der mehrfache Besitz setzte sich fort als possessio naturalis (p. corpore) und possessio civilis (p. animo). Auf den Rechtsbesitz wurde die Form der quasi possessio angewandt, aber nicht nur, wie im römischen Recht, auf den Fall der Dienstbarkeit, sondern schließlich auf alle unkörperlichen Sachen, die Gegenstand des Verkehrs sind (ABGB. 311).

Auf dem Gebiete des Besitzesschutzes wurde das ursprünglich rein possessorische interdictum Uti possidetis schon in der italienischen Jurisprudenz zu einer possessorisch-petitorischen Klage für Mobilien und Immobilien, in Deutschland zum possessorium ordinarium für die Fälle der Besitzstörung und der Dejektion. Das ursprünglich nur bei gewaltsamer Dejektion aus Grundbesitz anwendbare interdictum Unde vi blieb possessorischer Natur, ergriff aber als (kanonische) Spolienklage Mobilien wie Immobilien und alle Fälle der Besitzentziehung. Beide Klagen stellten mehr und mehr auf den älteren Besitz und jene schließlich auf das bessere Besitzrecht ab. (Vgl. ABGB. 372.) Die hierdurch entstehende Lücke füllt das possessorium summariissimum aus, ein beschleunigtes Verfahren zur vorläufigen Feststellung des zweifelhaften Besitzstandes, woraus sich wiederum ABGB. 346 eine rein possessorische Besitzklage entwickelte. Der Schutz des Fahrnisbesitzes hat vielfach die alten Formen behalten. Eine Reihe von Rechten hielt an der beschränkten Verfolgbarkeit anvertrauter Sachen im Rahmen des mittelalterlichen Rechts fest (Lübeck, Hamburg, Schweiz, C. c., ABGB., AHGB.), setzte aber zum mindestens redlichen, zum Teil auch unentgeltlichen Erwerb des Dritten voraus. Andere Rechte gingen von diesem Grundsatz ab, versagten aber die Vindikation bei jedem Verlust bestimmter Sachen, nämlich Geld, Inhaberpapiere, Orderpapiere und in öffentlicher Versteigerung erworbener, gegenüber dem redlichen Besitzer (AHGB. 307, WO. 74).

III. **Geltendes Recht.** Das geltende Recht sieht den Besitz zunächst in der tatsächlichen Sachherrschaft (BGB. 854 I, ZGB. 919), verbunden mit dem Willen, zu besitzen, und ist insofern romanistisch. Dagegen ist jede selbständige Sachherrschaft dem deutschen Recht entsprechend als Besitz anerkannt; die Unterscheidung zwischen Eigenbesitz und Fremdbesitz (BGB.) oder selbständigem und unselbständigem Besitz (ZGB. 920) vermag hieran nichts zu ändern. Aber das geltende Recht bleibt so wenig wie das frühere Recht beim Erfordernis tatsächlicher Gewalt stehen. In dem Besitz der Erben (BGB. 857; ZGB. 560) setzt sich, auf Mobilien ausgedehnt, die ideelle Gewere fort, ebenso in der Besitzklage des BGB. 861.

Andererseits spricht BGB. (nicht ausdrücklich ZGB.) der unselbständigen Verwaltungsinhabung den Charakter des Besitzes ab und sieht in ihr nur eine Besitzdienerschaft (855). In dem Gegensatz des mittelbaren (selbständigen) und unmittelbaren (unselbständigen) Besitzes (BGB. 868, ZGB. 920) erscheint die mehrfache Gewere, aber ausgedehnt auf Mobilien und ohne das Erfordernis einer Nutzung durch den mittelbaren Besitzer; sie hat sich mit der ruhenden Gewere verbunden. Der Rechtsbesitz ist auf Grunddienstbarkeiten und beschränkte persönliche Dienstbarkeiten beschränkt, nach ZGB. 919 auf jene und Grundlasten.

Der Besitzerwerb kann originär wie abgeleitet erfolgen; in diesem Falle durch körperliche Übergabe oder durch Besitzvertrag (BGB. 854 II, 929 II, 930, 870; ZGB. 922ff.); jene ist ersetzbar durch Übergabe von Schlüsseln oder Traditionspapieren, sowie durch Zeichnung mit einem Eigentumszeichen.

Nicht minder ist der Besitz an beweglichen Sachen auch jetzt noch Erscheinungsform des ihm entsprechenden Sachenrechts, während für Grundstücke gleiche Wirkungen vom Grundbucheintrag ausgehen. Daher hat ZGB. „Besitz und Grundbuch“ im Zusammenhang behandelt. Daher knüpft sich an den eigentumslosen Eigenbesitz von Fahrnis der Rechtsschein des Eigentums, damit die Verfügungsmacht des Nichtberechtigten (BGB. 932ff., 1207f.; ZGB. 933ff.), ferner die Möglichkeit der Ersitzung (BGB. 937ff.; ZGB. 728). Dabei haben BGB. und ZGB. den Unterschied zwischen anvertrauten und verlorenen Sachen ebenso aufgenommen, wie den Ausschluß der Vindikation bei Geld usw. (BGB. 935, ZGB. 935). Ferner stellt das geltende Recht im Anschluß an den Besitz eine Reihe von Eigentumsvermutungen auf (BGB. 1006 I [entsprechend 1065, 1227], 1362; ZGB. 930).

Der Erwerb vom Nichtberechtigten geht auf den Satz „Hand wahre Hand" zurück, deckt sich aber nicht mit ihm. Jener Satz bedeutete nur eine Beschränkung der Fahrnisverfolgung, während der Erwerb vom Nichtberechtigten Eigentum verschafft. Außerdem ist das Erfordernis des guten Glaubens des Erwerbers erst im Mittelalter aufgenommen worden (s. u. § 36 II 2).

Der Besitz gibt das Recht der Selbsthilfe gegenüber verbotener Eigenmacht (BGB. 858ff., ZGB. 926ff.), gewährt auch außerdem Rechtsschutz. Dieser Schutz ist, dem römischen Recht entsprechend, rein possessorisch (BGB. 863) ausgestaltet als Schutz gegen Besitzentziehung (BGB. 861, ZGB. 927 I, aber II!) und Besitzstörung (BGB. 862, ZGB. 928). Petitorischen Charakter dagegen hat die aus der Verfolgung unfreiwillig verlorener Gewere abgeleitete Klage aus früherem besserem Besitz (BGB. 1007).

II. Abschnitt.

Inhalt der Sachherrschaft.

1. Kapitel.

Eigentum.

I. Allgemeines.

§ 30. Begriff und Gegenstand.

I. **Älteres Recht.** Das Eigentum (lat. proprietas, dominium, erst seit dem 13. Jahrhundert nachweisbar egindum, auch eigenschaft) ist an Liegenschaften wie an Fahrnis das auf Beherrschung einer Sache im ganzen gerichtete Recht. Die Stärke dieser Herrschaft kann aber im einzelnen Fall verschieden sein; die Herrschaft des Eigentümers wechselt nach der konkreten Ausgestaltung und gerade mit Rücksicht hierauf pflegen insbesondere ältere Quellen die Befugnisse des Eigentümers aufzuzählen. Auch durch Nachbarrecht, Wartrecht, Gesamthand u. dgl. beschränktes Eigentum ist Eigentum, wenngleich ihm das unbeschränkte Eigentum als plena proprietas oder frei durslacht egen gegenübergestellt wurde. Das Eigentum scheidet sich daher von anderen Herrschaftsrechten, den später sogenannten begrenzten dinglichen Rechten, nicht im Wesen, sondern im Umfang der Beherrschung und durch die Tendenz zu ausschließlicher und auf das Ganze gerichteter Herrschaft, die die Sache in allen den Beziehungen ergreift, in denen sie nicht durch beschränkte Rechte beansprucht ist. Das begrenzte dingliche Recht entbehrt immer dieser Richtung auf das Ganze, kann aber andererseits in den sinnlicher Erfassung zugänglichen Herrschaftsformen, bei Grundstücken in der Nutzung, einen so erheblichen Umfang annehmen, daß es dem Eigentum gleichzustehen scheint; daher kann auch ein Nutzungsrecht, Leibzuchtsrecht, Erbzinsrecht als Eigentum bezeichnet werden.

Insbesondere geschah dies bei den den Rechtskreisen des Hofrechts, Dienstrechts und Lehnrechts entstammenden Nutzungsrechten, die zunächst im Sprachgebrauch ihres Rechtskreises, dann aber auch landrechtlich als Eigen erscheinen. So konnte auch der Kläger bei der Fahrnisklage die Sache als rem suam herausverlangen, gleichgültig, ob sie ihm als Eigentümer oder als Grundleiher zustand. Der hinter solcher vereinheitlichenden Terminologie verschwindende innere Unterschied wurde allerdings nicht übersehen und kam in anderer Terminologie (z. B. beneficium, feudum, len, liftucht im Gegensatz zu proprietas, aigen, erbe) zum Ausdruck.

Die Terminologie scheidet noch im Mittelalter nicht zwischen Eigentumsrecht und Eigentumsobjekt. So kann eigen oder proprietas, dominium die Liegenschaft wie das Recht, varnde habe die bewegliche Sache wie das Recht an ihr bezeichnen. Der Eigentümer heißt got. aigands, as. egiso, ekso, mnd. exe, erfexe, die Gesamtheit der einer Person eigenen Güter got. aihts, ahd. eht.

Neben diesem Ineinanderfließen von Eigentum und begrenztem Sachenrecht war für das germanische Immobiliareigentum charakteristisch die Ungeschiedenheit von privatrechtlichem Eigentum und publizistischer Herrschaft. Das Recht des Volkes oder des Königs am Staatsgebiet, des Grundherrn am Gebiet der Grundherrschaft, zunächst auch des Landesherrn am Land war ebenso dominium wie das des Eigentümers an seiner Sache. Erst mit dem Ende des Mittelalters beginnt die Scheidung dieser Begriffe.

Das deutsche Immobiliareigentum bringt ferner deutliche kommunistische Züge mit in die Geschichte und streift sie zum Teil erst in neuester Zeit ab. Individualeigentum gibt es in früher Zeit nur an Haus und Hof, am Kulturland erst in fränkischer Zeit, an der Allmende erst mit deren Aufteilung. Im übrigen stand der Grund und Boden den Mitgliedern größerer Verbände, wie z. B. der Dörfer zu gesamter Hand zu. Das Kollektiveigentum wirkt aber auch später nach in Beschränkungen des Individualeigentums. Der Kommunismus ruht im letzten Grunde auf der auch wirtschaftlichen Gemeinschaft der Familie und des Stammes. Mit der Auflösung des weiteren Stammesverbandes tritt neben den der Sippe und Familie der ausschließlich wirtschaftlicher Gemeinschaften, insbesondere der Dorf- und Markgenossenschaften. Dagegen ist das Fahrniseigentum früher Sondereigentum als das an Liegenschaften. Bei ihm ist Sondereigentum schon am Beginn der geschichtlichen Zeit die Regel, wie beim Liegenschaftseigentum die Ausnahme. Kollektiveigentum an Fahrnis findet sich nur noch im engen Kreis der Hausgemeinschaft; aber alle persönlichen Gebrauchsgegenstände sind von ihm frei. Hiermit hängt zusammen die geringe Zahl der Eigentumsbeschränkungen. Die Verfügung über Fahrnis ist grundsätzlich frei; ihre Bindung an die Verfügungsfähigkeit (s. o. § 7 IIb) ist keine Eigentumsbeschränkung. Nur kraft Zugehörigkeit zu einer gebundenen Liegenschaft, wie z. B. Fideikommiß, Stammgut, Lehen wird die Fahrnissache privatrechtlich der freien Verfügung entzogen.

Endlich erstreckte sich der Eigentumsbegriff auch auf Rechte. Gerichtsherrlichkeit, Renten, Zehnten, Regalien wurden ebenso zum Objekt des Eigentums wie körperliche Sachen. Die vermittelnde Rolle bei dieser Entwicklung spielte die Rechtsgewere (s. o. § 28 I).

II. **Entwicklung seit der Rezeption.**

Zu diesem deutschrechtlichen Eigentum stand das römische dominium in mannigfachem Gegensatz. Zwar ist es auch das umfassendste Recht an einer Sache, die plena in re potestas. Sein Inhalt aber ist immer und an jeder Sache der gleiche, da der römische Eigentumsbegriff abstrakt ist. Es stand so in begrifflichem Gegensatz zu den iura in re aliena, den begrenzten dinglichen Rechten. Andererseits waren auch bei ihm Beschränkungen möglich, und die Folgeerscheinungen des Kommunismus treten nur deshalb zurück, weil dieser selbst schon geraume Zeit verschwunden ist. Endlich ist es ein reines Privatrecht; das römische Recht scheidet scharf zwischen dominium und imperium.

Bis zum 18. Jahrh. sind die römischen Gedanken erst langsam durchgedrungen. Dann jedoch lenkten Naturrecht und Revolution den Eigentumsbegriff in die Sphäre des unbeschränkten Absolutismus, der Eigentümer kann (ALR.) „mit Ausschließung anderer, aus eigener Macht" verfügen (ABGB. 354). Am stärksten wirkte die in der Neuzeit völlig durchgedrungene Scheidung privatrechtlicher und öffentlichrechtlicher Herrschaft. Dagegen blieben die neueren Rechte dabei, auch die Herrschaft über unkörperliche Gegenstände als Eigentum aufzufassen. So kennen sie ein Eigentum auch an Forderungen, sprechen von einem Bergwerkseigentum, einem geistigen Eigentum.

Im geltenden Recht ist, dem gemeinen Recht entsprechend, die abstrakte Natur des Eigentumsbegriffs gewahrt. Der Inhalt des Eigentums ist nicht aufzählbar, sondern nur durch die abstrakte Formel der ausschließlichen Verfügungsgewalt umschrieben (BGB. 903; ZGB. 641). Doch ist die Herrschaft des Eigentümers auch heute nicht schrankenlos, sondern nur grundsätzlich ein unbeschränktes Herrschaftsrecht. Die Mehrzahl der bisherigen Beschränkungen hat sich erhalten (s. u. §§ 38ff.). Jedoch verursachen diese Beschränkungen keine Minderung des Eigentums, das, wie im gemeinen Recht die nuda proprietas, auch dann sich gleichbleibt, wenn die ihm entfließenden einzelnen Befugnisse dem Eigentümer sämtlich entzogen sind; denn das Eigentum ist nicht gleich der Summe dieser Befugnisse. Das Eigentum ist reines Privatrecht, gewährt keine publizistischen Befugnisse und ist grundsätzlich Individualrecht.

Arten. § 31.

I. **Geteiltes Eigentum.** Die dem deutschen Recht eigentümliche Möglichkeit des Nebeneinanderbestehens mehrerer Eigentümer (s. o. § 30 I) der gleichen Sache führte nach der Rezeption zur Annahme eines geteilten Eigentums. Schon die Rechtsstellung des Emphyteuta und des Superfiziar sehen die Glossatoren unter dem Begriff eines dominium utile, das der diesen gewährten utilis rei petitio entsprechen sollte, wie eben jede actio Ausdruck eines Rechts ist. Von da aus wurde der Gegensatz des dominium directum und dominium utile von den Feudisten auf die Rechte des Lehnsherrn und Vasallen, des Grundleihers und Nutzungsberechtigten angewandt. Er setzte sich fort in den Begriffen des Obereigentums und Untereigentums oder Nutzungseigentums, das nach reiner römischer Auffassung nur ein ius in re aliena hätte sein können.

Dem Obereigentümer schrieb ALR. das Miteigentum an der Proprietät, dem Untereigentümer ebenfalls Miteigentum an der Proprietät und das Nutzungsrecht zu, ähnlich ABGB. 357.

Das geltende Recht kennt, wie schon C. c., kein geteiltes Eigentum und trägt damit der Tatsache Rechnung, daß früher bestehendes Untereigentum fast völlig sich in Alleineigentum verwandelt hat; so insbesondere durch die Bauernbefreiung (s. u. § 47). Aber landesrechtlich besteht es fort im Lehenrecht, Fideikommißrecht und Recht der Bauerngüter (EG. 59, 63, 184).

II. **Gemeinschaftliches Eigentum.** An Formen gemeinschaftlichen Eigentums hatte das deutsche Recht entwickelt Eigentum zu gesamter Hand, korporatives Gesamteigentum und Miteigentum nach Anteilen. Der Eigentumsbegriff war in all diesen Fällen der gleiche. Verschieden war nur das Verhältnis der mehreren Eigentümer zueinander und zur Sache.

Gesamthandeigentum und korporatives Gesamteigentum sind nur sachenrechtliche Parallelen zu den personenrechtlichen Gebilden der Gesamthand (Genossenschaft) und Korporation. Das anteilsmäßige Miteigentum ist eine Mitberechtigung mehrerer zu ideellen Anteilen. Jeder Miteigentümer kann über seinen Anteil verfügen, z. B. durch Verpfändung, Veräußerung. Dagegen können über den ganzen Gegenstand nur alle zusammen verfügen. Jeder Miteigentümer kann Aufhebung der Gemeinschaft fordern. Bei der Aufhebung wird der gemeinschaftliche Gegenstand veräußert und der Erlös geteilt, oder es findet ein „Setzen zu Geld" statt, indem der Ausscheidende die Summe nennt, zu der er das Grundstück übernehmen oder den anderen überlassen will.

Das römische Recht kannte nur ein condominium pro partibus indivisis, Miteigentum zu getrennten, ideellen Anteilen und ein Eigentum der Körperschaft als juristischer Person. Die zur Erfassung der deutschrechtlichen Formen notwendige Ergänzung versuchte die germanistische Rechtswissenschaft Ende des 17. Jahrhunderts, indem sie den neuen, aber immer noch unzulänglichen Begriff des Gesamteigentums, des dominium plurium in solidum, schuf, dem man durchaus falsch auch das Gesamthandeigentum (genossenschaftliches Eigentum) unterwarf.

Unter dem condominium plurium in solidum verstand man ein gemeinschaftliches Eigentum, bei dem nicht jedem Teilhaber ein Anteil, sondern das volle Eigentum am Ganzen zukam; man kam aber dadurch zu der widerspruchsvollen Annahme eines vollen Eigentums mehrerer am gleichen Gegenstand. Diese ohnedies unklare Theorie wurde mit der Lehre von der persona moralis verknüpft, um so die personenrechtliche Seite der Gesamthand zu berücksichtigen. Sie wurde dadurch noch unklarer und unschärfer. Diese Unklarheit wirkte in dem Miteigentum (ABGB. 361, 825ff.) und Gesamteigentum der neueren Rechte fort.

Das BGB. hat, hierin deutschrechtlich, die Form des Gesamthandeigentums bewahrt. Sie beherrscht das Gütergemeinschaftsrecht und das Gesellschaftsrecht (auch offene Handelsgesellschaft, Kommanditgesellschaft, Reederei), sowie die Erbengemeinschaft; allerdings ist sie nicht durchweg folgerichtig durchgeführt. Landesrechtlich hat sich genossenschaftliches Eigentum erhalten für gewisse Realgemeinden (EG. 164), Gesamthandeigentum für adlige Ganerbschaften und bäuerliche Gemeinderschaften (EG. 181 II). Dagegen ist das Miteigentum nach Bruchteilen nur eine Summe nebeneinander stehender Eigentumsrechte an ideellen Teilen einer Sache (BGB. 1008).

ZGB. unterscheidet das dem Gesamthandeigentum entsprechende Gesamteigentum (652) und das Miteigentum (646), eine Gemeinschaft nach Bruchteilen.

Schutz. § 32.

Der Schutz des Eigentums fließt im älteren deutschen Recht zusammen mit dem Schutz der Gewere (s. o. § 28 III) wie mit der Strafklage wegen Landraubs oder wegen rechtswidriger Vorenthaltung. Die Loslösung von der Strafklage erfolgte schon in fränkischer Zeit. Dagegen ist es auch im Mittelalter nicht zur Ausbildung einer selbständigen, von der Gewere unabhängigen Eigentumsklage gekommen. Der Zusammenhang mit dem Gewereschutz war insbesondere für den Schutz des Fahrniseigentums von einschneidender Bedeutung, insofern hier die Beschränkung des Gewereschutzes bei freiwilliger Aufgabe der Gewere einspielte.

Aus dem römischen Recht wurden die rei vindicatio und die actio negatoria rezipiert. Die neueren Rechte sind diesem Klagesystem im wesentlichen gefolgt. Sie kennen eine Klage des Eigentümers gegen den Besitzer auf Herausgabe einer ihm vorenthaltenen Sache (ABGB. 366, 369), außerdem eine Eigentumsfreiheitsklage wegen rechtswidrigen Eingriffs in das Eigentum, durch den der Besitz nicht entzogen wird; diese richtet sich auf Beseitigung der Eigentumsstörung und kommt insbesondere bei der Anmaßung dinglicher Rechte, wie z. B. Dienstbarkeiten, zur Anwendung (ABGB. 523). Dem Schutze des Ersitzungsbesitzes diente die publizianische Klage (ABGB. 372), die auf seiten des Klägers Ersitzungstitel, guten Glauben und juristischen Besitz voraussetzt und nur gegen den Besitzer zulässig ist, der ohne besseren Titel ist; bei gleichwertigem Titel entscheidet bald die Herkunft des Besitzrechts, bei gleichem

Autor aber das Alter, bei verschiedenem der tatsächliche Besitz, bald ABGB. 374) nur dieser. Als Ergänzung der Vindikation erschien in einigen Rechten auch für Liegenschaften eine besondere Besitzrechtsklage, wie sie in der Klage aus dem früheren besseren Besitz bei Fahrnis allgemein gegeben war (s. o. § 29 III).

BGB. scheidet streng Besitzklagen und Eigentumsklagen Diese sind die Eigentumsklagen im engeren Sinne (985) und die Eigentumsstörungsklage (1004), jene gegen den Besitzer, diese gegen den Störer gerichtet.

II. Erwerb und Verlust.

§§ 33—35. Eigentumserwerb an Liegenschaften.

Eigentum an Liegenschaften kann ursprünglich oder abgeleitet erworben werden. Der ursprüngliche Erwerb ist die historisch ältere Form.

§ 33. Ursprünglicher Erwerb.

I. **Landnahme.** Die älteste und in älterer Zeit einzige Form ursprünglichen Erwerbs ist die Landnahme, die Okkupation herrenlosen oder eroberten Landes. Sie erfolgte zuerst durch das Volk im ganzen, Familienverbände oder wirtschaftliche Verbände, begründete daher Kollektiveigentum. Ebendieses entstand auch durch Zuweisung und Inbesitznahme von Landteilen an und durch Teile solcher Verbände, z. B. zwischen Hundertschaft und Markgenossenschaft oder dieser und einer Dorfschaft. Die weitere Verteilung an die einzelnen Genossenschaftsglieder begründete in Verbindung mit der Inbesitznahme Individualeigentum an der Hofstätte. Ferner entstand Individualeigentum durch Rodung (bifang, proprisus, Einfang) in der Allmende. Die Grundlage des Erwerbs war, soweit nicht herrenloses Land in Frage stand oder Landnahme kraft Kriegsrechts vorlag, ein Mitgliedschaftsrecht. Die Art des Erwerbs kann als abgeleiteter Erwerb bezeichnet werden, sofern der verteilende Verband als Eigentümer im strengen Wortsinn anzusehen ist. Die Form des Erwerbs war die einer feierlichen Inbesitznahme, zuerst in realer Form durch Betreten des Grundstücks, Grenzbegehung, womit sich längeres Verweilen auf dem Grundstück, Anzünden von Feuer verbanden, später durch symbolische Handlungen wie Abmarkung, Zeichnung der Grenzbäume.

Das von den Grenzen des Volksgebiets umschlossene, von keinem engeren Verbande in Besitz genommene Land war dem

Aneignungsrecht der Volksgenossen vorbehalten. Aus dem nicht als Eigentum, wohl aber als Herrschaft zu bezeichnenden Recht des Volkes an ihm entwickelte sich in fränkischer Zeit das ausschließliche Aneignungsrecht des Königs, der aber jedem einzelnen die Erlaubnis zur Aneignung erteilen konnte. Dieses Aneignungsrecht steigerte sich späterhin zum Allmendregal. Damit verschwand fast völlig herrenloses, der Okkupation ausgesetztes Land.

An dem dem König und später dem Landesherrn zustehenden Allmendregal brach sich fast überall der römische Satz der freien Okkupation herrenlosen Landes in der Praxis, während er theoretisch gemeines Recht wurde, auch im österreichischen Recht gilt. Teils wurde staatliches Eigentum an allen nicht im Privateigentum stehenden Grundstücken anerkannt, teils ein Aneignungsrecht des Staates (ALR., ABGB.), teils wurde dieses wiederum durch Eigentumserwerb der Gemeinden an herrenlosem Grund innerhalb ihrer Gemarkung (Weichbildrecht) oder (im östlichen Preußen) des Ritterguts innerhalb seines Bezirks (Auenrecht) beschränkt.

Nach geltendem Recht hat der Staat ein Aneignungsrecht an den durch Aufgabe (BGB. 928) oder sonst herrenlosen (EG. 190) Grundstücken. Doch bleiben bisherige Aneignungsrechte anderer Personen bestehen (EG. 129). Die freie Okkupation des römischen Rechts fehlt. Zulässig ist die Aneignung auch nach ZGB., im einzelnen aber kantonal verschieden geregelt (658, 664).

II. Ursprünglich erworben wird ferner kraft **Wasserrechts** und **Bergrechts**:

Aus dem Gebiete des Wasserrechts gehört hierher der Eigentumserwerb an Anlandungen, neu entstandenen Inseln und dauernd ausgetrockneten Flußbetten. Die hierfür geltenden Rechtssätze des Mittelalters stimmen im wesentlichen mit dem römischen Recht überein. So fiel die Insel den Ufereigentümern zu, jedem der Teil, den eine durch die Flußmitte gezogene Linie auf seine Seite wies; unterlag der Fluß königlichem Regal, fiel die Insel an den König. Ebenso gehörte das Flußbett den Ufereigentümern zur Hälfte. Die Anlandung konnte vom Eigentümer des Grundstücks, an dem sie erfolgte, okkupiert werden.

Das neuere Recht hat an diesen Sätzen im allgemeinen festgehalten (vgl. ABGB. 407ff.). Doch besteht partikulär an der neuen Insel nur ein Aneignungsrecht (ALR.), oder sie wird wenigstens im öffentlichen Fluß dem Staat zugesprochen (ABGB. 407).

Im Bergrecht bewirkt, da das Bergwerkseigentum als unbewegliche Sache gilt, dessen Verleihung ursprünglichen Immobiliarerwerb.

III. Der Erwerb im Wege der **Enteignung** reicht in Einzelfällen in das 14. Jahrhundert zurück, ist vor allem im Stadtrecht, außerdem im Bergrecht und Deichrecht ausgebildet worden. Er ist gegenüber dem zum Teil sogar verfassungsmäßig (vgl. RV. 153) anerkannten Grundsatz der Unverletzlichkeit des Eigentums in allen neueren Rechten nur ex iuxta causa (Enteignungsfall), d. h. bei Vorliegen eines öffentlichen Interesses, und gegen vollen Wertersatz gestattet (ABGB. 365). Die Regelung ist jetzt dem Landesrecht überlassen (EG. 109) und teils durch besondere Enteignungsgesetze (z. B. Bayern 1839, Preußen 1874, Baden 1899), teils gelegentlich in anderen Gesetzen, z. B. Wassergesetzen, Berggesetzen geregelt. Einige allgemeine Grundsätze hat RV. 153 II, 155 II aufgestellt.

Den sachenrechtlichen Kern des Enteignungsverfahrens bildet der sogen. Enteignungsausspruch (Enteignungsbeschluß), eine einseitige staatliche Willenserklärung, durch die gleichzeitig Eigentum auf den sogen. Enteigner übertragen und ein privatrechtlicher Anspruch auf Ersatz begründet wird. Außer dem Eigentum können auch andere dingliche Rechte an Grund und Boden, meist auch Miet- und Pachtrechte, enteignet, andererseits, sofern der beabsichtigte Zweck hierdurch erreicht wird, solche Rechte begründet werden (z. B. Dienstbarkeit); die Enteignung begrenzter dinglicher Rechte kann auch in deren bloßer Aufhebung bestehen.

IV. Eine **Ersitzung** hat das deutsche Recht nicht gekannt. Sie ist aus dem römisch-kanonischen Recht aufgenommen worden, wobei das Institut der rechten Gewere unterstützend mitwirkte und Verwechslungen mit diesem und Verquickungen häufig waren.

Hiernach wurde Eigentum erworben auf Grund eines Erwerbstitels und gutgläubigen Besitzes von 10 Jahren unter Anwesenden, 20 Jahren unter Abwesenden (mala fides superveniens nocet!); daneben gab es eine außerordentliche Ersitzung in 30 Jahren beim Fehlen eines Erwerbstitels. Der Einfluß des deutschen Rechts erstreckte sich nur auf Einzelheiten; insbesondere wurden, eine Einwirkung der rechten Gewere, deutschrechtliche Fristen eingesetzt, wie die von Jahr und Tag oder (gem. Sachsenrecht) 31 Jahre 6 Wochen 3 Tage. An gebuchten Grundstücken entwickelte sich partikulär eine sogen. Tabularersitzung auf Grund gültigen Titels und dreijähriger Eintragung (ABGB. 1467).

Das BGB. kennt eine Ersitzung nur an gebuchten Grundstücken (900), sogen. Tabular- (Buch-) Ersitzung; an nicht eingetragenen Grundstücken ist nur eine Ersitzung eines Erwerbstitels möglich. Dies entspricht der Ablösung des Besitzes durch den Bucheintrag, wobei auch noch Verschweigung mitspielt. ZGB. (661 ff.) schließt sich dem BGB. an. Dagegen hat das österreichische Recht die Tabularersitzung neuestens ausdrücklich aufgehoben.

Erst der Neuzeit gehört an der Erwerb durch Zuschlag im Versteigerungsverfahren (Subhastation), jetzt ZVG. 90, früher ALR. und partikuläre Subhastationsgesetze. Eine Parallele dazu ist der Erwerb durch behördlichen Ausspruch im Flurbereinigungsverfahren. Dem römischen Recht entstammte der Erwerb durch richterliches Urteil in Teilungssachen (Adjudikation), soweit dieses unmittelbar wirkte und nicht nur einen Anspruch auf Übertragung begründete, wie im österreichischen Recht. Er ist dem BGB. unbekannt; vgl. aber ZVG. 656 II.

Abgeleiteter Erwerb. § 34.

I. **Übertragung.** 1. Älteres Recht. Der Hauptfall abgeleiteten Erwerbs ist die Übertragung unter Lebenden. Sie findet in ältester Zeit auf dem Grundstück statt und zerfällt in zwei getrennte und rechtlich scharf zu scheidende Akte, die dingliche Einigung oder „Gabe", „Vergabung" (ahd. sala, salunga, lat. traditio) und deren Vollzug, bestehend aus der Besitzräumung (evacuatio) und der Besitzeinweisung durch den Veräußerer und Besitzergreifung (ahd. giwerida, lat. vestitura, investitura) durch den Erwerber. Mit der Besitzergreifung ist Eigentum erworben. Als Ganzes und als das dingliche Geschäft treten diese Akte rechtlich gegenüber dem allenfalls zugrunde liegenden obligatorischen Veräußerungsgeschäft, das sich jedoch äußerlich mit ihnen verbinden kann.

Die Auffassung der Sale ist nicht unbestritten. Sie wurde insbesondere von R. Sohm für den obligatorischen Veräußerungsvertrag gehalten. Andere (Brunner, Schröder) sahen in ihr eine Kombination des obligatorischen und des dinglichen Vertrages. So wie oben O. Gierke.

Sale und Investitur erfolgten in feierlicher Form und vor Zeugen. Bei jener wurden, um die Übereignung sichtbar zu machen, Grundstücksteile (pars pro toto) dem Erwerber übergeben, so Scholle und Ähre, Torf und Zweig, ein Span des Gebäudes, das Glockenseil der Kirche; mit ihnen nicht selten ein Herrschaftssymbol, wie z. B. ein Handschuh. Hiermit verbanden sich entsprechende Erklärungen. Den Vollzug bildete gemeinsame Grenzbegehung (per circuitum vestire), feierliches Herausgehen des Veräußerers, Besitzergreifung durch den Erwerber, bei Gebäuden symbolisiert durch Anzünden des Herdfeuers, Bewirtung von Gästen, mehrtägiges Sitzen auf dreibeinigem Stuhl (sessio triduana).

2. Fränkische Zeit und Mittelalter. Noch in der fränkischen Zeit finden sich erhebliche Veränderungen, indem die dingliche Einigung fern vom Grundstück, im Gericht oder sonst öffentlich, z. B. bei der Kirche, vorgenommen

werden konnte. Dadurch wurde die Bahn frei für die symbolische Investitur, die traditio per cartam und die gerichtliche Auflassung.

a) Symbolische Investitur. Die dingliche Einigung blieb von der Änderung des Ortes unberührt. Sie wurde aber ergänzt durch eine besondere Besitzräumungserklärung des Veräußerers (se exitum dicere, mnd. uplaten), verbunden mit dem den Verzicht versinnbildenden Werfen oder Übergeben einer festuca an den Erwerber (exfestucatio, laisiwerpitio); im sächsischen Gebiet wurde die exfestucatio durch eine Verzichtgebärde, Erhebung der Hand und Krümmung von Fingern (curvatis digitis), ersetzt. Es ist dies die Auflassung (resignatio, abdicatio, mnd. uplatinge), der die körperliche Besitzergreifung folgen konnte. Soweit die dingliche Einigung die alten Formen beibehielt und mit der Besitzräumungserklärung verschmolz, entstand so die Auflassung mit „Halm und Mund". Die Übertragung außerhalb des Grundstücks wird als symbolische Investitur bezeichnet.

Der Ausdruck „symbolische Investitur" wird von manchen bekämpft, da auch die Investitur auf dem Grundstück unter Anwendung von Symbolen stattfinde. Aber die dort verwendeten Symbole beziehen sich auf die Sale; die Investitur ist auf dem Grundstück eine reale.

b) Traditio per cartam. Aus dem römischen Vulgarrecht wurde die traditio per cartam aufgenommen, die Übertragung eines Grundstücks durch Übergabe einer das Veräußerungsgeschäft enthaltenden Urkunde vor Gericht. In reiner Form kam die traditio per cartam allerdings nur vereinzelt zur Anwendung. In der Regel war sie mit deutschrechtlichen Elementen durchsetzt, indem außer der carta Grundstücksteile und Herrschaftssymbole, oder eine festuca übergeben wurden, oder der traditio cartae eine reale Investitur folgte. Ihr königsrechtliches Seitenstück ist die Übertragung von Königsland durch ein praeceptum regis, durch Übergabe einer Königsurkunde.

c) Gerichtliche Auflassung. Die symbolische Investitur erfolgte im Gericht, zuerst im Königsgericht, dann auch im Volksgericht in unmittelbarem Anschluß an ein Urteil und zu dessen Erfüllung. Die zur Herausgabe eines Grundstücks verurteilte Partei investierte den siegreichen Kläger noch im Gericht. Es erfolgte eine Auflassung vor Gericht.

Geschah sie im Königsgericht, so erlangte der Erwerber zugleich eine unanfechtbare Königsurkunde (placitum) über den Erwerbsvorgang; um diese zu erhalten, griff man in unstreitigen Fällen zur Durchführung von Scheinprozessen, in denen der Veräußerer den Erwerber und Kläger obsiegen ließ (vgl. die römische in iure cessio).

Im Mittelalter entwickelten sich diese Ansätze in der Richtung weiter, daß nach einer vor Gericht auch ohne Prozeß vollzogenen Auflassung ein deklaratorisches Urteil die Rechtmäßigkeit des Erwerbs und damit das Recht des Erwerbers bestätigen konnte. In dieses Auflassungsurteil wurde allmählich das Schwergewicht verlegt, und so entstand die gerichtliche Auflassung oder Fertigung. Der rechtsübertragende Akt wurde das Auflassungsurteil, das zugleich den Vorteil des Gerichtszeugnisses und einer Gerichtsurkunde für den Erwerber mit sich brachte und diesem ideelle Gewere (s. o. § 28 I) verschaffte.

Die Entwicklung der gerichtlichen Auflassung ist erst in nachfränkischer Zeit abgeschlossen worden. Sie verband sich aber im Mittelalter mit einem Aufgebotsverfahren, in dem der Richter Einspruchberechtigte zum Einspruch aufforderte. Erfolgte kein Einspruch gegen den Erwerb, so wirkte der Richter dem Erwerber Frieden, und auch Abwesende verschwiegen sich, wenn ihr Widerspruch nicht binnen Jahr und Tag erfolgte. Der Erwerber erlangte so zwar nicht mehr Recht, wohl aber rechte Gewere und damit die beste Prozeßlage.

In weiten Gebieten wurde die gerichtliche Auflassung notwendige, in den wenigen anderen regelmäßige Übertragungsform; dabei trat an Stelle des Gerichts vielfach der städtische Rat.

Die Notwendigkeit der gerichtlichen Fertigung beruht vor allem auf dem Interesse der Parteien, durch die Öffentlichkeit des Verfahrens den Ausschluß der Einspruchberechtigten zu ermöglichen. Daher findet die Fertigung nicht im gebotenen, sondern, wie in fränkischer Zeit, im echten Ding statt. Außerdem wurde die gerichtliche Fertigung gefordert durch die Steigerung des Interesses der Gerichtsherren an Übertragungen, die infolge der Verdinglichung der Gerichtspflicht eintrat.

Die weitere Entwicklung vollzog sich in den Städten und knüpfte an die Eintragung der vor dem städtischen Gericht oder Rat vorgenommenen Geschäfte in öffentliche Bücher an (zuerst Köln 12. Jahrh.). Zunächst nur mit beweisender Kraft ausgestattet und so ein Ersatz für Gerichtszeugnis und Gerichtsurkunde, wurde die Eintragung allmählich der entscheidende Akt. Die Übertragung erfolgte durch Vertrag und Bucheintrag. Besitzräumung und Besitznahme wurden überflüssig; auch der Erwerb der rechten Gewere knüpfte an den Bucheintrag an und dieser selbst erwarb öffentlichen Glauben. Diese Entwicklung vollzog sich vor allem im nördlichen Gebiet. In Böhmen ergriff sie seit dem 13. Jahrhundert auch das flache Land, wo die Eintragung in die sog. Landtafeln erfolgte (s. o. § 22, 5b).

§ 35. Fortsetzung.

3. Einfluß der Rezeption. Der für Grundstücke immer formellen und von der für Mobilien verschiedenen Art der Eigentumsübertragung trat mit der Rezeption die für Mobilien und Immobilien gleiche Form der Übertragung durch Willenseinigung der Parteien und formlose Tradition schroff gegenüber. In dem Kampfe zwischen deutschem und römischem Recht entwickelten sich Übertragungsarten, die herkömmlich in vier Gruppen untergebracht werden.

a) Traditionssystem. Bei einfachster Ausgestaltung dieses im Kern römischen Systems wird das Eigentum durch formlose Tradition übertragen. Dieser geht voraus ein Veräußerungsantrag, der teils bei Gericht verlautbart (insinuiert) wurde (Hannover), teils außerdem gerichtlich bestätigt oder in ein Gerichtsbuch eingetragen wurde (Solms, Kurhessen, Braunschweig-Lüneburg, bayrische und sächsische Partikularrechte).

Verbreiteter ist eine Abart des Traditionssystems (Preußen bis 1472; rechtsrhein. Bayern, Württemberg), bei der zwar der Eigentumsübergang durch Tradition auf Grund eines formellen (notariellen, schriftlichen) Vertragsschlusses erfolgt, das Recht der Verpfändung oder sonstigen buchmäßigen Belastung aber vom Eintrag des Eigentumsübergangs im öffentlichen Buch abhängt.

Die Tradition verschafft materielles, der Eintrag formelles Eigentum (Bucheigentum). Der nichteingetragene Eigentümer kann nicht belasten, der eingetragene Nichteigentümer nicht veräußern; nur der eingetragene Eigentümer hat die volle Verfügungsmacht des Eigentümers. Dieses System ist das verbreitetste (Preußen bis 1872; rechtsrheinisches Bayern, Württemberg). Die Bücher sind Hypothekenbücher oder Pfandbücher, das System ein Hypothekenbuchsystem.

b) Grundbuchsystem. Im Mittelpunkt der Übertragung steht bei diesem wesentlich deutschen System eine gerichtliche Handlung, sei es eine gerichtliche Bestätigung der Übereignungserklärung (Bremen), sei es, wie im gemeinen Sachsenrecht, die „Allodialinvestitur“ (Auflassung an den Richter und Investitur durch diesen), sei es die gerichtliche Auflassung. Mit dieser verband sich nach manchen Rechten (Lübeck, München, Hamburg, Berlin, hannov.

und mecklenb. Rechte, Österreich) als perfizierender Akt der Bucheintrag. Das österreichische Recht legte das Schwergewicht auf den Bucheintrag, die Intabulation (ABGB. 431), indem die Mitwirkung des Gerichts auf die Eintragung des Erwerbsgeschäfts beschränkt wurde. Andererseits verschaffte z. B. nach gemeinem Sachsenrecht die bloße Tradition titulierten Besitz (dominium naturale).

c) Transkriptionssystem. Die Eigentumsübertragung erfolgt durch den Vertragsschluß. Daneben findet Transkription in öffentlichen Büchern oder Registern mit Bedeutung für die Wirkung gegen Dritte statt (C. c.).

Das Transkriptionssystem ist in Baden, Rheinhessen, im Elsaß und im linksrheinischen Bayern aufgenommen, aber durch verschiedene Modifikationen dem deutschen System angenähert worden.

4. Die Entwicklung im 19. Jahrhundert bewegte sich in der Richtung einer Festigung und Wiedereinführung des deutschen Systems (z. B. Lübecker Stadtbuch O. 1818, Mecklenb. Stadtbuch O. 1829, bayr. Hypothekenges. 1822 (86). Am weitesten ging das pr. Gesetz über den Eigentumserwerb vom 5. 5. 1872, das damit bahnbrechend wurde).

Das BGB. und die deutsche GBO. sind in vollem Umfang zum deutschen System der Eigentumsübertragung durch Auflassung und Eintragung im Grundbuch zurückgekehrt (873, 925). Die Auflassung muß vor Gericht erklärt werden (925, GE. 143). Ohne Eintragung wird kein Eigentum begründet, ist keine Belastung möglich. Auch ZGB. (656, 971) erfordert die Eintragung. Es gilt also grundsätzlich Eintragungsprinzip.

II. Eine zweite Form des abgeleiteten Erwerbs ist der durch Erbgang.

Besonderheiten ergeben sich hier insoweit, als die Grundstücke in einem Buche eingetragen sind. Dann geht das Eigentum durch den Erwerb der Erbschaft im Wege der Gesamtnachfolge über, das Buch aber muß berichtigt werden (ZGB. 656 II; GBO. 36, 41).

Eigentumserwerb an Fahrnis. § 36.

I. **Ursprünglicher Erwerb.** 1. Aneignung. An der Spitze steht auch hier die Aneignung (Zueignung) herrenloser Sachen. Sie findet statt durch Besitzergreifung (Zeichnung) mit dem Willen und zum Zwecke des Eigentumserwerbs.

Herrenlos sind alle Sachen, die nicht im Eigentum gestanden haben oder vom Eigentümer ausdrücklich aufgegeben wurden. Wilde eingefangene Tiere werden herrenlos, wenn sie die Freiheit wieder erlangen und der Eigentümer die Verfolgung aufgibt, gezähmte, wenn sie die Gewohnheit aufgeben, zurückzukehren, wobei partikulär bestimmte Rückkehrfristen gesetzt sind.

Aber nicht alle Sachen unterliegen der freien Aneignung durch jedermann. Zahlreiche Aneignungsrechte schränken seit der fränkischen Zeit die freie Aneignung ein, so das der Jagdberechtigten, Fischereiberechtigten und sonstigen Regalberechtigten (s. u. §§ 42—44). Der Aneignungsberechtigte erwirbt Eigentum durch Besitzergreifung; für den Jagdberechtigten galt hierbei vielfach das Recht, angeschossene Tiere auch auf fremden Grund und Boden zu verfolgen und dort zu ergreifen (Recht der Jagdfolge). Werden Tiere, die einem Aneignungsrecht unterliegen, vom Nichtberechtigten in Besitz genommen, erwirbt dieser kein Eigentum, wohl aber der Aneignungsberechtigte; so z. B. bei Erlegung von jagdbaren Tieren durch den Wilderer (bestritten; s. u. § 42 I 2b). Der freien Aneignung unterliegen die nicht jagdbaren, wilden Tiere (Kaninchen, Bären, Wölfe), Meereserzeugnisse, derelinquierte Sachen.

Auch nach der Rezeption ist der r. Grundsatz der freien Aneignung nicht durchgedrungen. Abgesehen vom Jagdrecht und Fischereirecht ist diese insbesondere eingeschränkt durch das Bernsteinregal in West- und Ostpreußen und das Regal der Perlenfischerei in Bayern. Das BGB. hält (958) den deutschrechtlichen Standpunkt fest, ebenso ABGB. (380ff.) Die bestehenden Aneignungsrechte des Landesrechts bleiben bestehen (EG. 69, 73); doch ist das Recht der Jagdfolge aufgehoben. Die Regeln über den Eintritt der Herrenlosigkeit bei gefangenen und gezähmten Tieren hat BGB. beibehalten. Dagegen dürfte der Erwerb des Aneignungsberechtigten durch Besitzergreifung seitens des Nichtberechtigten nicht eintreten.

Ausgeschlossen ist jeder Eigentumserwerb, wenn die Aneignung verboten ist, so z. B. der Eier und Jungen bestimmter Vögel.

2. Bienenrecht. Besondere Rechtssätze gelten hinsichtlich der Bienen. Wilde Bienenschwärme wurden angeeignet durch Zeichnung des sie beherbergenden Baumes oder Felsens mit der Hausmarke, die auch ein anderer als der Grundeigentümer vornehmen konnte; doch kommt schon früh Teilung mit dem Grundeigentümer vor und einige Rechte schließen die Okkupation auf fremdem Grund und Boden überhaupt aus. Die okkupierte Biene wird nicht Haustier, sondern sie bleibt ein „wilder Wurm“. Daher wird der Bienenschwarm herrenlos, wenn er ausfliegt und der

Eigentümer ihn nicht binnen bestimmter Frist verfolgt oder die Verfolgung aufgibt, partikulär auch, wenn der Schwarm sich auf fremdem Boden niederläßt. Bei der Verfolgung dürfen auch fremde Grundstücke betreten werden (Folgerecht des Imkers). Vgl. ABGB. 384.

Das BGB. steht auf gleichem Standpunkt (961ff.), kennt insbesondere das Folgerecht. Ähnlich ZGB. (719, 725 II); doch geht das Eigentum am ausgeflogenen Schwarme nur durch Aufgabe oder durch Einflug in eine besetzte Wohnung unter.

3. Fund. a) Auf Grund des Findens trat mindestens seit der fränkischen Zeit Eigentumserwerb ein. Gefunden werden können nur verlorene Sachen, die in Besitz waren, wenn auch nicht im Eigentum. Jeder Fund mußte bekannt gemacht werden; die Fundverheimlichung war strafbar. Der Eigentumserwerb erfolgte kraft der zum Finden hinzutretenden Verschweigung des Verlierers, der sich auf die öffentliche Bekanntmachung des Fundes hin nicht meldete. Das Eigentum erwarb nach älterem Rechte der Finder, der aber schon im Mittelalter vielfach mit anderen Personen (König, Richter, Grundherr, Gemeinde) teilen mußte; auch kommt alleiniger Eigentumserwerb dieser anderen Personen vor. Neuere Rechte stellen die Pflicht, für den Verlierer zu handeln, in den Vordergrund, setzen daher auch einen Finderlohn und Ersatz der Unkosten fest; zum Eigentumserwerb wird bald ein richterlicher Zuschlag (ALR.), bald Ablauf der Verjährungsfrist (ABGB. 388ff.) erfordert. Das römische Recht, das einen Eigentumserwerb des Finders nicht kannte, ist nicht eingedrungen.

Das BGB. steht im wesentlichen auf deutschem Standpunkt (965ff.); der Grundgedanke der Verschweigung ist erhalten, das Aufgebot wenigstens beim Fund in öffentlichen Räumen (980). Ebenso ZGB. 720ff.

b) Schatzfund. Besondere Regeln gelten für den Fund eines Schatzes, d. h. einer Sache, die so lange verborgen lag, daß der Eigentümer nicht mehr zu ermitteln ist. Das Eigentum am Schatz mag ursprünglich dem Grundeigentümer zugefallen sein, in dessen Grundstück der Schatz entdeckt wurde. Doch hat sich schon früh ein Schatzregal ausgebildet, demzufolge der Schatz dem König, später dem Landesherrn, Gerichtsherrn, Grundherrn gehörte.

Die Regelung des römischen Rechts, das den Schatz grundsätzlich halb dem Finder, halb dem Grundeigentümer zuschreibt, ist auf die weitere Entwicklung von Einfluß gewesen, so im ALR., Sächs. BGB., C. c., seit 1846 auch in Österreich. Andere Rechte haben das Recht des Staates auf den Schatz oder doch einen Teil festgehalten, so z. B. Österreich hinsichtlich eines Drittels bis 1846 (ABGB. 399). BGB. (984) folgt dem römischen Recht. Doch hat sich vereinzelt (EG. 73) das Schatzregal erhalten (Schleswig, Schwarzburg-Rudolstadt), auch gelten nach einigen Landesrechten besondere Regeln für Altertumsfunde (z. B. preuß. Ausgrabungsges. 1914 — Bayern 1908 — Hessen 1902). ZGB. spricht in deutschrechtlichem Sinn das Eigentum dem Eigentümer des Grundstücks zu und gibt dem Finder nur den Anspruch auf eine Vergütung, läßt aber herrenlose Naturkörper und Altertümer von erheblichem wissenschaftlichen Wert an den Kanton fallen (723, 724).

c) Strandrecht. Kraft Strandrechts wurden in älterer Zeit an den Meeresstrand getriebene und im Wasser treibende Sachen, sowie das Wrack eines Schiffes von den Uferbewohnern angeeignet; auch auf See verunglückte Menschen wurden als leibeigen erklärt. Gleiches galt zufolge Grundruhrrechts in Flüssen für das Gut, das den Grund berührt hat. Schon im Mittelalter ergingen zahlreiche Bestimmungen gegen diese Rechte (vgl. auch ABGB. 388), nur teilweise mit Erfolg. Andererseits erhob der Staat Anspruch auf das Strandgut (Strandregal).

Einheitliches Recht hat erst die Strandungsordnung (17. 5. 1874) geschaffen. Danach sind Objekt des Eigentumserwerbs nur Sachen, deren Eigentümer unbekannt ist. Im übrigen wird zwischen strandtriftigen, d. h. auf den Strand getriebenen oder vom Strand aus geborgenen (Strandfund) und seetriftigen oder gesunkenen (Seefund) Gütern unterschieden. Jene werden vom Strandamt dem Staate zu Eigentum überwiesen, während der Finder einen Bergelohn erhält, diese dem Berger; Voraussetzung ist Anmeldung des Fundes durch den Berger und der fruchtlose Ablauf eines Aufgebotsverfahrens. Dem sich rechtzeitig meldenden Eigentümer werden die Sachen ausgeliefert; nach der Zuweisung an Fiskus oder Berger verbleibt ihm ein Bereicherungsanspruch.

4. Fruchterwerb. Den Eigentumserwerb an Früchten (ABGB.: Zuwachs) regelte das deutsche Recht nach dem Produktionsprinzip. Sie fielen in das Eigentum dessen, der sie in gutem Glauben an sein Recht zur Fruchtbestellung (Eigentum, Leihe, Pacht) durch seine Arbeit hervorgebracht hat. Daher galt das Rechtssprichwort: „wer

sät, der mäht". Der Produzent erwarb das Eigentum an dem von ihm „verdienten Gut". Der Zeitpunkt des Erwerbes ist bei den verschiedenen Früchtearten nicht der gleiche. Er ist z. B. für Getreide da, wenn gesät und geeggt ist, für Gartenfrüchte, wenn gesät und geharkt ist, für Wein mit dem Abschluß der Frühjahrspflege. Mit diesem Zeitpunkt entsteht das Eigentum an der Frucht, allenfalls getrennt vom Eigentum an Grund und Boden.

Das römische Recht stand demgegenüber auf dem Boden des Substantialprinzips. Die Früchte fielen grundsätzlich in das Eigentum des Eigentümers der Muttersache. Der Emphyteuta erwarb die Früchte mit der Trennung (Separation), Nießbraucher und Pächter mit der Perzeption (Aneignung).

Die neueren Rechte folgen überwiegend dem römischen Recht; so auch im wesentlichen BGB. (953) und ZGB. 643, nach denen mit der Trennung der Früchte diese im Eigentum des Eigentümers der Muttersache bleiben, in dem sie bis dahin als Bestandteile standen; ein getrenntes Eigentum an den stehenden Früchten gibt es nicht. Für dinglich oder persönlich Aneignungsberechtigte und den gutgläubigen Eigenbesitzer gesten besondere Regeln (954—57, 101 Z. 1), ähnlich dem römischen Recht. Nach ALR. fielen die Früchte mit der Entstehung in das Eigentum des Nutzungsberechtigten (Eigentümer, Nießbraucher, Pächter). Dieses und anderes frühere Recht besteht z. B. für Lehen, Fideikommisse, Erbpachtgüter fort.

5. Ersitzung. Erst infolge der Rezeption findet sich ein Eigentumserwerb durch Ersitzung; doch sind vielfach deutschrechtliche Fristen wie die von Jahr und Tag an Stelle der röm. Ersitzungsfristen getreten. Die Ersitzung kennen auch die neueren Rechte (ALR., BGB. 937ff., ZGB. 728, ABGB. 1451ff.).

6. Verbindung, Verarbeitung. Ebenfalls aus dem römischen Recht stammt der Erwerb durch Verbindung eigener Sachen mit fremden und durch Verarbeitung fremder Sachen. Auch diese beiden Arten finden sich in deutschen Partikularrechten, aber in ungleicher Ausgestaltung. So schließt sich z. B. ABGB. 414ff. mehr dem römischen Recht an als ALR. Das neueste Recht steht ebenfalls auf dem römischen Standpunkt (BGB. 946ff., ZGB. 726f.).

7. Beuterecht. In älteste Zeit reicht dagegen der Eigentumserwerb durch Erbeutung im rechten Krieg oder in rechter Fehde oder in gesetzlichem, siegreichem Zweikampf zurück. Das Mittelalter hat daran festgehalten, im Prinzip auch die Neuzeit; doch ist jetzt

die Grundlage das nur noch sehr beschränkt anerkannte Beuterecht, während früher die Vorstellung der Herrenlosigkeit wirksam war.

II. **Abgeleiteter Erwerb.**

1. Der Erwerb beweglicher Sachen durch Übertragung erfolgte bis zur Rezeption durch Übereignungsvertrag mit dem Eigentümer und Erwerb der Gewere; diese wurde körperlich erworben, allenfalls durch Zeichnung mit der Hausmarke. Doch konnte schon im Mittelalter an Stelle des Erwerbes körperlicher Gewere die Übergabe bestimmter Urkunden treten, die die Herausgabe einer Ware verbrieften; dies knüpft an die traditio cartae an.

Das römische Recht wich hiervon nicht grundsätzlich ab, da auch ihm zufolge die Tradition entscheidend war; dementsprechend fordern auch die meisten neueren Rechte Tradition (ABGB. 426), während allerdings nach C. c. der bloße Veräußerungsvertrag genügt und auch Formen der sogen. unkörperlichen Tradition vorkommen, wie die Übergabe durch „Zeichen" (z. B. Urkunden ABGB. 427), die Verabredung, daß der Erwerber künftig als Eigentümer oder der Veräußerer künftig für den Erwerber besitzen solle (z. B. ABGB. 428). BGB. verlangt grundsätzlich Übereignungsvertrag und Übergabe, kennt aber ebenfalls die erwähnten Ersatzmittel der Übergabe und als Neuerung die Übertragung durch Abtretung des Herausgabeanspruchs (929 ff.). Nicht so weit geht im Verzicht auf Tradition ZGB., das zudem Dritte gegen die Folgen der in den Übergabeersatzmitteln liegenden Unklarheit zu schützen sucht (714, 717).

2. Der sog. Erwerb vom Nichtberechtigten oder Scheinberechtigten durch Übereignung seitens eines Nichteigentümers geht auf die Beschränkung der Fahrnisklage bei freiwilligem Besitzverlust zurück (s. o. § 28 III b). Die freiwillig aus der Hand gegebene Fahrnis konnte im Gegensatz zur unfreiwillig verlorenen und im Gegensatz zu dem allgemein gültigen römischen Satz: ubi rem meam invenio, ibi vindico nur von dem herausgefordert werden, dem man sie gegeben hatte. Doch trat auch beim freiwilligen Besitzverlust kein Eigentumserwerb dessen ein, dem der Vertrauensmann die Sache übergeben hatte; denn auch im deutschen Recht galt: nemo plus iuris transferre potest quam ipse habet. Die meisten späteren Rechte haben die Unterscheidung von freiwilligem und unfreiwilligem Besitzverlust festgehalten (nicht ALR., Sächs. BGB.) und ebenso den Ausschluß

der Verfolgung freiwillig aufgegebener Fahrnis. Aber auch im anderen Fall wurde die Verfolgung bei bestimmten Arten des Erwerbes, so bei öffentlichem Erwerb (z. B. ABGB. 367) oder solchem in öffentlicher Versteigerung, oder bei bestimmten Sachen, wie Geld, Inhaberpapieren, Wechseln vielfach ausgeschlossen. Dabei wurde fast immer guter Glaube des Erwerbers als Voraussetzung der Verfolgungsbeschränkung verlangt (ABGB. 368). Erst sehr spät (Cod. Theresianus [Erwerb aus Macht Rechtens] ALR.; ABGB. 367) verband sich mit dieser Beschränkung der Eigentumserwerb dessen, dem der Nichtberechtigte die Sache übergeben hatte, setzte aber nunmehr einen Erwerbstitel, nicht nur die Übergabe der Sache voraus.

Diesen Standpunkt vertritt nach der deutschen Wechselordnung und dem Allgem. deutschen HGB. auch das BGB. (932 ff.) und in starker Anlehnung an das frühere deutsche Recht ZGB. 714.

Eigentumsverlust. § 37.

I. Das Eigentum an Grundstücken wird verloren

1. durch Verzicht. Der Verzicht erfolgt nach älterem Recht durch Besitzaufgabe (ALR.; C. c.). Doch ist er partikularrechtlich unzulässig (Nassau) oder setzt Eintrag im Grundbuch (Löschung) voraus (Sächs. BGB. 294, ABGB. 444). Auch BGB. (928) und ZGB. (666) fordern Eintrag im Grundbuch, jenes dazu Verzicht gegenüber dem Grundbuchamt. Aufgabe durch bloße Besitzentäußerung ist ausgeschlossen.

2. durch Untergang des Grundstücks (ZGB. 666).

3. durch Eigentumserwerb seitens eines Dritten. Abgesehen von der Übertragung ist hier besonders wichtig die Ersitzung (s. o. § 33 IV).

II. Das Eigentum an Fahrnis endigt mit dem Eigentumserwerbe durch einen Dritten, durch Untergang der Sache, durch Verzicht, d. h. durch Besitzaufgabe mit dem Willen der Eigentumsaufgabe und durch unfreiwilligen Eintritt der Herrenlosigkeit (die Fälle s. o. § 36 I 1 und 2).

III. Beschränkungen des Eigentums.

Das Eigentum unterliegt aus verschiedenen Gründen Beschränkungen. Ihrem Inhalte nach sind sie teils Beschränkungen in der Verfügung (Veräußerungs- und Belastungsverbote, Duldungspflicht gegenüber Eingriffen Dritter), teils Beschränkungen in der Ausübung im engeren Sinn. Ihrem Grunde nach wurzeln sie entweder in markgenossenschaftlichen oder nachbarlichen Beziehungen (Nachbarrecht) oder in der Verwandtschaft oder in der mittelalterlichen Regalität (selbständige Gerechtigkeiten) oder in der (modernen) Staatshoheit. Ihrer Zuständigkeit nach sind sie teils öffentlichrechtlicher, teils privatrechtlicher Natur.

§ 38. Nachbarrecht.

I. **Älteres Recht.** 1. Den markgenossenschaftlichen Verhältnissen, insbesondere der Gemengelage der Äcker, entspringen

a) Der Flurzwang, kraft dessen der Einzelne verpflichtet ist, die ihm zugewiesenen Ackerteile zu bestimmter Zeit und in bestimmter Weise zu bewirtschaften.

b) Die Zaunpflicht, die den Einzelnen zur Mitarbeit an dem Kulturland und unbebautes Land trennenden Zaune verpflichtet.

c) Das Recht auf den Notweg, d. h. auf Gewährung des Weges, dessen ein Anderer zur Verbindung seines Grundstückes mit einem öffentlichen oder ihm sonst zustehenden Wege bedarf. Die Gewährung mußte teils entgeltlich, teils unentgeltlich erfolgen, teils dauernd, teils nur zu bestimmten Zeiten (z. B. Winterweg, Tränkweg, Kirchweg, Düngweg).

d) Das Anwenderecht, d. h. das Recht, zur Wendung des Pfluges auf den Nachbaracker überzugreifen. Es kommt partikulär unter verschiedenen Bezeichnungen vor (Tret-, Kehr-, Pflug-, Trapp-, Streck-, Rädelsrecht).

2. Den Bedürfnissen des nachbarlichen Zusammenwohnens entstammen

a) Das Fenster- und Lichtrecht. Fenster (auch Türen) durften in der Richtung zum Nachbargrundstück teils überhaupt nicht, teils nur vergittert, teils nur in bestimmter Höhe, teils nur in bestimmter Entfernung von der Grenze angelegt, Fenster des Nachbarn aber nicht verbaut werden. Diese Beschränkungen sind schon im 13. Jahrhundert nachweisbar (Ssp., Schwsp.).

b) Das Grenzrecht. Hierunter fällt der Anspruch auf Mitwirkung bei der Abmarkung einer sicheren und bei der Feststellung einer unsicheren Grenze, ferner die Pflicht zur Freihaltung der Grenze von Anpflanzungen und Bauten (z. B. Bäumen). In vielen Gebieten hat sich gemeinschaftliches Eigentum an den Grenzanlagen und Grenzbäumen (ABGB. 421) entwickelt, in anderen Alleineigentum bis zur Mitte, aber gemeinschaftliches Benutzungsrecht.

c) Das Verbot lästiger oder gefährlicher Bauten, das sich zum Teil nahe berührt mit dem Grenzrecht und der Schikane. Schon der Ssp. verbietet die Anlage von Öfen, Abtritten, Schweineställen näher als drei Fuß von der Grenze. Anderswo wird schon im 14. Jahrhundert ganz allgemein Rücksichtnahme auf den Nachbar bei Errichtung von Anlagen verlangt. Manche Quellen erwähnen Strohdiemen, Bienenstöcke oder schlechthin neydpau, die ainem schaden prächten.

d) Das Überhangsrecht. Überhängende Zweige und übergreifende Wurzeln kann der Eigentümer des betroffenen Grundstücks kraft seines Eigentums grundsätzlich beseitigen, sofern sie ihn schädigen. Die abgetrennten Teile darf er sich aneignen (ABGB. 422).

e) Das Überfallsrecht. Die auf sein Grundstück fallenden Früchte fremder Bäume (anris, abris) darf sich der Eigentümer aneignen; partikulär darf er auch die Früchte überhängender Zweige abernten (z. B. ALR.), wie er ebenso partikulär die gefallenen Früchte mit dem Baumeigentümer teilen muß. Das Überfallsrecht steht im Zusammenhang mit dem Überhangsrecht. Soweit der Überhang nicht beseitigt wird, gilt das Sprichwort: Wer den bösen Tropfen genießt, genießt auch den guten.

f) Die Pflicht zur Duldung des Grenzüberbaus, sofern der Eigentümer des überbauten Landes nicht rechtzeitig widersprochen, also sich verschwiegen hat.

g) Das Hammerschlagsrecht (Leiterrecht), d. h. das Recht, zum Zweck von Verrichtungen an eigenen Bauten das fremde Grundstück zu betreten und dort Leitern oder Gerüste aufzustellen. Ihm verwandt ist das Schaufelschlagsrecht, das Recht des Mühlenbesitzers, zur Reinigung des Mühlenwassers fremdes Ufergelände zu betreten und dort vorübergehend Schlamm abzulagern.

Diese nachbarrechtlichen Beschränkungen sind ihrem Inhalte nach teils Grunddienstbarkeiten, teils Reallasten ähnlich. Daher erhielten sie vielfach die Bezeichnung „Legalservituten", sind auch in neueren Gesetzen (z. B. C. c.) als solche behandelt worden. Sie sind aber weder Dienstbarkeiten noch Reallasten, da der Pflicht kein selbständiges Recht gegenübersteht, vielmehr die Berechtigung Bestandteil des Eigentums ist (daher erfolgt auch nach ZGB. 680 kein Eintrag im Grundbuch).

II. Die **Rezeption** hat an dem Bestande der nachbarrechtlichen Beschränkungen wenig geändert.

Zum Teil waren dem römischen Recht die erwähnten Beschränkungen ebenfalls geläufig (z. B. Verbot schädlicher Anlagen), zum Teil hat es die betreffenden Fragen anders geregelt (z. B. kein Recht auf den Überfall, sondern interdictum de glande legenda, Fenster- und Lichtrecht als Dienstbarkeiten, nur beschränktes Notwegrecht), ohne damit in Deutschland durchdringen zu können.

Daher haben sich die erwähnten Beschränkungen fast alle bis heute erhalten und sind erweitert worden. Verschwunden ist der Flurzwang. Stark vom römischen Recht beeinflußt ist aber ABGB. (475ff.), das die Beschränkungen teilweise zudem als Dienstbarkeiten auffaßt (vgl. z. B. 487); so auch noch im Notweggesetz vom 7. 7. 1896. Sie beruhen jetzt

a) auf Reichsrecht (BGB.). So sind das Recht des Überhangs, Überfalls und Überbaus (910—916), des Notwegs (917f.), der Abmarkungsanspruch (919) im Sinne des deutschen Rechts geregelt. Doch ist z. B. an Stelle des Aneignungsrechts beim Überfall unmittelbarer Eigentumserwerb getreten. Dementsprechend ZGB. 994, 695 (Notweg), 687 (Überhang, Überfall), 669 (Abmarkung); erweiternd 691 (Notleitungsrecht), 710 (Notbrunnen).

b) auf Landesrecht (124 EG.), das hier infolge des engen Zusammenhangs mit den partikulär verschiedenen wirtschaftlichen Verhältnissen ebenso überwiegt, wie in der Schweiz das Kantonalrecht.

§§ 39—41. Verwandtschaftsrechtliche Beschränkungen.

§ 39. Wart- und Beispruchsrecht.

I. Die Vermögensgemeinschaft der Hausgenossen hinderte in älterer Zeit die Verfügung des Einzelnen über sein Vermögen, sowohl über Grundstücke als auch über Fahrnis, die nicht seinem alleinigen persönlichen Gebrauch diente und daher in seinem Alleineigentum stand. Diese Gebundenheit der Hausgenossen wurde unter dem Einfluß der Kirche dadurch durchbrochen, daß Vergabungen zum Heile der Seele und Mitnahme von Vermögen in das Kloster in der Höhe eines Freiteils zugelassen wurden. Der Freiteil betrug nach einigen Rechten einen Kopfteil, nach anderen einen bestimmten Bruchteil des Vermögens und setzte anfänglich Abschichtung von der Hausgemeinschaft oder völlige Teilung voraus (s. o. § 14 II). Im übrigen hinderte das Wartrecht der Erben, in erster Linie der Söhne, bei deren Fehlen der Töchter, eine Verfügung (sogen. älteres Wartrecht).

II. In Ursprung, Inhalt und Umfang verschieden ist das sogen. jüngere Wartrecht, das sich zuerst im sächsischen Rechtsgebiet zeigt, dann auch Freiteilsgebiete ergreift. Es hat seine Wurzel vermutlich im Sippeeigentum und erfaßt nur Liegenschaften. Bei deren Veräußerung ist die Zustimmung der nächsten Erben (erbenlaub, beispruch) erforderlich (formelles Beispruchsrecht). Veräußerungen ohne Zustimmung konnte der Beispruchsberechtigte binnen Jahr und Tag anfechten, sodann das veräußerte Grundstück ohne Ersatz zurückfordern, wenn er sich nicht verschwiegen hatte (s. o. § 23 I 1). Nur Veräußerungen in echter Not waren schon früh auch ohne Zustimmung gültig. Wartrecht und Beispruchsrecht haben das Mittelalter nicht überdauert. Das Beispruchsrecht ist meist auf Erbgut im Gegensatz zum selbsterworbenen (Gewinngut, Kaufgut) eingeschränkt worden; so insbesondere in den Städten. Schließlich ging es in ein Retraktrecht der nächsten Erben über (s. u. § 53) und lebt nur noch in den Stammgütern und Fideikommissen fort.

Stammgüter. § 40.

Stammgüter (bona aviatica, b. stemmatica) sind Familiengüter, bei denen sich das Wartrecht kraft Gesetzes- oder Gewohnheitsrechts erhalten hat. Sie finden sich seit dem Mittelalter vor allem beim hohen Adel, aber auch bei der Reichsritterschaft und partikulär (z. B. Bremen) ausnahmsweise beim niederen Adel und Nichtadel (landwirtschaftliche Erbgüter in Bayern) und dienen der Verhütung einer Zersplitterung des Familienvermögens. Das BGB. (EG. 59) hat sie aufrechterhalten; dagegen sind sie nach der RV. (155 II) aufzulösen (s. u. § 41).

Das Stammgut steht im Eigentum des jeweiligen, durch eine besondere Folgeordnung (s. u. § 102) berufenen Besitzers, nicht im Eigentum der Gesamtfamilie; dieser hat es als gebundenes neben seinem freien Vermögen. Daher darf er es nur mit Zustimmung aller oder eines Teiles der Agnaten veräußern. — Rechtsquelle sind für den hohen Adel und die Reichsritterschaft Hausgesetze und Familienverträge, für den niederen Adel Partikulargesetze (z. B. Bremer Ritterrecht von 1577, 1847).

Familienfideikommisse. § 41.

I. **Allgemeines.** Die Familienfideikommisse (Familienstammgut, Familienanwartschaft, in Baden Stammgut) sind, wie die Stammgüter, gebundene, d. h. unveräußerliche, nach besonderer Ordnung vererbliche Familiengüter (vgl. ABGB. 618), also geschichtliche Fortsetzungen des Wartrechts, beruhen aber im Gegensatz zu diesem auf Rechtsgeschäft, sei es auf Vertrag, sei es auf einseitigem Rechtsgeschäft. Sie sind das Stammgut des niederen Adels.

Das Institut des Familienfideikommisses reicht auf angelsächsischem Boden in das 8., auf dem Kontinent in das 11. Jahrhundert zurück, und erreicht seit dem 16. Jahrhundert unter dem Einfluß der spanischen Majorate eine weite Verbreitung. Sein Zweck ist, die Grundlage für den erstrebten splendor familiae zu schaffen. Nach der Rezeption wurde das Fideikommiß dem Begriff des römischen fideicommissum familiae relictum unterworfen, das lediglich eine Art der fideikommissarischen Substitution ist und schon in der vierten Hand freies Gut wird, auch nur durch letztwillige Verfügung begründet werden konnte. Außerdem wurden von den italienischen Juristen lehnrechtliche Sätze darauf angewandt, von denen insbesondere das Prinzip der successio ex pacto et providentia maiorum für die Sicherung der Unveräußerlichkeit des Fideikommisses von Bedeutung wurde. Die französische Revolution hat 1792 alle Fideikommisse als Standesvorrechte abgeschafft, weshalb sie im Elsaß und in der bayrischen Pfalz fehlen. Sodann forderten die Grundrechte des deutschen Volkes die Aufhebung der Fideikommisse; doch wurde die demgemäß erfolgte Aufhebung meist wieder rückgängig gemacht (nicht in Oldenburg). In der Schweiz können Fideikommisse nicht mehr errichtet werden (ZGB. 335), ebenso seit 1900 in Sachsen-Koburg-Gotha. Nach der RV. (155 II²) sind die Fideikommisse durch Landesgesetz aufzuheben. Dem ist die Landesgesetzgebung in verschiedener Weise nachgekommen, so daß die Fideikommisse entweder sofort zu Allod geworden sind oder es nach einmaliger fideikommissarischer Vererbung werden. Das Verfahren der Auflösung ist verschieden geregelt, sieht z. B. in Preußen die Auflösung durch Familienschluß, erst in zweiter Linie die Zwangsauflösung vor. Vgl. für Preußen FamiliengüterVO. v. 10. 3. 1919. ZwangsauflösungsVO. v. 19. 11. 1920, für Baden Stammgüteraufhebungs Ges. v. 18. 7. 1923, für Bayern Ges. v. 28. 3. 1919, 14. 6. 1919.

Die Quellen des bisherigen Fideikommißrechts sind (vgl. EGBGB. 59; EGZPO. 15, 4; KO. 52)

a) gemeines Fideikommißrecht,

b) partikuläres Fideikommißrecht (z. B. Preußen: ALR., Provinzialgesetze. — Bayern: 7. Verf.-Beilage [Edikt über die Familienfideikommisse]. — Sachsen: Gesetz vom 7. 7. 1900 über Familienanwartschaften. — Österreich: ABGB. 618ff.).

II. **Einzelne Rechtssätze.** 1. Die Errichtung eines Fideikommisses kann erfolgen durch Vertrag oder einseitige Erklärung unter Lebenden oder von Todes wegen.

Dieses Rechtsgeschäft muß durch das Fideikommißgericht (in Preußen und Bayern = OLG.) bestätigt, in Bayern in ein besonderes öffentliches Buch, die Fideikommißmatrikel, eingetragen, in Preußen bei einem Reinertrag von mehr als 30000 M. vom König genehmigt werden. In Österreich ist ein Gesetz erforderlich (ABGB. 627).

Objekt eines Fideikommisses können sein nach gemeinem deutschem Recht alle dauernd fruchttragenden Sachen, nach preuß. und sächs. Recht nur landwirtschaftliche Grundstücke und Geldkapitalien, nach bayr. Recht nur Grundvermögen.

Hinsichtlich des Wertes gibt es Minimalgrenzen (Preußen: bei Grundstücken Reinertrag von 7500 M., bei Geldfideikommissen ein Kapital von 30000 M. — Bayern: Grundsteuersimplum von 25 Gulden) und Maximalgrenzen (so Baden 14000 Mark Reineinkommen beim Ritterstand, 52000 beim Herrenstand).

Subjektiv befähigt zur Errichtung ist nach geltendem Recht jede Person; nur in Bayern dürfte Besitz des Adels erforderlich sein. Begünstigt werden kann nach den meisten Rechten jede Familie, nach bayr. und bad. Recht nur eine adlige.

2. Rechtsverhältnisse.

a) Das Eigentum am Fideikommißvermögen steht nach gemeinem Fideikommißrecht dem jeweiligen, rechtmäßigen Besitzer zu. Die partikulären Fideikommißrechte weichen ab. Sie verwenden teils die Form des geteilten Eigentums (s. o. § 31 I) und schreiben den zur Nachfolge Berechtigten, den Anwärtern, Obereigentum zu, dem jeweiligen Besitzer Nutzeigentum (so Pr., Öst.), teils erkennen sie alleiniges ungeteiltes Eigentum des Besitzers an (so Baden), teils sprechen sie von einem Miteigentum des Besitzers und der Anwärter (so Bayern).

Der Besitzer ist auch als Alleineigentümer in der Verfügung gebunden. Das Fideikommißvermögen ist für ihn unveräußerlich; er kann es weder übertragen, noch über seine Besitzzeit hinaus belasten, noch auch (partikulär) über diese Zeit hinaus verpachten oder vermieten. Die Veräußerung ist nur möglich mit Zustimmung der Anwärter, die in Pr. durch einen Familienbeschluß erteilt wird; vereinzelt wird auch gerichtliche Genehmigung erfordert.

Im einzelnen ist der Kreis der zur Zustimmung heranzuziehenden Personen partikulär verschieden, auch nach der Bedeutung des Geschäfts abgestuft. Verschieden beantwortet ist auch die Frage, ob und wieweit die erteilte Zustimmung die Erben der Einwilligenden bindet; andererseits wird vielfach eine Bindung des Allodialerben auch ohne Konsens angenommen.

Die nichtkonsentierte Veräußerung ist nichtig. Jeder Anwärter kann das Veräußerte mit einer sogen. revokatorischen Klage zurückfordern, wobei part. verschieden, ob die Klage sofort oder erst im Sukzessionsfall erhoben werden kann. Die Revokationsklage entspringt einem dinglichen Anwartschaftsrecht der Folgeberechtigten.

b) Der Besitzer hat, wenn nicht Alleineigentümer, ein ausgedehntes dingliches Nutzungsrecht; er ist dann „Nutzungseigentümer", hat Anspruch auf den Besitz, erwirbt die Früchte mit der Trennung (BGB. 954), die Hälfte des Schatzfundes (BGB. 984), übt den Patronat aus.

c) Das Fideikommißvermögen ist grundsätzlich unverschuldbar und unbelastbar. Doch können ausnahmsweise Schulden begründet werden, die aus der Substanz und solche, die aus den Einkünften auch durch den Nachfolger getilgt werden müssen.

Aus der Substanz zu tilgende Schulden (in Bayern und Pr. Fideikommißschulden erster Klasse) sind vor allem die vom Stifter auferlegten Schulden und die konsentierten Schulden. Aus den Einkünften zu tilgende (zweiter Klasse) sind vor allem die durch notwendige Kapitalsaufnahmen entstandenen, wobei aber part. Zustimmung von Anwärtern und gerichtliche Genehmigung erfordert wird.

Für Fideikommißschulden können Revenuenfideikommißhypotheken bestellt werden, auch einfache, jedoch den Nachfolger bindende Revenuenhypotheken.

d) Der Untergang des Fideikommisses erfolgt durch Aussterben der Folgeberechtigten, durch Untergang des Vermögens, partikulär durch Beschluß der Familienmitglieder. In diesem Fall kann es part. auf eine andere Familie übergehen (Familienwechsel).

e) Über die Fideikommißfolge s. u. § 102.

§§ 42—44. Selbständige Gerechtigkeiten.

Wie aus dem Allmendregal das Aneignungsrecht des Staates (s. o. § 33 I), so ergaben sich im Mittelalter aus anderen Regalien Nutzungsrechte, die ursprünglich dem König oder dem Landesherrn als Regal zustanden, aber von diesen auch an Private überlassen werden konnten. Diese Nutzungsrechte sind zur Zeit ihres Bestehens nicht mehr wie in vorausgehender Zeit Bestandteil des Eigentums, sondern aus dessen

Inhalt ausgelöst, können daher als selbständige Gerechtigkeiten bezeichnet werden. Sie greifen aber in das Eigentum ein, indem sie den Eigentümer an der unbeschränkten Verfügung über sein Eigentum hindern.

Die Regalien als solche kommen heutzutage nur noch vereinzelt vor, sind aber insoweit auch durch das BGB. nicht beseitigt (EGBGB. 73). Zumeist haben sie sich in staatliche Hoheitsrechte verwandelt. Vor größerer Bedeutung für das Privatrecht sind von ihnen vor allem das Jagdregal, Bergregal und die Wasserregale geworden und zwar deshalb, weil sie der Ausgangspunkt für eine Reihe von Sonderrechtskomplexen geworden sind. Es hat sich ein Jagdrecht, ein Bergrecht und ein Wasserrecht entwickelt. Allerdings bilden diese eine Mischung von Privatrecht mit öffentlichem Recht.

Forst- und Jagdrecht. § 42.

I. Forstrecht.

Der Wald war ursprünglich Eigentum von Markgenossenschaften oder Herrschaftsgebiet des Volkes. Durch Einfang (s. o. § 33 I) und durch Zuteilung gelangte er auch in privates Sondereigentum. Die Nutzung stand entsprechend den Markgenossen, Volksgenossen und Sondereigentümern zu. Für diese endete sie, als der fränkische König kraft seines Bannrechts und vor allem im Interesse der ausschließlichen Jagdausübung große Waldstücke zu Bannwäldern oder Forsten (foresta, banforst; zu lat. foris) erklärte Im Laufe der Zeit fand auch eine Erstreckung auf Privatwälder statt. Außerdem nahmen mit der beginnenden Kraftlosigkeit der Markgenossenschaften die Grundherren ein Obereigentum an den Gemeinwäldern in Anspruch. Die Landesherren behandelten die Wälder, noch weiter gehend, schlechthin als ihr Eigentum. Dagegen vermochte sich ein dem Jagdregal paralleles Forstregal nicht voll durchzusetzen; es entstand nur eine landesherrliche Forsthoheit. Diese aber beschränkte den Eigentümer, insofern sie im Interesse einer wirtschaftlichen Ausbeutung des Waldes durch zahlreiche Forstordnungen die Art der Nutzung, insbesondere den Holzschlag, regelte und die Waldnutzung unter staatliche Aufsicht nahm. Im 18. Jahrhundert partikulär stark gesteigert (ALR.), zeigen die Forstgesetze des 19. Jahrhunderts ein Nachlassen der Staatsaufsicht (vorübergehende Aufhebung im pr. Edikt 14. IX. 1811).

Im einzelnen sind hier nur die Beschränkungen hervorzuheben, die den Waldeigentümern auferlegt sind; sie beruhen durchweg auf Landesrecht. In Preußen (Gesetz vom 6. VII. 75 und 14. VIII. 76) werden davon Waldungen von Gemeinden und öffentlichen Anstalten betroffen, die den Wald nur innerhalb der Grenzen der Nachhaltigkeit nutzen dürfen. Private sind in der Nutzung beschränkt, insoweit ein Schutzwald in Frage steht, dessen Erhaltung oder Aufforstung im überwiegenden öffentlichen Interesse steht; auch können, soweit zu ordentlicher Bewirtschaftung nötig, zwangsweise Waldgenossenschaften gebildet werden (vgl. BGB. 703; EG. 83). Auch neuere Rechte (z. B. Bayern 1896, Elsaß) beschränken einerseits die Rodung, insbesondere von Schutzwäldern, und zwingen andererseits zur Aufforstung, beschränken auch die Teilung von Waldungen.

II. Jagdrecht.

1. Das Recht zu jagen war ursprünglich ein Ausfluß des Grundeigentums, stand auf Privatgrund dessen Eigentümer, im markgenossenschaftlichen Gebiet den Markgenossen zu, im übrigen jedem Volksgenossen. Nur folgerichtig war es, daß der fränkische König in den durch ihn eingeforsteten, aus dem herrenlosen Land ausgeschiedenen Waldungen das Jagdrecht für sich allein beanspruchte. Der ursprüngliche Grundsatz wurde erst durchbrochen, als sich mit dem Forstbann (s. o. I) gegenüber Wäldern von Gemeinschaften oder Privaten ein Wildbann verband. Damit verschwand der Zusammenhang von Grundeigentum und Jagdrecht und entstand ein Jagdrecht auf fremdem Grund und Boden für den König und die von ihm mit dem Wildbann beliehenen Personen.

Forstbann und Wildbann sind Ausflüsse der königlichen Befehlsgewalt. Kraft seines bannus regalis verbot der König die Jagd in den von ihm eingeforsteten Wäldern. Die Übertretung des Verbots zog die Zahlung des Königsbanns von 60 Schillingen nach sich.

Dieses so entstandene Jagdrecht auf fremdem Grund und Boden öffnete den Ansprüchen auf ausschließliche Jagdausübung die Bahn, die der Adel aus sozialen Gründen erhob und im 15. und 16. Jahrhundert gegenüber den Bauern, nicht in gleichem Maße gegenüber den Städten, insbesondere den Reichsstädten, durchsetzte. Gegen Ende des Mittelalters wurde endlich auch gegenüber dem Adel ein Jagdregal der Landesherren behauptet, das diesen und den von ihnen besonders damit ausgestatteten Personen alle Jagd ohne Rücksicht auf eine Einforstung vorbehielt. Gegenüber dem Widerstand der Stände konnte es sich allerdings zum Teil überhaupt nicht (Mecklenburg), zum Teil nur hinsichtlich der hohen Jagd durchsetzen; anders z. B. in Preußen. Auch blieben Jagdrechte der Rittergüter innerhalb des Gutsbezirks, als seltene Ausnahmen sogar der Bürger im Stadtgebiet und der Bauern auf der Dorfflur (Recht der freien Pürsch) bestehen.

In schroffem Gegensatz hierzu verlangten die Grundrechte 1848 Aufhebung jeden Jagdrechts auf fremdem Grund und Boden wie sie schon 1789/90 in Frankreich erfolgt war. Dem gab z. B. Preußen Folge (Gesetz vom 31. X. 1848), um aber bald darauf (1850) auf gewisse Einschränkungen zurückzugreifen.

2. Das geltende Jagdrecht ist Landesrecht (69 EG.), in der Schweiz Kantonalrecht (699 ZGB.) und in besonderen Jagdgesetzen in enger Verbindung von öffentlichem und privatem Recht niedergelegt (z. B. Preußen: Jagdordnung 1907 — Bayern, Baden 1850, Sachsen 1858, Hamburg 1903).

a) Das Jagdrecht steht dem Grundeigentümer zu; es ist aber Annex, nicht Teil des Grundeigentums und kann nicht als dingliches Recht von ihm gelöst werden. Kraft seiner Jagdhoheit und aus Rücksicht auf eine gesunde Jagdwirtschaft gestattet der Staat die Jagdausübung nur dem Eigentümer (Miteigentümern) einer vollkommen eingefriedeten Fläche oder einer solchen, die eine bestimmte Mindestgröße hat (z. B. Preußen 75 ha [Eigenjagdbezirk], Bayern 240 Tagwerk im Flachland, 400 im Gebirge). Kleinere Flächen werden zu (gemeinschaftlichen) Jagdbezirken zusammengefaßt. Die Eigentümer bilden in Preußen eine Jagdgenossenschaft (rechtsfähiger Verein des öffentlichen Rechts); in Bayern übt die politische Gemeinde das Jagdrecht durch Verpachtung namens der Grundeigentümer aus (ebenso Baden).

b) Das Jagdrecht ist ein ausschließliches Aneignungsrecht an herrenlosen Tieren und Vogeleiern. Es erstreckt sich auf die gesetzlich als solche bezeichneten „jagdbaren" Tiere; alle übrigen Tiere sind wie nach römischem Recht alle Tiere der freien Aneignung freigegeben. Der Eigentumserwerb tritt dadurch ein, daß das Tier innerhalb des Jagdbezirks durch den Jagdberechtigten (partikulär, aber nicht nach geltendem Recht auch durch einen Nichtberechtigten, z. B. den Wilderer) der freien Bewegung beraubt ist. Das dem älteren deutschen Recht bekannte Recht der Jagdfolge, die Verfolgung des im eigenen Bezirk angeschossenen Tieres in einen fremden Bezirk und Okkupation in diesem, ist aufgehoben.

Der Jagdberechtigte hat die öffentlichrechtliche Pflicht der Einhaltung bestimmter Schonzeiten; doch erwirbt er auch bei Erlegung innerhalb der Schonzeit Eigentum.

§ 43. Wasserrecht.

I. **Älteres Recht.** Die Wassernutzung hängt ursprünglich zusammen mit dem Ufereigentum, das sich im Eigentum am Bett fortsetzt. Demgemäß stand das nur vom Eigentum eines Einzelnen umgebene Wasser in dessen Alleinnutzung, das von genossenschaftlichem Eigentum begrenzte in der Nutzung der Genossen oder in der größerer Verbände; mehrere Nutzungsberechtigte am gleichen Wasser hatten dabei aufeinander vielfach Rücksicht zu nehmen. Diese Nutzungsverhältnisse ergaben sich schon aus dem Eigentum am Ufer, das zur Ausübung der Nutzung betreten werden mußte und aus dem Eigentum am Bett. Es fand ferner an den großen schiffbaren Flüssen eine vom Ufereigentum unabhängige Allgemeinnutzung statt, die sich aber auf den Gebrauch zur Schiffahrt, allenfalls auch Fischerei beschränkt haben dürfte und in der Bedeutung dieser Flüsse als Verkehrswege ihren inneren Grund hatte; das Mittelalter nennt sie des riches straze. So entwickelte sich der für die Folgezeit bedeutsame Gegensatz von Privatflüssen und öffentlichen Flüssen. Mit beigetragen hat zu dieser Entwicklung, daß die schiffbaren Flüsse vielfach Grenzen und daher res nullius waren.

Seit der fränkischen Zeit haben die Rechtsverhältnisse am Wasser eine Entwicklung durchgemacht, die der bei den Wäldern durchaus parallel ging; so traten den Bannwäldern (s. o. § 42) Bannwässer zur Seite. An öffentlichen Flüssen entstand ein Stromregal, das deren Gebrauch, von einigen wenigen, wie im Mittelalter dem Rhein und Main abgesehen, von der Erlegung von Abgaben abhängig machte. Das königliche, später (14. Jahrhundert) landesherrliche Bannrecht ergriff sodann wie die Wälder so auch die Gewässer größerer Verbände (Allmendwässer); die Grundherren machten ein Obereigentum an den in der Grundherrschaft vorhandenen Gewässern geltend, wobei allerdings mancher Gebrauch, wie die niedere Fischerei, Schöpfen, Tränken, Baden, den Markgenossen ungestört verblieb, andere Nutzung gegen Abgaben verstattet wurde.

II. **Neueres Recht.** Der Gegensatz von öffentlichen Flüssen und nichtöffentlichen deckt sich im wesentlichen mit dem römischen Unterschied der ständig fließenden und der zeitweilig austrocknenden Flüsse. Das deutsche Recht ist im wesentlichen auf dem von ihm entwickelten Gegensatze stehengeblieben, jedoch haben manche Rechte in Einzelheiten des römische Recht angenommen. Hierauf beruht auch das geltende, dem Landesrecht vorbehaltene (EG. 65) Wasserrecht, das in besonderen, meist neueren Wassergesetzen niedergelegt ist (Preußen 7. IV. 1913 — Bayern 1907 — Baden 1899 — Württemberg 1900 — Elsaß 1891); sie enthalten öffentliches neben privatem Recht.

Für die an Flüssen möglichen Rechtsverhältnisse ist grundlegend der Unterschied von Betteigentum und Wassernutzung, sodann der von schiffbaren und flößbaren (öffentlichen) und nichtschiffbaren (privaten) Gewässern, dem ungefähr der von Flüssen 1. Ordnung einerseits, 2. und 3. Ordnung (Preußen) andererseits entspricht.

a) Das Eigentum am Bett ist bei öffentlichen Flüssen Staatseigentum; nur ausnahmsweise (gemeines Recht, Württemberg) ist das Flußbett herrenlos. Bei Privatflüssen steht es den Ufereigentümern bis zur Flußmitte zu. Das Eigentum am Flußbett zieht nach sich das Eigentum an der im Flusse entstehenden Insel. Es äußert sich in dem Recht der Entnahme von Steinen, Kies, Sand, Wasserpflanzen, in dem Recht zur Verpachtung solcher Nutzungen und im Jagdrecht auf dem Flusse. Abweichend geregelt ist die Eigentumsfrage in Baden, wo alle natürlichen Gewässer in öffentlichem Eigentum stehen.

An Gewässern, die von Privateigentum eines Einzelnen umschlossen sind, hat sich dessen Eigentum erhalten. Dies gilt grundsätzlich auch für Quellen. Doch ist hierin in neuester Zeit (preußisches Quellenschutzgesetz 1908; ZGB. 705—709) das Privateigentum zugunsten der Allgemeinheit beschränkt worden.

b) Hinsichtlich der Nutzung trifft alle Flüsse in bestimmtem Umfang der jedermann zustehende Gemeingebrauch, der in der Regel Schöpfen, Tränken, Baden, Schwemmen umfaßt, vielfach auch Schiffahrt, mindestens Kahnfahrt, die Gewinnung von Eis, Steinen, Sand, Kies. Die weitere Nutzung ist bei öffentlichen Flüssen Recht des Staates. Hierin setzt sich das alte Stromregal teils als solches (gem. Recht, Preußen 1913), teils in der abgeschwächten Form einer Stromhoheit fort. An Privatflüssen steht die weitere Nutzung den Ufereigentümern zu. Von ihnen hat sie jeder in gleichem Maße wie der gegenüberliegende Ufereigentümer. Dem Oberlieger gegenüber ist die Höhe des Aufstaus beschränkt, dem Unterlieger gegenüber der Umfang und die Art der Ableitung.

Der Regelung der Wasserbenutzung und deren Verbesserung dienen die in neuerer Zeit gesetzlich geregelten Wassergenossenschaften, die teils private, durch Vertrag begründete (Preußen), teils öffentliche (Baden, Bayern, ZGB. 703) durch Staatsakt zwangsweise begründete Körperschaften sind.

c) Im Anschluß an die actio aquae pluviae arcendae des römischen Rechts ist nach den meisten Rechten der Unterlieger verpflichtet, die Vorflut, d. h. das natürlich von dort abfließende Wasser, aufzunehmen, der Oberlieger aber verpflichtet, den natürlichen Abfluß nicht zu steigern. Insbesondere darf keiner von ihnen diesen Verpflichtungen widerstreitende Anlagen unterhalten.

III. **Fischereirecht.** Das Recht der Fischerei hat sich als eine Art des Rechts auf Wassernutzung in engstem Anschluß an die Gestaltung des Wasserrechts entwickelt. Auch hier machten sich hinsichtlich der schiffbaren Gewässer Regalwirkungen geltend, wenn sie auch an Umfang gegenüber dem Jagdregal zurücktreten (s. o. I). Im geltenden Recht lebt das Fischereiregal in der Notwendigkeit staatlicher Erlaubnis zum Fischen in öffentlichen Gewässern fort (pr. Fischereigesetz v. 11. V. 1916). In den Privatgewässern steht das Fischereirecht den Ufereigentümern bis zur Mitte des Wassers zu. Ähnlich den Waldgenossenschaften können im Interesse einer geordneten Wirtschaft nach einigen Rechten Fischereigenossenschaften gebildet werden.

Die Perlenfischerei ist vereinzelt (Bayern, Sachsen) Regal geblieben.

§ 44. Bergrecht.

I. **Entwicklung des Bergrechts.** Die Entwicklung der Rechtsverhältnisse an den Bodenschätzen hat verschiedene Stadien durchlaufen. In ältester Zeit ist die Ausbeutung der Bodenschätze Recht des Grundeigentümers, unter dessen Fläche sie sich befinden, bei markgenossenschaftlichem Boden des einzelnen Markgenossen; denn das Eigentum reicht in die „ewige Teufe". Dies blieb auch so, als der fränkische König von den Bergbauern eine Abgabe, den Bergzehnt, erhob, der vielleicht einer römischen Bergwerkssteuer nachgebildet ist. Es änderte sich, als seit dem 11. Jahrhundert der Abbau bestimmter und zwar der wertvolleren Mineralien dem König vorbehalten, ein Bergregal ausgebildet wurde; nunmehr bedurfte der Grundeigentümer der königlichen, später landesherrlichen Verleihung des Abbaurechts auf seinem Grund und Boden. Die weitere Entwicklung bringt in engem Zusammenhang im 13. Jahrh. die Erweiterung des Bergregals zur Berghoheit, einem umfassenden landesherrlichen (staatlichen) Aufsichtsrecht, und die Entstehung der Bergbaufreiheit. Diese nahm ihren Ausgang von den seit dem 12. Jahrh. vorkommenden gefreiten Bergen, die die Grundherren gegen anteilsmäßige Gewinnbeteiligung jedem Abbaulustigen öffneten. Der Gedanke der Bergfreiung erwuchs zu dem der Freiheit des Berges. Den freien Berg aber konnte der Landesherr jedem Beliebigen verleihen. Schon das Bergregal hatte nicht alle Bodenbestandteile ergriffen, sondern nur die Metalle und das Salz; später reihte sich diesen die Kohle an, während sonstige Bodenbestandteile der freien Aneignung durch den Grundstückseigentümer verblieben.

Die Bergbaufreiheit hat sich über die Rezeption hinweg erhalten. Eine nicht unwesentliche Einschränkung erfuhr sie durch die sogen. Distriktsverleihungen, durch die einzelnen Personen (insbesondere Standesherren) innerhalb großer Gebiete der Bergbau überlassen wurde, sowie durch die Feldesreservation, die der Regalherr für sich vornahm. Das Bergregal ist erst im 19. Jahrhundert unter französischem Einfluß aus den meisten deutschen Rechten verschwunden, mit ihm die insbesondere in Preußen ausgebildete Direktion (Leitung des Betriebs, Festsetzung der Preise, Anstellung der Arbeiter) des Regalherrn (sogen. Direktionsprinzip). Die an seiner Stelle erhaltene Berghoheit beschränkt den Staat auf Aufsicht und Verleihungsrecht. Doch haben in neuester Zeit verschiedene Staaten (zuerst Preußen 1905 für Steinkohlen, Salze oder Solen) die Bergbaufreiheit teilweise aufgehoben. Zäher als das staatliche Bergregal hat sich das Salzregal erhalten, ebenso das Bergregal einzelner Grundherren, das aber nunmehr auf den Staat überführt wurde.

II. **Rechtssätze.** Das geltende Bergrecht ist Landesrecht (EG. 67); es entspricht in wichtigen Grundzügen dem bisherigen.

Quellen des Bergrechts sind einzelstaatliche Berggesetze. Für die neueren ist vorbildlich das preußische Gesetz von 1865 mit Novellen von 1905 und 1907. Außer ihm sind zu erwähnen Gesetze und Novellen für Bayern 1910, Württemberg 1874, Baden 1925, Sachsen 1910 (vom pr. Recht vielfach abweichend). Das Reich hat von seiner Zuständigkeit zur Berggesetzgebung (RV. 7 Nr. 16) noch keinen Gebrauch gemacht.

1. Das Bergrecht ergreift wie früher nur bestimmte Bodenbestandteile, die landesrechtlich verschieden sind; man kann sie als die bergrechtlichen Mineralien bezeichnen. Alle übrigen (bergfreie Mineralien) unterliegen der freien Aneignung durch den Grundeigentümer.

Bergrechtliche Mineralien sind insbesondere die wichtigeren Metalle und Erze, Kohlen und Salze; nicht z. B. nach sächsischem Recht Braun-

und Steinkohlen. Dem Grundeigentum überlassen sind daher im allgemeinen z. B. Platin, Wolfram, Wismut, Brauneisenerz, Phosphonit, Radium.

2. An den bergrechtlichen Mineralien kann ein ausschließliches Abbaurecht, das sogen. Bergwerkseigentum erworben werden. Dieses ist nicht Eigentum, sondern in seinem Kern ein ausschließliches Aneignungsrecht an den verliehenen Mineralien, verbunden mit dem Recht auf Abtretung des zum Betriebe nötigen Grund und Bodens zur Nutzung (Grundabtretung).

Das Bergwerkseigentum ist rechtlich eine unbewegliche (grundstückgleiche) Sache (ebenso ZGB. 655, 943), erhält ein Grundbuchblatt und unterliegt dem Grundbuchrecht, wird abgeleitet erworben und veräußert wie ein Grundstück; der Veräußerungsvertrag bedarf gerichtlicher oder notarieller Beurkundung. Es kann als solche selbst Gegenstand dinglicher Rechte sein (Nießbrauch, Dienstbarkeit, Pfandrecht) und Bestandteile haben (so z. B. nach preußischem Berggesetz 60 III Hilfsbauten).

Das Bergwerkseigentum entsteht durch Verleihung seitens des Staates, und zwar für das bei oder bald nach der Mutung bestimmte Feld, für das gewisse Maximalgrößen festgelegt sind (Preußen 220 ha).

Das Feld kann sich verändern dadurch, daß mehrere Bergwerke zu einem vereinigt werden (Konsolidation, Vereinigung), ferner durch Tausch von Feldesteilen zwischen verschiedenen Bergwerken, endlich durch Feldesteilung, d. h. Teilung eines Bergwerks in mehrere.

Auch dem Staat selbst muß das Bergwerkseigentum hinsichtlich der z. B. in Preußen ihm vorbehaltenen Minerale verliehen werden. Ein öffentlichrechtlicher Anspruch auf Verleihung wird begründet durch gesetzmäßige Mutung, das schriftliche Gesuch bei der Bergbehörde um Verleihung des Bergwerkseigentums. Die Bewilligung der Mutung setzt Fündigkeit, d. h. Vorkommen des zu verleihenden Minerals in abbauwürdiger Menge (andernfalls blinde Mutung, rechtlich unwirksam) und Fehlen besserer Rechte an dem verlangten Felde voraus.

Die Mutung wirkt vor der Verleihung rechtssichernd, insofern unter mehreren Mutungen grundsätzlich die erste vorgeht, das Alter im Felde hat; der erste Muter erlangt durch sie ein Anwartschaftsrecht. Diese Regel ist zugunsten des ersten Finders durchbrochen, wenn dieser auf seinem Grund und Boden oder in seinem Bergwerk zufällig, oder außerhalb deren kraft Schürfrechts gefunden und binnen bestimmter, kurzer Frist gemutet hat. Das Schürfrecht (sächsisch Schurfrecht) aber ist das dingliche Recht zum Aufsuchen bergrechtlicher Minerale auf fremdem Grund und Boden oder in fremdem Bergwerk und wird erworben entweder durch Erlaubnis des Grundeigentümers oder durch Entscheidung der Bergbehörde; Finden kraft Schürfrechts steht im Gegensatz zum zufälligen Finden und zum Finden durch unerlaubtes Schürfen. Die Schürfung ist grundsätzlich überall gestattet, ausnahmsweise nicht z. B. auf öffentlichen Plätzen, Eisenbahnen, Friedhöfen. Die geschürften Minerale unterliegen grundsätzlich dem Aneignungsrecht des Schürfers.

Das Bergwerkseigentum geht unter durch Untergang des Objekts (vollständiger Abbau), Verzicht (928 BGB.) und Entziehung durch die Bergbehörde.

Soweit das Bergwerkseigentum dem Staate vorbehalten und ihm verliehen ist, kann dieser einem Dritten daran ein Gewinnungsrecht bestellen, d. h. das auf dem Bergwerkseigentum lastende, vererbliche und veräußerliche Recht der Aufsuchung und Gewinnung der ihm überlassenen Minerale. Auch das Gewinnungsrecht ist ein grundstückgleiches Recht.

3. Im Verhältnis zwischen dem Bergwerkseigentümer und den vom Betriebe betroffenen Grundeigentümern oder anderen Bergwerkseigentümern können verschiedene Ansprüche entstehen.

Außer dem oben erwähnten Anspruch des Bergwerkseigentümers auf Grundabtretung besteht unter bestimmten Voraussetzungen ein Anspruch des Grundeigentümers auf Grundabnahme zu Eigentum gegen Ersatz, nämlich dann, wenn der vom Bergwerkseigentümer benötigte Teil eines Grundstücks eine zweckmäßige Benutzung des Restgrundstücks ausschließt. Der Eigentümer erwirbt ferner, soweit er nur einen Teil seines Grundstücks abtritt, hinsichtlich dieses Teils ein Vorkaufsrecht.. Grundabnahme wie Grundabtretung können durch Beschluß der Bergbehörde angeordnet werden. Schädigungen, die durch den Bergwerksbetrieb dem Grundeigentum zugefügt werden, erzeugen einen Schadensersatzanspruch.

Dagegen sind die im Mittelalter bestehenden Anteilsrechte des Grundeigentümers an den Erträgnissen, meist in der Form von Freikuxen (s. o. § 11 I 3a), für die Zukunft aufgehoben (schon preußisches Gesetz von 1865). Ebenso kann ein Erbstollenrecht (stollo hereditarius) nicht mehr begründet werden. Es war dies ein Recht auf Eintreiben eines Stollens in ein fremdes Bergwerk zum Zwecke der Wetter- oder

Wasserlösung. Der Erbstollenberechtigte hatte ein Recht auf die bei Anlage des Stollens gefundenen Mineralien, ein Neuntel oder Siebentel des Ertrags von allen Gruben, denen er Losung brachte und teilweisen Ersatz seiner Kosten. Durch Eintreiben eines tieferen Stollens wurde der Erbstollen enterbt (exhereditatio metallica).

4. Die nicht bergrechtlichen (grundhörigen) Minerale stehen im Eigentum des Grundeigentümers und unterliegen dem Abbau durch ihn kraft seines Eigentums. Es kann aber (part.) das Abbaurecht vom Grundeigentum abgetrennt und eine selbständige Abbaugerechtigkeit für den Grundeigentümer oder einen Dritten bestellt werden. Auch diese Abbaugerechtigkeiten sind rechtlich Grundstücken gleichgestellt.

2. Kapitel.

Begrenzte dingliche Rechte.

§§ 45—50. Leiherechte.

§ 45.

Allgemeines.

I. **Begriff.** Die Leiherechte sind dingliche Nutzungsrechte an fremdem Grund und Boden. Als solche stehen sie ihrem Umfang nach hinter dem Eigentum zurück. Sie sind aber andererseits zur Zeit ihrer vollen Ausbildung die ausgedehntesten Nutzungsrechte, die das deutsche Recht kennt, und erscheinen so, da sie dem Berechtigten außerdem den Besitz der Sache verschaffen, eigentumsähnlich; sie scheinen sogar der oberflächlichen Betrachtung eigentumsgleich, da sie ihrem Inhaber in den äußerlich sichtbaren, dauernden Beziehungen dieselben Befugnisse geben wie dem Eigentümer. Daher sind sie es vor allem, die zur Verdunklung des Unterschiedes von Eigentum und begrenztem dinglichem Recht und zur Ausbildung des geteilten Eigentums beigetragen haben.

II. **Entwicklung in fränkischer Zeit.** Eine Überlassung von Grund und Boden zur Nutzung kannte schon das älteste deutsche Recht, da schon in germanischer Zeit Unfreien Grundstücke auf Ruf und Widerruf übergeben wurden. Die deutschen Leiherechte nehmen aber ihren Ausgang nicht hier, sondern knüpfen an römisch-gallische Verhältnisse an. Im römischen Gallien waren drei Pacht- und Leiheverhältnisse im Gebrauch, die Erbpacht, die Teilpacht und das precarium. Von diesen ist die Erbpacht etwa im 8. Jahrhundert verschwunden, die Teilpacht hat sich in Frankreich in geringem Umfang erhalten. **Die Wurzel der deutschen Leiheverhältnisse ist das römische precarium geworden**, das durch seine vielseitige Ausgestaltung die Herrschaft an sich gerissen hat.

Der Grundtypus der Grundleihe in fränkischer Zeit ist das precarium oder beneficium.

Das precarium (precaria) ist die Fortbildung des römischen precarium, einer Grundleihe auf Herrengunst. Der Beliehene hatte kein Recht auf Nutzung und Besitz, sondern besaß und nutzte precario modo, auf Ruf und Widerruf. Das **Vulgarrecht schuf daraus eine zeitlich begrenzte Leihe**, die dem Beliehenen während der vereinbarten Zeit ein Recht auf die Nutzung gewährte; die Zeit entnahm es der römischen Zeitpacht, die in der Regel auf fünf Jahre abgeschlossen wurde. In **fränkischer Zeit entwickelte sich** aus der Gewohnheit, das Gut nach Ablauf der Leihezeit an den Beliehenen und schließlich nach dessen Tode an seinen Erben weiter zu verleihen, **die erbliche Leihe.** So wurde Ersatz für Zeitpacht und Erbpacht und zugleich der Rahmen geschaffen, innerhalb dessen die überhaupt denkbaren Spielarten der Leihe sich entfalten konnten. Neben der Leihe auf Widerruf stand die zeitlich beschränkte Leihe, die unbeschränkt vererbliche und die beschränkt vererbliche Leihe (z. B. auf drei Leiber, d. h. Generationen).

Abgesehen von der verschiedenen Dauer unterscheidet man nach der früheren Eigentumszuständigkeit des geliehenen Grundstücks:

a) Die **precaria data**, Leihe aus dem Vermögen des Leihers, die aber unter kirchlichem Einfluß verdrängt wurde durch

b) die **precaria oblata**, bei der der Beliehene ein ihm eigenes Grundstück dem Leiher übertrug, um es von ihm als Leihegut zurückzuerhalten. Die precaria oblata wurde die typische precaria. Beide Möglichkeiten verbanden sich

c) in der **precaria remuneratoria**, bei der außer dem übertragenen Grundstück ein anderes oder an seiner Stelle nur ein anderes geliehen wurde.

Der Name der precaria knüpft an römische Verhältnisse an. Es war üblich, daß derjenige, der beliehen sein wollte, ein schriftliches Leihegesuch an den Grundstückseigentümer richtete, die epistola precaria. Dieser Name ging auf eine den Empfang bestätigende Urkunde des Beliehenen, dann auf das Leihegeschäft, anschließend auf das Leiheverhältnis und schließlich auf das Leihegut über.

Das Wort beneficium bezeichnete im römischen Sprachgebrauch die Gunst oder Wohltat schlechthin. Ein Gunstbeweis war aber auch die Verleihung eines precarium; daher konnte man auch die Leihe ein beneficium nennen, nämlich ein solches des Leihers. Von da übertrug sich der Name auf Leiheverhältnis und Leihegut. Von Bedeutung wurde es, daß diese Bezeichnung insbesondere die Landvergabungen zu Leiherecht erhielten, die die fränkischen Könige an ihre Großen aus dem Bestande des Kirchengutes vornahmen. Dadurch bahnte sich eine im folgenden zu behandelnde Verengerung des Begriffs beneficium an.

III. **Weitere Entwicklung.** Die ausgehende fränkische Zeit und das beginnende Mittelalter zeigen in der weiteren Entwicklung der Grundleihe sich kreuzende, gegensätzliche Gruppen. Es treten gegenüber freie und unfreie (hofrechtliche) Leihe, ritterliche und nichtritterliche Leihe, bäuerliche und städtische Leihe.

1. Freie Leihe ist eine Leihe, deren Objekt nicht dem Verband eines (grundherrlichen) Fronhofes eingegliedert ist. Die unfreie Leihe dagegen steht im Konnex mit einem Fronhof, ist dem Hofrecht und dem Fronhofbeamten unterworfen, reiht den Besitzer der Hofgenossenschaft ein und führt daher auch den Namen der hofrechtlichen Leihe. Der Unterschied ist demnach zunächst ein wirtschaftlicher, kein ständischer. Daher konnten freie Leute unfreie Leihen erhalten und umgekehrt unfreie oder hörige Leute freie Leihen. Erst im Mittelalter macht sich ein Einfluß der Leiheart auf den Stand des Beliehenen bemerkbar, indem der Freie, der eine nicht freie Leihe, einen mansus servilis oder litilis nahm, auch in persönliche Abhängigkeit vom Grundherrn geriet und dessen Höriger wurde.

2. Der Gegensatz von ritterlicher und nichtritterlicher Leihe geht aus von den vom Beliehenen zu machenden Gegenleistungen. Diese konnten in Zinsen (Geld, Naturalien) und in Diensten bestehen. Beide Grundformen der Gegenleistungen konnten miteinander verbunden, jede konnte allein bedungen sein. Die Höhe war belanglos. Sie konnte zu einem wirtschaftlichen Äquivalent, ja über dessen Grenzen hinaus ansteigen, sie konnte bis zu einer Anerkennungsgebühr (Rekognitionszins) sinken, ja gänzlich fehlen. Wesentlich aber war bei der in Diensten bestehenden Gegenleistung die Art der Dienste. Sie konnten ritterlicher oder bäuerlicher Art sein. Die Leihe gegen ritterliche Dienste ist das Lehen des Mittelalters im strengen Wortsinn. Die Leihe gegen bäuerliche Dienste ist die bäuerliche Leihe. Auf das Lehen beschränkt sich,

sieht man von der kirchlichen Pfründe ab, der Ausdruck beneficium, auf die bäuerliche Leihe der Ausdruck precaria.

3. Die Gegenüberstellung bäuerlicher und städtischer Leihe endlich erklärt sich aus dem Wortsinn. Jene hat zum Objekt ein bäuerliches, landwirtschaftliches, diese ein städtisches Grundstück; damit hängt zusammen, daß jene eine Leihe gegen Zins oder Dienste, diese typisch eine Leihe gegen Zins ist.

Die Kreuzung dieser und der oben berührten Gegensätze, auf der die Verworrenheit der neuzeitlichen Leiheverhältnisse beruht, vollzieht sich in der Weise, daß die bäuerliche Leihe frei und unfrei sein kann, während die städtische Leihe und das Lehen freie Leihen sind. Es kann ferner die bäuerliche Leihe erblich oder auf Zeit beschränkt oder widerruflich sein, während das Lehen und die städtische Leihe erblich sind. Diese ist daher immer, die bäuerliche Leihe nur teilweise freie Erbleihe.

Bäuerliche Leihe. § 46.

I. **Hofrechtliche Leihe.** 1. Entstehung und Inhalt. Die hofrechtliche (unfreie bäuerliche) Leihe, vielfach als Lehen (Bauernlehen) bezeichnet, entsteht durch hofrechtliche Investitur (belenung) oder Einweisung im Hofgericht des Grundherrn unter Ausstellung einer Urkunde (Erbzinsbrief, Lehenbrief, Behändigungsbrief, Meierbrief). Der Beliehene (lensman, hofsman) erlangt Gewere am Gute und ein erbliches oder nichterbliches Nutzungsrecht, das vielfach als Nutzungseigentum anerkannt wurde und, wie das ganze Leiheverhältnis, lehenrechtlich beeinflußt war.

2. Leistungen des Beliehenen. Der Beliehene ist zu Leistungen verpflichtet, die teils in der dinglichen Abhängigkeit des Gutes wurzeln und daher auch bei freien Leihen vorkommen, teils in der persönlichen Abhängigkeit des Beliehenen und daher der hofrechtlichen Leihe eigentümlich sind.

a) Leistungen vom Gute sind Geldzins, Naturalabgaben und Dienste. Die Geldzinse (zins, census) sind, der allmählichen Verbreitung des Geldes entsprechend, in älterer Zeit seltener und treten gegenüber den anderen Leistungen zurück, nehmen aber im Mittelalter zu. Sie sind überwiegend höher als bei freien Leihen und nur selten zu einem bloßen Anerkennungszins herabgesunken. Die Naturalabgaben sind in der Regel Leistungen aus den Erträgnissen der bäuerlichen Wirtschaft und entnehmen ihre Bezeichnung nicht selten dem Leistungstag (fastnachtshun, pfingsthun, ostereier); aber auch Erzeugnisse der Hausindustrie, wie Tuch, Schuhe,

Handschuhe, Fässer werden bedungen. Die Dienste endlich sind Arbeitsdienste (Fronden, Scharwerke) an bestimmten Wochentagen oder zu bestimmten Jahreszeiten, Spanndienste (Stellung von Holzfuhren, Getreidefuhren), Botendienste, Wachdienste und Hausdienste, diese besonders für die Frauen; dem Umfange nach sind sie bald gemessen, bald ungemessen.

b) Leistungen infolge persönlicher Abhängigkeit sind Abgaben beim Todesfall, Heiratsgebühren und Kopfsteuern. Beim Todesfall hatten die Erben als todfall (sterbfall, kurmede, mortuarium) das beste Viehstück (besthaupt) oder das beste Gewand (gewandfall) oder einen Anteil am Nachlaß (buteil) zu geben, in dem sich das frühere Alleinerbrecht des Herrn fortsetzt. Dabei besteht die Vorstellung, daß der Tote es ist, der leistet. Heiratsgebühren (ehegeld, beddemund, bumede, schürzenzins, maritagium) waren bei der Verheiratung eines Hörigen an den Grundherrn zu entrichten, auch war vielfach dessen Einwilligung zur Verehelichung erforderlich. Typischer Ausdruck der persönlichen Abhängigkeit war die jährlich zu zahlende Kopfsteuer (Leibzins, Hofgeld, Kopfzins).

3. Veräußerung. Der Beliehene konnte das Gut an einen Dritten veräußern, aber nicht ohne Ersatzmann aufgeben. Jenes erklärt sich daraus, daß er nach Hofrecht Eigentümer war und auch nach Landrecht Nutzeigentümer. Der Erwerber bedurfte aber der Verleihung des Gutes durch den Herrn. Bei solcher Veräußerung wurde die Leistung einer Besitzänderungsgebühr an den Herrn fällig (laudemium, honorarium, handlon, erschatz). Der Herr brauchte jedoch nur an einen tauglichen Mann zu leihen und mußte ursprünglich seine Einwilligung zur Veräußerung geben. Eine Besitzänderungsgebühr wurde auch fällig, wenn das Gut kraft Erbrechts den Besitzer wechselte. Die Erblichkeit hat sich aber bei den unfreien Leihen langsamer entwickelt als bei den freien.

II. Die **freie** (bäuerliche) **Leihe** des Mittelalters ist die unmittelbare Fortsetzung des fränkischen precarium. Sie ist überwiegend Erbleihe, während dieses überwiegend Vitalleihe war. Die Zahl solcher Erbleiheverhältnisse hat sich erheblich vermehrt. Zu denen, die auch konkret aus einem älteren precarium herauswuchsen, treten hinzu die Leihen, die durch Rodungen, insbesondere Waldrodungen, und durch Neuanlage von Dörfern, insbesondere in Verbindung mit der östlichen Kolonisation als sogen. Gründerleihen entstanden.

Die freie Leihe unterscheidet sich von der hofrechtlichen grundsätzlich nur dadurch, daß sie nicht dem Hofrecht unterworfen, der Beliehene nicht Mitglied der Hofgenossenschaft ist. Daraus ergeben sich Übereinstimmungen wie Abweichungen. Auch der freie Erbleiher hat ein ausgedehntes dingliches Nutzungsrecht am Gute, konnte es aber jederzeit auch ohne Ersatz aufgeben. Auch er hat Leistungen vom Gute zu machen, die grundsätzlich in den gleichen Formen auftreten können wie bei der hofrechtlichen Leihe, also als Zinsen, Naturalabgaben und Dienste; nur treten tatsächlich die Dienste stark in den Hintergrund, pflegen außerdem gemessen zu sein, während der Zins häufig nur ein Anerkennungszins ist. Dagegen fehlen hier völlig die Leistungen, die aus der persönlichen Abhängigkeit des hofrechtlich Beliehenen fließen; es fehlen Todfall, Heiratsgebühr und Kopfzins.

Fortsetzung. § 47.

I. Die weitere Entwicklung der Leiheverhältnisse, die sich vom Hochmittelalter bis in das 18. Jahrhundert hinzieht, steht im engsten Zusammenhang mit der Entwicklung der Besitzverhältnisse; deren Verschiedenheit führt auch bei den Leihen zu großen Abweichungen. So wurden, von lokalen Erscheinungen abgesehen, von besonderer Bedeutung die Grundherrschaft, das niedersächsische Villikationssystem und die östliche Gutsherrschaft. Die Schicksale der Grundherrschaft sind vor allem für die Weiterbildung der hofrechtlichen Leihe richtunggebend. Aber auch die freie Leihe wird von ihnen betroffen, insofern sie von der Grundherrschaft aufgesogen oder unter dem Einfluß grundherrschaftlicher Verhältnisse verändert wird.

1. Die Grundherrschaft ist über das ganze Gebiet, einschließlich des östlichen Kolonisationslandes verbreitet, entwickelt sich aber in den einzelnen Teilen des Gebietes verschieden. Sie behält in Mitteldeutschland und im Süden im wesentlichen ihre alte Form; der Beliehene bleibt dinglich und persönlich gebunden. Aber da und dort wird die persönliche Herrschaft über den Hintersassen von ihr losgelöst und mit der Gerichtsherrschaft verbunden. Anderswo steigert sie sich zur Landeshoheit oder Dynastenherrschaft oder sie zerfällt allmählich. Verhältnismäßig unberührt und doch lebenskräftig blieb sie im Südosten.

Wie schon die ursprünglichen Verhältnisse in den Grundherrschaften nicht gleich waren, verschieden insbesondere nach Größe, Lage (Streubesitz, geschlossener Besitz) und Verhältnis zum freien Besitz, so war auch die Wirkung ihrer Veränderung sehr verschieden. Im allgemeinen hat die Ausstattung der Grundherrschaft mit politischen Rechten zu einer Verschlechterung der bäuerlichen Verhältnisse, insbesondere zur Bindung des Bauern an die Scholle (Erbuntertänigkeit) geführt, wogegen naturgemäß der Verfall der Grundherrschaft den Beliehenen gehoben hat. Von geringem Einflusse war das römische Recht, aus dem zwar die Emphyteuse rezipiert wurde, aber weder in ihrer reinen Form erhebliche Verbreitung noch auch bemerkenswerten Einfluß auf ältere Leiheformen gewonnen hat. Die Folge von all dem war eine große Zahl von im einzelnen verschiedenen Leiheformen.

2. In Niedersachsen waren in früher Zeit sogen. Villikationen gebildet worden, Vereinigungen von mehreren hörigen Gütern unter Aufsicht und Leitung eines grundherrlichen Beamten, des Meiers (maior, villicus). Nunmehr wurden (12. bis 13. Jahrh.) diese Villikationen aufgelöst, die Beliehenen freigelassen, eine bestimmte Zahl von Gütern (meist vier) zu einem größeren nunmehr zur freien Verfügung des Grundherrn stehenden Bauerngut vereinigt und dann einem Bauern zu Meierrecht, d. h. zu Zeitpacht verliehen. Die Freigelassenen wanderten in Städte oder in das Kolonisationsgebiet ab oder blieben als Häusler (Büdner, Kötter) auf ihren Gütern sitzen. Es entstand so die neuere, der persönlichen Abhängigkeit des Beliehenen entbehrende Grundherrschaft. Ähnliche Wege, die aber erst später zur Freiheit der Hintersassen führte, ging die Entwicklung in Westfalen.

3. Die östlichen Kolonisationsgebiete kennen zunächst Grundherrschaften der Landesherren, der großen Vasallen und der Klöster. Das Land wurde wie im Westen zu Leihe ausgetan, und zwar zu freier Erbleihe an Bauern, aber auch an Ritter, die bei der Eroberung der Gebiete mitgewirkt hatten. Diese Ritter ließen sich unter Ausnutzung ihrer Stellung als Landstände und finanzieller Schwierigkeiten von den Landesherren politische Rechte (Gerichtsherrschaft, Polizeigewalt) übertragen, durch deren Verbindung mit ihrem privaten Besitz die Gutsherrschaft geschaffen wurde. Deren Expansion hat dann die freie bäuerliche Leihe im Osten fast vernichtet. Heimgefallene oder im Kriege verödete Bauerngüter wurden nicht wieder besetzt, andere wegen wirklicher oder angeblicher Verfehlungen des Bauern eingezogen (Bauernlegen) oder

ausgekauft, die Gutsherrschaft arrondiert. Der Rest der Bauern wurde erbuntertänig.

II. Für die Zeit des 18. Jahrhunderts, also vor der durchgreifenden Bauernbefreiung, lassen sich nach Art und Umfang der Rechte des Beliehenen am Leihegut folgende Gruppen von Leiheverhältnissen scheiden.

a) Güter im freien Eigentum des Bauern, aber mit einem, meist als Reallast auf dem Gute liegenden Zins belastet; außer diesem erinnert part. die Pflicht zur Leistung einer Besitzänderungsgebühr (laudemium) an die Herkunft aus Leiheverhältnissen.

Solche Güter sind die (bloßen, schlechten) Zinsgüter in Preußen, Sachsen, Württemberg, die gatterzinsbaren oder grundzinsbaren Güter in Bayern.

b) Güter, an denen dem Beliehenen das Nutzeigentum (dominium utile), dem Leiher das Obereigentum (dominium directum) zusteht. Hierher gehören die dem echten Lehen ähnlichen und daher nach lehnrechtlichen Grundsätzen behandelten sogen. Bauernlehen (feudastrum), die österr. Beutellehen und die Schulzenlehen in Mecklenburg und im östlichen Preußen, ferner die Erbzinsgüter des sächsischen, preußischen und österr. Rechts, von denen das sonst gleichgeartete österr. Erbpachtgut nur durch die Höhe des Zinses sich unterscheidet, endlich das bayrische Leibrecht.

c) Güter, an denen der Bauer ein dingliches Nutzungsrecht hat. Dieses wiederum kann sein:

α) erblich. Dies ist der Fall bei dem ursprünglich nichterblichen, aber unter staatlichem Einfluß erblich gewordenen niedersächsischen Meiergut, für das vor allem der Ausdruck Kolonat üblich wurde. Ferner gehört hierher der Erbbauer der Neumark, der Eigentümer in Niederschlesien, das bayrische Erbrecht, die preußische Erbpacht, der elsässische Erbbestand.

β) rechtlich nichterblich, wenn auch tatsächlich meist auf den Erben übergehend. Dieser Art sind die kursächsischen und preußischen Laßgüter (lassitische Güter), die Landsiedelleihe (Hessen, Solms, Waldeck), die schwäbischen Schupflehen (in Baden auch Totbestand), sodann in Bayern das auf Leben des Beliehenen gegebene Leibrecht, das auf Leben des Leihers abgestellte Neustift, die widerrufliche Herrengunst (veranleitete Freistift).

d) Zeitpachtgüter (Pommern, Uckermark).

III. Die meisten dieser Formen sind seit dem 18. Jahrhundert den auf die Bauernbefreiung abzielenden Gesetzen erlegen. Die Bauernbefreiung hatte drei Aufgaben zu erfüllen, die Befreiung des Bauern von persönlicher Abhängigkeit (Erbuntertänigkeit, Frondienst), die Besserung seines Besitzrechtes und die Schaffung seiner politischen Selbständigkeit. Daher wurden gegen Ende des 18. und in der ersten Hälfte des 19. Jahrhunderts die nichterblichen Besitze in erbliche verwandelt, dann (meist gegen Entschädigung) in freies Eigentum. Die auf den Gütern bestehenden Frondienste und Reallasten wurden aufgehoben, die Erbuntertänigkeit (Leibeigenschaft) beseitigt.

Durch diese Vorgänge wurden die verschiedenen Formen der Grundleihe schon vor 1900 stark eingeschränkt; nur freiere Formen blieben bestehen. Das BGB. kennt zwar die zeitliche Pacht von Grundstücken; aber diese erzeugt nur obligatorische Rechte im Gegensatz zu den alten, dinglich wirkenden Leiherechten. Daher lebt das Grundleiherecht und mit ihm das Recht der Bauerngüter nur noch im Landesrecht fort, da EG. 63 die landesgesetzlichen Vorschriften über das Erbpachtrecht aufrecht erhalten hat. Von diesem Vorbehalt haben jedoch die meisten Staaten keinen Gebrauch gemacht; einige haben die Begründung von Erbpachtrechten für die Zukunft ausgeschlossen. In Betracht kommen fast nur noch die mecklenburgischen Gebiete, wo sich die drei Formen des Erbpachtrechts und seiner Abarten, des Büdnerrechts und des Häuslerrechts finden; für diese gilt auch heute noch das deutsche Bauerngüterrecht. Auch in Baden haben sich Erbbestände vereinzelt erhalten.

Im einzelnen haben die AGBGB. die noch bestehenden Erbpachtrechte sehr verschieden geregelt. In der Regel wird dem Erbpächter Nutzeigentum, dem Erbverpächter Obereigentum zugeschrieben; in Preußen ist das Recht des Erbpächters als Recht an fremder Sache erhalten geblieben. Doch haben einzelne Rechte in Ausführung von EG. 63 das Erbpachtrecht dem Erbbaurecht stark angenähert und haben es zur selbständigen liegenschaftlichen Gerechtigkeit erhoben.

§ 48. Städtische Leihe.

I. **Mittelalter.** Die städtische Leihe (Weichbild, Burgrecht) entwickelte sich in Verbindung mit der Anlage von Städten, indem der Stadtgründer und Stadtherr den Boden der zu gründenden Stadt in eine Anzahl von Baustellen (locus) aufteilte und jede solche Stelle an einen zuziehenden Ansiedler auslieh. Sie ist daher in ihren Anfängen eine sogen. Gründerleihe.

Ihrem Wesen nach ist die städtische Leihe eine freie Erbleihe, also ein ausgedehntes, erbliches und veräußerliches Nutzungsrecht an fremdem Grundstück. Sie ist rechtlich der freien bäuerlichen Erbleihe gleich. Es fehlt ihr die der hofrechtlichen Leihe eigentümliche Abhängigkeit wie auch der wirtschaftliche Zusammenhang mit einer Grundherrschaft. Die Gegenleistung des Beliehenen besteht in einem Zins (Freizins, Wurtzins, census arealis), der, in der Regel Geldzins, der nicht landwirtschaftlichen Benutzung des Grundstücks entsprach; meist von geringer Höhe, hatte er wesentlich die Bedeutung eines Rekognitionszinses. Das Interesse des Leihers war hier von vornherein nicht auf eine wirtschaftliche Ausnutzung des Bodens gerichtet, sondern auf die Heranziehung von Ansiedlern, Untertanen und Gewerbetreibenden; er war eben nicht so sehr Grundherr als Stadtherr, und die Beliehenen traten nicht als solche, sondern als Bürger in seine Abhängigkeit.

Wie zunächst der Stadtherr haben später auch andere Grundbesitzer in der Stadt Boden zu freier Erbleihe ausgetan, teilweise auch mit Häusern, Kaufläden und dergleichen bebauten Boden (private Erbleihe). So entwickelte sich die Grundleihe in der Stadt zur typischen Häuserleihe. Die meisten städtischen Leihen sind schon im Mittelalter wieder verschwunden. Die Eigenart der städtischen Leiheverhältnisse erleichterte ihren Übergang in freies Eigentum, das mit dem ursprünglichen Zins als einer Reallast belastet war.

II. **Neuzeit.** Im römischen Recht war der städtischen Leihe ähnlich die superficies. Die Gleichheit des Zweckes, die sie mit der Häuserleihe verband, erleichterte ihre Rezeption. Sie wurde aber vielfach beeinflußt. So wendet der Verfasser des bayrischen Landrechts auf das ius superficiarium die Form des geteilten Eigentums an, schreibt also dem Superfiziar dominium utile zu. ALR. spricht von einer Grundgerechtigkeit. Das österr. Bodenzinsrecht (ABGB. 1125, 1147) ist ein Nutzeigentum an der Bodenoberfläche, das sächsische Bau- und Kellerrecht eine Art persönlicher Dienstbarkeit. Dabei dehnte sich die Superfizies (Platzrecht) aus, indem sie auch an einzelnen Stockwerken (Zimmerrecht), an einem Keller (Kellerrecht), an Pflanzen oder Bäumen (sogen. Pflanzungssuperfizies) bestehen konnte.

Das BGB. setzt mit dem Erbbaurecht (1012ff.) das römische und gemeine Recht fort. Das Erbbaurecht ist ein dingliches Recht an fremdem Grund und Boden, zulässig für Bauwerke jeder Art, nicht aber für Gebäudeteile und Pflanzungsanlagen. Dem deutschen Recht entspricht jedoch die Behandlung des Erbbaurechts als Liegenschaft (1017).

Seit 1900 können Erbbaurechte nur nach BGB. begründet werden. Die bestehenden Erbbaurechte bestehen mit dem bisherigen Inhalt fort (184 EG.). Eine Neuregelung des Erbbaurechts ist in Österreich unter der Bezeichnung Baurecht 1912, in Deutschland unter Änderung des BGB. durch VO. vom 15. I. 19 erfolgt.

§ 49. Das Lehen.

I. **Begriff.** Das ritterliche Lehen ist Grundleihe wie die bäuerliche und die städtische Leihe. Aber es unterscheidet sich von den beiden hier möglichen Formen. Von der freien Erbleihe trennt es die persönliche Abhängigkeit des Beliehenen (Vasall) vom Leiher (Lehnsherr), von der hofrechtlichen Leihe die eines Freien würdige Art dieser Abhängigkeit (Treueverhältnis), von den übrigen Leihen überhaupt die Art der Gegenleistung des Beliehenen (Ritterdienste). Es ist eine Verbindung der Grundleihe mit der Vasallität.

Das ritterliche Lehen ist in der Terminologie des Mittelalters und der Neuzeit das Lehen (len) καθ' ἐξοχήν, wenngleich der Ausdruck Lehen gelegentlich auf andere Leiheverhältnisse angewendet wird. Seit dem 13. Jahrhundert führt es auch die Bezeichnung feodum oder feudum (zu gotisch faihu = Vieh, Geld, Vermögen), prägnanter feodum militare, feodum proprium, die an Stelle des bis dahin gebräuchlichen (s. o. § 45 III 2) beneficium getreten ist.

II. **Objekt** eines Lehens können ursprünglich alle Grundstücke sein, die einen dauernden Ertrag gewähren; denn das Lehen ist eben seiner geschichtlichen Wurzel nach Grundleihe. Dazu kommen später auch öffentliche Ämter (Herzogtum, Grafschaften, Schultheißentum, Vogtei, Gericht), Regalien (Zoll, Münze, Mühlen) und Reallastberechtigungen (Zehnten); auch hierbei ist das Erfordernis der dauernden Ertragsfähigkeit festgehalten.

III. **Subjekt.** Die Personen des Lehnsverhältnisses sind der Lehnsherr (senior, dominus, herre) und der Vasall (vasallus, homo fidelis, man). Voraussetzung ist für beide Lehnsfähigkeit. Lehnsherr kann nur sein, wer aktiv lehnsfähig, Vasall nur, wer passiv lehnsfähig ist. Absolute Lehnsfähigkeit kam der Art der Lehnsdienste entsprechend nur rittermäßigen Leuten zu, die rittermäßig geboren waren und rittermäßig lebten.

Den absolut Lehnsfähigen standen gegenüber die absolut lehnsunfähigen Personen, nämlich Juden, Geächtete, Exkommunizierte, ferner die relativ lehnsunfähigen Personen. Zu diesen gehörten die Geistlichen (mit Ausnahme der absolut lehnsfähigen geistlichen Fürsten), Bürger, Bauern, Frauen und Körperschaften, denen allen die Waffenfähigkeit im Rechtssinn fehlte. Sie konnten Lehen empfangen (relative passive Lehnsfähigkeit) durch Vermittlung eines Lehnträgers (provasallus), der seinerseits absolut lehnsfähig sein mußte und insbesondere die Lehnsdienste zu leisten hatte, überhaupt nach außen hin als Vasall auftrat, während die Nutzungen des Lehns und die Gewere dem Vertretenen verblieben. Relative aktive Lehnsfähigkeit kam Geistlichen, Frauen, Städten und Kirchen zu. Der relativ passiv Lehnsfähige hatte keinen Anspruch auf Verleihung; diese war immer eine Gnade des Lehnsherrn.

Unabhängig war die Lehnsfähigkeit von der Mündigkeit. Doch zog die Belehnung eines Unmündigen Besonderheiten nach sich (s. u. VII d).

Die absolut lehnsfähigen Personen waren nach Heerschilden (herscild, clypeus militaris) geordnet und so lehnrechtlich einander über- und untergeordnet.

Diese Reihenfolge beruht darauf, daß derjenige, der von einem anderen ein Lehen nimmt, von diesem abhängig wird und sich ihm lehnrechtlich unterordnet. Am Beginn des Mittelalters gab es drei solcher Klassen, nämlich den König (princeps), die Fürsten (capitanei) und die freien Herrn (valvasores). Das Hochmittelalter kennt im Ssp. sechs Heerschilde (König, geistliche Fürsten, weltliche Fürsten, freie Herren, Schöffenbarfreie und Ministerialen, deren Mannen). Diese Heerschildordnung ist eine Wiedergabe der durchschnittlichen tatsächlichen Verhältnisse, keine unabänderliche Norm; denn es gab z. B. unmittelbar vom König belehnte Laienfürsten, deren Vasallen dann auf der dritten statt vierten Stufe standen. Sie bringt andererseits deutlich den Satz zum Ausdruck, daß, wer von einem im gleichen Heerschild Stehenden ein Lehen nimmt, damit seinen Schild (auf drei Generationen) niedert; denn tatsächlich haben die ursprünglich auf der zweiten Stufe stehenden Laienfürsten vielfach Lehen von Pfaffenfürsten genommen.

IV. Die **Entstehung des Lehnsverhältnisses** war von dem Gesichtspunkt der Verbindung eines persönlichen mit einem dinglichen Verhältnis beherrscht und schied sich daher in zwei rechtlich getrennte, wenn auch äußerlich verbundene Akte, einen persönlichen und einen dinglichen, die zusammen als Belehnung bezeichnet und im Lehnsgericht vorgenommen werden.

a) Der persönliche Akt, die Hulde, dient dazu, das zwischen Herrn und Vasall bestehende Schutz- und Treuverhältnis zu schaffen und setzt sich wiederum aus einer Reihe von Teilakten zusammen. Der Vasall tut dem Herrn Hulde (hulde tun, manscap tun, homagium facere), d. h. er erkennt ihn als seinen Herrn an (Hulde i. e. S.). Damit verschmilzt die Kommendation (manscap tun, se commendare), durch die sich der Mann in Gewalt und Schutz des Herrn begibt; der Mann legt hierbei seine gefalteten Hände in die des Herrn, der ihn als Mann und in seinen Schutz aufnimmt. Mit diesen beiden Teilakten verbindet sich der Treueid (Huldeeid) des Vasallen, das Treu- und Schutzversprechen des Herrn und der Lehnskuß. Die Hulde in weiterem Sinne ist demnach ein zweiseitiger personenrechtlicher Akt, entsprechend der Gegenseitigkeit der persönlichen Rechte und Pflichten.

b) Der dingliche Akt, die belenung im engeren Sinne oder Investitur schlechthin, dient dazu, dem Manne die dinglichen Rechte am Lehnsgut zu verschaffen. Die Belehnung ist keine Auflassung, da ja der Herr das Eigentum behält, nähert sich aber dieser an und wird so bezeichnet. Sie ist ein dinglicher Vertrag, gerichtet auf Begründung einer Leihe und verbunden mit einer Besitzanweisung, der Investitur in engerem Sinne. Diese erfolgt unter Verwendung von Investitursymbolen, die teils dem Landrecht entstammen, teils dem Lehnrecht eigentümlich sind. Jenem entstammt z. B. die Überreichung eines Zweiges, eines Handschuhs, eines Hutes. Lehnrechtlich ist die Investitur mit der Fahne und mit dem Zepter. Mit der Fahne (ursprünglich der Speer mit einer Fahne, daher hasta signifera) wurden die weltlichen Fürsten beliehen (Fahnenlehn), mit dem Zepter seit dem Wormser Konkordat (1122) die geistlichen Fürsten (Zepterlehn).

V. **Rechte und Pflichten.** Das Lehn begründet als ein sowohl in seiner dinglichen wie in seiner persönlichen Seite gegenseitiges Verhältnis Rechte und Pflichten sowohl für den Herrn als auch für den Mann.

a) Das persönliche Verhältnis erzeugt für beide Teile die Verpflichtung zur Treue und das Recht auf Treue. Der Mann muß dem Herrn „hold und treu" sein, darf ihn insbesondere weder durch Rat noch durch Tat schädigen; das gleiche gilt vom Herrn. Dem getreuen Knecht steht der getreue Herr gegenüber. Der Mann schuldet dem Herrn Ehrerbietung und ist der Gerichtsbarkeit des Herrn unterworfen, wogegen dieser Anspruch auf Rechtsfindung im Lehnsgericht hat. Im Mittelpunkt aber stehen Recht und Pflicht des Lehnsdienstes. Dieser umfaßt die Heerfahrt und die Hoffahrt.

Jene leistet der Mann im wahren Wortsinn als Ritter auf der Reichsheerfahrt, partikulär auch in Privatfehden des Herrn, und beim Römerzug des Königs, kann sich aber im letzten Falle durch Zahlung einer Heersteuer lösen. Diese ruft ihn zum Hofe des Herrn, um dessen Glanz zu erhöhen, dem Herrn zu raten oder im Lehnsgericht mitzuwirken. Lehen ohne Dienstpflicht heißen feuda impropria, solche ohne Treupflicht feudastra.

b) Das dingliche Verhältnis zum Lehnsgut ist für den Herrn Eigentum und Eigengewere. Der Vasall hat am Lehnsgut Lehnsgewere, ausgedehntestes dingliches Nutzungsrecht und hat das Recht der Afterleihe, der Weiterverleihung des Gutes an einen dritten.

Daher kann der Herr das Gut veräußern, sofern er dadurch die Stellung des Vasallen nicht verschlechtert, wie z. B. bei Veräußerung an einen Ungenossen. Dagegen konnte der Vasall das Gut nur mit Einwilligung des Herrn veräußern oder verpfänden; nach dem Durchdringen der Erblichkeit des Lehns wurde auch die Zustimmung der Erben erforderlich.

VI. Ende des Lehnsverhältnisses.

a) Das Lehnsverhältnis endigte ursprünglich mit dem Tode des Herrn (Herrnfall, Thronfall), wie mit dem Tode des Mannes (Mannfall); das Lehn fiel an den Herrn oder dessen Erben heim. Der Grund war die Höchstpersönlichkeit des Treuverhältnisses. Das heimgefallene Lehn konnte der Herr nach seinem Belieben weiter verleihen oder einbehalten. In diesen Punkten traten jedoch Änderungen ein. Bei öffentlichen Ämtern entstand ein öffentlichrechtlicher Leihezwang, der den endgültigen Heimfall verhinderte. Bei anderen Lehen führte die beim Lehn wie bei den sonstigen Grundleihen herrschende Übung der Weiterverleihung an den Erben beim Mannfall und der Wiederverleihung an den bisherigen Vasallen beim Herrnfall zu einem privatrechtlichen Leihezwang, der in jenem Falle die Vererblichkeit des Lehns bedeutete, in diesem Fall das Verbleiben des Vasallen im Lehen. Jedoch konnte diese Entwicklung nur in der dinglichen Seite des Lehns sich vollziehen. Das persönliche Verhältnis bedurfte seinem Wesen nach einer jedesmaligen Neubegründung. Dieser diente die sogen. Lehnserneuerung (renovatio feudi). Der Vasall mußte das Lehn binnen Jahr und Tag nachsuchen (muten, sinnen), worauf es ihm der Herr verlieh. Schied so mit dem Erblichwerden des Lehns der Todesfall als Endigungsgrund des Lehns wenigstens dann aus, wenn ein Lehnsfolger da war, so blieben noch die folgenden.

b) Untergang des Gutes.

c) Auflassung des Lehns an den Herrn. Zu solcher Auflassung war der Mann jederzeit berechtigt. Sie konnte zugunsten des Herrn erfolgen oder mit der Bestimmung der Weiterleihung an einen dritten.

d) Aufsagung der Treue (untseggen) durch den Herrn oder den Mann.

e) Felonie (zu althochdeutsch fillo = Verbrecher, Bösewicht?) des Vasallen, wozu insbesondere Treubruch, Verweigerung der Dienste, Veräußerung des Lehns, Unzucht mit nahen weiblichen Verwandten des Herrn zählten. Andere Fälle, z. B. ehrlose Handlungen, werden als Quasifelonie bezeichnet. Diese gibt wie die Felonie dem Herrn eine Klage auf Herausgabe des Lehns und wirkt ursprünglich auch gegen die Lehnsfolger.

f) Rechtswidrige Handlungen des Herrn, wie z. B. Treubruch, Entziehung des Gutes, Rechtsverweigerung haben zur Folge, daß das Gut an den Vasallen als freies Eigentum fällt.

VII. **Sonderfälle.** Schon das mittelalterliche Lehnrecht hat eine Reihe von Abweichungen von dem bis jetzt besprochenen regelmäßigen Bild des Lehnsverhältnisses hervorgebracht.

a) Ein Lehn besonderer Art war das lehen under gedinge, auch schlechthin gedinge. Es ist dies die Belehnung mit einem zurzeit nicht ledigen Lehen für den Fall des Heimfalls.

Das Gedinge bezieht sich entweder auf ein bestimmtes Lehnsgut (benanntes Gedinge) oder auf das zuerst heimfallende (unbenanntes Gedinge, wardunge, anwardunge). Beim benannten Gedinge tritt ein Heimfall nicht ein; der mit Gedinge Belehnte erwirbt mit dem Wegfalle des bisherigen Vasallen die Lehnsgewere. Beim unbenannten Gedinge dagegen mußte der Belehnte vom Herrn eingewiesen werden. In beiden Fällen tritt eine Vererbung des Anwartschaftsrechtes nicht ein.

b) Eine Belehnung mehrerer Personen mit dem gleichen Gute kannte das deutsche Recht als Belehnung zu gesamter Hand. Insbesondere wurden so mehrere Brüder belehnt und damit ein Ersatz für die dem deutschen Recht fehlende Folge der Seitenverwandten (s. u. § 102) geschaffen.

Die gesamthändig Belehnten stellen eine Person dar, haben gesamthändig die Gewere des Gutes und die Nutzung, können nur gemeinschaftlich verfügen; bei Wegfall eines von ihnen tritt Anwachsung zugunsten der übrigen ein. Zur Leistung der Lehnsdienste haben sie einen aus ihrer Mitte zu benennen. Doch ist eine Teilung nicht ausgeschlossen, womit dann bei Wegfall eines der Belehnten die Nachfolge der übrigen ausscheidet und das Gut an den Herrn heimfällt. Neben der Belehnung zu gesamter Hand findet sich auch schon die langobardische coinvestitura (s. u. § 50 II 6).

c) Durch ihren besonderen Zweck heben sich ab das Pfandlehn und das Lehn zu Leibzucht (lien to live).

d) Bei Unmündigkeit des Vasallen bedarf dieser eines besonderen Lehnsvormunds. Dieser ist zunächst der Herr, der auch die Früchte des Lehns (angevelle) während der Unmündigkeit zieht. Andererseits entfielen die Lehnsdienste des Unmündigen, nicht die der Aftervasallen. Der Herr kann aber auch angevelle und Vormundschaft zu Lehn austun, sei es an den landrechtlichen Vormund des Kindes, sei es an einen Dritten.

Fortsetzung (Gemeines Lehnrecht). § 50.

I. Bei der Rezeption wurde das langobardische Lehnrecht der libri feodorum als gemeines Lehnrecht rezipiert, aber mit nur subsidiärer Geltung. Daher erhielt sich partikulär, besonders im sächsischen Gebiet, das deutsche Lehnrecht. Andererseits sind neuere Lehnsgesetze nicht ohne Beeinflussung durch das gemeine Lehnsrecht geblieben. Da das langobardische Lehnrecht nicht als Ganzes dem römischen Recht entsprang, sondern zum großen Teil auf Lehnsgesetzen deutscher Kaiser beruhte, unterscheidet es sich vom deutschen Recht nur in einzelnen Punkten. Es wurde durch Doktrin, Praxis und Partikularrechte weitergebildet. Eingehende Kodifikationen des Lehnrechts enthalten ALR. und partikuläre Lehnsedikte (z. B. Baden 1807, Bayern 1808).

II. Die wichtigsten Unterschiede des gemeinen vom deutschen Lehnrecht sind folgende:

1. Objekt eines Lehns können auch Renten aus den beim Herrn zusammenfließenden Einkünften (feodum de camera et cavena, Kammerlehn), in neuerer Zeit (ALR.) auch aus einem sichergestellten, insbesondere hypothekarisch gesicherten Kapital (Geldlehn), ferner sichergestellte Mobilien sein.

2. Hinsichtlich der **Subjekte** des Lehnsverhältnisses steigerte die Veränderung der Heeresverfassung die wegen Waffenunfähigkeit nur relative Lehnsfähigkeit zur absoluten, so bei den Geistlichen, Bürgern und Bauern. Auch war nach langobardischem Lehnrecht nicht Ritterbürtigkeit, sondern nur freier Stand erforderlich. Dagegen gibt es noch dem Adel vorbehaltene adlige Lehen (ALR.) und die Frauen ausschließende Mannlehen. Erst in neuester Zeit ist die Lehnsfähigkeit aller Personen ausgesprochen worden (Bayern, Sachsen). Andererseits kann nach einigen Rechten nur noch der Landesherr auch Lehnsherr sein, oder er und die Standesherrn (Bayern, Baden).

3. Die **Entstehung** des Lehnsverhältnisses durch Belehnung hat sich im wesentlichen erhalten. Doch verzichtet das gemeine Recht (ebenso ALR.) auf die persönliche Anwesenheit von Herr und Vasall. Die Lehnsgerichte wurden durch landesherrliche Lehnsbehörden (Lehnskammern, Lehnskurien) ersetzt; nur die Thronlehen werden im Gegensatze zu den Kanzleilehen am Hofe verliehen (Bayern). Über die Belehnung wird ein Lehnbrief ausgestellt (schon langobardisches Recht), vom Vasallen partikulär ein Gegenbrief (Lehnsrevers); außerdem erfolgt vielfach eine Eintragung in ein Lehnregister (Lehnbuch), auch im Hypothekenbuch. Der Belehnte zahlt eine Lehnsgebühr (Lehnstaxe). Der Belehnung pflegt ein obligatorischer Lehnsvertrag (contractus feodalis) voranzugehen.

Eine neue Form der Entstehung stellt die schon dem langobardischen Recht bekannte Lehnsersitzung dar. Sie wird dadurch bewirkt, daß 30 Jahre (nach part. Recht 10—20 Jahre) lang von einem Gute bona fide Lehnsdienste geleistet und empfangen werden. Das so begründete Lehen heißt feodum informe. Neuere Rechte erkennen die Lehnsersitzung nicht an.

4. Die **Rechte und Pflichten** von Lehnsherr und Vasall haben sich durch das Zurücktreten der persönlichen Seite des Lehns und das Überwiegen der dinglichen Seite verschoben.

Die Treuepflichten sind von den Pflichten des Herrschers und Staatsbürgers im modernen Staate überholt. Die Heerdienste wurden schon früh durch Zahlung von sogen. Ritterpferdsgeldern abgelöst (Adäration des Lehndienstes), haben sich allerdings partikulär bis in das 19. Jahrhundert erhalten, um dann von der publizistischen Dienstpflicht beseitigt zu werden. Die Hoffahrt hat sich am längsten, zum Teil bis heute erhalten. Die letzten Lehnsgerichte sind im 19. Jahrhundert verschwunden.

Die dinglichen Beziehungen zum Gute sind nach langobardischem Recht dominium des Herrn, possessio und ususfructus des Vasallen. Auf deutschem Boden sind die Begriffe des dominium directum und utile, Obereigentum und Untereigentum darauf angewendet worden.

Veräußerungen bedürfen der Zustimmung des Herrn, der Agnaten, der Mit- und Eventualbelehnten. Bei unkonsentierten Veräußerungen hat der Herr sofort und haben die übrigen Zustimmungsberechtigten nach dem Tode des Veräußerers und seiner Deszendenz das Recht der Rückforderung (Revokationsklage). Der Herr muß das Gut nach dem Tode des Veräußerers und seiner Deszendenz an die Agnaten herausgeben. Die Deszendenten des Veräußerers haben die Revokationsklage nicht, da sie facta defuncti vertreten müssen; doch wird sie ihnen partikulär zugestanden. Außer der Revokationsklage haben Lehnsherr und Lehnsfolger auch den Lehnsretrakt (s. u. § 53 III f).

Neu kam zur Entwicklung die partikulär sehr verschiedene Behandlung der Lehnsschulden. Die von einem Lehnsinhaber gemachten Schulden belasten grundsätzlich nur sein Allodialvermögen, sind Allodialschulden und gehen daher nur auf den Allodialerben über; der Lehnserbe sukzediert ex pacto et providentia maiorum, erhält daher das Lehen so, wie es der primus acquirens hatte. Es gibt aber auch Schulden, die den Lehnsfolger treffen, sogen. Lehnsschulden; sie scheiden sich wiederum partikulär in solche, die alle Lehnsfolger treffen (debita feudalia absoluta) und solche, die nur bestimmte treffen (debita feudalia respectiva). Solche Lehnsschulden sind

a) die zum Erwerb des Lehns vom ersten Erwerber gemachten, z. B. Kaufgeldschulden; sie sind relativ nur für diejenigen, die das Lehn infolge des Erwerbes des ersten Besitzers erhalten, nicht z. B. für den Lehnsherrn beim Heimfall;

b) die zur Erhaltung des Lehns gemachten Schulden (debita feudalia ex versione in rem), z. B. für Ausbesserungen, Meliorationen, Ablösung von Lasten, neue Gebäude; partikulär meist absolut;

c) mit Genehmigung von Lehnsherr und Agnaten aufgenommene Schulden und Hypotheken (debita feudalia consensuata);

d) die zur Abfindung von Mitlehnserben, Aussteuer von Töchtern, für die Leibzucht der Witwe gemachten Schulden;

e) der Lehnsstamm (constitutum feudale), eine auf das Lehen als Last gelegte unkündbare Schuld, deren Zinsen an eine oder mehrere nach den Grundsätzen der Lehnserbfolge berufene Personen zu zahlen sind.

5. An Endigungsgründen kommt hinzu die Eigentumsersitzung durch einen dritten und die vertragliche oder gesetzliche Allodifikation (s. u. III).

6. Sonderfälle.

a) Das Gedinge (s. o. § 49 VII a) setzt sich fort in der Lehnsanwartschaft (Lehnsexspektanz), die sich als exspectativa feudalis specialis auf ein bestimmtes, als exspectativa feudalis generalis auf das zuerst heimfallende, als exspectativa feudalis indeterminata auf irgendein Lehn richtet. Sie erzeugt ein vererbliches obligatorisches Recht des Beliehenen auf Belehnung gegen den Lehnsherrn. Im Gegensatz hierzu gibt die Eventualbelehnung ein ebenfalls vererbliches Wartrecht, d. h. ein aufschiebend bedingtes dingliches Recht an einem bestimmten oder unbestimmten, heimfallenden Lehen. Der Belehnte wird sofort investiert; eine Handlung des Lehnsherrn nach Eintritt der Bedingung ist unnötig.

b) Partikulär wurde rezipiert die langobardische coinvestitura, eine Mitbelehnung zu Quoten. Hierbei ist jeder Einzelne Vasall, tritt auch bei Wegfall eines Einzelnen keine Anwachsung ein.

III. **Neueste Zeit.** Im 19. Jahrhundert sind die Lehen bis auf geringe Reste verschwunden. Die Lehnsherrlichkeit des Reiches endete mit dessen Auflösung. Von den Landesherrn wurde sodann auf die meisten der Lehen verzichtet, die in Gebieten anderer Landesherrn lagen (feuda extra curtem). Endlich ist in den meisten Staaten teils im Verfolg der Revolution, wie z. B. in Westfalen, teils infolge der Bewegung des Jahres 1848 die Allodifikation der Lehen, ihre Umwandlung in freies Eigentum, vielfach unter Ablösung der lehnsherrlichen Rechte gegen Entschädigung, erfolgt. Als echte Lehen blieben insbesondere erhalten in Preußen die Thronlehen (Fürstentümer Sagan, Öls, Troppau, Jägerndorf, einige Lehen mediatisierter Fürsten und Grafen), ebenso in Kurhessen, Bayern, Württemberg (Kronlehen); auch sind die auf nur zwei Augen stehenden Lehen in manchen Staaten nicht aufgehoben worden. Lehnrecht gilt außerdem in der Regel für die allodifizierten Lehen, insbesondere hinsichtlich der Erbfolge. Für diese Fälle ist durch EG. 59 das Landesrecht aufrechterhalten.

Eingehende neue Bestimmungen bringen auf Grund dieses Vorbehalts nur die mecklenburgischen Ausführungsgesetze zum BGB., in deren Geltungsgebiet das Lehnrecht zurzeit die weiteste Verbreitung hat. Doch weicht gerade das mecklenburgische Lehnrecht stark vom gemeinen LR. ab, insbesondere durch freiere Stellung des Vasallen hinsichtlich Verkauf und Verschuldung des Lehns. Im übrigen gilt Lehnrecht in weiterem Umfange noch in Lippe.

Da für die noch bestehenden lehnrechtlichen Verhältnisse das bisher bestehende Landesrecht aufrecht geblieben ist, haben sich die einzelnen Rechtsbeziehungen nicht verändert, soweit nicht Änderungen durch das Landesrecht selbst erfolgt sind. Es hat demnach der Vasall Untereigentum oder, wo das Obereigentum aufgehoben ist, Alleineigentum, beschränkt durch die Anwartschaftsrechte der Anwärter.

Durch die RV. (155) sind auch die letzten Reste des Lehnwesens dem Untergang ebenso ausgeliefert wie die Fideikommisse.

§§ 51—52. Dienstbarkeiten.

Allgemeines. § 51.

I. **Begriff und Geschichte.** Die Dienstbarkeiten sind dingliche Rechte auf die Nutzung einer Sache in beschränktem Umfang, sei es durch Fruchtgenuß, sei es durch Gebrauch, sei es in sonstiger Weise. Sie stehen wie die Leiherechte im Gegensatz zum Eigentum als begrenzte dingliche Rechte und stehen zu den Leiherechten wiederum im Gegensatz durch die Beschränktheit der Nutzung.

Rechte dieses Inhalts hat es jedenfalls schon im Mittelalter gegeben, so z. B. Weiderechte, Rechte auf ungehinderte Lichtzufuhr, Nutznießung. Aber ihre Zahl war noch im ausgehenden Mittelalter gering, da genossenschaftliche und herrschaftliche Rechte den gleichen wirtschaftlichen Zweck erfüllten. Außerdem ist bei der ungenügenden Erfassung des Unterschiedes zwischen Eigentum und begrenzten dinglichen Rechten der selbständige Begriff der Dienstbarkeiten nicht erkannt worden, wenn auch der Ausdruck „Gerechtigkeit" auf sie angewandt und ihr Charakter als Eingriffsrechte in das Eigentum nicht übersehen wurde. Daher wurde der aus dem römischen Recht rezipierte Begriff der servitus oder, wie man schon früh sagte, „Dienstbarkeit" von ausschlaggebender Bedeutung. Der Begriff der römischen servitutes war eng begrenzt, ihre Zahl gering und geschlossen. Die servitus liegt entweder im wirtschaftlichen Interesse eines bestimmten Grundstücks und ist dann auf diesem radiziert (Grunddienstbarkeiten) oder im Interesse einer bestimmten Person (persönliche Dienstbarkeiten). Der Eigentümer der dienenden Sache kann zu einem Dulden oder Unterlassen, aber nicht zu einem Tun verpflichtet sein. Der Begriff der Dienstbarkeit wurde aber nicht nur auf die echten Dienstbarkeiten angewandt, die Rechte an fremder Sache waren, sondern auch auf eine Reihe anderer dinglicher Nutzungsrechte, so z. B. die beschränkten Nutzungsrechte, insbesondere der Gemeindeglieder am Gemeindevermögen und der Obereigentümer an den Allmenden; auch sonstige im System des römischen Rechts nicht oder schwer unterzubringende begrenzte Sachenrechte wurden als servitus behandelt, sogar die Reallasten.

Dies alles war nicht möglich ohne eine starke Vernachlässigung der für die servitus geltenden, begriffswesentlichen Rechtssätze. So mußte der Rechtssatz „nemini res sua servit" aufgegeben werden, da die Rechte der Gemeindeglieder am Gemeindevermögen sich nicht mit ihm vertrugen. Soweit man die Reallasten oder doch auf ein Tun gerichtete Nebenrechte von Dienstbarkeiten als Servituten behandelte, mußte auch davon abgesehen werden, daß servitus in faciendo consistere nequit. Endlich mußte auf die geschlossene Zahl der römischen Servituten verzichtet werden.

Man gelangte so zu dem unklaren Begriff einer servitus iuris germanici.

Seit dem 17. Jahrhundert brachte eine Gegenströmung die Rückkehr zum römischen Servitutbegriff.

So z. B. im ABGB. (472ff.), das zwischen Grunddienstbarkeiten und persönlichen Dienstbarkeiten, innerhalb jener zwischen Hausservituten und Feldservituten, innerhalb dieser zwischen dem Gebrauch, der Fruchtnießung und der Wohnung scheidet, servitutes in faciendo nicht kennt, ebensowenig Dienstbarkeiten am eigenen Grundstück; diese Grundsätze betont besonders scharf das sächsische BGB. Dagegen kennt andererseits ALR. den selbständigen Begriff der Dienstbarkeit überhaupt nicht, sondern stellt die Dienstbarkeiten mit sonstigen Gebrauchs- und Nutzungsrechten an fremder Sache zusammen.

Das BGB. hat sich im wesentlichen dem römischen Recht angeschlossen. Die Grunddienstbarkeiten (1018ff.) entsprechen den römischen Prädialservituten, beschränkte persönliche Dienstbarkeiten (1090ff.) und Nießbrauch (1030ff.) den Personalservituten. Auch ZGB. scheidet zwischen Grunddienstbarkeiten (730ff.), Nutznießung (745ff.) und anderen Dienstbarkeiten (776ff.), insbesondere Wohnrecht, Baurecht, Quellenrecht, ist aber im übrigen weniger als BGB. vom römischen Recht beeinflußt.

II. **Einzelne Rechtssätze.**

1. Begründung. Grunddienstbarkeiten entstanden im Mittelalter durch gerichtliche Fertigung und Eintragung im Stadtbuch, nach späteren Rechten durch Vertrag oder Verfügung von Todeswegen, meist ohne Eintragung. Dazu kam seit der Rezeption die Ersitzung auf Grund zehnjährigen, unter Abwesenden zwanzigjährigen gutgläubigen Rechtsbesitzes. Das BGB. kennt nur eine Entstehung durch Vertrag und Eintragung, sowie durch Buchersitzung, ebenso ZGB. (731); die Eintragung hatte schon ABGB. (481) gefordert. Doch bedürfen bestehende Grunddienstbarkeiten reichsrechtlich (187 EG.) nicht der Eintragung und können an buchungsfreien Grundstücken neue ohne Eintragung entstehen (128 EG.). Landesrechtlich kommt auch Begründung einer Dienstbarkeit im öffentlichen Interesse durch Enteignung vor (109, 113 EG.). Der Nießbrauch entstand im Mittelalter als Leibzucht an Grundstücken wie die Grunddienstbarkeit, aber auch kraft Gesetzes; auch die

neueren Rechte kennen zahlreiche in Verbindung mit dem Familienrecht und Erbrecht stehende gesetzliche Nutznießungsrechte, die aber BGB. nicht zu den Dienstbarkeiten rechnet.

2. Inhalt. Das ältere Recht dürfte Schranken des Inhalts nicht gekannt haben. Das geltende Recht stellt einen allgemeinen Rahmen auf, innerhalb dessen die Grunddienstbarkeit beliebig ausgestaltet werden kann (BGB. 1018; ZGB. 730). Nach geltendem Recht kann das Landesrecht (115 EG.) die Errichtung bestimmter Dienstbarkeiten untersagen oder beschränken. So können z. B. in Bayern Forstberechtigungen, Jagdberechtigungen und Weiderechte nicht als dingliche Rechte an Grundstücken begründet werden. Dem römischen Recht entnimmt BGB. bei Grunddienstbarkeiten (1019) das Erfordernis eines Vorteils für das herrschende Grundstück, das wiederum ZGB. fehlt. Deutschem Recht entspricht es, daß dem Eigentümer des dienenden Grundstücks positive Leistungen auferlegt werden können (1021).

3. Beendigung. Die Grunddienstbarkeit endigt mit dem Untergang eines der Grundstücke, die persönliche Dienstbarkeit mit dem Untergang des dienenden Grundstücks und dem Tode des Berechtigten, soweit nicht, wie ausnahmsweise nach österreichischem Recht (ABGB. 529), Vererbung eintritt. Hierzu kommt im gemeinen Recht die Vereinigung der Berechtigung mit dem Eigentum am dienenden Grundstück (Konfusion), wogegen gerade das deutsche Recht in diesem Fall die Dienstbarkeit als Eigentümerdienstbarkeit fortbestehen ließ, ferner die Verjährung, partikulär der Verzicht. Das BGB. läßt Grunddienstbarkeiten nur durch Löschung im Grundbuch und Versitzung untergehen (888, 901), hält also wie auch ZGB. (735) an der deutschrechtlichen Eigentümerdienstbarkeit fest. Daneben besteht für nicht eingetragene Dienstbarkeiten das frühere Recht als Landesrecht fort; danach kommt Endigung durch bestimmte Zeit dauernde Nichtausübung in Frage, ferner Verzicht, Konfusion. Besondere Bedeutung hat die Beendigung durch Ablösung oder Enteignung gegen Entschädigung, die manche Landesrechte im wirtschaftlichen Interesse zulassen.

Einzelne Dienstbarkeiten. § 52.

Im Inhalt unterscheiden sich die Grunddienstbarkeiten von den persönlichen Dienstbarkeiten wesentlich durch die tatsächliche geschichtliche Entwicklung, die bestimmte Formen der Grundstücksnutzung, z. B. Weiderechte, fast ausschließlich als Grunddienstbarkeiten aufweist. Rechtlich können persönliche Dienstbarkeiten auch mit dem Inhalt begründet werden, der sonst den Grunddienstbarkeiten eigen ist. Andererseits sind allerdings gewisse persönliche Dienstbarkeiten, wie z. B. Wohnungsrechte, ihrem Inhalt nach nur als solche, nicht als Grunddienstbarkeiten denkbar. Unter Berücksichtigung dieser Verhältnisse kann man zwischen diesen beiden Arten scheiden.

I. Grunddienstbarkeiten.

1. Weidegerechtigkeiten (Hutrechte). Das Weiderecht im engeren Sinn (Hutgerechtigkeit, Triebbesuch) ist das Recht, Vieh zur Weide aufzutreiben. Im einzelnen gelten landschaftlich verschiedene Grundsätze über die Art des aufzutreibenden Viehs, die Zahl der Viehstücke und die Ausübung des Weiderechts.

Die Art des aufzutreibenden Viehs kann bestimmt oder unbestimmt sein; in diesem Falle sind einzelne Tierarten partikulär vielfach ausgeschlossen, z. B. Schweine, Federvieh, Ziegen in Wäldern. Ist die Zahl unbestimmt, so richtet sie sich nach dem Bedürfnis des herrschenden Grundstücks. Dieses aber bemißt sich nach dem Überwinterungsfuß, d. h. es darf so viel aufgetrieben werden, als der Berechtigte mit dem von seinem eigenen Grundstück gewonnenen Futter überwintern kann. Immer ausgeschlossen sind kranke Tiere. Die Zeit der Weide (Triftzeit) ist verschieden nach der Art des Weidegrundstücks. Brachfelder können immer beweidet werden. Für Äcker und Wiesen gibt es geschlossene Zeiten, während deren die Weide ausgeschlossen ist. Bei Äckern ist es die Zeit zwischen Bestellung und Aberntung; es bleiben Stoppelhut (öder Weidgang) und Brachhut übrig. Im einzelnen entscheiden hier wie bei Wiesen die Ortsrechte, die meist bestimmte Termine festsetzen. So kann z. B. die Vorhut an Wiesen zulässig sein bis St. Georgi oder St. Walpurgis (Sprichwörter: Auf St. Jürgen soll man die Kühe von den Wiesen schürgen; St. Georgi gehen die Wiesen ins Heu), die Nachhut von Michaelis ab. Um schonende Behandlung des Grundstücks zu erreichen, wird meist die Stellung eines Hirten verlangt. Andererseits brauchte der Berechtigte seiner Weide schädliche Kulturveränderungen des Grundstücks, z. B. Aufforstung von Weideland, nicht zu dulden.

Sehr häufig sind gemeinschaftliche Weiderechte, ihrem Ursprung wie ihrem Inhalt nach verschieden. Hierhin gehören

a) Die Mithut (ius compascendi) des Eigentümers, meist gesetzlich festgelegt.

b) Das genossenschaftliche Weiderecht der Gemeindegenossen am Gemeinland (ius compasculationis simplex), ein Ausfluß des Körperschaftsrechts.

c) Die Koppelhut (ius compasculationis reciprocum), das gegenseitige Weiderecht der Grundeigentümer eines Bezirks, meist ein Rest markgenossenschaftlicher Verhältnisse.

d) Das einfache Hütungsrecht Mehrerer (ius compascui).

Außer dem allgemeinen Weiderecht gibt es noch eine Reihe besonderer, auf bestimmte Weidenutzungen beschränkte Weiderechte. Solche sind:

a) Das Schäfereirecht in der Form der Schäfereigerechtigkeit, d. h. des ausschließlichen Rechts, innerhalb einer bestimmten Feldmark Schafe zu weiden.

Es steht meist dem Gutsherrn zu, ist nach ALR. sogar dessen regelmäßiges Vorrecht, kann aber auch der Gemeinde zustehen. Ursprünglich war es in der Regel mit einem Monopol der Schafhaltung verbunden; wo dieses fehlt, werden die Schafe der Dorfbewohner in die Herde des Gutsherrn aufgenommen oder in einer eigenen gemeinschaftlichen Herde vereinigt. Die betroffenen Grundeigentümer haben häufig das Pferchrecht (ius faldagii, stercorandi), kraft dessen sie um der Düngergewinnung willen die Einpferchung der Schafe an bestimmten Stellen verlangen können.

b) Das Stabrecht, d. h. das Recht, für eine gemeinsame Herde den Hirten zu bestellen.

c) Das Mastrecht (ius glandenarium), das Recht, in einem Walde durch Schweine die Baumfrüchte, namentlich Eicheln und Bucheckern aufweiden zu lassen.

Im 19. Jahrhundert sind die Weiderechte, soweit sie aus gutsherrlichen und markgenossenschaftlichen Verbänden stammten, durch Ablösungsgesetze und Gemeinheitsteilungen meist beseitigt worden; soweit sie bestehen bleiben, sind sie im Interesse der Bewirtschaftung des Grundstücks genau geregelt und beschränkt. Partikulär ist auch die Neubegründung von Weiderechten als Grunddienstbarkeiten ausgeschlossen; so z. B. in Bayern. Hierüber bestehendes Landesrecht ist durch EG. 115 aufrechterhalten.

2. Waldgerechtigkeiten (Forstgerechtigkeiten). Außer den auch im Walde möglichen Weiderechten (Blumenhutsrecht, Mastrecht) kommen hier in Frage:

a) Das Holzungsrecht (ius lignandi).

Es kann Bauholz, Brennholz und Nutzholz umfassen oder auch nur eines von ihnen. Im übrigen kann es der Menge nach bestimmt sein oder unbestimmt; in diesem Falle ist das Bedürfnis des Berechtigten entscheidend. Bei der Ausübung der Nutzung sind neben den forstpolizeilichen Bestimmungen vielfach Anordnungen des Eigentümers maßgebend. Der Eigentümer hat das Mitholzungsrecht.

b) Raffholz- und Leseholzgerechtigkeit, das Recht auf Mitnahme des abgefallenen oder in abgeholzten Schlägen zurückgelassenen, trockenen Holzes. Für die Ausübung kann der Eigentümer partikulär bestimmte Zeiten (Holztage) und Reviere festsetzen.

c) Eine Reihe kleinerer Waldnutzungsrechte, wie das Recht auf das Stockholz, den Abraum, d. h. das in Schlägen zurückgelassene Holz, den Windbruch, das Lagerholz, d. h. die vor Alter umgefallenen Bäume, das Recht des Harzscharrens und Teerschwelens, endlich gewisse Sammelrechte, so das Recht, Waldstreu, Waldbeeren, Pilze, Eicheln oder Buchecken (Sprengmast) einzusammeln.

Auch die Waldgerechtigkeiten sind zum Teil den Ablösungsgesetzen und Gemeinheitsteilungen zum Opfer gefallen. Da sie jedoch auch volkswirtschaftlichen Nutzen bringen können, ist die Aufhebung nicht gleich durchgreifend erfolgt, sind auch aufgehobene Rechte in neuerer Zeit wieder hergestellt worden; immerhin können sie z. B. in Bayern nicht mehr neu begründet werden.

3. Wassergerechtigkeiten. Zu erwähnen sind das Wasserleitungsrecht, das Recht des Wasserschöpfens und der Viehtränke. Die beiden letztgenannten gehen über den gemeinen Gebrauch des Wassers kaum hinaus, sind aber von Bedeutung, da sie ein Betretungsrecht hinsichtlich des Ufergrundstückes enthalten.

4. Wegegerechtigkeiten in der Form des Rechts auf den Fußsteig (Durchgang), die Viehtrift (Durchtrieb) und den Fahrweg (Durchfuhr).

Sie sind partikulär verschieden geordnet, decken sich aber in der Regel nicht mit den römischen Servituten auf via, actus und iter; so steckt z. B. in der Viehtrift nicht das Fahrtrecht, im Recht auf den Fußsteig nicht das Recht zu reiten, im Recht auf den Fahrweg nicht die Viehtrift. Vgl. ZGB. 740.

5. Gebäudedienstbarkeiten (Hausdienstbarkeiten). Solche finden sich vor der Rezeption nur vereinzelt in den Städten, da die bestehenden Bedürfnisse durch das Nachbarrecht im wesentlichen gedeckt waren. Neuere Gesetze regeln sie zum Teil eingehend im Anschluß an das römische Recht. Erwähnt seien die servitus oneris ferendi, das Balkenrecht oder Tramrecht, Fensterrecht, Aussichtsrecht, Lichtrecht, Traufrecht.

II. Persönliche Dienstbarkeiten.

1. Die wichtigste persönliche Dienstbarkeit ist im Mittelalter die Leibzucht (liftucht, lipgedinge), ein meist höchstpersönliches, daher unübertragbares, lebenslängliches Nutzungsrecht. Der in der Regel auf volle Nutzung gerichtete Inhalt, verbunden mit der Gewere am Gute (Leibzuchtsgewere), nähert die Leibzucht an Grundstücken den bäuerlichen Leiherechten an, scheidet sich aber von ihnen durch den höchstpersönlichen Charakter und das Fehlen einer Gegenleistung. Wie mit den Leiherechten ist die Leibzucht für die ältere Auffassung auch dem Eigentum verwandt und erst aus lebenslänglichem Eigentum erwachsen.

Die Begründung der Leibzucht erfolgte in den Formen der Grundstücksübertragung, daher vielfach vor Gericht; nur die Auflassung mußte fehlen, da der Eigentümer sein Eigentum behielt. Doch kommen auch gesetzliche Leibzuchtsrechte vor.

In der Regel verbindet sich die Leibzucht mit einer familienrechtlichen Stellung. Typisch ist die als Beisitzrecht ausgestaltete Leibzucht der Ehefrau (s. u. § 89 III). Andere Fälle sind der Vorbehalt einer Leibzucht bei der Veräußerung von Todes wegen und bei der Gutsübergabe, hier als Teil des Altenteilsvertrages.

Nach der Rezeption sind auf die Leibzuchtsverhältnisse die Regeln vom ususfructus angewendet worden. Der Ausdruck Leibzucht verschwindet; an seine Stelle tritt Nießbrauch (ALR.), Nutznießung (bayr.), Fruchtnießung (ABGB.). Außerdem hört dieses Recht auf, ein Recht an Grundstücken und Grundstückszubehör zu sein, ergreift auch Fahrnis und beginnt eine von familienrechtlichen Verhältnissen losgelöste Selbständigkeit. Neben den eigentlichen Nießbrauch tritt der quasiususfructus (uneigentlicher Nießbrauch) an Sachen, deren Nutzung die Substanz zerstört oder angreift.

Das geltende Recht ruht auf dem römischen Recht (BGB. 1030ff., ZGB. 745ff.). Es ist Nießbrauch an Sachen, beweglichen wie unbeweglichen, an Rechten und an einem Vermögen möglich. Die mit familienrechtlichen Verhältnissen zusammenhängenden Nutzungsrechte fallen nicht unter den allgemeinen Begriff des Nießbrauchs. Neben dem Nießbrauch bestehen die früheren Arten von Nutzungsrechten (z. B. Leiherechte, Beisitzrechte der Ehegatten) fort, ohne die Form des Nießbrauchs anzunehmen.

2. Das Recht der Benutzung eines Gebäudes oder Gebäudeteils als Wohnung (Wohnungsrecht) findet sich auch nach der Rezeption nur partikulär (z. B. Bayern, ABGB. 521). Es ist ähnlich der römischen habitatio. Das BGB. behandelt das Wohnungsrecht als eine Art der beschränkten persönlichen Dienstbarkeit, wendet aber vor allem Vorschriften über den Nießbrauch an (1093); ähnlich ZGB. 776ff.

3. Das gleiche gilt vom Recht des Gebrauchs (z. B. Bayern, ABGB. 504), das sich auf den Gebrauch und die Nutzung einer Sache im Rahmen des persönlichen Bedürfnisses des Berechtigten erstreckt, im Gegensatz zum römischen Recht, nach dem der usus der Regel nach nur den Gebrauch, nicht die Nutzungen umfaßte. Inhaltlich gleiche Rechte würden nach BGB. eine beschränkte persönliche Dienstbarkeit darstellen (1090ff.).

4. Partikulär treten auf die sogen. irregulären Personalservituten, die mit dem Inhalt von Grunddienstbarkeiten zugunsten einer einzelnen Person unvererblich bestellt wurden; BGB. 1090ff., ZGB. 781 haben sie ausdrücklich zugelassen.

§ 53. Näherrechte.

I. **Begriff und Geschichte.** Das Näherrecht (Zugrecht, Losungsrecht, Retraktrecht) ist das dingliche Recht, eine Sache, in der Regel ein Grundstück, ausnahmsweise eine Fahrnissache, im Falle ihres Verkaufs an einen Minderberechtigten gegen Erfüllung der vom dritten Erwerber übernommenen Verbindlichkeiten zu erwerben; die Quellen sprechen von zug, beschüttung, losung, einstand, abtrib, ius retractus, der Berechtigte heißt nähergelter, näherkäufer, retrahent. Seiner juristischen Natur nach ist das Näherrecht ein dingliches Anwartschaftsrecht, nicht ein Forderungsrecht.

Geschichtlich betrachtet sind die Näherrechte Abschwächungen und Abkömmlinge der aus familienrechtlichen und nachbarrechtlichen Beziehungen erwachsenden Veräußerungsbeschränkungen. Sie setzen daher im Mittelalter zu deren Milderung in Fällen des Verkaufs in Not und mit deren Rückgang ein. Das römische Recht hat sie nicht beseitigt. Dagegen wirkte vor allem der Umstand, daß schon im italienischen Recht Näherrechte Eingang gefunden hatten und insbesondere das langobardische Lehnrecht einen Retrakt des Lehnsherrn kannte, die italienische Jurisprudenz ein ius retractus entwickelt hatte. Erst im 18. und 19. Jahrhundert sind in verschiedenen Staaten die Näherrechte bis auf geringe Reste aufgehoben worden, so z. B. in Preußen 1850, in Bayern 1861, in Österreich (vgl. aber ABGB. 1072ff.).

II. **Rechtssätze.** Der geschichtlichen Entwicklung gemäß entstehen die Näherrechte überwiegend kraft Gesetzes; dies gilt zum Teil auch von neuen Arten. Doch kennt schon das Mittelalter die Form des gewillkürten, also rechtsgeschäftlich bestellten Näherrechts in der Form des dinglichen Vorkaufsrechts (retractus conventionalis).

Das BGB. kennt ein rechtsgeschäftlich begründetes Näherrecht im dinglichen Vorkaufsrecht an Grundstücken (1094ff.), ein gesetzliches im Vorkaufsrecht des Miterben (2034); außerdem bestehen landesrechtlich Vorkaufsrechte weiter. In etwas größerem Umfang kennt Näherrechte ZGB.

Die Ausübung des Näherrechts setzt einen Verkauf der belasteten Sache voraus und erfolgt durch Erklärung gegenüber dem Eigentümer und Eintritt in den mit dem Dritten abgeschlossenen Kauf. Dabei lösen Verkäufe an die nächsten Erben (Kindskauf) das Näherrecht vielfach nicht aus. Der Näherglter kann Übereignung der Sache, der Eigentümer Zahlung des Kaufpreises oder Übernahme der Kaufpreisschuld verlangen. Die Ausübung ist nur innerhalb bestimmter Frist möglich, die früher meist Jahr und Tag war, später auch kürzer.

Das Näherrecht geht unter insbesondere durch Verzicht und durch Verschweigung, später Verjährung, d. h. Nichtgeltendmachung innerhalb der bestimmten Frist.

III. Einzelne Näherrechte.

1. Gesetzliche Näherrechte.

a) Die Erblosung (Beschüttungsrecht, retractus gentilicius, retractus consanguinitatis). Sie ist nach dem über die Geschichte der Näherrechte Gesagten das älteste von ihnen und zugleich das verbreitetste. Die Ausgestaltung im einzelnen ist sehr verschieden. Die Erblosung bezieht sich bald auf alle Grundstücke, bald nur auf Erbgüter, steht bald auch entfernteren, bald nur näheren Erben zu. Erhalten hat sie sich nur im Recht der Stammgüter und Anerbengüter (Preußen, Mecklenburg).

b) Die Marklosung (retractus ex iure incolatus). Sie ist entstanden aus der ursprünglich erforderlichen Zustimmung der Markgenossen zum Verkaufe von Markbestandteilen an Ausmärker; in der Stadt entspricht ihr der Bürgerretrakt. Dem geltenden Recht gehört sie nicht an. Ein Seitenstück zur Marklosung ist der ritterschaftliche Retrakt, der zumeist an reichsritterschaftlichen Gütern, vereinzelt auch an anderen Rittergütern bestand.

c) Die Nachbarlosung (Furchgenossenrecht, Fürnossenrecht, retractus ex iure vicinitatis), zugunsten der Nachbarn bei Verkauf an einen nicht benachbarten Käufer. Sie kam nur partikulär, sowohl auf dem Land wie in der Stadt vor, ist aber aus dem geltenden Recht verschwunden.

d) Die Teillosung (Gespilderecht, retractus ex iure congrui) zugunsten der Eigentümer von Teilen eines früher einheitlichen Grundstückes (Teilgenossen, geteilen) bei Veräußerung eines anderen Teiles. Sie dient der Wiedervereinigung parzellierter Grundstücke und findet sich für ländliche wie für städtische Güter. Im geltenden Recht kommt sie nicht mehr vor.

e) Ganerbenlosung (retractus ex iure condominii). Sie hat statt unter Miteigentümern, ursprünglich nur bei Miteigentümern zu gesamter Hand, später auch bei anderen. Erhalten hat sie sich im Vorkaufsrecht der Miterben (s. o. II) und landesrechtlich, z. B. bei Stockwerkseigentum, ferner allgemein für Miteigentümer ZGB. 682.

f) Grundherrlicher Retrakt (retractus ex iure dominii directi) zugunsten des Leiheherrn bei hofrechtlicher, aber auch sonstiger Grundleihe, überhaupt des Obereigentümers, partikulär dann auch des Untereigentümers. Im Lehnrecht erscheint er als Retrakt des Lehnsherrn (retractus feudalis) und ergänzt dort mit dem aus dem Wartrecht entstandenen Retrakt der Agnaten und dem zur Ganerbenlosung zu stellenden Retrakt der Mitbelehnten das Revokationsrecht (s. o. § 50 II 4).

2. Gewillkürtes Näherrecht (anbedingte Losung).

Die rechtsgeschäftliche Bestellung eines dinglichen Vorkaufsrechts reicht in Verbindung mit dem Verkauf eines Grundstücks in die fränkische Zeit zurück; sie wurde von der Form der Grundstücksübereignung mit umfaßt. Spätere Partikularrechte ließen den formlosen Vertrag ausreichend sein, wodurch die Verwechslung des dinglichen retractus conventionalis mit dem obligatorischen ius protimiseos verursacht wurde. Erst in neuerer Zeit hat das dingliche Vorkaufsrecht im Zusammenhang mit dem Grundbuche wieder weitgehende Anerkennung gefunden. Das BGB. kennt es (1094ff.) neben dem nur obligatorisch wirkenden (504ff.), ebenso ZGB. (681). Auch ABGB. scheidet zwischen dem nur obligatorischen (1072) und dem dinglichen, intabulierten Vorkaufsrecht (1073).

B. Obligationenrecht.

I. Abschnitt.

Schuld und Haftung im allgemeinen.

§ 54. Die Begriffe und ihr Verhältnis.

I. Die Obligation oder das Schuldverhältnis vereinigt in der Regel zwei Zustände, den der Schuld und den der Haftung.

1. Die Schuld ist ein rechtliches Sollen, und zwar erkennt das deutsche Recht im Schuldverhältnis zwei Schulden an, eine Schuld des später allein so ge-

nannten Schuldners und eine Schuld des erst später so genannten Gläubigers. Die Schuldnerschuld ist ein Leistensollen, die Gläubigerschuld ein Bekommensollen. Daher nennen die deutschen Quellen den Gläubiger wie den Schuldner im heutigen Sinn einen debitor, schuldmann, schuldiger, den Gläubiger besonders noch einen selbschol, selbschuldiger; das Wort Gläubiger ist erst eine Übersetzung des lat. creditor. Heute stehen sich terminologisch Schuld des Schuldners und Forderung des Gläubigers gegenüber. Daß geleistet und bekommen werden soll, bedeutet, daß, wenn geleistet und bekommen ist, das geschah, was dem Recht gemäß war; das auf Grund einer Schuld Geleistete kann nicht mehr zurückverlangt und braucht nicht mehr zurückgegeben zu werden. In dieser Erfüllbarkeit aber erschöpft sich die Schuld. Mit der Erfüllung endet sie. Sie umfaßt keinerlei Zwang und daher muß das Recht damit rechnen, daß der Gläubiger nicht bekommt, was er soll, der Schuldner nicht leistet, was er soll.

Die Schuld ist in der Regel eingefügt in ein Verhältnis zwischen zwei Parteien, zwischen dem Gläubiger und dem Schuldner. Sie ist als Leistensollen die eine Seite des Schuldverhältnisses, dessen andere Seite ein entsprechendes Bekommensollen ist. Dagegen steht das deutsche Recht nicht auf dem Standpunkt, daß eine Schuld nur im Rahmen eines Schuldverhältnisses möglich sei. Es ist nach deutschem Recht vielmehr ein bloßes Bekommensollen ohne entsprechendes Leistensollen, eine sogen. Gläubigerschuld möglich. Der Schuld ist nur ein Gläubiger, nicht auch ein Schuldner unbedingt wesentlich; sie ist nicht begrifflich Seite eines Schuldverhältnisses, und es gibt somit Schulden ohne Schuldner. Die Folgen dieser allerdings bestrittenen Auffassung zeigen sich bei der Reallast und der Grundschuld (s. u. §§ 80 I, 79).

2. Die Haftung ist ein Einstehenmüssen, und zwar wird eingestanden in die durch Nichterfüllung einer Schuld entstandene Lücke; die Haftung ist insofern eine Ergänzung der Schuld. Das Haftungsobjekt ist der Zugriffsmacht des Gläubigers ausgesetzt, ist zu diesem Zwecke gebunden, verhaftet, verstrickt, verbürgt. Die Haftung ist daher eine obligatio. Erst die Erfüllung der Schuld löst das Haftungsobjekt aus seiner Gebundenheit, ist für dieses solutio im wahren Wortsinn. Die Haftung ist ferner eine Bürgschaft, eine Garantie, die dem Gläubiger zwar nicht Erfüllung der Schuld verschaffen kann, aber im Falle der Nichterfüllung einen Ersatz.

Die Haftung als solche ist kein dingliches Recht und gewährt kein dingliches Recht. Es kann aber ein dingliches Recht, z. B. ein Pfandrecht, die Form sein, in der eine Haftung im einzelnen Falle erscheint (s. u. §§ 76 ff.), wie auch eine Schuld wiederum die Form einer Haftung sein kann (s. u. § 75).

II. Aus dem Gesagten ergeben sich folgende Unterschiede und Beziehungen zwischen Schuld und Haftung.

1. Schuld und Haftung sind verschiedene Begriffe. Der Zweck der Haftung kann nie der sein, dem Gläubiger die Erfüllung der Schuld zu verschaffen, wenngleich die drohende Realisierung der Haftung, z. B. der Verfall eines Pfandes, den Schuldner zur Erfüllung veranlassen kann; sie kommt im Gegenteil nur dann in Frage, wenn die Schuld nicht erfüllt ist und hat ausschließlich die Funktion des Ersatzes. Dies ist auch dann so, wenn die Ausgestaltung der Haftung dem Gläubiger im Einzelfalle vollen wirtschaftlichen Ersatz verschafft, z. B. der Gläubiger aus dem Erlös beim Pfandverkauf hinsichtlich der Schuld und des Interesses befriedigt wird; diese Befriedigung ist keine Erfüllung.

2. Schulden kann nur eine Person, haften kann auch eine Sache. Daher gibt es nur Personenschulden, aber Personenhaftung und Sachhaftung; eine angeblich dritte Form der Haftung ist die Vermögenshaftung, in Wahrheit nur eine Erscheinungsform der Personenhaftung.

3. Eine Schuld ist möglich ohne Haftung, aber keine Haftung ohne Schuld; die Haftung ist immer um einer Schuld willen da. Daraus folgt dann, daß die Haftung später beginnen und früher, aber nie später, enden kann als die Schuld. Es ist ferner möglich, eine Haftung um einer künftigen oder einer bedingten Schuld willen zu begründen. Insofern ist die Haftung von einer Schuld, nicht aber diese von der Haftung abhängig. Die vorhandene Haftung braucht in ihrem wirtschaftlichen Werte nicht dem Wert der Schuld gleichzukommen, kann ihn übersteigen oder hinter ihm zurückbleiben.

4. Wenn Haftung gegeben ist, kann sie als Personenhaftung Haftung des Schuldners sein, als Sachhaftung Verstrickung von Sachen des Schuldners; aber notwendig ist diese Verbindung der Haftung mit dem Schuldner nicht. Es gibt Haftung für fremde Schuld und Haftung für eigene Schuld. Ferner ist mehrfache Haftung möglich, können wegen einer Schuld mehrere Haftungen, Personenhaftung wie Sachhaftung bestehen.

5. Schuld und Haftung haben nicht notwendig den gleichen Entstehungstatbestand. Im älteren Recht erzeugt nur das Delikt gleichzeitig Schuld und Haftung, dagegen entspringt aus dem Schuldvertrag als solchem keine Haftung. Soll für eine rechtsgeschäftlich begründete Schuld gehaftet werden, so bedarf es eines besonderen Haftungsgeschäfts (s. u. III und § 62 II).

III. Die Begriffe Schuld und Haftung sind nicht ausschließlich germanisch, sondern der Sache nach weiter verbreitet, auch über das indogermanische Gebiet hinaus. Ihre scharfe begriffliche Scheidung tritt aber zurück hinter der überall zu beobachtenden Verbindung, die sie im Lauf der Entwicklung eingehen. So ist im klassischen römischen Recht Leistensollen und Einstehenmüssen zu einer geschlossenen Einheit verbunden; jede obligatio gibt grundsätzlich eine actio, die der actio entbehrende Schuld ist eine unvollkommene, eine obligatio naturalis. Ebenso bahnt sich diese Verbindung auf deutschem Rechtsgebiet im Mittelalter an und ist etwa im 15. Jahrhundert vollendet. Jede Schuld zieht nunmehr grundsätzlich eine Haftung des Schuldners nach sich, ohne dadurch Haftung Dritter für die gleiche Schuld auszuschließen. Umgekehrt verknüpft sich mit der früher ohne Schuld des Haftenden bestehenden Personenhaftung eine Schuld des Haftenden, wird z. B. der zunächst nur haftende Bürge (s. u. § 75) zum Schuldner. Daher hat die gemeinrechtliche Lehre den begrifflich trotz der Verbindung vorhandenen Unterschied übersehen, erst die neueste Forschung ihn wieder aufgedeckt. Auch im geltenden Recht liegt der Gegensatz von Schuld und Haftung zugrunde, wenngleich alle neueren Gesetze, auch BGB., die erwähnte Verbindung von Schuld und Haftung als die Regel zum Ausgangspunkt nehmen. So ist z. B. die Spielschuld und Wettschuld eine Schuld ohne Haftung (BGB. 762, OR. 513 ff.).

1. Kapitel.

Die Schuld.

Inhalt. § 55.

Der erwähnte Inhalt der Schuld, wonach sie im Rahmen des Schuldverhältnisses auf der einen Seite ein Leistensollen, auf der anderen Seite ein Bekommensollen ist, bedarf in verschiedener Richtung der weiteren Ergänzung.

I. **Allgemeines.**

1. Die dem Schuldner obliegende Leistung kann sowohl in einem Tun wie in einem Unterlassen bestehen.

In jenem Fall kann sie Leistung im engeren Sinn sein, d. h. Hingabe eines Gegenstandes, eben des Leistungsgegenstandes (mhd. gelt, gült) zu Besitz, Eigentum oder sonstigem dinglichem Recht.

Die Person des Schuldners erscheint als das äußere Objekt des Gläubigerrechts, der Leistungsgegenstand als das entferntere. Dieses aber ist dem deutschen Recht das wesentlichere. Es unterscheidet zwischen den rein persönlichen Leistungen, etwa von Diensten, und den sachlichen, den Leistungen im engeren Sinne, nähert jene dem Personenrecht, diese dem Sachenrecht an. Eine typische Folgeerscheinung dieser Auffassung ist der Ausdruck „persönliche Sachenrechte" des ABGB. (307) für die Rechte zu einer Sache, die nur gegenüber gewissen Personen bestehen.

In keinem Fall braucht sie Vermögenswert zu haben, so die Auslieferung der Braut, die Abgabe einer Ehrenerklärung.

Das römische Recht weicht hiervon insofern ab, als es beim Begriff der Leistung nur auf die Person abstellt und in deren Handlung das Schwergewicht legt, während der Leistungsgegenstand unwesentlich erscheint, ferner insofern, als die Leistung ein in Geld schätzbares Interesse des Gläubigers sein mußte. Im BGB. ist der deutsche Standpunkt durchgedrungen.

2. Insoweit Recht auf eine Leistung durch den Schuldner, ist auch im deutschen Recht das Forderungsrecht ein relatives, nur gegen den Schuldner gerichtetes Recht. Dies schließt aber nicht aus, daß ihm kraft besonderer Umstände im Einzelfalle weiterreichende Wirkung beigelegt wird.

Im früheren deutschen Recht kommt dies vor bei den Forderungen, die auf Leistung von Sachen gerichtet sind. Sie werden im ALR. und im ABGB. (380, 424) als Titel zum Sachenrecht bezeichnet (titulus acquirendi), zu denen die Erwerbsart, der modus acquirendi hinzutritt. Der obligatorische Titel ist hier Vorstufe des dinglichen Rechts. Aber schon früher konnte z. B. das Recht auf Übereignung aus dem Kaufvertrag ein im Widerstreit mit ihm eingeräumtes dingliches Recht brechen. Diese Möglichkeit einer dem dinglichen Recht ähnlichen Wirkung widerstreitet dem römischen Recht, ist aber auch aus dem geltenden Recht nicht verschwunden. Das klarste Beispiel hierfür ist im BGB. die im Grundbuch vorgemerkte Forderung auf Einräumung oder Aufhebung eines Rechts am Grundstücke (883), die auch ZGB. 959 kennt (vgl. oben § 27 I a).

3. Die Leistung hat in der Regel an den Gläubiger und durch den Schuldner zu erfolgen. Eine Abweichung hiervon stellt der dem deutschen Recht schon immer bekannte Vertrag auf Leistung an einen Dritten dar, bei dem der Schuldner verspricht, nicht an den anderen Vertragsteil, sondern an einen von diesem bestimmten

Dritten zu leisten. Beispiele hierfür sind die Klauseln in Schuldurkunden, kraft deren sich der Aussteller zur Leistung an einen anderen als den Versprechensempfänger verpflichtet, die Wurzel der Order- und Inhaberpapiere, ferner der Vertrag mit dem Salmann oder Treuhänder, der z. B. bei der fränkischen Affatomie versprach, nach dem Tode des anderen Vertragsteiles das ihm übergebene Grundstück einem Dritten zu übergeben, die Übereignung eines Grundstückes mit der Verpflichtung, dieses dem Übereigner oder einem Dritten zu leihen (s. o. § 45 II b, c), die Ausbedingung eines Schlüsselgeldes für die Ehefrau beim Hausverkauf, eines Halftergeldes für den Knecht beim Viehverkauf. Dabei konnte neben dem Versprechensempfänger auch der Dritte ein Recht auf die Leistung erhalten, wenngleich nicht gegen seinen Willen. Es liegt dann ein Vertrag zugunsten eines Dritten vor.

Ein Gegenstück zum Vertrag auf Leistung an einen Dritten und eine weitere Abweichung ist der Vertrag auf Leistung durch einen Dritten. Ist dort das Bekommensollen einer Person zugesprochen, die nicht Vertragspartei ist, so ist hier auf die Leistung durch einen Dritten abgestellt; allerdings kann eine Schuld des Dritten erst entstehen durch dessen eigenes Schuldversprechen. Auch diese Vertragsform war mindestens schon dem Mittelalter bekannt.

Das römische Recht kannte demgegenüber wohl Verträge auf Leistung an Dritte, lehnte aber den Vertrag zugunsten Dritter grundsätzlich ab; nur in Ausnahmefällen war er anerkannt. Der Vertrag auf Leistung durch einen Dritten unterlag andererseits keinen Bedenken. Während daher für diese Art der Verträge die Rezeption keine tieferliegende, ändernde Wirkung haben konnte, wurde der Vertrag zugunsten Dritter erheblich beeinflußt.

Das österreichische Recht schließt ihn grundsätzlich aus (ABGB. 881; Ausnahme der Auftrag zugunsten eines Dritten, 1019). Andere Rechte verlangten eine Annahme durch den Dritten, sei es einen ausdrücklichen Beitritt zum Vertrage (ALR.), sei es eine bloße Annahmeerklärung des Dritten (ALR.; C. c.).

BGB. und ZGB. lassen Verträge auf Leistung an Dritte unbeschränkt zu; ob aber und wann der Dritte ein selbständiges Recht auf die Leistung erwirbt, hängt vom Parteiwillen ab (BGB. 328; OR. 112); auf gleichem Standpunkt stand schon das AHGB. (403 ff.). Eine besondere, wichtige Form solcher Verträge sind die Versicherungen zugunsten Dritter.

II. **Ort und Zeit der Leistung.**

1. Der Leistungsort kann auch nach deutschem Recht ausdrücklich bestimmt sein (Vertragsabrede), kann sich aus den Umständen ergeben (z. B. bei Gesindeverträgen) und kann auf der Bestimmung durch das objektive Recht beruhen. In diesem Falle war die Schuld im älteren deutschen Recht in der Regel eine Holschuld. Der Gläubiger mußte sich die ihm geschuldete Leistung beim Schuldner, in dessen Wohnung oder etwa beim Zehnt auf dessen Acker abholen; dieser hatte sie nur bereitzuhalten. Aber schon im 13. Jahrhundert war die Geldschuld regelmäßig eine Bringschuld und mußte der Gläubiger in seiner Wohnung auf den zahlenden Schuldner warten. Doch ist die Form der Holschuld nicht völlig verschwunden. Sie lebt typisch fort in dem bei der bäuerlichen Leihe üblichen Gatterzins, den der Schuldner über das Gatter seines Hauses weg dem abholenden Gläubiger reicht, außerdem bei anderen Schulden, die nicht Geldschulden sind, insbesondere aber bei allen Schulden, die in sogen. Präsentationspapieren, wie z. B. dem Wechsel, verbriest sind. Eine weitere Form ist die Leistung am dritten Ort, z. B. an der Dingstätte, auf einem Markt oder einer Messe.

Die neueren Rechte stimmen in der Behandlung der Geldschuld als Bringschuld mit dem älteren Recht überein; nur ABGB. (905, 1420) stellt auf den Ort des Vertragsschlusses ab und C. c. behandelt die Geldschuld als Holschuld. Im übrigen weichen die einzelnen Rechte ab. ABGB. läßt auch sonst den Versprechensort entscheidend sein, ALR. bei Verpflichtung zu einem Geben den Wohnort des Berechtigten zur Zeit des Vertragsschlusses, bei Verpflichtung zu Handlungen den Wohnort des Schuldners. Das BGB. ist (270) wie auch OR. 74 bei Geldschulden dem früheren Rechte treu geblieben, wenngleich das Bild im BGB. durch 270 IV getrübt ist. Für andere Schulden ist Leistungsort der Wohnort des Schuldners zur Zeit des Vertragsschlusses, während ZGB. bei der Leistung von Sachen so wie früher AHGB. den Lagerort bei Vertragsschluß maßgebend sein läßt.

Die ganze Zeit hindurch haben die Schulden aus Präsentationspapieren (Order- und Inhaberpapieren) den Charakter der Holschuld bewahrt; eine Ausnahme bildet aber hier z. B. der Meß- und Marktwechsel.

Landesrechtliche Abweichungen können sich aus 92 EG. ergeben, insofern kraft Landesgesetzes Zahlungen aus öffentlichen Kassen an der Kasse in Empfang zu nehmen sind; von diesem Vorbehalt haben alle Einzelstaaten Gebrauch gemacht.

2. Die Leistungszeit kann rechtsgeschäftlich bestimmt sein, kann sich aus den Umständen ergeben oder allein auf gesetzlicher Bestimmung beruhen, sei es, daß das Recht einen bestimmten Termin setzt, sei es, daß es den Eintritt der Leistungszeit von einer Mahnung des Gläubigers abhängig macht.

Gesetzliche Termine gelten seit der fränkischen Zeit für die vor Gericht gelobten oder durch Urteil auferlegten Schulden. Diese sind innerhalb bestimmter Fristen vom Gerichtstage ab zu zahlen, im Mittelalter z. B. in der Regel innerhalb 14 Tagen, Wergeld vielfach erst innerhalb sechs Wochen, andererseits Gesindelohn, Schulden an Gäste in kürzerer Zeit, manche Schulden noch innerhalb der Dingzeit. Doch sind die Enden dieser Fristen nur äußerste Termine; eine frühere Leistung war nicht ungesetzlich, wenngleich der Gläubiger nicht früher fordern konnte. Gesetzliche Termine hatten ferner die zahlreichen Leistungen bei der bäuerlichen Leihe, Zins, Zehnten, Reallastleistungen. Der so sich ergebende Tag war Leistungstag in seinem vollen Umfange, von Sonnenaufgang bis Sonnenuntergang; der Gläubiger mußte bei der Holschuld bis Sonnenuntergang auf die Leistung des Schuldners warten, ihm die Sonne setzen (solsadire, solsaditio = Sonnensetzung).

Die neueren Rechte stellen, dem römischen Recht entsprechend, fast alle den Grundsatz auf, daß bei Fehlen einer anderweitigen genauen Bestimmung der Leistungszeit der Gläubiger jederzeit fordern, der Schuldner jederzeit erfüllen könne; so auch BGB. 271, OR. 75. Ergänzend wird dann vielfach betont, daß die Leistung am bestimmten Tage zur verkehrsüblichen Zeit geschehen müsse (z. B. AHGB. 332, HGB. 358, OR. 79, aber auch ABGB. 903). Im übrigen finden sich auch hier gesetzliche Termine, so z. B. BGB. 551 für den Mietzins, 604 für die Leihe). Landesrechtlich haben sich ältere Leistungstermine im Recht der Bauerngüter erhalten.

Entstehung. § 56.

Schulden und ihnen entsprechende Forderungen können entstehen aus Rechtsgeschäft, in der Regel aus Vertrag, ausnahmsweise aus einseitigem Rechtsgeschäft, ferner aus unerlaubter Handlung und sonstigen rechtlichen Tatbeständen.

I. **Rechtsgeschäft.**

1. Einseitiges Versprechen. Die Entstehung eines Forderungsrechts aus dem einseitigen Versprechen ohne

die Annahmeerklärung eines Gläubigers war dem deutschen Recht nur höchst ausnahmsweise geläufig, nämlich in dem Falle der Auslobung; doch ist auch dieser Fall bestritten. Da auch das römische Recht nur bei der pollicitatio und beim votum für einen frommen Zweck aus dem einseitigen Versprechen ein Gläubigerrecht entstehen ließ, haben auch neuere Rechte die verpflichtende Kraft des einseitigen Versprechens grundsätzlich abgelehnt (so z. B. ALR., Sächs. BGB., ABGB.). Das BGB. hält an diesem Standpunkt fest; die Auslobung (657 ff.) ist ebenso eine Ausnahme wie in ZGB. 8.

2. Vertrag. Der eine Schuld begründende Schuldvertrag ordnet sich dem allgemeinen Begriff der Verträge unter, entsteht wie jeder Vertrag aus bindendem Antrag und Annahme (s. o. 20 I). Er weist aber im einzelnen Besonderheiten hinsichtlich seiner immer notwendigen Formen auf.

Hierbei ist vor allem zu beachten, daß die begriffliche Trennung von Schuld und Haftung kein Hindernis für eine Begründung im gleichen, wenn auch zusammengesetzten Akt bildet; es kann sich der haftungsbegründende Akt mit dem Schuldvertrag äußerlich verbinden und so, was zur Haftungsbegründung gehört, als Teil der Schuldbegründung erscheinen. Ja es ist diese Verbindung die Regel. Daher ist es bei einzelnen Formen fraglich, ob sie schuldbegründende oder haftungsbegründende Funktion haben und es ist sogar geleugnet worden, daß der lediglich eine Schuld begründende Vertrag, also der auf eine Schuld ohne Haftung gerichtete Vertrag, überhaupt einer Form bedürfe. Doch spricht das allgemeine Streben nach Veräußerlichung der Rechtsgeschäfte für eine Form auch des reinen Schuldvertrags, die vermutlich formgebundene Rede und Zeugenzuziehung war.

a) **Entwicklung bis zur Rezeption.** Die Entwicklung des Schuldvertrages hat verschiedene, zum Teil ineinander übergreifende Stadien durchlaufen. An der Spitze stehen Realverträge. Jünger sind der Arrhalvertrag und der Formalvertrag, die sich aus dem Realvertrag entwickelt haben. Mit dieser Fortbildung der Schuldverträge verknüpft sich aber eng die der Haftungsverträge, weshalb auch diese mit zu berücksichtigen sind.

Der **Realvertrag** kam zustande durch Hingabe einer Sache. Diese erfolgte beim zweiseitigen Schuldvertrag, wie z. B. bei Verlöbnis oder Kreditkauf, als „Gabe mit Auflage", d. h. mit der Abrede, daß der Empfänger dem Geber eine Gegenleistung machen solle. Hinsichtlich dieser Gegenleistung aber mangelte in ältester Zeit die Haftung; es bestand hinsichtlich ihrer eine Schuld ohne

Haftung. Der Empfänger war nur insoweit verhaftet, als er bei Nichterfüllung der Gegenleistung, also Nichterfüllung der „Auflage", die „Gabe" zurückgeben mußte und für diese Rückgabe haftete (sogen. Empfangshaftung). Beim einseitigen Schuldvertrag fehlte eine Verpflichtung zur Gegenleistung, konnte eine Haftung für sie demnach nicht in Frage kommen; so z. B. bei der Leihe und Verwahrung. Dagegen hatte auch hier der Empfänger die Sache zurückzugeben und war hierauf verhaftet.

Dem praktischen Bedürfnis konnte jedoch beim gegenseitigen Vertrag eine Gegenleistungspflicht lediglich in der Form einer Schuld ohne Haftung nicht genügen; es drängte auch für diese nach einer Haftung. Dem entsprach die Verbindung des Realvertrages mit einem Wettvertrag (näheres über diesen s. u. § 74 I 2), der dann die Haftung für die Gegenleistung begründete; damit erst war dem wirtschaftlichen und rechtlichen Zweck der gegenseitigen Verträge Genüge getan, der ja nicht Rückgabe der unter Auflage gegebenen Sache war, sondern eben die Gegenleistung. Daher wurde bei diesen Verträgen die Verbindung eines Wettvertrages mit dem Realvertrag zur Regel.

Immerhin blieb auch mit dieser Ergänzung dem Schuldvertrag noch der Mangel, daß er die volle Vorleistung des einen Teils erforderte. In der fränkischen Zeit begann man bei manchen Verträgen auch hiervon abzusehen. So schrumpfte die „Gabe" zu einer kleinen Summe, einem geringfügigen Gegenstand zusammen und von dieser, der quellenmäßig so genannten arrha (drangeld, handgeld, haftgeld) führt der Vertrag in der neuen Form den Namen des **Arrhalvertrages.** Die Verpflichtung des Empfängers der Arrha zur Gegenleistung mußte nach wie vor durch Wettvertrag (Wadiation) begründet werden. Zugleich aber schuf die Minderung der Arrha eine neue Schwierigkeit, da nun die Leistung des sie gebenden Teiles noch ebenso ausstand, wie von jeher die Gegenleistung des Empfängers; wurde auch die Arrha als Teilvorleistung angesehen, so verblieb doch eine noch zu erfüllende Restleistung. Dem hat man durch Wadiation des Gebers der arrha abgeholfen. Den weiteren Fortschritt ermöglichte erst die Umbildung der Wadiation, indem bei ihr von der ursprünglichen Form des wadium, der festuca, abgesehen wurde und auch die Übergabe anderer Gegenstände haftungsbegründend wirken konnte. Denn nunmehr konnte diese Funktion der Haftungsbegründung auf die arrha übergehen und die Beifügung einer wadia entbehrt werden.

Diese im Mittelalter vollendete Entwicklung fiel in eine Zeit, in der die Bedeutung der besonderen haftungsbegründenden Formen zurücktrat. Daß der Schuldner auch haftete, wurde so sehr zur Regel, daß besondere Haftungsgeschäfte mehr und mehr überflüssig wurden. Dies erklärt es, daß die den Arrhalvertrag noch begleitende Wadiation des Gebers nicht mehr konsequent verlangt wurde und die Arrha ihre haftungsbegründende Funktion wieder abstreifen konnte. Da jedoch die Arrha als solche blieb, wurde sie nun zu einer bloßen Geschäftsform und der Arrhalvertrag wurde zum **Formalvertrag**, der den Geber der Arrha auf volle Leistung, den Empfänger auf die Gegenleistung verpflichtete; die Arrha wirkte als Geschäftsform gegenüber beiden Parteien, wurde zum beiderseitig verpflichtenden Haftgeld.

Die so in ihrer Bedeutung veränderte Arrha konnte wie früher auf die Leistung des Gebers angerechnet, als Vorleistung behandelt werden. Sie konnte aber auch anderen Zwecken zugeführt werden. So wurde sie im Mittelalter überaus häufig als Weinkauf (winkop, beerkop, mercipotus) oder Litkauf von den Vertragsparteien und den zugezogenen Zeugen gemeinschaftlich vertrunken oder als Gottespfennig der Kirche oder den Armen zugewendet.

Die geschilderte Entwicklung vom Realvertrag über den Arrhalvertrag zum Formalvertrag hat den Realvertrag nicht völlig verdrängt. Er hat sich in den Fällen der Leihe, des Darlehens und der Verwahrung, also bei einseitigen Schuldverträgen erhalten.

b) **Neuere Entwicklung.** Die Rezeption traf nach dem Gesagten auf einen schon im Verfall befindlichen Formalismus, dem der innere Gehalt abhanden gekommen war. Der im römischen Recht für eine Reihe von Fällen (insbesondere emtio venditio, locatio conductio, mandatum, societas) ausgebildete Konsensualvertrag, der Schuld und Haftung aus der bloßen Willenseinigung der Parteien entstehen ließ, fand leicht Eingang. Neben ihm konnte der auch dem römischen Recht geläufige Realkontrakt erhalten bleiben. Der noch einzige Formalkontrakt des römischen Rechts, die stipulatio, fand keine Aufnahme. Die Folge war eine Ausdehnung des Konsensualprinzips über die im römischen Recht anerkannten Fälle hinaus und die Anerkennung der bindenden Kraft formloser Schuldverträge. Der Grundsatz der Formfreiheit setzte sich im 17. Jahrhundert unter dem weiteren Einfluß des Naturrechts mit wenigen Ausnahmen, am stärksten im Handelsrecht, durch.

In den neueren Rechten zeigt sich eine Gegenströmung, die teils an Reste der früheren Schuldvertragsformen, teils an frühere Vertragsformen überhaupt anknüpft, teils Neues schafft.

α) ALR. und C. c. forderten bei Schuldverträgen über höherwertige Objekte (50 Taler, 150 Frs.) die Schriftform. Die Bedeutung dieser Form war allerdings verschieden. ALR. spricht dem formlosen Vertrage die Klagbarkeit ab, erkennt aber bei Erfüllung von einer Seite die Verpflichtung der anderen Seite zur Erfüllung oder Rückgewähr nach ihrer Wahl an. Dagegen ist die Schriftform nach C. c. nur Beweisform.

β) Verträge über Liegenschaften mußten vielfach gerichtlich oder notariell abgeschlossen werden (preußisches Recht; bayerisches Recht; sächsisches BGB.), während andere Rechte sich mit der schriftlichen Aufzeichnung begnügten.

γ) Der Abschluß von Verträgen durch geschäftsungewandte Personen muß vor Gericht erfolgen. So z. B. der Bürgschaften von Bauern und minderen Bürgern nach CMB. Oder es muß, wie im gleichen Fall bei Frauen nach ALR., eine gerichtliche Belehrung (Certioriation) dem Abschluß vorausgehen. Dahin gehört auch die erst spät verschwindende Vorschrift, daß Schuldverträge zwischen Juden und Christen vor der Obrigkeit aufzurichten sind.

δ) Von älteren Formen hat sich erhalten die Arrha (Handgeld, Angeld, Draufgeld, Drangeld), allerdings mit partikulär verschiedener Bedeutung. Teils ist sie wesentliche Form des Vertragsschlusses geblieben; so insbesondere in einigen Gesinderechten als sogen. Mietstaler. Teils ist sie, dem römischen Recht entsprechend, lediglich beweisrechtliche Form, Zeichen des geschlossenen Vertrages (ALR., ABGB. 908). Auch die sonstige Behandlung der Arrha war verschieden. Nach einigen Rechten war sie Angeld, wurde also auf die vom Geber geschuldete Leistung angerechnet (ABGB.); sie kann aber auch, insbesondere im Gesinderecht, Zugabe sein. Nur ausnahmsweise (so im C. c.) ist sie Reugeld (arrha poenitentialis, Wandelpön), gegen deren Aufgabe der Geber, gegen deren einfache oder doppelte Rückgabe meist auch der Empfänger vom Vertrage zurücktreten kann. Endlich erscheint die Arrha auch als Haftgeld, das der Geber bei Nichterfüllung des Vertrages verlor.

Von diesen Formen hat sich zuerst der Handelsverkehr freigemacht und ist im AHGB. hierbei stehen geblieben. Auch das BGB. steht wie OR. 11 auf dem Grundsatz der Formfreiheit. Doch hat sich das ältere Recht in einzelnen Spuren erhalten, so in der Formgebundenheit der Liegenschaftsgeschäfte (BGB. 313, OR. 216), in der gewisser gefährlicher Geschäfte, wie des Schenkungsversprechens, der Bürgschaft (BGB. 518, 766 [Gegensatz zu 356 HGB.], OR. 243, 493). Die Arrha als Vertragsform findet sich noch im Gesinderecht (95 EG.). Im BGB. (336 ff.) ist sie Zeichen des Vertragsschlusses, im Zweifel nicht Reugeld, aber Angeld und Haftgeld; teilweise abweichend OR. 158.

§ 57. Fortsetzung (unerlaubte Handlung — sonstige Tatbestände).

II. Unerlaubte Handlung.

1. Begriff. Unerlaubte Handlung im weiteren Sinn ist jede widerrechtliche Verletzung der Rechte Dritter. Erst allmählich sondert sich innerhalb dieses allgemeinen und einheitlichen Begriffes das strafrechtliche Delikt vom privaten Unrecht, indem sich die Folgen der unrechten Tat differenzieren, dort Strafen, hier zivile Ersatzansprüche sind. Noch im Mittelalter gehen gelegentlich Strafe und Schadensersatz ineinander über. Zu klarem Ausdruck gekommen ist die Unterscheidung erst in den neueren Gesetzgebungen, wobei die r. Unterscheidung von delicta privata und delicta publica fördernd eingriff. Auch das BGB. (823ff.) und OR. (41ff.) kennen den privatrechtlichen Begriff der unerlaubten Handlung. Dabei ist heute so wenig wie früher ausgeschlossen, daß die privatrechtlich unerlaubte Handlung zugleich öffentlichrechtlich unerlaubt ist und daher sowohl privatrechtliche wie öffentlichrechtliche Folgen (Strafen) nach sich zieht; so z. B. Diebstahl, Sachbeschädigung, Körperverletzung.

Unerlaubte Handlungen können schon im älteren deutschen Recht durch positives Tun wie durch Unterlassen begangen werden. Das römische Recht stand auf abweichendem Standpunkt, der sich aber im gemeinen Recht und in den neueren Gesetzgebungen nur vereinzelt durchgesetzt hat und dem geltenden Recht fremd ist.

Aus der unerlaubten Handlung entsteht eine Schuld nur dann, wenn ihre Folgen ein Leistensollen sind, also z. B. eine Buße fällig wird. Insoweit ihr eine Strafe folgt, die nicht vom Täter geleistet werden kann, sondern ihm wie Todesstrafe, Leibesstrafen, Gefängnis als Übel zugefügt wird, handelt es sich nicht um Schuldbegründung.

2. Zurechnung. Haftbar gemacht werden konnte für die Folgen einer unerlaubten Handlung schon im ältesten Recht derjenige, der den schädlichen Erfolg verursacht hatte, mit ihm kausal verknüpft war, aber auch nur er (Verursachungsprinzip). Dabei zog das ältere Recht die Schranken des Kausalzusammenhangs sehr weit und nahm diesen auch in Fällen an, in denen wir heutzutage ihn leugnen und von Zufall sprechen.

An einer bestimmten Formel hierfür hat es dem älteren Recht gefehlt. Maßgebend waren die Umstände des einzelnen Falles, entscheidend deren Würdigung durch den Richter. Nur für einzelne Fälle wurden typische Normen aufgestellt, z. B. Kausalzusammenhang zwischen Verwundung und Tod angenommen, wenn der Tod innerhalb bestimmter Frist eintrat. Neuere strafrechtliche Kodifikationen haben sich erfolglos um eine ausreichende Formulierung des Kausalzusammenhangs bemüht, das geltende Recht davon abgesehen.

Das römische Recht setzte außer der Verursachung ein Verschulden voraus (Verschuldungsprinzip), zog also nur denjenigen zur Verantwortung, der schuldhaft, sei es vorsätzlich, sei es fahrlässig verursacht hatte. Dies widersprach der Haftung Unzurechnungsfähiger, wie z. B. der Kinder, der Wahnsinnigen, der Haftung für den in Notwehr angerichteten Schaden. Dieses sogenannte Verschuldungsprinzip haben die neueren Gesetzgebungen und das geltende Recht grundsätzlich übernommen (über die Arten des Verschuldens s. u. § 58 II 1). Daneben aber haben sich zahlreiche Ausnahmen erhalten, bei denen im Anschluß an das deutsche Recht von einem Verschulden abgesehen und die Verursachung allein als ausreichend erklärt wird. Es sind dies vor allem die Fälle der sogenannten Gefährdungshaftung; die Haftung wird gesteigert, weil der Haftende durch sein an sich erlaubtes Verhalten die in den Lebensverhältnissen liegende Gefährdung Dritter gesteigert hat. Im Grunde handelt es sich hierbei allerdings nicht um ein besonderes drittes Prinzip, sondern wiederum um eine Erfolgshaftung. Der Gedanke der Gefährdungshaftung reicht wohl in das Mittelalter zurück, und zwar auf dem Gebiete des Bergrechts. Seine weitere Ausgestaltung verdankt er dem neueren und geltenden Recht. So ist die Haftung beim Betriebe von Eisenbahnen (RG. v. 7. 6. 71 und EG. 105) und von Kraftfahrzeugen (RG. v. 3. 5. 09) reichsgesetzlich, nach einigen Landesrechten auf Grund von EG. 106 in bestimmten Fällen landesrechtlich über Verschulden hinaus erhöht. Endlich gehören hierher die Fälle, in denen eine eines Verschuldens nicht fähige Person, z. B. ein Kind, einen Schaden zufügt (vgl. BGB. 829; OR. 54).

An der Verursachung kann sich eine Mehrheit von Personen in verschiedenem innerem Verhältnis beteiligen. Das Privatrecht hat hierfür die in der älteren Zeit ausgebildeten Typen des Mittäters, Anstifters und Beihelfers aus dem Strafrecht übernommen und fortgeführt. Für die Heranziehung der mehreren Verursacher zum Schadensersatz war leitender Gesichtspunkt, daß der Geschädigte den ihm geschuldeten Ersatz nur einmal bekommen sollte, aber auch bei jedem der Beteiligten sollte einfordern können; es trat Solidarhaftung ein. Ebenso bestimmen neuere Partikularrechte (z. B. ALR., BGB. 830, 840 und ZGB. 50). Hatte Einer den vollen Schaden ersetzt, konnte er von den Übrigen Regreß nehmen. Während aber z. B. ALR., hierin dem römischen Recht gleich, bei gemeinsamem vorsätzlichem Handeln die Regreßklage versagte, steht sie nach geltendem Recht auch in diesem Falle zu.

3. Haftung für Dritte. Der Haftung für den von einer Person selbst verursachten Schaden stellt das ältere deutsche Recht in weitem Umfang eine Haftung für den von Dritten kraft eigenen Willensentschlusses verursachten Schaden zur Seite. Diese Haftung für Dritte beruhte auf einer personenrechtlichen Verbindung des Haftenden mit dem Dritten. Die ältesten hierher gehörenden Fälle wurzeln im Sippenverband und in der Hausgenossenschaft. So haftete der Hausherr für die unerlaubten Handlungen der Ehefrau und der Hauskinder und des im Hause aufgenommenen Gastes. Daran schloß sich, als die Unfreien aufhörten, Sache zu sein, also in fränkischer Zeit, eine Haftung auch für das unfreie Hausgesinde, aus dem dann weiter die Haftung für minderfreies und freies Gesinde erwuchs. Doch blieb bei unerlaubten Handlungen Unfreier, vereinzelt auch bei solchen Freier, die Möglichkeit, sich durch Preisgabe des Täters ganz oder teilweise von der Haftung zu befreien. Ähnliche Haftungen entsprangen aus dem Gildeverband und dem Gemeindeverband. Für einzelne Fälle wird im Mittelalter auch eine Haftung des Geschäftsherrn anerkannt, der sich zur Erfüllung seiner Vertragspflichten dritter Personen bedient. So haftet z. B. der Fuhrmann für den zur Bewachung des Frachtgutes angestellten Knecht, der Handwerker für den Gesellen, wenn das Frachtgut oder der zur Bearbeitung übergebene Stoff gestohlen wird. Andererseits erscheint die Haftung für die Hausgenossen im Rückgang begriffen.

Von dieser Haftung auf personenrechtlicher Grundlage unterschied schon das ältere Recht eine Haftung für solche Handlungen Dritter, die auf Befehl erfolgten. In diesen Fällen entsprang die Haftung eben dem consilium domini und war der Befehlsgeber der Verursachende, der Dritte nur das Werkzeug.

Das römische Recht lehnte eine Haftung für Dritte ohne eigenes Verschulden grundsätzlich ab. Es kannte aber Ausnahmen in den obligationes quasi ex delicto, die z. B. eine Haftung von Gastwirten und Stallwirten für ihre Leute brachten, ferner des Mieters für den Schaden, der durch Hinauswerfen oder Hinausgießen aus seiner Wohnung entstand (so auch ABGB. 1318). Außerdem haftete auch nach römischem Recht der Geschäftsherr für Sorgfalt bei Auswahl des Gehilfen (culpa in eligendo). Demgegenüber sind die deutschrechtlichen Grundsätze fast nur im Gesinderecht erhalten geblieben, in weiterem Umfang jedoch im C. c. Das geltende Recht kennt eine Reihe von Einzelfällen der Haftung des Geschäftsherrn, so (schon im AHGB.) des Reeders für den Schiffer, des Frachtführers für seine Leute (HGB. 485, 431). Zu einem allgemeinen Prinzip der Haftung des Geschäftsherrn ist BGB. 831 (OR. 55) vorgeschritten. Es läßt aber dem Herrn den exkulpierenden Beweis offen, daß ihn keine culpa in eligendo, custodiendo, inspiciendo treffe, stellt also auf Verursachung durch die Gehilfen und Verschulden des Herrn ab. Die Haftung aus Hausgenossenschaft ist dem BGB. fremd; die Haftung der Aufsichtspflichtigen für Handlungen aufsichtsbedürftiger Personen löst sich von der Grundlage der Hausgenossenschaft ab. Dagegen kennt sie ZGB. 333 als Prinzip und läßt nur den Beweis genügender Beaufsichtigung zu.

4. H a f t u n g f ü r T i e r e u n d S a c h e n. Das deutsche Recht kannte endlich auch eine Haftung von Personen für den Schaden, den Tiere oder andere Sachen anrichteten, zu denen im ältesten Recht auch die Unfreien gehörten (s. o. u. 3), daneben z. B. Fallen, Waffen, Mühlräder. In beiden Fällen trat nach ältestem Recht Sachhaftung ein, die aber früh von einer Haftung des Eigentümers abgelöst wurde. Als Rest des ursprünglichen Rechtszustandes erscheint dann auch hier die Befreiung des Eigentümers durch Auslieferung des Tieres oder der Sache, die der Rache, später dem Ersatze diente. Andererseits ging mit der Wiederaufnahme des schädigenden Tieres oder Wiederbenutzung der Sache das Recht der Auslieferung unter und konnte nach manchen Rechten auch der spätere Eigentümer des Tieres zur Haftung herangezogen werden. Bei Schadenstiftung durch wilde Tiere trat die Haftung dessen, der sie hält, unbedingt ein; es liegt hier die obenerwähnte Gefährdungshaftung vor.

Dem deutschen Recht der Tierhalterhaftung war das römische Recht sehr ähnlich. Auch die actio de pauperie richtete sich gegen den jeweiligen Eigentümer (noxa caput sequitur) auf Schadensersatz oder Herausgabe des Tieres (noxae datio). In den neueren

Rechten gelangte man vielfach (nicht C. c.) dazu, grundsätzlich ein Verschulden des Tierhalters zu fordern (ALR.; ABGB. 1320); am alten Recht hielt das sächsische Recht fest, das auch die noxae datio fast allein bewahrt hat. Das BGB. kehrte zunächst (833) zum deutschrechtlichen Prinzip der unbedingten Haftung zurück; doch hat die Novelle vom 30. 5. 08 einen Entschuldigungsbeweis mangelnden Verschuldens des Tierhalters für gewisse Fälle wieder eingeführt (833 Satz 2; vgl. ABGB. 1320 [Fassung 1916]). OR. 56 steht grundsätzlich auf diesem neuesten Standpunkt des deutschen Rechts.

Auch die Haftung für schädigende Sachen ist seit der Rezeption durch das Erfordernis eines Verschuldens erleichtert worden. BGB. steht im Prinzip auf gleichem Standpunkt (836), weshalb es auch einen früheren Besitzer dann haften läßt, wenn dessen mangelnde Sorgfalt den Schaden herbeiführte; ebenso OR. 58, das aber die Haftung dem Eigentümer auferlegt.

III. **Sonstige Tatbestände** s. u. § 73.

§ 58. Veränderungen (Unmöglichkeit; Verzug).

Veränderungen von Schulden kennt das ältere deutsche Recht als Veränderungen der Leistung und als Veränderung der beteiligten Personen, des Gläubigers oder des Schuldners; sie sind also entweder sachlicher oder persönlicher Art.

I. Eine Änderung der Leistung kommt in verschiedenen Formen vor. Sie kann qualitativer Art sein, indem z. B. eine Sachschuld sich in eine Geldschuld verwandelt, die Leistungszeit oder der Leistungsort sich ändert, z. B. eine Holschuld zur Bringschuld wird, an Stelle der ursprünglichen Leistung eine Ersatzleistung tritt, weil die Erfüllung der ursprünglich geschuldeten Leistung überhaupt nicht oder doch nicht rechtzeitig erfolgt ist, also in den Fällen der Nichterfüllung.

Der einheitliche Begriff der Schuld als eines Sollens zu bestimmter Zeit und an bestimmtem Ort führt zum einheitlichen Begriff der Nichterfüllung, wenn zu bestimmter Zeit und am bestimmten Ort nicht geleistet wird. Hierbei legt das ältere deutsche Recht das Schwergewicht auf die Tatsache der Nichterfüllung, in der es ein Unrecht erblickt.

Die Frage nach dem Grunde der Nichterfüllung blieb grundsätzlich unberücksichtigt. Sie kam nur dann ausnahmsweise zur Erörterung, wenn echte Not, d. h. ein gesetzlich anerkannter Hinderungsgrund, die Nichterfüllung verursachte; dann war diese nicht als solche ein Unrecht, als das sie in allen anderen Fällen aufgefaßt wurde. Aber schon die Quellen der fränkischen Zeit zeigen deutlich eine Unterscheidung zwischen der Nichterfüllung infolge Unmöglichkeit der Erfüllung und der nicht rechtzeitigen Erfüllung; so entwickelt sich der Begriff des Verzugs.

II. 1. **Unmöglichkeit.** Die Berücksichtigung der Unmöglichkeit bleibt zunächst in der kasuistischen Behandlung einzelner Schuldverhältnisse stecken; es waren dies solche, bei denen der Schuldner eine Sache zu übergeben hatte, insbesondere Verwahrung, Darlehen, Pfandrecht und Kauf. Indem man hier den weiteren Grund der Nichterfüllung, deren näherer Grund eine Beschädigung oder Vernichtung der zu übergebenden Sache war, untersuchte, verband man mit dem Tatbestand der Nichterfüllung die Begriffe von Schuld und Zufall und kam dann in weiterer Entwicklung zur Ausdehnung der hierbei aufgestellten Grundsätze auf die Schuldverhältnisse überhaupt. Dagegen ließ man z. B. den Verkäufer, der durch juristische Unmöglichkeit, mit rechte, gehindert war, zu leisten, weil er die Zustimmung der Beispruchsberechtigten nicht erlangen konnte, unbedingt haften.

Demgemäß wurde in einzelnen Fällen unterschieden, ob die Nichterfüllung auf einem Zufall (unglück, z. B. Brand, Überschwemmung) beruhte oder auf einem Verschulden. Für dieses mußte der Schuldner in vollem Umfange einstehen, für jenen nicht. Dabei fehlte aber dem älteren Recht ein fester Begriff des Unglücks, wie des Verschuldens und damit auch eine scharfe Grenze zwischen beiden. Auch für die wenigen überhaupt berücksichtigten Rechtsverhältnisse kommen die Quellen nicht zu grundsätzlichen Entscheidungen, sondern entscheiden die Frage, ob Schuld oder Unglück vorliege, nur für die einzelnen Fälle, wie z. B. Aufbewahrung, Pfandrecht.

Man überließ es hierbei dem Schuldner, durch seinen Eid zu beweisen, daß kein Verschulden, sondern ein Unglück vorlag. Daneben stellen schon fränkische Rechte durchaus schematisch darauf ab, ob das schädigende Ereignis auch die Sachen des Schuldners, z. B. des Depositars oder Pfandgläubigers oder nur die des Gläubigers betroffen hat, z. B. nur diese, nicht auch jene verbrannt oder gestohlen sind; in diesem Fall wird Unglück angenommen, in jenem nicht. Mittelalterliche Rechte halten zum Teil an diesem Gesichtspunkt fest, zum Teil verbinden sie ihn mit dem Eid des Schuldners, sehen in dem Mitverlust der

Sachen des Schuldners nur eine Präsumtion seiner Schuldlosigkeit. Gleich typisch sah man die Tötung eines Tieres durch einen Wolf zugunsten des Hirten als Unglück an, wenn dieser dem Wolf die Haut des Tieres abgejagt hatte.

Ergab sich das Vorliegen eines Verschuldens, so wurden Grade des Verschuldens nicht weiter unterschieden; der Schuldner hatte für leichtes wie für schweres Verschulden gleicherweise einzustehen; er hatte Ersatz zu leisten. Ergab sich das Vorliegen eines Unglücks, so hatte der Schuldner für dessen Folgen in der Regel nicht einzustehen.

Anders aber war es in der Regel dann, wenn der Schuldner kraft besonderen Rechtssatzes die Gefahr trug. Die Gefahr aber lud man dem Schuldner vor allem dann auf, wenn er einseitig Vorteil vom Besitz der beschädigten Sache hatte oder für ihre Aufbewahrung ein Entgelt erhielt; daher trug sie z. B. der Entleiher, der Pfandgläubiger, der entgeltliche Verwahrer. Auch zeigt sich vielfach, daß man den Schuldner die Gefahr für Diebstahl und die Gefahr der Beschädigung einer anvertrauten Sache schlechthin, auch bei zufälligem Schaden, tragen ließ.

Gegenüber diesen Grundgedanken wies das römische Recht namentlich in zwei Punkten einen Gegensatz auf. Es unterschied Arten des Verschuldens, nämlich neben dem dolus die culpa levis und culpa lata, und kannte grundsätzlich keine Haftung für casus. Die Arten des Verschuldens wurden aufgenommen, aber um eine culpa levissima vermehrt, der man die deutschrechtlichen Fälle einer Haftung für Zufall unterordnete. Das deutsche Recht wurde so zurückgedrängt, aber nicht unterdrückt. Daraus ergab sich in neueren Rechten eine teils deutsche, teils römische Regelung.

So haftet z. B. nach ALR. (ähnlich CMB.) derjenige, der aus dem Vertrage keinen Vorteil zieht, nur für Vorsatz und grobes Versehen, wer einseitig Vorteil daraus zieht, auch für geringes Versehen, wenn aber beide Teile Vorteil haben, jeder für mäßiges Versehen. In Erweiterung der dem römischen Recht bekannten Haftung bis zur vis maior aus dem receptum der nautae, caupones und stabularii wurde eine solche Haftung den Gastwirten und Frachtführern auferlegt. Die Rücksichtnahme auf das Schicksal der eigenen Sachen des Schuldners wurde in einzelnen Fällen, z. B. bei der unentgeltlichen Verwahrung, durch die Aufnahme der diligentia quam in suis fortgeführt.

Im 19. Jahrhundert kehrte man zu der Zweiteilung der Fahrlässigkeit in culpa lata (grobes Verschulden) und levis (geringe, leichte Fahrlässigkeit) zurück; so ABGB., C. c., BGB. 276, 277; auch OR. 100, wobei aber der Schuldner nach 99 für jedes Verschulden, also über leichte Fahrlässigkeit hinaus haftet. Die Haftung für Sorgfalt in eigenen Angelegenheiten hat sich BGB. 277 erhalten; dies für Schuldverhältnisse, die im überwiegenden Interesse des Gläubigers liegen (z. B. 690) und bei einigen auf Treue gestellten Verhältnissen (708, 1359, 1664, 1686, 2131).

2. Der **Verzug** ist entweder Leistungsverzug (Schuldnerverzug) oder Annahmeverzug (Gläubigerverzug).

Beide Arten stimmen begrifflich darin überein, daß ihr Tatbestand der der nicht rechtzeitigen Erfüllung ist und daß sie ein Verschulden nicht voraussetzen. Unter dem Einfluß des römischen Rechts hat sich dies dahin geändert, daß der Schuldnerverzug begrifflich Verschulden erfordert, während beim Gläubigerverzug von einem Verschulden vielfach abgesehen wurde. Auch BGB. 285 setzt beim Schuldnerverzug Verschulden voraus, nicht aber beim Gläubigerverzug; so auch OR. 103 II. Im übrigen weichen beide Arten des Verzugs nach geltendem Recht voneinander ab.

a) Der Schuldnerverzug war wie jede Nichtleistung der fälligen Schuld ein Unrecht. Der Gläubiger konnte, wenn die Schuld Holschuld oder ein Termin nicht bestimmt war, den Schuldner in bestimmter Form auf Erfüllung mahnen. Bei Bringschulden mit bestimmter Leistungszeit (geldetag) galt schon immer der im Mittelalter und in den neueren Gesetzen herrschende (Ausnahme C. c.), zu Unrecht als römisch ausgegebene Satz „dies interpellat pro homine"; der Verzug trat mit der Nichterfüllung am Leistungstermin ein. So auch BGB. 284 II, OR. 102 II. Bei Holschulden, z. B. aus Präsentationspapieren, ist die Mahnung trotz bestimmten Termins heute noch erforderlich. Die Nichtbefolgung der Mahnung hat der Schuldner zu büßen; die Vertragsschuld erweitert sich um eine Bußschuld. Leistet der Schuldner auch im Verlaufe des sich anschließenden, formellen Betreibungsverfahrens nicht, so kommt es zur Vollstreckung. Leistet er auf die erste Mahnung hin, so hat er nur die Vertragsschuld zu erfüllen. Die gesetzliche Verzugsbuße ist schon früh bis auf geringe Reste verschwunden. Doch kennt schon die fränkische Zeit die vertragliche Vereinbarung von Verzugsstrafen, die an die römische stipulatio dupli anknüpft. Im Mittelalter ist diese weiter ausgebaut worden, insbesondere in der Richtung einer Berücksichtigung des konkreten, durch den Verzug entstandenen Schadens. Diesem Gesichtspunkt wird am meisten gerecht die Abrede, der Gläubiger dürfe die geschuldete Summe bei einem Dritten (Juden oder Christen) auf Kosten des Schuldners aufnehmen (auf Schaden nehmen, Schadennehmen, receptio super damna creditoris). Abstrakter war die Vereinbarung von Verzugszinsen oder eines z. B. als Jahreslohn oder Halbjahrsmietzins festgesetzten Schadensersatzes; die Festsetzung des Ersatzes konnte beim Kauf vereinzelt durch einen Notkauf erfolgen. Die Verzugsbuße hat sich erhalten in der vom Zinsmann zu zahlenden Zinsbuße, dem sogen. Rutscherzins (census promobilis), der sich in bestimmten Fristen, z. B. nach Tagen oder Stunden um sich selbst erhöhte. Außerdem kennt das Mittelalter eine gesetzliche Verzugsstrafe bei gerichtlich beurkundeten Schulden, bei Nichteintritt des Gesindes in den Dienst, bei Nichtzahlung des Gesindelohns, in einzelnen Quellen auch in sonstigen Fällen.

Nach der Rezeption wurde das Verschulden als Voraussetzung des Verzugs gemeines Recht. Außerdem wurde in verschiedenen Rechten, auch reichsgesetzlich, allgemein die Pflicht zur Zahlung von Verzugszinsen (Zögerungszinsen) anerkannt, teils statt, teils neben der Pflicht zum Schadensersatz (ALR.; ABGB. 1333); ebenso BGB. 286, 288, OR. 104—106 Verzugszinsen und Ersatz des weiteren Schadens. Die Höhe der Zinsen schwankt zwischen 6 (AHGB. WO.), 5 (RA. v. 1654, ALR., OR. 104) und 4 (BGB. 246; ABGB. 995 [1868 geänd. in 5]) Prozent. Dem römischen Recht entnahm man das Verbot der Verzugszinsen von Zinsen (so auch BGB. 289).

Dem römischen Recht entsprang die in neueren Rechten (auch BGB. 287, OR. 103) sich findende Steigerung der Haftung des Schuldners während des Verzugs. Neuere Rechte sprechen auch dem Gläubiger vielfach ein Rücktrittsrecht zu, das auch BGB. (326) beim gegenseitigen Vertrag kennt.

b) Der Gläubigerverzug liegt vor, wenn der Gläubiger die ihm tatsächlich angebotene Leistung nicht annimmt, weshalb Zeugenzuziehung beim Angebot im älteren Recht die Regel war. Wörtliches Angebot genügte, wenn der Gläubiger zur Erfüllung mitzuwirken, z. B. den Zins oder Zehnt abzuholen hatte; vgl. 294/295 BGB.

Der Gläubigerverzug ist kein Unrecht, da der Gläubiger nicht annehmen soll, zur Annahme nicht verpflichtet ist. Aber er erzeugt schon nach älterem Rechte bestimmte Folgen im Interesse des Schuldners. Dieser wird zwar nicht von der Leistung frei, aber von der Haftung für zufälligen Untergang des geschuldeten Gegenstandes, soweit ihn diese bis dahin traf (vgl. BGB. 303). Bei verzinslichen Schulden hörte der Zinsenlauf auf (vgl. BGB. 301). Vor allem aber konnte nunmehr der Schuldner sich der geschuldeten Leistung entledigen. Nach älterem Rechte durfte er sie an einem bestimmten Orte niederlegen, z. B. noch im Mittelalter die Zehntgarbe auf dem Acker, von dem zu zehnten war, oder, bei Bringschulden, an der Türe zum Hause des Gläubigers (vgl. 300 BGB.). Noch im Mittelalter geht man zum allerdings seltenen Selbsthilfeverkauf und zur Hinterlegung der Leistung bei einer amtlichen Stelle, bei Gericht, dem Rat oder auch bei einer Privatperson über, die den Schuldner befreit.

An diesen Grundzügen haben die neueren Rechte festgehalten; vgl. außer BGB. noch ABGB. 1425, OR. 92ff. Die Preisgabe der Leistung ist verschwunden (vgl. aber BGB. 303), die Hinterlegung zur Regel geworden (BGB. 372). Bei anderen als Sachleistungen gibt OR. 95 dem Schuldner ein Rücktrittsrecht.

Fortsetzung (Personenwechsel). § 59.

III. 1. Ein Wechsel in der Person des Gläubigers konnte bei der Gesamtnachfolge eintreten, also insbesondere bei der Erbfolge. Eine Sondernachfolge unter Lebenden kraft gesetzlicher Vorschrift kennt jedenfalls in einzelnen Fällen das Mittelalter. Mit einem Grundstück verbundene Forderungen gingen mit dem Eigentum an diesem auf den Erwerber über. Dagegen war im älteren deutschen Recht eine Übertragung der Forderung durch Rechtsgeschäft (abtretung, äußerung) ausgeschlossen. Die Forderung war unübertragbar; der Schuldner hatte nur dem zu leisten, dem er die Leistung versprochen hatte. Sollte ein neuer Gläubiger eintreten, so mußte der Schuldner zustimmen und hiermit oder, in älterer Zeit, ausdrücklich versprechen, an den neuen Gläubiger zu leisten. Dieses Versprechen begründete aber keine neue, sondern bezog sich gerade auf die alte Schuld, war Zustimmung zu einer Veränderung der Schuld in ihren subjektiven Beziehungen; es konnte schon bei Begründung der Schuld gegeben werden. Die weitere Entwicklung hat auf ein besonderes Versprechen des Schuldners verzichtet und die Zustimmung des Schuldners zwar vielfach noch gefordert, aber ihres entscheidenden Inhalts entkleidet, ist somit noch im Mittelalter von der Unübertragbarkeit der Forderung grundsätzlich abgegangen. Diese Entwicklung beginnt in den Städten. Entgegen stehen ihr besondere Übertragungsverbote; so durften z. B. Juden ihre Forderungen an Christen nicht an Christen abtreten. Daneben kennt das Mittelalter die Bevollmächtigung eines Dritten durch den Gläubiger, die diesem zustehende Forderung klageweise einzutreiben.

Von der Unmöglichkeit, eine Forderung ohne Mitwirkung des Schuldners zu übertragen, gab es im frühen Mittelalter nur wenige

Ausnahmen. Es konnten aber insbesondere urteilsmäßig anerkannte Forderungen übertragen werden.

Das römische Recht war nach längerer Entwicklung, die gleichfalls, wenn auch aus anderem Grunde, von der Unübertragbarkeit der Forderung durch Rechtsgeschäft ausging, dahin gelangt, den Zessionseffekt annähernd herbeizuführen durch Gewährung einer actio utilis an den Zessionar und die Hinderung des Zedenten, über die Forderung weiterhin zu verfügen, wenn dem debitor cessus die Zession durch denuntiatio kundgetan war; allerdings blieb die Forderung eine solche des Zedenten.

Unter dem Einfluß des römischen Rechts gab das deutsche Recht den Grundsatz der Unübertragbarkeit ohne Mitwirkung des Schuldners endgültig auf. Dagegen ist die Auffassung, daß der Zedent Gläubiger bleibe, nur vorübergehend und vereinzelt aufgenommen worden. Das gleiche gilt von dem Verbot der Zession ad potentiorem, das als Verbot an die Juden, Forderungen gegen Christen an solche abzutreten, reichsrechtlich anerkannt wurde und sich bis ins 19. Jahrhundert erhalten hat. Aus dem Übergang der bisherigen Forderung erklärt es sich, daß auch die Regel der Lex Anastasiana nur vorübergehend und sehr partikulär Eingang fand, daß andererseits die für die Forderung bestehenden besonderen Haftungsrechte mit übergehen. Die neueren Rechte (ALR.; ABGB.) und, ihnen folgend, BGB. 398ff., OR. 164ff. sehen in der Forderung des Zessionars die auf diesen übergegangene Forderung des Zedenten. Unterstützt wurde diese Entwicklung durch die Annäherung der Forderungen an die Sachen, die durch die Übertragbarkeit der in Urkunden verbrieften Forderungen gestützt wurde und z. B. ALR. von einem Eigentum am Recht sprechen läßt. Dagegen kennt auch das neuere Recht unübertragbare Forderungen (vgl. BGB. 399, OR. 164, ABGB. 1393). Die Denuntiation an den Schuldner ist mit beschränkter Wirkung beibehalten; sie hindert den Schuldner, gutgläubig an den bisherigen Gläubiger zu leisten (vgl. BGB. 407).

2. Ein Wechsel in der Person des Schuldners war, wiederum von der Erbfolge abgesehen, dem deutschen Recht so fremd wie der des Gläubigers. Noch im Mittelalter kamen Schuldübernahmen fast nur im Rahmen von Vermögensübernahmen, z. B. bei Vitalizienverträgen, Erbschaftskäufen, sowie beim Übergang von Sachen vor, mit deren Besitz die Verpflichtung zu Leistungen verknüpft war. Doch sind nunmehr auch reine Schuldübernahmeverträge möglich als Verträge zwischen dem alten und dem neuen Schuldner.

Das römische Recht hat eine Schuldübernahme nicht gekannt. Nach der Rezeption ist auf der Grundlage des deutschen Rechts, das bei der Schuld ebenso wie bei der Forderung von der konkreten Person des ursprünglichen Schuldners zu abstrahieren wußte und die Schuld insoweit vergegenständlichte, die Schuldübernahme nicht nur im gemeinen Recht, sondern auch in neueren Partikularrechten aufgenommen worden. Doch sind es auch hier in erster Linie besondere Fälle, in denen sie innerhalb einer weiterreichenden Transaktion statthat; so nach ALR. beim Verkauf einer Erbschaft und beim Vitalizienvertrag. Allgemein anerkannt ist sie als ein dreiseitiger Vertrag im ABGB. (1400ff.), wo sie eine Art der Anweisung bildet (seit 1916: 1404ff. als eigener Vertrag). Das geltende Recht (BGB. 414ff., OR. 175f.) kennt sie als Vertrag zwischen Gläubiger und Schuldner und als Vertrag zwischen Urschuldner und Neuschuldner mit Zustimmung des Gläubigers.

Untergang. § 60.

I. **Erfüllung.** Die Schuld und mit ihr die Haftung endet von jeher durch Erfüllung, sei es durch Hingabe der geschuldeten Sache oder Vornahme der geschuldeten Handlung oder Zahlung der Schuldsumme. Entscheidend war hierbei, daß der Gläubiger erhielt, was er erhalten sollte; damit endete das Bekommensollen des Gläubigers und mit ihm das nur ein Korrelat darstellende Leistensollen des Schuldners. Daher wurde kein Gewicht darauf gelegt, ob ihm der Schuldner oder ein beliebiger Dritter die Leistung verschaffte. Einer Einwilligung des Schuldners bedarf es nicht, auch nicht des Leistungswillens; weshalb z. B. die Schuld unterging, wenn der Bote des Schuldners die Leistung dem Gläubiger A statt dem Gläubiger B übergab; doch räumen wenigstens neuere Rechte dem Schuldner das Recht des Widerspruchs ein, der den Gläubiger berechtigt, die Zahlung durch den Dritten abzulehnen, ohne daß er in Annahmeverzug käme (ALR., ABGB. 1423, BGB. 267). Ferner lassen einige Rechte (z. B. ALR., ABGB.) die Forderung auf den erfüllenden Dritten übergehen, so daß dessen Leistung nur das Bekommensollen des ursprünglichen Gläubigers beendet; das BGB. kennt diesen Grundsatz nicht. Die Erfüllung durch den Dritten ist da ausgeschlossen, wo die Leistung durch einen anderen den Charakter der Leistung wesentlich verändert, z. B. bei Dienstverpflichtungen (vgl. BGB. 267, 613).

Voraussetzung der schuldtilgenden Wirkung ist, daß der Gläubiger die geschuldete Leistung genau so erhält, wie sie geschuldet ist, auch hinsichtlich Ort und Zeit. Geringe Abweichungen werden aber geheilt durch einen Erfüllungsvertrag, kraft dessen der Gläubiger die ihm angebotene Leistung als Erfüllung annimmt.

Der Leistende hat schon in älterer Zeit Anspruch auf Ausstellung einer Quittung. Diese war eine dispositive Erklärung des Gläubigers, daß der Schuldner von seiner Schuld frei sei. Auch heute noch kann eine Quittung kraft Parteiwillens, auch ohne daß die Leistung erfolgt wäre, diese Bedeutung haben. In der Regel aber ist sie im neueren Recht unter dem Einfluß des römischen nur Beweisurkunde (so auch BGB. 368). Die vor der Leistung ausgestellte Quittung ist schon im Mittelalter Legitimation zur Empfangnahme der Leistung (vgl. BGB. 370). Ferner löst die Leistung einen Anspruch des Schuldners auf Rückgabe des etwa über die Schuld ausgestellten Schuldscheins aus. Für den Fall der Unmöglichkeit der Rückgabe mußte schon in fränkischer Zeit der Gläubiger eine epistola evacuatoria, im Mittelalter quitebrif, totbrif, ausstellen. An dieser „Tötung des Schuldscheins" (ABGB. 1428) oder dem Mortifikationsschein haben neuere Rechte festgehalten (BGB. 371, OR. 90).

II. **Erfüllungssurrogate.** Die Schuld kann auch untergehen durch Leistung von Erfüllungssurrogaten. Dahin gehören folgende Fälle.

1. Die Leistung an Erfüllungsstatt ist schon dem ältesten Recht bekannt und gerade ihm, da es zur Erfüllung von Geldschulden oft am Zahlungsmittel fehlte. Der Gläubiger war in fränkischer Zeit und noch im Mittelalter verpflichtet, nach bestimmter Taxe eine andere Leistung als die geschuldete Geldleistung, anzunehmen, z. B. Vieh statt gemünztem Geld; der Schuldner haftete in diesem Fall für Mängel des Ersatzgegenstandes (BGB. 365). Später wurde das beneficium dationis in solutum rezipiert, gelegentlich sogar reichsrechtlich anerkannt (JRA.), wogegen neuere Gesetze von einem Zwang des Gläubigers zur Annahme grundsätzlich absehen, die Leistung an Erfüllungsstatt demzufolge nur kraft Vertrages schuldtilgend sein lassen (so auch BGB. 364 I); ABGB. sieht sie für den Fall vor, daß die Zahlung unmöglich ist (1414).

2. Jünger scheint die Anerkennung eines Aufrechnungsrechts zu sein, wogegen allerdings vertragsmäßige Aufrechnung schon früher möglich war. Den Ausgangspunkt bildeten Fälle, in denen aus dem gleichen Rechtsverhältnis beiden Teilen Forderungen zustanden. Hier konnte wohl schon im Mittelalter ein Teil

durch die einseitige Erklärung der Aufrechnung die Gegenforderung bis zum Betrage seiner Forderung und damit auch diese tilgen. Allmählich hat sich dann die Aufrechnung von Forderungen aus verschiedenen Rechtsverhältnissen entwickelt. Über einzelne Fälle hinaus sind jedoch erst das gemeine Recht und die neueren Gesetze gelangt (ABGB. 1438, BGB. 387ff., OR. 120ff.), die von Kompensation, Aufrechnung, Verrechnung sprechen.

3. Aus dem Verzugsrecht (s. o. § 58 II 2b) hat sich die Schuldtilgung durch öffentliche Hinterlegung abgespalten und ist auch noch in neueren Rechten in erster Linie im Falle des Verzuges anerkannt (ABGB. 1425; OR. 92ff., 96; BGB. 372ff. und dazu EG. 144—146).

III. **Sonstige Fälle.** Ohne Leistung geht die Schuld unter durch Erlaß. Dieser konnte im älteren Recht durch einseitige Erklärung (Verzicht) des Gläubigers erfolgen, indem dieser den Schuldner ledig läßt. Der Erlaß kann auch die Form der Ausstellung einer Quittung annehmen. Neuere Rechte erfordern Einwilligung des Schuldners (ABGB. 1381), oder Annahme des Erlasses (ALR.) oder einen Vertrag zwischen Gläubiger und Schuldner (BGB. 397; OR. 115).

Schuldrechtliche Gemeinschaften. § 61.

Schon nach älterem deutschem Recht können mehrere Personen die gleiche Schuld schulden, kann eine Forderung mehreren Gläubigern zustehen. So ergeben sich Schuldgemeinschaften und Forderungsgemeinschaften. Jede dieser Gemeinschaften kommt wiederum in verschiedenen Ausgestaltungen vor.

I. Schuldgemeinschaft.

1. Älteres Recht. a) Die Schuldgemeinschaft kann, wenn der Schuldgegenstand teilbar ist, eine solche nach Anteilen sein. Dabei schuldet jeder Mitschuldner einen Teil des Ganzen, das der Gläubiger erhalten soll. Diese Form beruht in der Regel auf rechtsgeschäftlicher Vereinbarung, indem jeder Mitschuldner enen del zu leisten verspricht. Die Anteilsschuld ist im deutschen Recht die Regel.

b) Ist die Schuldgemeinschaft eine solche zur gesamten Hand, so schulden sämtliche Mitschuldner die ganze Leistung in ihrer Verbindung, keiner allein das Ganze und keiner nur einen Teil. Diese Form findet sich in erster Linie da, wo Personen, die sich in einer Gesamthandgemeinschaft befinden, Schuldner werden, also z. B. Hausgenossen, Miterben. Sie kann aber auch durch gesamthändiges Versprechen, ein Gelübde mit gesamter Hand, ohne Beziehung zu einem schon bestehenden Gesamthandverhältnis begründet werden. Die Leistung hat in solchem Fall wiederum gesamter Hand (s. o. § 14 II) zu erfolgen. Fällt ein Gesamthandschuldner durch Tod hinweg, so vererbt sich dann nicht ein entsprechender Teil der Schuld auf seinen Erben, sondern die übrigen Gesamtschuldner schulden in gleicher Weise wie bisher die ganze Schuld. Die schwer zu unterdrückende Vorstellung eines Schuldteils, die auch dem Mittelalter nicht fremd war, führt dann zur Annahme einer Anwachsung dieses Teiles an die übrigen Gesamtschuldner. Tilgt ein Gesamtschuldner allein die ganze Schuld, so entsteht für ihn ein interner Ausgleichungsanspruch gegen die übrigen.

c) Unbekannt war dem älteren deutschen Recht die Form der Solidarschuld, bei der jeder von mehreren Schuldnern das Ganze schuldet, das der Gläubiger doch nur einmal bekommen soll. Doch hat sie sich noch im Mittelalter, von der Solidarhaftung ausgehend, gebildet.

2. Neueres Recht. Das römische Recht stand hierzu in doppeltem Gegensatz. Einerseits war ihm die Gesamthandschuld fremd, andererseits die Solidarschuld durchaus geläufig und neben der regelmäßigen, geteilten Schuld die einzige Form der Schuldnermehrheit überhaupt. Es fehlte demnach die typische Schuldgemeinschaft, bei der sich mit dem objektiven Bindeglied der einen Schuld ein personenrechtliches in der Regel verknüpft. Die Verbindung von Schuld und Haftung ist so weit vorgeschritten, daß Schuldgemeinschaft und Haftungsgemeinschaft völlig parallel gingen.

Die weitere Entwicklung hat die Solidarschuld erhalten. Die Gesamthandschuld ist vorübergehend fast verschwunden. Dagegen hat die ihr entwachsene Ausgleichungspflicht auch bei der Solidarschuld Eingang gefunden, und sie selbst ist gegen Ende der Neuzeit in verschiedenen Rechtsverhältnissen, insbesondere bei der Erbengemeinschaft, der ehelichen Gütergemeinschaft, bei Handelsgesellschaften und der Reederei wieder durchgedrungen.

Das neueste Recht hat die Form der Gesamthandschuld in einer Reihe von Rechtsverhältnissen beibehalten, soweit es eben überhaupt Gesamthandverhältnisse anerkennt. So sind z. B. die Schulden der Gesellschafter, der Ehegatten bei allgemeiner Gütergemeinschaft, Gesamthandschulden. Durch Parteiwillen aber können sie nicht begründet werden. Daneben findet sich die Anteilsschuld bei teilbaren Leistungen (BGB. 420) und als Regel die Gesamtschuld (BGB. 421ff., 427) oder Solidarität (OR. 143ff.).

II. Forderungsgemeinschaft.

1. Älteres Recht. a) Der Anteilsschuld entspricht die anteilige Berechtigung mehrerer Gläubiger, von denen jeder einen Teil der Schuld bekommen soll.

b) Forderungen zu gesamter Hand entsprangen den bestehenden Gesamthandsverhältnissen ebenso wie Schulden zu gesamter Hand. Sie konnten außerdem rechtsgeschäftlich begründet werden, indem mehrere Gläubiger gesamthändig sich vom Schuldner geloben ließen. Die Gesamthandsforderung kann nur von den Gesamthandgläubigern zusammen geltend gemacht werden, sofern nicht einer von ihnen kraft Gesetzes oder Vertrages zur Vertretung der übrigen berechtigt ist. Wegfall eines Gesamthandgläubigers bewirkte wie bei der Gesamthandschuld eine Anwachsung. Durch die Leistung an einen Gesamthandgläubiger entstand für die übrigen ein Ausgleichungsrecht.

2. Neueres Recht. Das römische Recht kannte nur anteilige Gläubigergemeinschaft und, entsprechend der Solidarschuld, die aktive Solidarobligation, bei der jeder der Gläubiger das Ganze zu fordern berechtigt war. Demgegenüber hat sich im neueren Recht die Gesamthandforderung, abgesehen von dem Recht der Handelsgesellschaften, fast nur im ALR. erhalten, wo sie die fast ausnahmslose Regel bildet.

Das neueste Recht folgt sowohl dem deutschen wie dem römischen Recht. Daher kennt das BGB. neben der in den Gesamthandverhältnissen auftretenden und außerhalb dieser nicht zu begründenden Gesamthandforderung die Mitgläubigerschaft nach Anteilen (420) als Regel bei teilbaren Leistungen, die der aktiven Solidarobligation entsprechende Gesamtgläubigerschaft (428ff.) und bei unteilbaren Leistungen eine weitere Form der Gläubigermehrheit, die sich im Kern als eine Gesamtgläubigerschaft erweist, aber durch das Recht des einzelnen Gläubigers, die Hinterlegung für alle zu fordern, modifiziert ist. OR. kennt nur die solidarische Gläubigermehrheit (150).

2. Kapitel.

Die Haftung.

§ 62. Arten, Formen und Entstehung.

I. **Arten und Formen.** 1. Die beiden Grundarten der Haftung, geschieden nach dem Objekt der Haftung, sind schon in ältester Zeit Personenhaftung und Sachhaftung (s. o. § 54 II 3). Jene verleiht dem Gläubiger den Zugriff auf eine Person, diese den Zugriff auf eine Sache. Die Personenhaftung folgt historisch der Sachhaftung nach; der Realkredit ist älter als der Personalkredit.

Die einfache Zweiteilung der Haftungen ist im Grunde bis in das geltende Recht erhalten geblieben. Sie ist aber dadurch verdunkelt worden, daß sich die äußeren Formen der Personenhaftung veränderten. In älterer Zeit ist es der Körper des Haftenden selbst, auf den sich der Zugriff richtet. Dies gilt sowohl für die Haftung aus Delikt, die in der Form der Fehde realisiert wird, wie für die Haftung aus Vertrag in Form der Geiselschaft (s. § 74 I 2). Im Mittelalter aber und teilweise schon in der fränkischen Zeit erscheint das Vermögen des Haftenden als Objekt des Zugriffs. So kam man in der Wissenschaft dazu, eine dritte Form der Haftung anzunehmen, die sogenannte Vermögenshaftung. Dabei wird aber übersehen, daß auch diese sogenannte Vermögenshaftung nur eine Spielart oder geschichtliche Phase der Personenhaftung ist.

Diese Gruppierung der Haftungen kann man nur dann verstehen, wenn man sich klar macht, daß Personenhaftung ein Einsatz der Persönlichkeit im Rechtssinn ist. Bei ihrer Durchsetzung ist demgemäß der Rechtsschutz ganz oder teilweise entzogen. Weil dies der Fall, ist der Körper des Schuldners dem Zugriff des Gläubigers ebenso ausgesetzt, wie sein Vermögen.

2. Verschieden von der Frage, was haftet, ist die andere, welche rechtlichen Formen die Haftung annimmt. Wesentlich ist hier nur die Begründung eines Verhältnisses, das im Augenblick der Nichtleistung durch den Schuldner den Zugriff auf die haftende Person oder die haftende Sache ermöglicht. Während z. B. das älteste Recht, soweit Selbsthaftung des Schuldners in Frage kam, dies dadurch erreichte, daß es die Nichthaftung als Unrecht auffaßte und diesem Friedlosigkeit folgen ließ, greift das

moderne Recht mit staatlicher Zwangsgewalt ein und vollstreckt in das Vermögen des Schuldners. Die sich hieraus ergebende Vielgestaltigkeit, in der die Haftung auftreten kann, ist im angegebenen Rahmen unbegrenzt. Daher kann das neuere Recht beim Bürgen die Form eines Schuldverhältnisses wählen, um die Haftung des Bürgen zu erreichen; denn gegen den Bürgen ist als gegen einen Schuldner Vollstreckung möglich. Hiermit hängt es endlich zusammen, daß die Sachhaftung zwar die Form eines dinglichen Rechts annehmen kann, aber an diese Form begrifflich nicht gebunden ist.

II. **Entstehung.** Die Frage nach der Entstehung der Haftung kann nur da und insoweit gestellt werden, als der Schuldner nicht als solcher haftet oder eine besondere Haftung neben der des Schuldners begründet werden oder auch dessen Haftung eine besondere Form annehmen soll. Sie scheidet daher schon in ältester Zeit aus bei der widerrechtlichen Schadenszufügung, da hier der Täter oder die schadenstiftende Sache ohne weiteres haftet. Sie scheidet ebenso aus, seitdem die Verbindung von Schuld und Haftung zu einer begrifflichen geworden ist (s. o. § 54 II). Im übrigen aber bedarf es eines besonderen Haftungsgeschäfts oder einer besonderen, Haftung begründenden Rechtshandlung.

Das Haftungsgeschäft ist ein auf Begründung einer Haftung gerichteter Vertrag (Haftungsvertrag). Seine typische Form ist bei Sachhaftung der Pfandversatz. Personenhaftung wurde seit alters durch einen Vertrag begründet, dessen Formen der Symbolisierung der dem Gläubiger zukommenden Herrschaft dienten; dazu eignete sich als Form in erster Linie die Handreichung, wenn nicht, wie bei der Geiselschaft, der Schuldner in Person sich in die Gewalt des Gläubigers begab. (Näheres s. u. § 74 I 2.)

Veränderung und Untergang. § 63.

I. **Veränderung.** Die Haftung kann sich ihrem Umfange und ihrer Art nach ändern. Die Änderung im Umfange tritt immer dann ein, wenn der Umfang der Schuld sich vermindert; sie kann eintreten, wenn sich deren Umfang vergrößert. Die Art der Haftung veränderte sich im älteren Recht durch Begründung einer Sachhaftung oder einer Dritthaftung (s. u. § 64 I 1). Im späteren Recht führt der gleiche Vorgang nur zu einer qualitativen Erweiterung der Haftung.

Änderungen in der Person des Zugriffsberechtigten oder des Haftenden sind kraft Gesetzes wie kraft Rechtsgeschäfts möglich, berühren aber die Haftung als solche nicht.

II. **Untergang.** Die Haftung geht immer unter, wenn die Befriedigung des Gläubigers erfolgt oder die Schuld sonst untergeht. Die Sachhaftung endet mit dem Untergang der haftenden Sache. Die Dritthaftung endete im älteren Rechte mit dem Tode des Haftenden. Im späteren Mittelalter aber wurde die Bürgschaftsschuld vererblich, wenngleich vereinzelt noch in neueren Rechten besondere Einbeziehung der Erben in die Bürgschaft gefordert wurde. Die geltenden Rechte erkennen die Vererblichkeit der Bürgschaftsschuld an; doch kennt ABGB. 1367 ein Erlöschen der vererbten Bürgschaft, wenn der Gläubiger den Erben innerhalb dreier Jahre nicht gemahnt hat.

§ 64. Haftungsverbindungen.

I. **Mehrheit von Haftungen.** 1. Sachhaftung und Personenhaftung. Im ältesten Recht schloß eine Sachhaftung die eigene Haftung des Schuldners für die gleiche Schuld aus. Der Grund liegt im Wesen der ältesten Sachhaftung als reiner Sachhaftung. Die reine Sachhaftung beschränkt den Zugriff des Haftungsberechtigten auf die haftende Sache und setzt andererseits diese in vollem Umfang dem Zugriff aus. Dem Gläubiger verbleibt der Mehrwert, den ihm der Zugriff auf die Sache im Verhältnis zur Schuld bringt; er kann aber auch den Minderwert nicht ergänzt verlangen. Daher ist hier kein Platz für eine weitere Haftung, die nur Ausfallshaftung sein könnte. Zudem sollte der Gläubiger, der dem Personalkredit den Realkredit vorgezogen hatte, nunmehr auch jenen nicht ausnützen können. Dieses Verhältnis zwischen Personenhaftung und Sachhaftung änderte sich, sobald es Sachhaftungen gab, die den Charakter reiner Sachhaftungen abgestreift hatten und zu Werthaftungen geworden waren. Nunmehr konnte neben der Haftung des Schuldners eine Sachhaftung um der gleichen Schuld willen stehen. Die praktische Bedeutung dieser Kumulierung von Haftungen war und ist eine doppelte. Die haftende Sache dient der ausschließlichen Befriedigung des Haftungsberechtigten; dieser konkurriert mit keinem der anderen Berechtigten, denen der Zugriff auf das die Sache enthaltende Vermögen in seiner Gesamtheit offensteht, er geht ihnen vor und überläßt ihnen nur den Überschuß. Andererseits hat der Sachhaftungsberechtigte den Zugriff auf den Haftenden und sein Vermögen, im Regelfalle den Schuldner, sei es neben dem auf die Sache, sei es insoweit, als die Sache zu seiner Befriedigung nicht ausreicht. Doch war noch im Mittelalter der ursprüngliche Ausschluß der Schuldnerhaftung neben der Sachhaftung so lebendig, daß sich der Schuldner bei Pfandsetzung durch „Geloben zum Pfande" ausdrücklich verhaften mußte, sei es für die ganze Schuld, sei es für den Ausfall. Fehlte dieses ausdrückliche Gelöbnis, so war noch im Mittelalter das Zugriffsrecht auf die Sache beschränkt. Nur ausnahmsweise wird dem Gläubiger ohne besonderes Gelöbnis das Recht eingeräumt, sich wegen des Ausfalls an den Schuldner persönlich zu halten.

2. Mehrheit von Sachhaftungen. Von jeher konnte eine Mehrheit von Sachen für die gleiche Schuld haften. Handelte es sich hierbei um reine Sachhaftung, so konnte sich der Gläubiger aus jeder Sache voll befriedigen; reichte der Wert sämtlicher Sachen zum Ersatze nicht aus, trug er die Gefahr des Minderwertes. Bei Werthaftung konnte die Frage nur die sein, ob der Gläubiger sämtliche Sachen zugleich angreifen durfte und den Gesamtüberschuß herausgeben mußte, oder ob er den Zugriff zuerst auf eine Sache richten mußte und auf die übrigen nur nacheinander zur Deckung des Ausfalls richten durfte. Das ältere Recht scheint Regeln hierüber nicht aufgestellt zu haben. Dagegen finden sich solche im neueren Recht hinsichtlich der sogen. Korrealhypotheken. Sie gehen im Anschluß an das römische Recht darauf hinaus, daß der Gläubiger seinen Zugriff auf sämtliche Grundstücke richten kann und dann aus dem Erlöse verhältnismäßig befriedigt wird, daß aber bei dem ihm freistehenden getrennten Zugriff und voller Befriedigung aus einem Grundstücke die Haftung der übrigen Grundstücke erlischt. Das hierin liegende Prinzip der Solidarhaftung wurde nach einigen Rechten im Fall des Konkurses im Sinne eines Zwanges zu anteilsmäßiger Befriedigung durchbrochen.

Solidarische Haftung für eine Schuld eines Schuldners liegt nach BGB. insbesondere beim mehrfachen Pfandrecht vor, so bei der Gesamthypothek (BGB. 1132), dem mehrfachen Pfandrecht an Mobilien (BGB. 1222); der Zugriff ist nach 1230 auf die zur Befriedigung nötigen Werte beschränkt. Nach ZGB. 798 ist schon die Begründung von Gesamtpfandrechten eingeschränkt, der Zugriff aber nach 816 auf alle Sachen gleichzeitig zu richten.

3. Mehrheit von Personenhaftungen.

a) Haftung des Schuldners und Haftung eines Dritten (Dritthaftung) schlossen sich im ältesten Recht ebenso aus wie Schuldnerhaftung und Sachhaftung. Denn die Struktur der Dritthaftung war von Hause aus die einer Sachhaftung. Die Stellung eines Bürgen befreite den Schuldner von der Haftung. Diese Lösung des Schuldners aus der Haftung macht noch im Mittelalter für den Regelfall einer subsidiären Haftung des Schuldners Platz, konnte aber auch jetzt noch ausdrücklich bedungen werden. Fast gleichzeitig findet sich primäre und solidarische Haftung des Schuldners. Andererseits ist auch die subsidiäre Haftung des Bürgen noch eine Erscheinung des Mittelalters. Sie ist in den neueren Rechten (ALR.; ABGB. 1346) erhalten und in das geltende Recht übergegangen (BGB. 771; OR. 495).

b) Wie Schuldgemeinschaften koordinierter Schuldner gibt es auch Haftungsgemeinschaften, deren Arten denen der Schuldgemeinschaften im wesentlichen entsprechen.

Allerdings ist dabei infolge der scharfen Trennung von Schuld und Haftung die Form der Schuldgemeinschaft im einzelnen Fall nicht notwendig bestimmend für die Form der für eben diese Schuld bestehenden Haftungsgemeinschaft.

α) Die Haftung kann Anteilshaftung sein, so daß jeder Haftende nur für einen Teil der Schuld haftet. Solche anteilige Haftung ist die Regel bei der Anteilsschuld. Es kann aber eine Haftung auch für die Anteile der Mitschuldner bestehen und ebenso kann sich anteilige Haftung mit einheitlicher Schuld eines oder mehrerer Schuldner verbinden.

β) Eine Gesamthandhaftung entspringt der gesamthändigen Begründung einer Haftung, entsteht also außerhalb der typischen Gesamthandverhältnisse nach älterem Recht bei gesamthändiger Übernahme einer Bürgschaft. Aber eine gleiche Art der Haftung besteht bei den gesetzlichen Gesamthandverhältnissen. Auch z. B. die Ehegatten bei der allgemeinen Gütergemeinschaft und Gesellschafter haften so. Die Gesamthändigkeit dieser Haftung mußte sich folgerichtig darin äußern, daß nur gegen sämtliche Haftende zugleich die Zugriffsmacht des Gläubigers ausgeübt werden kann. Aber diese Folgerung kann nur dann verwirklicht werden, wenn die zu gesamter Hand Haftenden ein Gesamthandvermögen haben, das dann das gegebene einheitliche, primäre Zugriffsobjekt ist. In allen anderen Fällen muß sich die Gesamthandhaftung praktisch entweder als Anteilshaftung oder als Solidarhaftung ausgestalten.

γ) Der Solidarschuld entspricht eine Solidarhaftung, die dem Gläubiger das Zugriffsrecht gegen jeden Haftenden wegen der ganzen Schuld gewährt. Doch ist die Solidarhaftung älter als die Solidarschuld (vgl. o. § 61 I b, c).

Die Verbindung von Schuld und Haftung in der römischen obligatio führte dazu, daß sich die Form der Haftung nach der der Schuld bestimmte. Der anteiligen Schuld entsprach die anteilige Haftung, der Solidarschuld die Solidarhaftung. Trotzdem sind die Formen der deutschrechtlichen Haftungsgemeinschaften und die Verbindung verschiedener Formen der Haftung und der Schuld auch dem geltenden Recht nicht fremd. Die Gesamthandhaftung findet sich bei allen Gesamthandverhältnissen, wogegen wiederum ihre rechtsgeschäftliche Begründung außerhalb ihrer unmöglich ist.

II. Mehrheit von Haftungsberechtigten.

Das gleiche Haftungsobjekt kann dem Zugriff mehrerer Berechtigter ausgesetzt sein. Es handelt sich hier um die Fälle, daß eine Person haftender Schuldner mehrerer Gläubiger ist oder für Schulden verschiedener Personen Bürge geworden ist oder daß eine Sache für mehrere Schulden eingesetzt ist. Mit der Aufnahme der regelmäßigen Haftung des Schuldners ist dieser selbst und sein Vermögen einer Konkurrenz von Haftungsrechten ausgesetzt, sobald er mehr als einem Gläubiger schuldet. Damit wird dieser Fall der praktisch häufigste und er nimmt im modernen Recht die Fälle der Verbürgung in sich auf, so daß nur einer Mehrheit von Gläubigern eines Schuldners und einer Mehrheit von Haftungsberechtigten in bezug auf eine Sache zu gedenken ist. Immer aber gelangt die durch die Mehrheit der Haftungsberechtigten geschaffene Konkurrenz nur dann zu praktischer Bedeutung, wenn das Haftungsobjekt (Person, Vermögen, Sache) geringeren Wertes ist als die Gesamtheit der Forderungen, um derentwillen es haftet. Dann entsteht die Frage, wie der Wert des Haftungsobjekts auf die einzelnen Berechtigten zu verteilen ist.

Eine Komplikation der Konkurrenz entsteht dann, wenn Haftungsberechtigte, deren Zugriff auf die Person (Vermögen) geht, mit solchen zusammentreffen, denen eine einzelne zu diesem Vermögen gehörende Sache haftet.

a) Für die Konkurrenz mehrerer Berechtigter auf die Person (Vermögen) des Haftenden scheint es im ältesten

Recht an Regeln gefehlt zu haben, eine bei der geringen Bedeutung des Privateigentums durchaus verständliche Erscheinung. In der Folgezeit hat schlechthin Prävention gegolten; es hatte der Gläubiger den furgang, der zuerst den Zugriff ausübte, wobei man ihm in bestimmten Fällen mit dem Mittel der Beschlagnahme des schuldnerischen Vermögens zu Hilfe kam. Aber schon im Mittelalter gelangte man, zuerst in Handelsstädten, wie z. B. Hamburg, Lübeck, Bremen dazu, die Gläubiger aus dem für sie beschlagnahmten Vermögen des Schuldners anteilsweise, nach markzal, zu befriedigen. Diese Lösung der Konkurrenz hat sich dann bis heute erhalten. Unter dem Einfluß des römischen Rechts ist sie der Mittelpunkt des Konkursverfahrens geworden. Von der Verteilung nach Verhältnis der Forderungen nahm man aber schon im Mittelalter Abstand zugunsten gewisser privilegierter Gläubiger und vor allem zugunsten der Sachhaftungsberechtigten. Diesen wurde die ihnen haftende Sache zunächst zur Befriedigung überlassen; nur der Überschuß fiel an die anderen Gläubiger. Jene wurden vor den übrigen Gläubigern befriedigt. Die neueren Rechte haben insbesondere die Liste der privilegierten Gläubiger ausgebaut, so z. B. durch Aufnahme des Gesindes, des Vermieters. Auch diese Gesichtspunkte hat das geltende Recht im Prinzip beibehalten.

b) Eine Konkurrenz mehrerer Sachhaftungen, also mehrerer Pfandrechte, ist, von Ausnahmen abgesehen, erst möglich seit dem Abkommen des Faustpfandes und der älteren Satzung (s. u. §§ 76 II, 78 II 2), da die mehrfache Verhaftung fortdauernden Besitz des Pfandschuldners an der Pfandsache voraussetzte. Dann aber weisen die Quellen die Bevorzugung des älteren vor dem jüngeren Pfandrecht auf. Der spätere Pfandgläubiger wird geradezu auf den vom früheren freigelassenen Wertteil der Sache verwiesen.

Diese Rangordnung entsprach den vom römischen Recht entwickelten Regeln und hat sich daher im Grunde bis heute erhalten (BGB. 1209, 1247², 879; ZGB. 893).

II. Abschnitt.

Einzelne Schuldverhältnisse und Haftungen.

1. Kapitel.

Schuldverhältnisse.

A. Schuldverhältnisse aus Rechtsgeschäften.

Gabe. § 65.

Dem späteren Worte „Schenkung" entspricht in älterer Zeit der Ausdruck gabe (gift). Sachlich ist der Begriff der völlig unentgeltlichen Vermögenszuwendung dem älteren Recht fremd. Auch die Gabe mußte noch in fränkischer Zeit gelohnt werden; sonst war sie widerruflich. Nach langobardischem Recht geschah dies durch Hingabe einer im Werte geringfügigen Summe, des launegild. In anderen Rechten stand die Gabe in Beziehung mit geleisteten oder erwarteten Diensten; so auch bei der Gabe pro remedio animae. Dann waren es diese Dienste, die die Gabe lohnten. Die Schenkung fügte sich so dem Begriff des Realvertrags ein, war typisch eine Gabe mit Auflage. Als in der fränkischen Zeit die unmittelbare Lohnung zu verschwinden begann, erhielt sich der Grundgedanke nicht nur in der Widerruflichkeit der Gabe aus bestimmten Gründen, z. B. bei Undank des Schenkers, sondern auch in der vor allem bei den sogen. Landschenkungen der Könige und Herzöge geltenden Unveräußerlichkeit und Unvererblichkeit der Schenkung. Die Schenkung erschien an die Person des Beschenkten gebunden und fiel mit dem Tode des Beschenkten an den Schenker zurück; es galt Wiederkehrrecht (später sogen. droit de retour). Erst allmählich ist die Schenkung zur schlechthin unentgeltlichen Vermögenszuwendung geworden. Doch hat sich das Rückfallsrecht nach einigen Rechten bei der Schenkung an uneheliche Kinder (Hornungsgabe), bei der an Deszendenten (Elterngabe), bei Aussteuer und Morgengabe erhalten.

Durch die Aufnahme des römischen Rechts ist an diesen Grundsätzen nur wenig geändert worden. Die neueren Rechte unterwerfen aber die Schenkung mit Ausnahme der Handschenkung teils schlechthin, teils von einer bestimmten Wertgrenze ab, einer Form (schriftlicher oder behördlicher Abschluß); so auch ABGB. 943. Vereinzelt (z. B. ALR.; ABGB. 947) wurde der Beschenkte zur

Unterstützung des Schenkers im Falle der Verarmung je nach Umfang der Schenkung verpflichtet. Alle Rechte gaben dem Schenker das Recht des Widerrufs bei grobem Undank des Beschenkten.

Das geltende Recht hat an diesen Grundsätzen wiederum festgehalten. Die Schenkung von Hand zu Hand ist formlos, das Schenkungsversprechen dagegen an die Schriftform gebunden (OR. 243), nach BGB. 518 sogar an gerichtliche oder notarielle Form. Der Widerruf wegen Undanks hat sich erhalten (BGB. 530ff., OR. 249). Der Unterstützungsanspruch hat BGB. 528 einem Rückforderungsrecht in Höhe der Bereicherung des Beschenkten Platz gemacht.

§ 66. Tausch und Kauf.

I. **Allgemeines.** Der Tausch, gerichtet auf den Umsatz von Ware (kauf, kaufmanschaft) gegen Ware, und der Kauf (köpinge), gerichtet auf den Umsatz von Ware gegen Geld, unterstehen nach deutschem Recht den gleichen Regeln. Beide sind ursprünglich Bargeschäfte gewesen. Es traten diesen aber früh Schuldverträge zur Seite, die an der allgemeinen Entwicklung der Schuldverträge (s. o. § 56 I) gleicherweise teilnahmen, und beide erscheinen im späten Mittelalter als Konsensualverträge. Andererseits reicht der Begriff des Kaufes ursprünglich über den des Umsatzes einer Ware gegen einen Preis hinaus. Der Kauf ist im älteren Recht der „Urtypus der gegenseitigen Verträge", weshalb auch andere als die erwähnten Umsatzgeschäfte die Bezeichnung „Kauf" führen konnten.

Im römischen Recht war der Kauf gleichfalls Konsensualvertrag, der Tausch aber unbenannter Realkontrakt. Diesem Unterschied hat sich die Entwicklung nach der Rezeption im Prinzip nicht angeschlossen. Das geltende Recht behandelt Kauf und Tausch gleich (BGB. 515, OR. 237), allerdings mit der Maßnahme, daß bei diesem jede Partei zugleich als Käufer und als Verkäufer erscheint. Neben dem Kaufvertrag als Schuldvertrag hat sich der Barkauf bis heute erhalten (Handkauf).

II. **Einzelne Rechtssätze.** Der in der Regel formfreie Kaufvertrag steht unter den allgemeinen Regeln des Schuldvertrags. Nur in einzelnen Punkten ist besonders hervorzuheben:

1. Der Kaufvertrag erzeugte als gegenseitiger Vertrag ein beiderseitiges Leistensollen und Bekommensollen. Der Käufer sollte das Kaufobjekt erhalten, der Verkäufer den Kaufpreis. Inwieweit neben der Schuld eine Haftung des Käufers oder des

Verkäufers bestand und wie solche Haftung begründet wurde, richtete sich nach der jeweiligen rechtlichen Struktur des Vertrags (s. o. § 56 I). Danach bestimmte sich auch, ob ein Reuerecht gegeben war. Die Erfüllung der beiderseitigen Leistungen erfolgte in der Regel Zug um Zug. Doch kamen schon im Mittelalter Kreditkäufe und Vorausbezahlung des Kaufpreises vor.

2. Hinsichtlich der Kaufobjekte werden im früheren Recht zum Teil sehr abweichende Bestimmungen getroffen. Zwar konnten Sachen aller Art, daher in älterer Zeit auch Unfreie, und mindestens seit dem Mittelalter auch Rechte verkauft werden. Aber erst im Mittelalter wurde der Verkauf von Sachen zulässig, die man nicht in der Gewere hatte und noch ALR. klingt diese Regel insofern nach, als der Vertrag über Lieferung einer erst noch zu beschaffenden Sache die besondere Form des Lieferungsvertrags bildete. Auch der Verkauf künftiger Sachen, insbesondere der künftigen Ernte war zum Teil noch im Mittelalter verboten. Fahrniskauf und Liegenschaftskauf unterschieden sich nur durch die diesem meist eigene Formgebundenheit (vgl. BGB. 313; OR. 216).

Bezüglich des Kaufpreises finden sich schon in fränkischer Zeit Taxen für Gegenstände des täglichen Bedarfs. Im Mittelalter wurde unter kanonischem Einfluß der Grundsatz des gerechten Preises, aus dem römischen Recht die laesio enormis aufgenommen. Dem geltenden Recht sind diese Beschränkungen unbekannt.

3. Der Verkäufer haftete schon im älteren Recht für Rechtsmängel. Diese Haftung bestand darin, daß der Verkäufer den Käufer in der diesem übertragenen Gewere schützen mußte, indem er in den Prozeß, den ein Dritter auf Herausgabe der Sache anstrengte, eintrat und die Gewere des Käufers verteidigte (Gewährschaftspflicht). Nichteintritt oder Versagen seiner Verteidigung büßte er als Gewährschaftsbruch mit einer Buße und Rückgabe des einfachen oder auch des doppelten Kaufpreises, vielfach auch einem Schadensersatz. Diese gesetzliche Gewährschaftspflicht wurde nicht selten im Vertrage noch besonders übernommen. Aus ihr entwickelte sich noch im Mittelalter eine Rechtsverschaffungspflicht, weshalb jene entfiel, sobald das Recht des Käufers durch Erlangung der rechten Gewere oder durch Beschränkung der Vindikation (s. o. § 28 I und III) unanfechtbar geworden war. Nach römischem Recht haftete der Verkäufer nur für das habere licere, also nur dann, wenn die Sache dem Käufer evinziert war; dann hatte er Schadensersatz oder das duplum des Kaufpreises zu zahlen. Diese Haftung für Eviktion wurde aber

unter dem Einfluß des deutschen Rechts zu der Verpflichtung umgebildet, den Käufer im Prozeß auf erfolgte Streitverkündigung hin zu verteidigen. Im neuesten deutschen Recht tritt diese prozessuale Seite zurück, die Verpflichtung, dem Käufer lastenfreies Eigentum zu verschaffen, allein in den Vordergrund (BGB. 434). Dagegen hat OR. (193) die prozessuale Schirmungspflicht des Verkäufers beibehalten.

4. Eine Haftung für Sachmängel kannte das ältere Recht grundsätzlich nicht. Dies drücken die späteren Rechtssprichwörter aus: „Wer die Augen nicht auftut, tut den Beutel auf" und „Augen auf, Kauf ist Kauf". Nur ausnahmsweise trat, von besonderer Zusicherung abgesehen, eine Haftung ein, wenn der Verkäufer einen sehr schwer erkennbaren, wesentlichen Mangel trotz Kenntnis verschwiegen hatte; die Folge war ein Recht des Käufers, den Kauf zu wandeln (mutatio), d. h. rückgängig zu machen, den Preis gegen Rückgabe der Sache zurückzuverlangen. Die weitere Entwicklung unterscheidet zwischen Viehkauf und sonstigem Kauf. Beim Viehkauf, d. h. dem Kauf bestimmter Tiere, insbesondere von Pferden, Rindvieh, Schweinen und Eseln entwickelte sich eine Haftung des Verkäufers für bestimmte Mängel (sogen. Hauptmängel), insbesondere Rotz, Starblindheit, Herzschlächtigkeit, sofern diese innerhalb bestimmter kurzer Frist (Gewährfrist) auftreten; erst neuere Rechte geben dem Verkäufer den Beweis, daß diese Fehler zur Zeit des Kaufes noch nicht bestanden hatten (ALR.; ABGB. 927), gehen also von der Vermutung der Fehlerhaftigkeit zur Zeit des Kaufes aus (ABGB. 924ff. [Änderungen 1917]; BGB. 484). Daran hat BGB. 481ff. im wesentlichen festgehalten. Dagegen hat OR. 198 nur insoweit eine Haftung anerkannt, als arglistige Täuschung durch den Verkäufer oder dessen schriftliche Zusicherung vorliegt. Der Einfluß des römischen Rechts auf die Haftung beim Viehkauf war nicht bedeutend und nur partikulär.

Die Haftung für Sachmängel bei sonstigen Käufen hat sich unter dem Einfluß des römischen Rechts geändert. Dieses gewährte dem Käufer wegen arglistig verschwiegener Mängel und des Fehlens zugesicherter Eigenschaften die actio emti auf Schadensersatz, wegen aller anderen, nicht erkennbaren Mängel den Wandlungsanspruch (actio redhibitoria) und den Kaufpreisminderungsanspruch (actio quanti minoris). Diesem System hat sich das neuere Recht grundsätzlich angeschlossen (ALR., ABGB. 922ff., BGB. 459ff., OR. 197ff.).

Die dem Käufer auferlegte Prüfung und Mängelanzeige (ALR., C. c.) hat sich im HGB. (377 = AHGB. 347) und OR. 201 erhalten.

5. Die Gefahr des zufälligen Untergangs und der Verschlechterung ging nach deutschem Recht mit der Übertragung der Gewere über, bei Liegenschaften im Mittelalter mit der Auflassung. Dazu ist das BGB. 446 und im Prinzip ABGB. 1064 zurückgekehrt, wogegen OR. 185 mit dem römischen Recht und vielen Partikularrechten den Gefahrübergang an den Zeitpunkt des Vertragsschlusses knüpft. Dem Übergang der Gefahr entspricht der der Nutzungen.

Miete und Pacht. § 67.

I. **Allgemeines.** Die Miete (Heuer, Verheuerung), gerichtet auf entgeltlichen Gebrauch einer Sache, und die Pacht, gerichtet auf entgeltlichen Gebrauch und Nutzung einer Sache gehören als Schuldverträge erst dem Mittelalter an. Das Bedürfnis der Miete beweglicher Sachen fehlte der früheren Zeit und das der Miete und Pacht von Häusern und Liegenschaften wurde durch Leiheverhältnisse (s. o. §§ 45ff.) gedeckt.

Kraft des Vertrags (miete, heuer, bestand), der den allgemeinen Regeln über den Schuldvertrag untersteht, ist der Vermieter (Verpächter) verpflichtet, den Vertragsgegenstand der anderen Partei zu übergeben und für bestimmte Zeit zu Gebrauch (und Nutzung) zu überlassen. Der Mieter (Pächter) ist verpflichtet, den vereinbarten Mietzins (Pachtzins, miete, hauszins, hure) zu zahlen, der in Geld oder Naturalien bestand, bei der Pacht mit Rücksicht auf außergewöhnlich schlechten Ertrag ermäßigt werden konnte. Bei Nichtzahlung des Zinses hatte der Vermieter eines Grundstücks ein Pfändungsrecht an den eingebrachten Sachen des Mieters. Bestand der Zins in einem Bruchteil der Früchte, so lag Teilpacht vor (ABGB. 1103). Der Mieter hatte Gewere an der gemieteten (gepachteten) Sache. Daher wurde auch nach der Ausbildung eines eigenen schuldrechtlichen Vertrags die Ähnlichkeit mit den Leiheverhältnissen besonders stark empfunden. Sie fand ihren Ausdruck in der wechselweisen Terminologie, vor allem aber darin, daß die Rechte des Mieters und Pächters als dingliche angesehen wurden; dem entsprach sodann die weithin geltende Regel „Kauf bricht nicht Miete" (huere gaet voor coop), der gegenüber der gegenteilige Satz „Kauf bricht

Miete" (kauf treibt heuer aus) nur ein geringes Verbreitungsgebiet hatte. Jener Satz bedeutete, daß der rechtsgeschäftliche Erwerber der Mietsache in den Mietvertrag einzutreten hat.

Das Miet- oder Pachtverhältnis endete mit Ablauf der vereinbarten Zeit. Partikulär konnte es schon vorher einseitig gekündigt werden, wenn z. B. eine der Parteien starb (BGB. 569) oder der Mieter ein Haus zu Eigentum erwarb.

Im römischen Recht fielen Miete und Pacht in dem einheitlichen Begriff der locatio conductio rei zusammen. Der conductor hatte kein dingliches Recht, auch nicht possessio, sondern nur detentio. Schlechterdings galt „Kauf bricht Miete". Die neueren Rechte haben demgegenüber den dinglichen Charakter der Miete und Pacht aufgegeben, vereinzelt die Verdinglichung durch Eintrag im Grundbuch zugelassen (ALR.; ABGB. 1095); nur ALR. gibt dem Mieter (Pächter) ein Recht zur Sache. Der Satz „Kauf bricht nicht Miete" hat sich vielfach erhalten, sein Gegenteil ist durch längere Auszugsfristen eingeschränkt worden. Das Pfändungsrecht wurde zum gesetzlichen Pfandrecht. Die Verbindung von Miete und Pacht kennt ABGB. im Bestandvertrag (1090ff.).

Im geltenden Recht des BGB. sind Miete und Pacht getrennte, aber in Vielem gleichbehandelte reine Schuldverträge; eine dingliche Wirkung fehlt trotz der Aufnahme des Satzes „Kauf bricht nicht Miete" bei der Grundstücksmiete und Grundstückspacht (BGB. 571, 581). Dagegen hat OR. 259 den Satz „Kauf bricht Miete" aufgenommen, andererseits ihn durch die Möglichkeit der Verdinglichung von Miete und Pacht (260, 282) wiederum durchbrochen.

II. **Viehpacht.** Manchen besonderen Regeln unterlag die schon im Mittelalter vorkommende Viehpacht (Viehverstellung), ihrem Wesen nach eine Art der Fahrnispacht. Sie kommt in verschiedenen Formen vor. Die einfachste ist die einer gewöhnlichen Pacht. Daneben kommt Teilpacht vor, bei der der Pächter (Einsteller) mit dem Verpächter (Versteller) die Früchte des Viehes teilte (vieh auf halben tun; contractus socidae); steht hierbei das Eigentum an den Tieren beiden gemeinschaftlich zu, so liegt ein Gesellschaftsverhältnis vor. Die dritte Art war der Eisernviehvertrag, dessen Gegenstand eine Viehherde ist. Hierbei hat der Einsteller bei Ablauf der Pacht gleich viel und gleich gutes Vieh zurückzugeben. Er hat also nicht nur den Nutzen, sondern trägt auch die Gefahr. Die Tiere werden daher als eisern bezeichnet (immerkuh, immerrind) und es gilt das Sprichwort: „Eisern Vieh stirbt nie." Im geltenden Rechte sind alle diese Formen möglich. Geregelt hat die Viehverstellung OR. 302—304.

Leihe und Darlehen. § 68.

I. **Leihe.** Die Leihe, gerichtet auf die unentgeltliche Überlassung des Gebrauchs einer Sache (daher auch Gebrauchsleihe), findet sich seit der fränkischen Zeit in den Quellen (res praestita) und kann in noch frühere Zeit zurückreichen. Sie wird geschlossen als Realvertrag. Der Leiher erhält den Leihgegenstand mit der Auflage, ihn nach gemachtem Gebrauch oder nach Ablauf der vereinbarten Zeit zurückzugeben. Er trug die Gefahr des Untergangs und der Verschlechterung der Sache. Bei Nichtrückgabe hatte der Verleiher die Klage aus der Obligation neben der um anvertrautes Gut. Die Rezeption der römischen Regeln über das commodatum beließ der Leihe den Charakter des Realvertrags, nahm aber dem Entleiher die Gefahrtragung ab. Die neueren Rechte haben sich meist dem römischen Recht angeschlossen. Daher scheiden sie von dem Realvertrag den Vorvertrag (ABGB. 971) und von der Leihe selbst das Bittleihen (Prekarium) mit dem Recht des Verleihers zu beliebiger Rückforderung (ALR.; ABGB. 974); der Prekarist hat Innehabung, aber keinen Besitz. BGB. (598ff.) und OR. (305ff.) haben den Unterschied zwischen Leihe und Prekarium fallengelassen, jenes hat am Realvertrag festgehalten, dieses nicht (305).

II. **Darlehen.** Die Rechtsform der Leihe umfaßte im älteren Recht auch das Darlehen, bei dem der Empfänger nicht dieselbe Sache, sondern nur gleiche Art und Menge zurückzugeben hatte; sein Gegenstand waren in älterer Zeit vor allem Getreide, überhaupt Naturalien, erst späterhin Geld (beides nach BGB., ABGB., OR.). Die Scheidung zwischen Leihe und Darlehen wurde durch den römischen Gegensatz von commodatum und mutuum begünstigt, wogegen aber auch noch das geltende Recht (insbesondere OR.) den Zusammenhang stark betont. Das Darlehen war demgemäß im älteren Recht wie auch im römischen Recht Realvertrag, der wiederum von dem auf Hingabe eines Darlehns gerichteten Darlehnsvorvertrag zu scheiden ist (ABGB. 983; BGB. 610); OR. hat auch hier den Realvertrag fallengelassen (312ff.).

Im Gegensatz zur Leihe, die begrifflich unentgeltlich ist (ABGB. 971, BGB. 598, OR. 305), ist das Darlehen in der Form des zinsbaren Darlehens zum entgeltlichen Geschäft geworden. Trotz des kanonischen Zinsverbots hat sich dieses im Spätmittelalter durchgesetzt, zumal die Juden dem Zinsverbot nicht unterworfen waren. Der Reichsabschied von 1654 gestattete reichsrechtlich die Annahme von Zinsen bis zu 5%; partikularrechtlich wurden Zinsen bis zu 8% zugelassen. Diese Zinsschranken wurden seit dem Ende des 18. Jahrhunderts aufgehoben, während Mißbräuche durch Einführung des Wucherverbotes (RG. v. 24. V. 80; BGB. 138; OR. 21) eingeschränkt wurden. ABGB. 984 hat für das zinsbare Darlehen den besonderen Namen des Zinsenvertrags.

§ 69. Arbeitsverträge.

Das wirtschaftliche Bedürfnis zum Abschluß von Arbeitsverträgen hat erst von der fränkischen Zeit an bestanden. Bis ins Mittelalter hinein und in ältester Zeit so gut wie ausschließlich ist das Bedürfnis nach Arbeitskräften durch Unfreie und kraft anderer Verträge, z. B. Grundleiheverträge, verpflichtete Personen gedeckt worden.

I. **Dienstverträge.** 1. Sieht man von den in älteste Zeit zurückreichenden Verträgen der Gefolgsherrn mit den Gefolgsleuten ab, deren Zweck neben der Begründung eines personenrechtlichen Verhältnisses auch die Erlangung und Leistung von Diensten war, so erscheint als älteste Form des Dienstvertrags der Gesindevertrag, inhaltlich dessen der Herr zur Zahlung des Lohnes (lidlon, gearntzlon), das Gesinde (knecht, dirn, ingesinde, ehalt, dienstbote) zur Leistung von Diensten sich verpflichtete. Der Lohn war nicht selten in das Belieben des Herrn gestellt; man diente „uf genade“. Andererseits sind Lohntaxen im Mittelalter nicht selten. Über diesen schuldrechtlichen Inhalt hinaus wurde der Gesindevertrag durch die Aufnahme des Gesindes in die Hausgenossenschaft des Dienstherrn in weitgehendem Maße personenrechtlich beeinflußt. Das Gesinde ist, ohne seine Freiheit einzubüßen, der hausherrlichen Gewalt des Dienstherrn unterworfen, die bis zum Recht der Bestrafung und Züchtigung gesteigert ist. Andererseits ist das Gesinde dem Herrn zu besonderer Treue verpflichtet. Dem Zusammenwohnen entspricht endlich die Verpflichtung des Herrn zur Gewährung von Kost und Wohnung und zur Vertretung nach außen hin. Der Abschluß des Gesindevertrages ist schon im Mittelalter durch die Anwendung einer Draufgabe, des Mietsgeldes (vormede, mietstaler, mietgroschen, haftgeld, dinggeld) ausgezeichnet. Die Dauer des Dienstes stand grundsätzlich im Belieben der Parteien. Doch suchte die Gesetzgebung allzu kurze Dienstzeiten in wirtschaftlichem Interesse hintanzuhalten und schritt insbesondere gegen das Abdingen vor Beendigung oder Kündigung des bisherigen Dienstverhältnisses und das Doppelverdingen ein. Der Nichtantritt des Dienstes wurde vielfach bestraft.

Das römische Recht hat den Gesindevertrag nur wenig beeinflußt. Er ist durch polizeiliche Bestimmungen und späterhin Gesindeordnungen in deutschrechtlichem Sinne weitergebildet worden. Doch ist der Frühkapitalismus des ausgehenden Mittelalters nicht ohne Bedeutung gewesen für die Zurückdrängung des Treuegedankens. Im Zusammenhange mit den Verhältnissen der Gutsherrschaft kam es namentlich im Osten, aber auch im Süden Deutschlands zum Zwangsdienst.

Das geltende Gesinderecht Deutschlands beruhte bis 1918 im wesentlichen auf Landesrecht (EGBGB. 95). Reichsrechtlich sind Schutznormen für das Gesinde (617 ff. BGB.) und die Aufhebung des Züchtigungsrechtes durchgeführt (vgl. auch RV. 157). Die Regelung im einzelnen schließt sich dem bisherigen deutschen Recht an. Das meist erhaltene Mietsgeld ist teils Form, teils nur Zeichen des Vertragsschlusses; es wird teils auf den Lohn angerechnet, teils nicht. Die Gesindeordnungen wurden 11. XI. 18 aufgehoben.

Kaum jünger als der Gesindevertrag ist der freie gewerbliche Arbeitsvertrag. Als Vertrag zwischen Meister und Gesellen unterstand er im Mittelalter der Regelung durch die Zünfte. Der Geselle (knappe, knecht) trat in die Hausgemeinschaft des Meisters ein, unterstand daher, wie das Gesinde, dessen hausherrlicher Gewalt. Andere hierher gehörige Verträge waren die mit Schiffsleuten, Bergleuten, Handlungsgehilfen, Soldkriegern und städtischen Beamten. Fehlte auch bei diesen Verträgen die Aufnahme in die Hausgemeinschaft, so doch nicht ein personenrechtliches Band, das den Einen als Herrn, den Anderen als Knecht erscheinen ließ, und diesen zu besonderer Treue verpflichtete. Dieses fehlte auch nicht bei anderen, den genannten Formen nicht einzuordnenden Dienstverträgen.

Die r. locatio conductio operarum unterschied sich durch die Beschränkung auf niedere Dienste (operae illiberales), die ausschließliche Entlohnung in Geld und den Mangel jedes personenrechtlichen Einschlages, was alles die Unterordnung unter den allgemeinen Begriff der rein schuldrechtlichen locatio conductio ermöglichte. Solange man sich dem römischen Recht anschloß, erschien die besondere Form eines Honorarvertrages (Freidienstvertrages) für Dienste höherer Art erforderlich. Aber schon in den neueren Rechten, die wesentlich dem deutschen Recht folgten, verschwand sie wieder.

Das geltende Recht steht auf dem Boden des deutschen Rechts (BGB. 611ff., OR. 319ff.) und behandelt als Dienstvertrag Verträge über Leistungen aller Art (BGB. 611 II, OR. 361) gegen beliebiges Entgelt. Die Bestimmungen des BGB. werden in weitem Umfange durch solche des Handelsrechts, Bergrechts, Seerechts (Heuervertrag) und Arbeitsrechts ergänzt, in denen die sonderrechtlichen Ausgestaltungen des deutschen Rechts ihre Fortsetzung finden. Eine Regelung des Arbeitsvertrages hat OR. 321ff. in den Grundzügen unternommen; im übrigen hat es auch die im deutschen Recht sonderrechtlich geregelten Dienstverträge einbezogen. Die dem deutschen Recht eigentümliche Treupflicht ist insbesondere im Handels- und Gewerberecht zum Ausdruck gekommen (HGB. 72, GewO. 133e). In besonderen Bestimmungen über die Fürsorgepflicht des Dienstherrn setzen sich gleichfalls frühere Bewegungen fort. Andererseits mußte sich die dem Dienstvertrage begriffliche Herrschaft über die Person erhalten, allerdings in verschiedener Stärke, am stärksten bei Aufnahme in das Haus oder Schiff.

2. Eine eigentümliche Abart des Dienstvertrages ist der seit dem Mittelalter vorkommende Lehrvertrag, inhaltlich dessen zwar der Lehrling (lernchint, lernchnecht) verpflichtet ist, Dienste zu leisten, der Lehrherr aber seinerseits, den Lehrling auszubilden. Außerdem wird vom Dienstherrn regelmäßig kein Lohn gezahlt, die Vergütung vielmehr in der Unterweisung erblickt und sogar vom Lehrling vielfach ein Lehrgeld entrichtet. Das Lehrlingswesen steht zunächst in engstem Zusammenhange mit dem Zunftwesen. Der Lehrling war in die Zunft aufgenommen, das Lehrverhältnis der Aufsicht und dem Gericht der Zunft unterstellt. Die Aufnahme des Lehrlings in die Hausgemeinschaft des Lehrherrn nähert den Lehrvertrag dem Gesindevertrag an und führt wie bei diesem zu hausherrlicher Gewalt und Züchtigungsrecht des Lehrherrn. Gesetzliche Regelung fand das Verhältnis im ALR., dann im AHGB. Jetzt gilt HGB. 76 und GewO. 126ff.; OR. 319 behandelt den Lehrvertrag als Dienstvertrag, dessen Regeln auch nach deutschem Recht subsidiär gelten. Das Züchtigungsrecht hat sich erhalten (GewO. 127a).

Die Zahl der Formen von Dienstverträgen übersteigt die im vorausgehenden genannten. Neben der vielseitigen Ausgestaltung der Arbeitsverträge im modernen Gewerberecht und im Arbeitsrecht sind zu erwähnen die Verträge mit den Handlungsgehilfen, geregelt im HGB., die Heuerverträge der Schiffer und Schiffsleute und die Verträge der Bergarbeiter.

II. **Werkverträge**. 1. Der Werkvertrag i. e. S., der sich von dem Dienstvertrag durch die Richtung auf einen bestimmten Erfolg und den Mangel personenrechtlichen Einschlags unterscheidet und von der Erfassung der Arbeitskraft als solcher absieht, mag in einzelnen Anwendungsfällen (insbesondere Schmiede, Müller) in die älteste Zeit zurückreichen. Einen Aufschwung nahm er erst im Mittelalter, insbesondere in den Städten, als das Bedürfnis nach Leistungen auftrat, die, wie die Schaffung von Kunstwerken und Bauten, Erteilung von Unterricht, überhaupt Erziehung, Verbeistandung vor Gericht (Vorsprecher) besondere Fähigkeiten und Kenntnisse erforderten. Soweit dies der Art des Werkes entsprach, wurde nun auf Verkauf (handwerk) wie auf Bestellung (lonwerk) gearbeitet. In dem Vertrage, der vielfach durch Hingabe der zu bearbeitenden Sache oder des Stoffes, aber auch unter Leistung eines Weinkaufs oder Gottespfennigs geschlossen wurde, verpflichtete sich der Unternehmer (fürgedinger) zur Herstellung des Werkes, der Besteller zur Zahlung einer Vergütung. Das Werk mußte in der Regel persönlich hergestellt werden; insbesondere bei Kunstwerken und Bauten darf gleichzeitig kein anderes Werk übernommen werden. Der Lohn war äußerst vielgestaltig. Er ist bald Naturallohn, bald Geldlohn, bald beides verbunden; Naturallohn erhielt insbesondere der Müller in Gestalt eines Bruchteils des Getreides. Er kann als Akkordlohn und als Zeitlohn vereinbart sein, wenngleich das Mittelalter dem Akkordvertrag (fürgriff, verding) vielfach mit Mißtrauen begegnete. Seine Höhe bestimmten oft Taxordnungen der Städte oder Zünfte. Doch konnte ein Werk auch uf gnade übernommen werden, ohne vorherige Vereinbarung eines bestimmten Lohnes. Der Unternehmer haftete für Mängel, die dem Besteller einen Anspruch auf Besserung und Schadensersatz oder auch ein Rücktrittsrecht geben, und für Rückgabe des ihm gelieferten Stoffes. Zur Sicherung seines Lohnanspruchs hatte er ein Zurückbehaltungsrecht.

Das römische Recht, das den Werkvertrag als locatio conductio operis in dem Oberbegriff der Miete aufgehen ließ, konnte sich nur teilweise durchsetzen. In manchen Gegenden, z. B. Bayern, Lübeck, hielt man am deutschen Recht fest, in anderen doch an einzelnen deutschrechtlichen Sätzen; Gewohnheitsrecht und Handwerksbräuche haben hierbei mitgeholfen. Die Unterstellung unter die Miete haben nur wenige Rechte, meist solche des 18. Jahrhunderts aufgenommen. Die neueren Rechte (ALR., ABGB. 1151ff. [1916])

stellen den Werkvertrag mit dem Dienstvertrag zusammen. Dem folgt auch BGB. 631ff. und OR 363ff. Deutschrechtlich geordnet ist insbesondere die Haftung für Mängel und die Gefahrtragung, die in früheren Rechten am meisten den Eindruck des römischen Rechts erkennen ließen. Auf deutsches Recht geht auch die Sicherung des Unternehmers durch ein gesetzliches Pfandrecht (BGB. 647) zurück.

2. Wie beim Dienstvertrag haben sich auch beim Werkvertrag verschiedene Arten zum Teil schon vor der Rezeption als Sonderformen mit teilweise besonderen Rechtsregeln losgelöst. Hierhin gehört seit dem Mittelalter der Frachtvertrag. Eingehend ordnen manche Rechte die Haftung für Verlust des Frachtgutes, insbesondere durch Diebstahl und höhere Gewalt, die in der Regel nur bei mangelnder Sorgfalt eintrat. Die schon dem Mittelalter bekannte Pflicht, dem Frachtführer (farman) bei Zurücklegung eines Teiles des Weges die ganze Fracht zu zahlen, hat sich in der Distanzfracht (HGB. 630/31, BSchG. 64, 69, 71) erhalten. Sonderbestimmungen gelten für den Frachtvertrag und andere Transportverträge auch im geltenden deutschen Recht (HGB. 425ff.) und OR. (440ff.).

3. Eine weitere Art des Werkvertrages ist der Verlagsvertrag zwischen dem Verlage und dem Verfasser. Dieser wurde aber erst in der neuesten Zeit einer gesetzlichen Regelung unterzogen. Von älteren Rechten behandelten ihn nur ALR., das sächsische BGB., ABGB. 1164ff. [seit 1916: 1172f.] und das badische LR. Noch BGB. (EG. 76) ließ ihn ungeregelt. Erst durch das Verlagsgesetz vom 19. VI. 1901 ist eine reichsgesetzliche Kodifikation erfolgt.

4. Älter ist wiederum das Kommissionsgeschäft. Es wurde schon im Mittelalter Bedürfnis, Waren, die an ferngelegenen Orten verkauft werden sollten, einem Dritten zur Beförderung und zum Verkaufe gegen einen festen Lohn oder gegen Provision mitzugeben (senden und bevelen). Das Geschäft läßt sich entsprechend der Bezeichnung des Kommissionsgutes als sendeve Sendevegeschäft nennen. Der Kommissionär hatte zu verkaufen to sinem (d. h. des Kommittenten) besten, also auf Rechnung seines Auftraggebers, aber in der Regel in eigenem Namen; das Eigentum blieb solange beim Kommittenten, der auch die Gefahr trug. Erst der Neuzeit gehört ein gesetzliches Zurückbehaltungsrecht und Pfandrecht des Kommissionärs am Kommissionsgute an. ALR. behandelt die Kommission als Art des Auftrags, dagegen hat sie AHGB. (360ff.) und ihm folgend HGB. 383ff. eingehend geregelt unter Beibehaltung der bis dahin geschaffenen Grundlagen. Erst

AHGB. 380ff. (HGB. 407ff.) ist dem Speditionsvertrag, einer Unterart der Kommission, eine gesetzliche Regelung zuteil geworden.

III. **Mäklervertrag.** Nicht eine Abart des Werkvertrages, wohl aber des Arbeitsvertrages ist der im Hochmittelalter vermutlich aus den romanischen Ländern übernommene Mäklervertrag. Der Mäkler (underkäufel, mekeler, später auch sensal) erscheint zunächst als vereidigter Beamter der Stadt, betraut mit der Aufgabe, den legalen Handel zu schützen, ist daneben aber auch gewerblich tätig als Vermittler bei Abschlüssen von Verträgen. Für seine erfolgreiche Vermittlertätigkeit erhielt der Makler einen Lohn (undirkauf), sei es von einer, sei es von beiden Parteien je zur Hälfte; dieser Lohn war durch Taxen festgesetzt. Vielfach ist ihm die Pflicht auferlegt, über seine Geschäfte ein Buch (mekelerbok) zu führen. Die Neuzeit hat an diesen Grundlagen nichts geändert; nur bildet sich der Mäkler zum Zeugen, sein Buch zum Beweismittel über das Geschäft aus. Dem amtlichen Mäkler tritt aber der Privatmäkler zur Seite (so auch AHGB.), der schließlich jenen in der neuesten Entwicklung verdrängt (BGB. 652ff., HGB. 93ff., OR. 412ff.).

Sicherungsverträge. § 70.

Im weiteren Sinn können als Sicherungsverträge auch die Verträge bezeichnet werden, die im Falle der Nichterfüllung einer Schuld eine Haftung schaffen, wie z. B. die Bürgschaft (s. u. § 74). Im engeren Sinn sind es solche Verträge, die der Sicherung eines Vertragsteiles gegen die aus einem künftigen, ungewissen, schädigenden Ereignis eintretenden wirtschaftlichen Nachteile dienen. Nur diese kommen hier in Frage.

I. **Versicherungsvertrag.** Der Typus solcher Verträge ist der schlechthin so genannte Versicherungsvertrag. Schon der älteren Zeit gehören Versicherungsverhältnisse an, die nicht auf Vertrag, sondern auf genossenschaftlicher Grundlage ruhen, und z. B. die Deckung von Brandschäden oder Verlusten durch Diebstahl aus den von den Dorfgenossen oder Bezirksgenossen aufgebrachten Mitteln bezwecken; ähnlich lagen die Verhältnisse innerhalb von Brüderschaften und Gilden. Der hier zugrunde liegende Gedanke der Versicherung auf Gegenseitigkeit setzt sich fort in den neuzeitlichen Brandgilden oder Feuersozietäten, den Kuhgilden und Viehversicherungsvereinen, Lebensversicherungen auf Gegenseitigkeit u. dgl. Er hat sich erhalten in dem Recht der Haverei (HGB. 700ff., insbesondere 716), die ihrerseits auf die römische lex Rhodia de jactu und das katalonische agermanament zurückgeht.

Der Versicherungsvertrag gegen Prämie, bei dem einzelne Unternehmer, seit dem 17. Jahrhundert auch Gesellschaften, als Versicherer dem Versicherten gegenübertraten, hat sich im 14. Jahrhundert in den Mittelmeerländern aus dem römischen fœnus nauticum entwickelt. Daher sind die ältesten Versicherungen gegen Prämie Seeversicherungen. Die weitere Entwicklung vollzog sich im holländischen und hamburgischen Rechtsgebiet. Der Versicherte hatte die Prämie zu zahlen, und zwar in der Regel sofort, später innerhalb kurzer Frist, der Versicherer verpflichtete sich zum Ersatz allen Schadens durch Naturereignisse, feindliche Gewalt oder aus sonstigen Ursachen, die die Ladung von der Einladung bis zur Ausladung traf; ausgeschlossen war die Haftung für den gewöhnlichen Verderb von Waren und Schädigungen durch den Versicherten selbst. Dem Versicherten lag ferner ob, vom Eintritt eines Schadens binnen kurzer Frist Mitteilung zu machen. Der Entwicklung der Seeversicherung schloß sich die der Landtransportversicherung, der Lebensversicherung, später auch der Feuer-, Vieh- und Hagelversicherung an.

Zu einer Kodifikation größeren Stils gelangte in Deutschland zunächst nur ALR. Das ABGB. behandelt den Versicherungsvertrag nur kurz (1288ff.) als eine Abart der Glücksverträge und hält damit an weit älteren Auffassungen fest. Die noch vom BGB. (EG. 75) aufrechterhaltene partikuläre Regelung ist erst durch das RG. über den Versicherungsvertrag vom 30. V. 08 überwunden worden; nur das Seeversicherungsrecht hatte schon AHGB. 782ff. eingehend geregelt.

II. **Leibrentenvertrag.** Ähnlichkeit mit den Versicherungen hat wirtschaftlich der Leibrentenvertrag (Leibrentenkauf), bei dem sich der Rentengeber gegen Empfang einer einmaligen Leistung zur Zahlung wiederkehrender Renten bis zum Tode des Gläubigers verpflichtet. Solche Verträge kamen schon im Mittelalter seit dem 13. Jahrhundert vor und wurden zu einem von Landesherrn, Städten, Kirche verwendeten, vielfach ihnen vorbehaltenen Mittel der Kapitalbeschaffung. Ihre Entstehung knüpft an den Rentenkauf an (s. u. § 80 IV), unterscheidet sich aber von ihm dadurch, daß die Rentenzahlung keine ewige ist. Die Rente bemaß sich in der Regel nach dem gegebenen Kapital und dem Alter des Empfängers. Neben der Abstellung auf das

Leben des Gläubigers kommt auch Zahlung bis zum Tode eines Dritten oder bis zum Tode von Nachkommen des Gläubigers oder anderer Personen nach seinem Tode vor. Vom römischen Recht ist der Leibrentenvertrag unberührt geblieben und in die neueren Rechte übergegangen. Auch ihn behandelt ABGB. (1284ff.) als eine Abart der Glücksverträge, während er in der Theorie des gemeinen Rechts als Kauf oder Darlehen oder gewagtes Geschäft galt. BGB. hat die Eigenart des Vertrages als einer besonderen Vertragsart gewahrt (759ff.), ebenso OR. (516ff.).

III. **Verpfründungsvertrag.** Mit dem Leibrentenvertrag wiederum verwandt ist der Verpfründungsvertrag, die vertragliche Überlassung des Vermögens gegen Gewährung lebenslänglichen Unterhalts. Er ist älter als jener und hat in der Form des Altenteilsvertrages eine Verbindung mit der bäuerlichen Gutsübergabe eingegangen. ALR. hat ihn unter dem Namen des Vitalizienvertrages geregelt, OR. 521ff. als Verpfründungsvertrag zwischen dem Pfründer und dem Pfrundgeber, BGB. ihn übergangen. Von Bedeutung war die Haftung des Vermögensübernehmers gegenüber den Gläubigern des Pfründers, die in der Regel bejaht wurde und die Sicherung der Erben und Unterhaltsberechtigten, die z. B. OR. 525 durch einen Anspruch auf Herabsetzung und ein Anfechtungsrecht schützt.

Abstrakte Schuldverträge. § 71.

Nach älterem deutschem Recht hatte das Schuldversprechen auch ohne Angabe des Schuldgrundes (slecht gelovede), das später sogenannte abstrakte Schuldversprechen, schuldbegründende Kraft. Der Kläger war nicht gezwungen, den materiellen Schuldgrund anzugeben. Es konnte nur der Beklagte durch den Nachweis, daß das Versprechen unverbindlich sei, z. B. erzwungen oder um klagloser Spielschuld willen gegeben, die Abweisung der Klage erreichen. Auch im älteren römischen Recht entsprang eine abstrakte Schuld aus dem Formalkontrakt der Stipulation. Im späteren römischen Recht aber verschwand die Stipulation und in der Theorie wurde auch der den Schuldgrund verschweigenden Urkunde (cautio indiscreta) die verpflichtende Kraft abgesprochen. Dies wurde, von Ausnahmen zugunsten von Kaufleuten abgesehen, der Standpunkt der neueren Rechte. Ihm gegenüber erkannte schon das AHGB. (300, 301) das Gegenteil für die kaufmännischen Anweisungen und Verpflichtungsscheine an. Dem folgte in grundsätzlicher Weise die neueste Gesetzgebung. Das BGB. anerkennt die abstrakte Verbindlichkeit in dem, allerdings schriftlichen, Schuldversprechen und Schuldanerkenntnis (780ff.), OR. 17 spricht allgemein ihre Wirksamkeit aus. Eine besondere Form der abstrakten Verpflichtung ist das Anweisungsakzept (BGB. 784, OR. 468).

Unabhängig von der Ablehnung des abstrakten Schuldversprechens im neueren Recht, erhielt sich dessen Kraft auf dem Gebiete des Wertpapierrechts (s. o. § 22). Daneben haben sich unter dem Schutze des Wertpapiers auch andere deutschrechtliche Ideen erhalten, die mit ihm verknüpft waren. Dahin rechnet man insbesondere die Entstehung des Rechts durch Ausstellung und Begebung der Urkunde und die Legitimationskraft des Papiers, die mit seiner Sachqualität und dem hierdurch ermöglichten Rechtsschein zusammenhängt (s. o. § 20 II).

§ 72. Schuldverhältnisse aus unerlaubten Handlungen.

I. **Allgemeines.** Die dem Privatrecht angehörenden unerlaubten Handlungen haben sich zufolge der oben § 57 II erörterten, allmählichen Loslösung des privaten Unrechts aus dem einheitlichen Unrechtsbegriff im Laufe der Entwicklung vermehrt. Da das älteste Recht jeden widerrechtlichen Eingriff in fremde Rechtssphäre als Unrecht betrachtete, so umfaßte nach der Ausbildung eines zivilen Unrechts dieses alle diejenigen Eingriffe, die Straffolgen nicht nach sich zogen oder gleichzeitig Strafe und privatrechtlichen Schadensersatz heischten. Die Aufzählung der einzelnen unerlaubten Handlungen ist angesichts eines so umfassenden allgemeinen Begriffes unmöglich. Eine Gruppierung, etwa nach dem angegriffenen Rechtsgut, ist überflüssig, da alle unerlaubten Handlungen gleichen Rechtssätzen unterstanden.

Anders lagen die Verhältnisse im römischen Recht. Es entbehrte eines gleich allgemeinen Begriffes der unerlaubten Handlung. Nur für den durch dolus verursachten Schaden haftete man schlechthin. Im übrigen gab es einzelne Tatbestände unerlaubten und zu Schadensersatz verpflichtenden Verhaltens. Die neueren Gesetzbücher gehen durchweg davon aus, daß jede widerrechtliche Schadenszufügung eine unerlaubte Handlung darstelle (z. B. ALR.; ABGB. 1295); auf gleichem Standpunkt steht OR. 41, wogegen BGB. eine Reihe von Rechtsverletzungen (823 I, 824, 825), Gesetzesverletzungen (823 II), Sittenverletzungen (826) und Amtspflichtverletzungen (839) nebeneinanderstellt.

Die Fähigkeit zu unerlaubten Handlungen (Deliktsfähigkeit) war dem älteren deutschen Recht kein Problem, insoweit es sich um die daraus entspringende Schadensersatzpflicht handelte; denn hierfür galt der Grundsatz der Erfolgshaftung, und zudem griff hier meist die Haftung Dritter ein (s. u. § 57). Als mit der Rezeption das Verschuldungsprinzip eindrang, gelangte man dazu, Kinder unter 7 Jahren als deliktsunfähig zu behandeln. Das geltende Recht hält hieran fest und stellt zwischen 7 und 18 Jahren auf die individuelle Einsicht ab (BGB. 828); mit 18 Jahren aber beginnt die unbedingte Deliktsfähigkeit.

II. **Rechtsfolgen.** Die Folge jeder unerlaubten Handlung ist die Pflicht zur Ersatzleistung. Entsprechend der allgemeinen Entwicklung des Rechts der unerlaubten Handlung erhält der Geschädigte in älterer Zeit die Ersatzleistung bald in einer vom Einzelfall absehenden, immer gleich bemessenen, bald in einer seinem tatsächlichen Schaden angeglichenen Summe. Jene kann man, teils im Hinblick auf ihre Fixierung, teils im Hinblick auf ihre Herkunft aus der Ablösung von Strafen, selbst wieder eine Strafe (Privatstrafe) nennen. Auch kam es vor, daß man mit der an den Verletzten fallenden Strafe eine besondere Ersatzleistung verband, die den ungenügenden Ersatz durch die Strafe ergänzte. Eine typische Ersatzleistung war die Zahlung des Wergeldes, dessen schematische Gleichheit nur ein Ausdruck der Gleichwertung aller Angehörigen eines Standes war und um deswillen weniger störend empfunden wurde, weil der zu ersetzende Schaden einer Ausgleichung durch Geld ohnedies nicht zugänglich war. Aber auch die Buße war Ersatzleistung. Nur trat bei ihr die Inkongruenz zwischen Schaden und Ersatz im Einzelfalle deutlicher in Erscheinung, da sie vielfach dem Ersatz eines Vermögensschadens dienen sollte und dieser von Fall zu Fall wechselte. Daher entwickelt sich die Buße leicht zur wahren Privatstrafe und tritt dann neben sie ein besonderer Schadensersatz. Dieser Entwicklung geht eine andere parallel, die der Buße ihre Starrheit nimmt und sie zum reinen Schadensersatz umgestaltet. Insoweit konkreter Schadensersatz zu leisten war, stand das deutsche Recht auf dem Boden der Naturalrestitution (so auch ABGB. 1323) und verlangte erst subsidiär Geldersatz.

Die Privatstrafen des römischen Rechts sind auf die Entwicklung von geringem Einfluß gewesen. Im allgemeinen strebt die Neuzeit dahin, die Folgen privatrechtlich unerlaubter Handlungen auf Schadensersatz zu beschränken. Die Privatstrafe wurde in einzelnen Partikularrechten, endgültig im StGB. (EG. 2, 6) abgeschafft. In dem vereinzelten Fall der Körperverletzung hat sie sich in das Schmerzensgeld umgewandelt.

Das geltende Recht erkennt grundsätzlich nur einen Schadensersatzanspruch als Folge unerlaubter Handlungen an (z. B. BGB. 823, OR. 41). Es finden sich aber daneben doch der alten Privatstrafe verwandte Erscheinungen. So im Schmerzensgeld bei der Körperverletzung (BGB. 847), in der „Genugtuung" bei Tötung und Körperverletzung nach OR. 47. Erst recht gilt dies von der bei Ehrverletzungen, Körperverletzungen, Vergehen gegen Urheberrechte und in einigen anderen Fällen möglichen Buße, die einerseits auch ohne Vorliegen eines materiellen Schadens verhängt werden kann, andererseits den Schadensersatzanspruch aufsaugt.

§ 73. Schuldverhältnisse aus sonstigen Tatbeständen.

Die Tatbestände, die außerhalb des Kreises der Rechtsgeschäfte und unerlaubten Handlungen Schulden erzeugen können, sind äußerst vielgestaltig. Sie gehören zum größten Teil dem Familienrecht und Sachenrecht an, dem nachbarschaftlichen, körperschaftlichen und staatlichen Zusammenleben. Insoweit sind sie im Familienrecht, Sachenrecht, Gemeinschaftsrecht und Körperschaftsrecht zu berücksichtigen. Hier ist nur derer zu gedenken, die ausschließlich dem Schuldrecht angehören.

Von ihnen stammt die Geschäftsführung ohne Auftrag im wesentlichen aus dem römischen Recht als eine Weiterbildung der negotiorum gestio. Das deutsche Recht scheint nur vereinzelte Fälle dieser Art gekannt zu haben, wie z. B. das Verhältnis des Finders zum Verlierer, das aber dem Sachenrecht zugehört. ALR. regelte sie als „Übernehmung fremder Geschäfte ohne vorhergegangenen Auftrag", geht dabei aber von dem Verbote aus, sich in fremde Angelegenheiten einzumischen, das nur für bestimmte Fälle, insbesondere Notfälle, eine Ausnahme erleidet. Auf gleichem Standpunkt steht ABGB. (1035 ff.). Dagegen läßt das geltende Recht die Geschäftsführung ohne Auftrag grundsätzlich zu (OR. 419 ff., BGB. 677 ff.), steigert aber die Haftung des Geschäftsführers, wenn dieser gegen den mutmaßlichen Willen des Geschäftsherrn handelt.

Ebenso geht die Verpflichtung zur Vorlegung von Sachen auf die römische actio ad exhibendum zurück. Sie ist zuerst im sächsischen BGB., dann BGB. 809 ff. geregelt worden.

Römischen Ursprungs sind endlich auch die heutigen **Ansprüche aus ungerechtfertigter Bereicherung.** Ihre Wurzel ist die römische condictio in ihren verschiedenen Arten. Allerdings hat es auch im deutschen Recht Rückgabeansprüche gegeben, so z. B. die der condictio ob turpem causam vergleichbare Rückforderung von Leistungen auf Grund verbotenen Spiels, die Rückforderung von mit einer Auflage übergebenen Sachen bei Nichterfüllung der Auflage, die Rückforderung bei Widerruf oder Nichtigkeit eines Vertrags. Doch scheint das deutsche Recht ein allgemeines Prinzip nicht klar ausgebildet zu haben, weshalb die weitere Entwicklung an das römische Recht anknüpft. Neben den condictiones fand die actio de in rem verso Aufnahme.

ALR. kannte sowohl eine Klage aus „nützlichen Verwendungen" als Weiterbildung der gemeinrechtlichen Versionsklage, die zugleich die condictio sine causa in sich aufgenommen hat, als auch eine Reihe einzelner Konditionen. Ähnlich scheidet ABGB. (1431ff. 1447, 877, 1174, 1041ff.). Das geltende Recht hat einen grundsätzlichen Bereicherungsanspruch anerkannt (BGB. 812ff.; OR. 62ff.).

2. Kapitel.

Haftungen.

I. Personenhaftungen.

Älteres Recht. § 74.

I. **Eigenhaftung und Dritthaftung.** Die Personenhaftung ist für die älteste Zeit, nicht zwar hinsichtlich der Formen ihrer Realisierung, wohl aber hinsichtlich ihrer Entstehung zu scheiden in Haftung für eigene Schuld (Eigenhaftung) und Haftung für fremde Schuld (Dritthaftung). Sie unterliegt sodann auch in der Art ihrer Realisierung noch vor der Rezeption nicht unwesentlichen Änderungen, indem für den Regelfall die Haftung mit dem Körper der Haftung bloß mit dem Vermögen Platz macht.

1. Eigenhaftung. Eine Haftung für eigene Schuld entstand in ältester Zeit nur aus Unrecht und entstand immer dann, wenn ein Unrecht begangen war, und der Täter eine Straf- oder Ersatzleistung schuldete. Die Haftung für die Schuld aus einem Delikt bedurfte keiner besonderen rechtsgeschäftlichen Begründung. Daher

wurde Haftung für eigene Schuld in ältester Zeit einzig und allein durch die Friedlosigkeit realisiert. Leistete der Schuldner nicht, so steigerte sich seine Schuld durch die Verzugsbuße zur Bußschuld, der Gläubiger konnte ihn in die Friedlosigkeit urteilen lassen und sich aus dem Vermögen des Friedlosen befriedigen. Allerdings hatte der Gläubiger die Wahl, auf die Verfolgung des Schuldners in die Friedlosigkeit zu verzichten und statt dessen in genau bestimmten Fällen zur außergerichtlichen Pfandnahme zu schreiten (s. u. § 76 I), die ihrerseits aber auch auf der Friedlosigkeit des Schuldners und seiner Schutzlosigkeit gegenüber der Wegnahme beruht.

Diese älteste Form der persönlichen Haftung für eigene Schuld ist schon in der frühen fränkischen Zeit in raschem Verschwinden begriffen und wird durch neue ersetzt, die aber auch nur als Folge der im Hintergrunde stehenden Friedlosigkeit erscheinen. Nunmehr konnte sich die Haftung in der Preisgabe äußern. Der Schuldner wurde dem Gläubiger vom Richter überantwortet, ursprünglich zu freier Verfügung. Aber auch die Preisgabe macht in einigen Rechten noch in fränkischer Zeit anderen Formen Platz. Im langobardischen und sächsischen Recht tritt an ihre Stelle eine exekutivische Schuldknechtschaft, indem der Schuldner dem Gläubiger vom Richter als Knecht überantwortet wurde. Der Schuldner wurde so der gleichen Rechtsstellung teilhaftig, die den Unfreien im Hause eignete; diese aber begann sich in eben dieser Zeit zu bessern und gab dem Herrn keinesfalls ein Tötungsrecht, dem der preisgegebene Schuldner ausgesetzt war. Insbesondere im fränkischen und friesischen Recht entwickelte sich eine freiwillige Ergebung in Schuldknechtschaft, durch die der Schuldner der drohenden Preisgabe sich entziehen konnte.

Die Schuldknechtschaft war ursprünglich dauernd; der Schuldner verfiel dem Gläubiger endgültig und konnte nicht ausgelöst werden. Doch sind noch in fränkischer Zeit einige Rechte dazu übergegangen, den Schuldner nur als Pfand zu behandeln, so daß ihn der Gläubiger bei Bezahlung der Schuld freigeben mußte (Pfandknechtschaft). Der Schuldner gibt sich oder wird gegeben in wadio pro servo. Er hat dem Gläubiger Arbeit zu leisten, darf aber nicht veräußert werden. Stirbt er, so führt die Analogie des Pfandes dazu, daß mit ihm jedes Haftungsobjekt für den Gläubiger verloren geht. Allmählich geht man dazu über, die vom Schuldner geleistete Arbeit auf die Schuld anzurechnen, den Schuldner seine Schuld abverdienen zu lassen, ähnlich wie bei der Totsatzung (§ 78 II 1) die Früchte des Pfandes die Schuld tilgen.

Aus der Schuldknechtschaft hat sich im Mittelalter die Schulddienstbarkeit entwickelt, die sich von jener dadurch unterscheidet, daß sie dem Schuldner seine Freiheit nicht nimmt. Der Schuldner tritt in das freie Gesinde des Gläubigers ein, bis er ausgelöst wird oder seine Schuld abverdient.

Soweit die Preisgabe erhalten blieb, wurden die dem Gläubiger zustehenden Rechte abgeschwächt. Dem Gläubiger wurde das Recht der Tötung, Verstümmelung und Veräußerung entzogen; er wurde auf die Gefangenhaltung des Schuldners beschränkt. So entstand zunächst durch Abschwächung der Preisgabe die private Schuldhaft, namentlich in den süddeutschen Rechten. Sie gewährte dem Gläubiger kein Recht, die Arbeitskraft des Schuldners auszunutzen, legte ihm aber die Pflicht auf, den Schuldner zu unterhalten. Sie diente daher nicht der Befriedigung, sondern war Pressionsmittel. Zur privaten Schuldhaft gingen auch manche Stadtrechte des Mittelalters über, indem sie die im städtischen Wirtschaftsleben weniger verwendbare Schuldknechtschaft beseitigten.

Die private Schuldhaft ging in den mittelalterlichen Städten in die öffentliche Schuldhaft über. Der Schuldner kam nicht in Gewahrsam des Gläubigers, sondern in den öffentlichen Schuldturm. Die öffentliche Schuldhaft dehnte ihr Verbreitungsgebiet rasch aus und sog auch die letzten Reste der Schuldknechtschaft auf. Im ausgehenden Mittelalter ist sie die typische Form der Personenhaftung für eigene Schuld.

2. Dritthaftung. a) Die Haftung für fremde Schuld ist in ihrer ältesten Form Geiselschaft. Der Geisel (ahd. gisil) wird dem Gläubiger ähnlich dem Faustpfand als Gefangener übergeben. Der Gläubiger kann ihn verwahren, muß ihn aber unterhalten und darf ihn nicht ausnutzen. Mit der Tilgung der Schuld endete die Gefangenschaft des Geisels. Wurde die Schuld nicht getilgt, verfiel der Geisel dem Gläubiger zu beliebiger Verfügung. Dieser konnte ihn, wenn nichts anderes bedungen war, töten, verstümmeln, veräußern, aber auch als Knecht behalten; der Geisel verlor seine Freiheit. Die Geiselschaft ist nicht nur dem Privatrecht, sondern auch dem Völkerrecht bekannt und hat sich gerade hier am längsten erhalten.

b) Eine der ältesten Zeit angehörende Abspaltung der Geiselschaft ist die Bürgschaft (Fremdbürgschaft). Sie verhält sich zu jener wie die neuere Satzung zum Faustpfand (s. u. § 76 II 2). Der Bürge wird nicht Gefangener des Gläubigers, sondern ist ihm nur als Zugriffsobjekt verhaftet. Wird die Schuld nicht erfüllt, so kann der Gläubiger zur Befriedigung aus der Person des Bürgen schreiten. Wird sie erfüllt, endet damit die Gebundenheit des Bürgen. Der Zugriff auf den Bürgen mußte dem Gläubiger im Falle der Nichterfüllung der Schuld erst ermöglicht werden. Dies geschah dadurch, daß der Gläubiger den Bürgen friedlos legen ließ. Wenn dies geschehen, so konnte sich der Gläubiger des Bürgen bemächtigen und mit ihm nach Belieben verfahren (Bürgen soll man würgen). Er konnte statt dessen auch dem Bürgen gegenüber zur Pfandnahme schreiten. Im Laufe der weiteren Entwicklung hat dann die Haftung des Bürgen die gleichen Stadien durchlaufen, die die Haftung des Schuldners aufweist (s. o. u. 1).

Die Bürgschaft entsteht durch das ursprünglich ihr eigentümliche Geschäft der Wadiation (wadiatio, fides facta), den Wettvertrag, der seinen Namen von dem dabei verwendeten wadium hat.

Dieses wadium war ein Stab (Botschaftsstab; s. o. § 20 III), eine festuca, die der Schuldner dem Gläubiger aushändigte, dieser aber dem Bürgen. Der Gläubiger war durch den Stab legitimiert, als Bote den Auftrag des Schuldners, Bürgschaft zu leisten, an den Bürgen zu überbringen. Der Bürge nahm mit dem Stab den Auftrag an und übernahm so die Bürgschaft.

Diese Form der Bürgschaftsbegründung ist aber keineswegs die einzige geblieben. Sie ist dem Mittelalter kaum noch bekannt und dürfte schon in der fränkischen Zeit nicht die einzige Form gewesen sein. Im Mittelalter jedenfalls wird die Verpfändung der Person, die immer der Grundgedanke der Bürgschaft geblieben ist, zum Ausdruck gebracht, indem man dem Gläubiger den Rockzipfel in die Hand legte oder, weit überwiegend, durch Handschlag oder Handreichung.

Noch im Mittelalter änderte sich im Regelfalle die Stellung des Bürgen, indem dieser unter dem Einfluß der Selbstbürgschaft (s. u. 3) aus einem bloßen Hafter zum Schuldner wurde. Der Bürge gelobte selbst, die Schuld zu gelten oder die Leistung des Schuldners herbeizuführen. Dies kam insbesondere dann in Frage, wenn sich der Bürge für eine bestimmte Handlung des Schuldners verbürgte, z. B. das Erscheinen vor Gericht oder die Rückkehr in Gefangenschaft.

3. Verschmelzung. Die ursprüngliche Trennung der Begründungstatsachen der Haftung für eigene Schuld und der Haftung für fremde Schuld beginnt spätestens in fränkischer Zeit zu verschwinden. Aus der Bürgschaft für fremde Schuld entwickelte

sich die Selbstbürgschaft. Der Schuldner übernahm, sei es mangels eines Drittbürgen, sei es neben diesem als Mitbürge, die Bürgschaft für seine eigene Schuld. Er wurde Schuldner und Bürge zugleich, setzte sich zum gelten und burgen.

Die Form, in der dies geschah, war im Grunde die gleiche wie bei der Begründung einer Drittbürgschaft. Sie mußte nur mangels eines Dritten in der Weise abgewandelt werden, daß der Schuldner das dem Gläubiger gegebene wadium von diesem wieder entgegennahm.

Diese Selbstbürgschaft ermöglichte die Übernahme der Haftung für eigene Schuld, ohne daß ein Unrecht vorzuliegen brauchte. Da sie sich aber äußerlich mit dem Schuldvertrag verband, verwischte sie auch den Unterschied zwischen dem schuldbegründenden und dem haftungsbegründenden Geschäft. So ebnete sie der oben (u. 2) erwähnten Entwicklung des Bürgen zum Schuldner den Weg.

II. **Vermögenshaftung.** Neben der körperlichen Haftung, die Personenhaftung in reinster Form ist, entwickelt sich als Phase der Personenhaftung die sogenannte Vermögenshaftung, die dem Gläubiger den Zugriff auf das Vermögen, aber nicht mehr auf den Körper des Schuldners gestattet. Sie ist nicht etwa eine besondere dritte Art von Haftung neben Personenhaftung und Sachhaftung, sondern nur eine in ihren Wirkungen beschränkte Personenhaftung. Daß der Gläubiger das Vermögen des Schuldners zu seiner Befriedigung angreifen kann, beruht darauf, daß dem Schuldner die Friedlosigkeit droht, die ja auch sein Vermögen des Rechtsschutzes berauben würde.

Die Vermögenshaftung kann beschränkt oder unbeschränkt sein. Die beschränkte Vermögenshaftung wiederum ist entweder rechnerisch oder gegenständlich beschränkt. Die rechnerische Beschränkung schränkt den Zugriff des Gläubigers dahin ein, daß er ihn nur bis zu einem bestimmten Höchstbetrage, wenn auch gegen beliebige Sachen des Schuldners ausüben kann. Bei der gegenständlichen Beschränkung kann der Gläubiger seinen Zugriff nur auf bestimmte Teile des Vermögens oder auf ein dem Schuldner zustehendes Sondervermögen richten. Für die ältere Zeit ist insbesondere die gegenständliche Beschränkung von Bedeutung. So haftet seit der Ausbildung eines Erbrechts der Erbe nur mit dem Nachlaß, später für bestimmte Schulden der Lehnsfolger nur mit dem Lehen, der Fideikommißfolger nur mit dem Fideikommiß, der Reallastschuldner nur mit dem Grundstück. Die gegenständlich beschränkte Haftung nähert sich scheinbar der Sachhaftung. Der Unterschied aber zeigt sich darin, daß z. B.

die Vermögensstücke im Nachlaß dem Zugriff der Nachlaßgläubiger entzogen sind, wenn sie aus dem Nachlaß kommen, während die Sachhaftung den Wechsel im Eigentum der haftenden Sache überdauert.

III. **Haftungssteigerung.** Die Haftung des Schuldners wurde schon im Mittelalter so zur Regel, daß es besonderer Begründungsformen der Haftung nicht mehr bedurfte. Dies führte einerseits zu einem Zurücktreten der Dritthaftung, andererseits aber zur Erhöhung der Gefahr für den Gläubiger, der nunmehr mit allen anderen Gläubigern des Schuldners konkurrieren mußte. Da zugleich die schwächere Form der Vermögenshaftung der stärkeren Form leiblicher Haftung den Rang ablief, so griff man dazu, die Haftung des Schuldners durch Einbeziehung neuer Haftungsobjekte zu steigern.

1. Hierher gehört in erster Linie das Treugelöbnis (truwelovede). Indem der Schuldner bi truwen gelobt, setzt er seine Ehre zum Pfand. Das Symbol des Einsatzes ist die Handreichung. Späterhin wird bei der Ehre oder auch bei der Standesehre versprochen. Der Schuldner erklärt, „ehrlos, rechtlos und meineidig" sein zu wollen, wenn er nicht zahlen sollte.

Eine verbreitete Meinung sieht im Treugelöbnis ein in die älteste Zeit zurückreichendes Haftungsgeschäft und in der fides facta des fränkischen Rechts (s. o. I 2) eben dieses Treugelöbnis. Wäre diese Ansicht richtig, so würde das im Mittelalter deutliche Treugelöbnis eine Abschwächungserscheinung darstellen.

2. Eine andere Art der Haftungssteigerung ist die eidliche Abgabe des Versprechens. Die dem Schuldner bei Nichterfüllung drohende Meineidsstrafe wirkt stärker als der drohende Zugriff auf das Vermögen. Beide Mittel scheinen schon in früherer Zeit da angewendet worden zu sein, wo der Zugriff auf andere Haftungsobjekte versagte, insbesondere bei völkerrechtlichen Verträgen.

Mit dem Einsatz der Ehre steht in genetischer Beziehung die Erteilung der Erlaubnis an den Gläubiger, den Schuldner durch Schandgemälde und Spottgedichte zu verhöhnen, ihn öffentlich als Schelm ausrufen zu lassen.

3. Eine Verstärkung der Haftung wurde ferner geschaffen durch das Versprechen des Einlagers (giselschaft, obstagium), das seit dem 12. Jahrhundert aus Frankreich übernommen wurde. Durch das Einlagerversprechen verpflichtete sich der Schuldner oder auch ein Bürge, im Falle der Nichtzahlung der Schuld an einem bestimmten Ort, meist einem Wirtshaus, einzureiten und bis zur

Zahlung der Schuld dort auf seine Kosten zu verweilen. Es liegt eine Art Geiselschaft vor. In der Regel hatte der Schuldner Begleiter mitzubringen. Die Wirkung des Einlagers lag, abgesehen von der Freiheitsberaubung, in der Höhe der Kosten, denen sich der Schuldner bei der üblichen Festsetzung des zu machenden Aufwandes nicht entziehen konnte (Geiselmahl ist köstlich Mahl). Das Einlager wurde vor allem in Ritterskreisen verwendet, findet sich aber auch bei Bürgern und Bauern. Neben dem rechtsgeschäftlich versprochenen kommt auch gesetzliches Einlager vor.

4. Den Zweck der Haftungssteigerung verfolgt auch das Strafgedinge. Schon in fränkischer Zeit verspricht der Schuldner bei Nichtzahlung der Schuld eine besondere Summe als Strafe für den Vertragsbruch zu leisten. Im Mittelalter ist die Vertragsstrafe weiter ausgebildet worden. Doch wirkt das Strafgedinge anders als die bisher erwähnten Mittel der Haftungssteigerung; denn es verschafft dem Gläubiger kein neues Haftungsobjekt, sondern erweitert nur den Zugriff, den er auf das Vermögen des haftenden Schuldners hat.

Neueres Recht. § 75.

Unter dem Einfluß des römischen Rechts ist die im Laufe befindliche Fortentwicklung der Personenhaftung beschleunigt worden. Die Haftung des Schuldners ohne Verwendung besonderer Begründungsformen war dem römischen Recht geläufig. Von den oben besprochenen Verstärkungsmitteln der Haftung ist das Treugelöbnis als Rechtserscheinung verschwunden, nachdem reichsgesetzlich insbesondere Schmähschriften und Schandgemälde verboten worden waren. Die Verpfändung der Ehre ist gleichwohl ein moralisches Verstärkungsmittel geblieben; ausnahmsweise gedenkt ihrer das geltende Recht in StGB. 302, 302b, wogegen nach HGB. 74a die Verpfändung des Ehrenworts zur Nichtigkeit des Versprechens führt. Die gleiche Entwicklung hat nach vorübergehender Hebung ihrer Bedeutung unter kanonischem Einfluß die eidliche Versprechensbestärkung durchgemacht; auch ihre Bedeutung ist auf das moralische Gebiet beschränkt worden. Das Einlager wurde 1548 reichsgesetzlich, schon vorher in einigen Partikularrechten abgeschafft und hat sich nur in einigen Gegenden (Holstein, Schweiz) bis in das 19. Jahrhundert erhalten. Erhalten hat sich die Vertragsstrafe, die aber den römischen Sätzen über die stipulatio poenae unterworfen wurde. Nach neueren

Rechten erscheint sie als Ersatz des Interesses, das dem Gläubiger wegen Nichterfüllung der Schuld zu vergüten ist; ABGB. 1336 spricht geradezu vom Vergütungsbetrage. Die Abrede einer Vertragsstrafe erscheint hier weniger als Strafgedinge denn als Schadensgedinge. Dagegen spricht BGB. 339ff. (OR. 160ff.) nicht nur von Vertragsstrafe, sondern nimmt auch an, daß sie „als Strafe“ versprochen sei; sie ist daher auch verfallen, wenn kein Schaden entstanden ist. Dem römischen Recht entstammt auch die richterliche Herabsetzung der übermäßig hohen Vertragsstrafe (BGB. 343; OR. 163 III).

Das Bürgschaftsrecht entwickelte sich weiter im Anschluß an die römische fidejussio. Im Grundzug erscheint die Bürgschaft als ein Vertrag zwischen Gläubiger und Bürgen, inhaltlich dessen dieser zum Schuldner des Gläubigers wird (BGB. 765ff.; OR. 492ff.). Durchweg ist so die Schuld des Bürgen die Form geworden, in der die Haftung auftritt. Dabei ist allerdings der Charakter der Bürgenschuld als einer Haftungsform durch ihre Gleichsetzung mit der Hauptschuld vielfach verwischt und erst im geltenden Recht wieder klargestellt worden. Dagegen ist die Schuld des Bürgen überall akzessorische Schuld (vgl. OR. 494 I). Sie ist ferner Nachschuld (ABGB. 1346). Der Bürge kann, sofern er sich nicht als Selbstschuldner verbürgt hat, erst belangt werden, wenn der Hauptschuldner ohne Erfolg belangt ist. Dieser im einzelnen verschieden durchgeführte Gedanke entspricht dem Prinzip der Haftung wie dem römischen beneficium excussionis und gehört auch dem geltenden Recht an (BGB. 771; OR. 495). Der Abschluß des Bürgschaftsvertrages unterlag schon partikularrechtlich besonderen Formen, z. B. der Schriftform nach ALR. Das geltende Recht hat hieran festgehalten (BGB. 766; OR. 493). Aus dem deutschen Recht stammt endlich das dem geltenden Recht bekannte Rückgriffsrecht des in Anspruch genommenen Bürgen gegenüber dem Hauptschuldner (BGB. 774; OR. 505); auf den Bürgen geht zu diesem Zwecke die Forderung des Gläubigers über. Das römische Recht hatte nur im sogen. beneficium cedendarum actionum einen Anspruch auf Abtretung der Forderung anerkannt, die neueren Rechte aber schon den gesetzlichen Übergang.

Die Form der Haftung ist in der Neuzeit fast ausschließlich die der Vermögenshaftung. Die Haftung mit der Person hat sich in der Form der Schuldhaft bis in das 19. Jahrhundert erhalten, ist aber 1868 abgeschafft worden. Ein letzter Rest ist die zwangsweise Inhaftierung des säumigen Schuldners nach ZPO. 888ff. So ist die Vermögenshaftung die persönliche Haftung des geltenden Rechts schlechthin.

Die beiden Arten der beschränkten Haftung sind auch dem neueren Recht bekannt. Typische Fälle der rechnerischen Beschränkung sind im geltenden Recht die beschränkte Haftung des Kommanditisten (HGB. 161; OR. 590), die auf die gleiche Erscheinung in der mittelalterlichen accomandita zurückgeht, ferner gewisse Fälle beschränkter Haftung von Reeder und Schiffseigner (z. B. HGB. 771 II, 774), nach ZGB. 591 die Haftung des Erben für Bürgschaftsschulden, nach österreichischem Recht der cum beneficio inventarii die Erbschaft antretende Erbe. Gegenständlich beschränkt haftet auch nach BGB. (1975) der Erbe, soweit er überhaupt beschränkt haftet. Das geltende Recht hat hier die nach römischem Recht eintretende rechnerische Beschränkung pro viribus hereditatis überwunden und ist zum deutschen Prinzip zurückgekehrt. Hierher gehört ferner die Haftung des Reeders nur mit dem Schiffsvermögen (z. B. HGB. 486, 533), die Haftung mit Sondervermögen (außer Lehen und Fideikommiß [s. o. § 41 II 2c und § 50 II], z. B. BGB. 419), endlich eine Reihe von Fällen des ehelichen Güterrechts (z. B. BGB. 1459, 1480, 1412ff.; ZGB. 208, 221).

II. Sachhaftungen.

Die Sachhaftungen haben eine vielgestaltigere Entwicklung aufzuweisen als die Personenhaftungen, da es sich hier nicht nur um eine Veränderung und Weiterbildung der Formen, sondern auch um eine Veränderung der von der Haftung ergriffenen Objekte handelt. In ältester Zeit gibt es nur Mobiliarhaftung, da das Fehlen von Individualeigentum an Grund und Boden dessen Heranziehung als Haftungsobjekt hindert. Die Mobilien aber, die in Haftung kommen können, sind in ältester Zeit nicht nur leblose Sachen, sondern auch Haustiere und Unfreie.

Mobiliarhaftung. § 76.

Die Haftung von Mobilien erscheint in der ältesten Zeit in zwei Formen, in der des Pfandes und in der der Wette, neben die im Mittelalter das Zurückbehaltungsrecht tritt. Neben leblosen Sachen können auch Haustiere und Unfreie als Pfand genommen und gesetzt werden, insoweit sie vom Recht als Sachen behandelt werden. Abgesehen hiervon kommen sie nach ältestem Recht in reine Sachhaftung dadurch, daß sie selbst Schaden stiften. Sie sind dann der Willkür des Haftungsberechtigten preisgegeben. Doch verschwinden diese Fälle sehr früh, da Haftung des Eigentümers eintritt (s. o. § 57 II 4).

Die Verpfändung von Rechten kam im Mittelalter insoweit vor, als es sich um Rechte handelte, die urkundlich verbrieft waren. Für diese aber gab die Mobiliarsatzung die grundlegenden Regeln.

Die beiden Formen des Pfandes und der Wette haben dies miteinander gemein, daß der Gläubiger, nicht der Schuldner, den Besitz der haftenden Sache hat. Das Pfand ist Faustpfand oder Besitzpfand. Im übrigen weichen sie voneinander ab.

I. **Pfand.** Als Pfand (ahd. pant, mhd. pfant) bezeichnet die ältere Terminologie nur das genommene Pfand oder die Nahme (mhd. name). Der Gläubiger nahm sich das Haftungsobjekt eigenmächtig weg, allenfalls unter Brechung eines Widerstandes mit Gewalt. Diese Pfandnahme war nur dann möglich, wenn der Schuldner oder der Dritte, dem weggenommen wurde, persönlich haftete. Denn nur dann lag die Schutzlosigkeit gegen Wegnahme vor, die dem Gläubiger ein eigenmächtiges Vorgehen rechtlich ermöglichte. Aber auch bei Vorliegen persönlicher Haftung konnte der Gläubiger nicht immer zur Pfandnahme schreiten, sondern nur in wenigen bestimmten Fällen.

Die Pfandnahme war nämlich nur erlaubt bei unleugbarer, durch Zeugen jederzeit beweisbarer Schuld und, wenn jemand bei widerrechtlichem Betreten eines Grundstücks auf handhafter Tat ertappt wurde. Widerstand gegen die Pfändung (Pfandwehr) und Wiederabnahme der Pfandsache (Pfandkehrung) waren verboten.

Durch die Pfandnahme kam die weggenommene Sache in Sachhaftung. Die vorher schon bestehende Personenhaftung endete, wurde von ihr abgelöst; erst allmählich ließ man sie neben ihr bestehen. Das Eigentum an der Sache blieb unberührt. Der Pfändende war zunächst nur berechtigt und verpflichtet, die Sache in Gewahrsam zu halten, ohne sie zu nutzen; andererseits mußte er, soweit erforderlich, für Erhaltung der Sache sorgen, Tiere z. B. füttern. Das Pfand diente somit dem Gläubiger nicht zur Befriedigung, sondern als Retentionsobjekt. Die Zurückbehaltung der gepfändeten Sache sollte den Schuldner zur Zahlung veranlassen. Dieser war nicht verpflichtet, aber binnen bestimmter Frist berechtigt, durch Tilgung der Schuld das Pfand auszulösen. Erfolgte die Auslösung nicht, so war der Gläubiger zu weiterer Aufbewahrung nicht verpflichtet und berechtigt, das Pfand preiszugeben.

Entsprechend der Pfändung bei unerlaubtem Betreten eines Grundstücks durch einen Menschen erfolgt nach Aufhören der reinen Sachhaftung in solchen Fällen eine Pfändung der ein fremdes Grundstück betretenden Tiere (Schüttung; in clausuram inferre). Für die Behandlung des Pfandes galt hierbei das oben Gesagte. Der Pfändende durfte das weggenommene Tier im Gegensatz zum früheren Recht nicht töten, mußte es bestimmte Frist aufbewahren, vor allem auch dem Eigentümer Mitteilung machen, um diesem die Auslösung zu ermöglichen.

Noch in fränkischer Zeit erfuhr die Pfandnahme dadurch eine Einschränkung, daß man sie für die meisten Fälle an die Zustimmung des Richters band; sine auctoritate iudicis zu pfänden, wurde dem Gläubiger verboten. Die einzelnen Fälle, in denen das Mittelalter eine private Pfandnahme überhaupt zuläßt, sind genau bestimmt.

Die Pfändung wegen Betretens fremder Grundstücke hat sich erhalten. Dazu kommt das Pfändungsrecht wegen versessener Zinse, also des Zinsherrn gegenüber dem Zinsmann, des Vermieters gegen den Mieter, des Rentengläubigers gegen den Rentenschuldner, endlich das Pfändungsrecht des Wirtes gegenüber dem Zechpreller und ähnliche Notfälle.

Im übrigen wurde die Privatpfändung schon im Mittelalter bekämpft. Zulässig aber war sie immer dann, wenn sich der Schuldner durch besondere Vertragsabrede, die Pfändungsklausel, der außergerichtlichen Pfandnahme von vornherein unterworfen hatte; diese findet sich seit dem 13. Jahrhundert und wurde wiederholt reichsgesetzlich anerkannt. In Anlehnung an das gesetzte Pfand (s. u. II) wurde auch das genommene Pfand zu einem Verfallpfand.

Neben die private Pfandnahme trat schon im Mittelalter die durch den Richter, die gerichtliche Pfändung (strudis legitima). Sie erfolgt auf Betreiben des Gläubigers und verschafft diesem die gleichen Rechte wie die Privatpfändung, nur nach fränkischem Recht Eigentum. Das Mittelalter folgt in der Wirkung der gerichtlichen Pfändung jenem System. Das vom Richter und den Schöffen, später vom Fronboten weggenommene Pfand wurde in bestimmten Fristen aufgeboten und dem Schuldner zur Einlösung angeboten. Erfolgte die Einlösung nicht, mußte es der Richter dem Gläubiger ausantworten (weldigen). Dieser konnte es versetzen oder verkaufen. Der private Verkauf wurde gegen Ende des Mittelalters durch einen gerichtlichen ersetzt, die später sogenannte Vergantung. War weder Versatz noch Verkauf möglich, so wurde das Pfand dem Gläubiger übereignet.

II. **Wette.** 1. Neben dem genommenen Pfand steht das gesetzte Pfand oder die Wette (ahd. weti, mhd. wette, weddeschaft, lat. vadium; zu vas = Bürge). Das vadium wurde dem Gläubiger „versetzt", d. h. in Besitz gegeben (sogen. ältere Satzung). Durch die Übergabe kam die Sache, so wie bei der Pfandnahme durch die Wegnahme in Sachhaftung. Das Eigentum blieb beim Schuldner, weshalb er z. B. für den Schaden einstehen mußte, den die Sache (z. B. ein Tier) anrichtete; der Gläubiger erhielt es nur unter der aufschiebenden Bedingung der Nichtzahlung. Auch die versetzte Sache mußte der Gläubiger bewahren und erhalten. Bei rechtzeitiger Tilgung der Schuld mußte er sie herausgeben. Wurde die Schuld nicht erfüllt, verfiel ihm das Pfand, da nunmehr die Bedingung eingetreten war, zu Eigentum und er konnte sich aus ihr, aber auch nur aus ihr befriedigen (Verfallpfand und reine Sachhaftung).

Der Pfandversatz ist auch im Mittelalter nicht verschwunden. Die Grundzüge seiner Regelung sind die gleichen geblieben. Der Gläubiger erhielt den Besitz der Pfandsache, mußte Tiere (essende pfande) gegen späteren Ersatz füttern, andere (leblose) Pfänder (kistenpfand, schreinspfand) wenigstens sorgfältig bewahren. Das Nutzungsrecht war ihm in der Regel eingeräumt (Nutzpfand), vielfach aber mit der Abrede, daß die Nutzungen auf die Schuld angerechnet werden sollten. Bei Nichtzahlung der Schuld trat an Stelle des unmittelbaren Verfalls allmählich Übereignung durch Richterspruch, dem eine Aufforderung an den Schuldner zur Einlösung vorausging. Auch die Umwandlung des Verfallpfandes in ein Verkaufspfand setzte sich durch. Der Gläubiger oder das Gericht stellte das Pfand nach wiederholtem Aufgebot zur Einlösung zum Verkauf. Die Befriedigung des Gläubigers aus dem Erlöse war dann davon beeinflußt, ob reine Sachhaftung vorlag oder nicht (vgl. § 64 I 1). In jenem Fall mußte der Gläubiger nach einigen Rechten den Minderwert tragen, den Überschuß aber nicht herausgeben, in diesem Fall den Mehrwert herausgeben, während er den Minderwert ersetzt verlangen konnte. Wurde die Schuld erfüllt, mußte der Gläubiger das Pfand unversehrt zurückgeben. Er haftete ursprünglich für jeden Schaden, den das Pfand erlitten hatte, späterhin nur für den von ihm verschuldeten Schaden.

2. Neben das ältere Besitzpfand trat im Mittelalter, ohne jenes zu verdrängen, die neuere Satzung, bei der der Versetzende oder ein Dritter, allenfalls ein früherer Faustpfand-

gläubiger, im Besitz der Pfandsache blieb. Der Gläubiger erlangte lediglich ein Zugriffsrecht. Diese Form der Satzung scheint zuerst bei Schiffen angewendet worden zu sein, hat sich aber sehr rasch auch auf andere Sachen erstreckt. Sie brachte für den Versetzenden den Vorteil, die Pfandsache, auch wenn sie etwa schon als Faustpfand ausgetan war, noch einem anderen Gläubiger versetzen und, sofern er der Eigentümer oder sonst hierzu berechtigt war, auch veräußern, aber auch für sich nutzen zu können. Eine Gefahr für den Pfandgläubiger lag darin insoweit nicht, als ihm die Rangordnung unter mehreren Pfändern (s. o. § 64 II) den vollen Zugriff offenhielt und das Zugriffsrecht die Sache auch beim neuen Eigentümer belastete. Aber dem gutgläubigen Erwerber gegenüber versagte das Zugriffsrecht. Diese besondere Gefahr wurde dadurch gemindert, daß an Stelle der die Rechtsverhältnisse klarstellenden Besitzübergabe nunmehr die Satzung vor Solennitätszeugen oder vor dem Gericht oder dem Rat der Stadt, vielfach verbunden mit Eintrag in ein öffentliches Buch, durchdrang. Das Vorbild der neueren Fahrnissatzung war hier wie überhaupt die neuere Satzung von Liegenschaften (s. u. § 78 II 2).

Eine besondere Art der Pfandsetzung war die Verbodmung (Bodmerei; zu Boden = Schiffsboden). Diese ist rechtsgeschäftliche Verpfändung eines Schiffes mit Fracht und Ladung zur Sicherung für ein Darlehen (bodhemgeld) und erzeugt reine Sachhaftung. Sie hat entfernte Ähnlichkeit mit dem römischen Seedarlehen (foenus nauticum), ist aber im 14. Jahrhundert in Deutschland entstanden und unterscheidet sich von jenem namentlich dadurch, daß die Beschränkung der Haftung auf das Schiffsvermögen auch dann stattfindet, wenn Schiff und Ladung wohlbehalten am Bestimmungsorte angekommen sind. Unabhängig von der Bodmerei ist die für beliebige Schuld erfolgte Satzung von Schiffen. Sie folgt den Regeln der neueren Satzung.

III. Zurückbehaltungsrecht. Einen besonderen Fall von Mobiliarhaftung stellt das im Mittelalter entwickelte Zurückbehaltungsrecht dar. Der Gläubiger konnte Sachen seines Schuldners, die er im Besitz hatte und dem Schuldner herauszugeben verpflichtet war, bis zur Bezahlung der Schuld zurückbehalten (behalden, uphalden). So der Handwerker die ihm zur Bearbeitung übergebenen Sachen wegen des Arbeitslohnes, der Hirte das Vieh wegen des Hirtenlohnes, der Wirt eingestellte Tiere wegen der Fütterungskosten. Außer dem Recht der Zurückbehaltung hatte der Gläubiger auch das Recht, die Sachen zu versetzen und sich aus dem Pfandschilling zu befriedigen.

§ 77. Fortsetzung (Neuzeit).

I. Nach der Rezeption drang das römische Recht der Mobiliarhypothek in weitem Umfang ein und wurde gemeines Recht; doch erhielt sich deutsches Recht partikulär und übte zudem Einfluß auf die Ausgestaltung des Hypothekenrechts. Die Einführung römischen Rechts bedeutete die Beseitigung des Faustpfandes, das in der Form des pignus vom römischen Recht schon überwunden war. Sie führte ferner zur fast völligen Verdrängung des Verfallpfandes, da im römischen Recht die Vereinbarung einer Verfallklausel (lex commissoria) verboten war. Doch haben einzelne Partikularrechte die Bestimmungen des römischen Rechts in deutschrechtlichem Sinne abgeändert oder ergänzt. So wenn zur Bestellung der Hypothek eine Urkunde verlangt wird, wenn ein jüngeres Faustpfandrecht einer älteren Hypothek vorgeht, wenn die Hypothek nicht gegenüber dem gutgläubigen Erwerber wirksam ist.

Dem Einfluß des römischen Rechts entsprang ferner die Einführung gesetzlicher Pfandrechte, wie des Vermieters an den eingebrachten Sachen des Mieters, der Handwerker an Bauten, an denen sie gearbeitet hatten, des Grundstücksverkäufers am Grundstück für den rückständigen Kaufpreis. Diesen traten zur Seite gesetzliche Generalhypotheken, die das gesamte Vermögen ergriffen; so der Frau wegen der dos am Vermögen des Mannes, juristischer Personen (Fiskus, Kirchen, Gemeinden) am Vermögen ihrer Beamten und Verwalter, der Gutsherren am Vermögen der Meier und Zinsleute wegen versessener Abgaben.

Schon im 18. Jahrhundert kehrte man zum deutschrechtlichen Gedanken des Faustpfandes zurück (preuß. Hyp.-Ordnung von 1722; ALR., ABGB. 451) und verlangte offenkundigen Besitz. Die Mobiliarhypothek verschwand bis auf geringe Reste. Neben der demnach erforderlichen Übergabe der Pfandsache wird partikulär die Ausstellung einer Urkunde verlangt, wovon aber schon AHGB. unter Kaufleuten absieht. Die Generalhypotheken wurden (fast überall) beseitigt (so ABGB., ALR.), nicht dagegen die gesetzlichen Pfandrechte. Auf dieser Bahn schreitet das neueste Recht fort. Es kennt an Mobilien grundsätzlich nur ein Faustpfand (BGB. 1205; ZGB. 884); wo es ausnahmsweise auf die körperliche Übergabe verzichtet, sorgt es durch Übergabe von Traditionspapieren (HGB. 424, 450, 647) oder Verbuchung (ZGB. 885) für Ersatz und die notwendige Publizität. Gleichwohl ist die Möglichkeit mehrfacher Verpfändung durch Verwertung des mittelbaren Besitzes und Mitbesitzes (BGB. 1205 II, 1206) oder durch das Mittel einer Benachrichtigung und Anweisung des früheren Pfandgläubigers (ZGB. 886) offen gelassen. Generalhypotheken sind dem geltenden Recht unbekannt. Dagegen sind gesetzliche Pfandrechte beibehalten worden (z. B. BGB. 559, 585, 647, 704; HGB. 397, 410, 428, 440ff., 623, OR. 523). Das Verfallpfand ist verschwunden (BGB. 1229, ZGB. 894). Dagegen ist der Verkauf in Anlehnung an das römische Recht nicht notwendig Verkauf in gerichtlichem Verfahren, sondern kann Selbstverkauf sein. In weitem Umfang ist der Schutz des Gutgläubigen auch beim Pfandrecht verwirklicht (BGB. 1207, 1208; ZGB. 884 II).

II. Eine besondere Entwicklung hat das Pfandrecht an Schiffen durchgemacht. Hier hat die Rezeption die neuere Satzung nicht verdrängt. Daneben aber hat eine Schiffshypothek im gemeinen Recht Eingang gefunden. Partikularrechtlich ist eine Verpfändung von Schiffen durch Übergabe der mit entsprechendem Vermerk versehenen Schiffsurkunden eingeführt worden, der die Schiffshypothek Platz machen mußte. Sie ist dann in Anlehnung an das Liegenschaftspfand im 19. Jahrhundert in eine Verpfändung durch Eintragung im Schiffsregister (Registerpfandrecht) übergegangen. Dem schließt sich BGB. 1260ff. an.

III. Die außergerichtliche Pfandnahme hat sich insbesondere in der Form der Viehpfändung und der der Personalpfändung beim Betreten fremder Grundstücke erhalten und besteht partikulär auch heute noch fort (EG. 89), die Viehpfändung auch OR. 57.

IV. Das Zurückbehaltungsrecht mußte nach der Rezeption dem ius retentionis weichen, das den Gläubiger auf bloße Zurückbehaltung beschränkte und diese nur wegen konnexer Forderungen zuließ. Neben diesem Retentionsrecht entwickelte sich seit dem 16. Jahrhundert ein besonderes kaufmännisches Zurückbehaltungsrecht, das von dem Erfordernis der Konnexität absah und in seinen Wirkungen dem mittelalterlichen Zurückbehaltungsrecht meist gleichkam. Es ist dann vom AHGB. aufgenommen und in das HGB. (369ff.) übernommen worden. Dem BGB. ist ein gleiches Zurückbehaltungsrecht fremd; wohl aber entspricht diesem das Retentionsrecht in ZGB. 895ff.

Immobiliarhaftung (Eigentumspfand; Satzung). § 78.

Die Immobiliarhaftung hat ähnliche Entwicklungsstufen durchlaufen wie die Mobiliarhaftung. Immerhin sind aus der Verschiedenheit der Gewere an Mobilien und Immobilien Abweichungen entstanden. Außerdem hat sich der Gegenstand des Immobiliarpfandrechts im Laufe der Entwicklung in dem Maße ausgedehnt, in dem andere Gegenstände als Immobilien diesen rechtlich gleichgestellt wurden; es hat die sogen. liegenschaftlichen Rechte erfaßt, z. B. Lehnrecht, Zinsrechte, Zehnten, aber auch Hoheitsrechte (Reichspfandschaften).

I. **Eigentumspfand.** Die älteste Form der Immobiliarhaftung ist das sog. Eigentumspfand, eine Parallelerscheinung zur r. fiducia. Hierbei wurde dem Gläubiger ein Grundstück bedingt übereignet. War die Bedingung aufschiebend, so konnte der Gläubiger auch nur symbolisch investiert werden, während der Pfandbesteller im Besitze des Grundstückes blieb. Erfolgte die Investitur, wie häufig im longobardischen Rechtsgebiet, durch Übergabe einer unbedingten Veräußerungsurkunde, so versprach der Pfandgläubiger gleichzeitig in einem Pfandrevers die Rückgabe der Sache bei Tilgung der Schuld. Mit dem Eintritt der aufschiebenden Bedingung, d. h. der Nichtzahlung der Schuld zur bestimmten Zeit, verfiel das Grundstück dem Gläubiger zu Eigentum. War die Bedingung, wie in der Regel, auflösend, so erlosch mit der Schuldtilgung das Eigentum des Pfandgläubigers, der die Pfandsache dem Besteller zurückzugeben hatte. Das Geschäft war in diesem Falle einem Kauf mit Wiederkauf ähnlich. Es wurde daher vielfach durch einen Verkauf mit Vorbehalt des Wiederkaufs ersetzt und in der späteren Theorie auch mit ihm verwechselt.

II. **Satzung.** 1. Ältere Satzung. Neben dem Eigentumspfand steht schon in fränkischer Zeit das Nutzungspfand (sogen. ältere Satzung), das durchaus der älteren Satzung von Fahrnis glich (s. o. § 76 II). Allen Arten der älteren Satzung war demgemäß gemeinsam, daß der Schuldner im Eigentum der Pfandsache blieb. Der Schuldner übertrug dem Gläubiger zur Begründung des Pfandrechts den Besitz der Pfandsache, also Satzungsgewere, und damit die vererbliche und übertragbare Nutzung, aber kein Veräußerungsrecht. Dieser hatte das Grundstück to bruklikem pande. Die Übertragung der Gewere erfolgte, ohne Auflassung, vor Gericht oder Rat. Der Schuldner hatte (ruhende) Eigengewere und konnte das Grundstück veräußern. Bei Tilgung der Schuld hatte der Gläubiger das Grundstück dem Besteller zurückzugeben. Die Einlösung konnte, soweit nicht vertraglich anders bestimmt war, jederzeit erfolgen.

Im übrigen bildeten sich Verschiedenheiten aus. So war ursprünglich die Nutzung dem Gläubiger schlechthin überlassen als Gegenleistung für die dem Schuldner überlassene Nutzung des Kapitals; nur bei großem Mißverhältnis der beiderseitigen Nutzungen und unter dem Einfluß der kanonischen Bestimmungen über den Wucher kam es später vor, daß der Gläubiger nur einen Teil der Nutzungen erhielt oder seinerseits einen Zins zahlen mußte. Die Satzung war sogenannte Zinssatzung. Das Pfand war für den Schuldner tot (frz. mortgage). Allmählich aber tritt daneben die sogen. Totsatzung (mnd. dotsate, mortuum vadium, frz. vifgage), bei der die Nutzungen dem Schuldner angerechnet wurden, so das Kapital töteten und die Satzung zum Erlöschen brachten.

War die Einlösung nur innerhalb bestimmter Frist gestattet, so konnte sie entweder zu einer ewigen Pfandschaft führen (Ewigsatzung) oder das Pfand verfiel dem Gläubiger zu Eigentum (Verfallpfand) oder der Gläubiger konnte das Pfand verkaufen (Verkaufspfand). Verkaufspfand und Verfallpfand entsprechen durchaus den gleichen Formen bei der älteren Fahrnissatzung. Beim Verfallpfand war nun der Schuldner zur Auflassung verpflichtet. Beim Verkaufspfand hatte der Gläubiger den Mehrerlös herauszugeben.

Endlich wurde dem Gläubiger vertraglich nicht selten die Befugnis der Übertragung seines Pfandrechts eingeräumt; der Schuldner konnte dann beim Erwerber einlösen. Am häufigsten findet sich dies bei Ausstellung von Verpfändungsurkunden, die dann auf den Inhaber gestellt wurden.

In den Städten gewann die ältere Satzung nur geringe Verbreitung, da das wirtschaftliche Bedürfnis nach ihr durch den Rentenkauf gedeckt wurde.

2. Jüngere Satzung. Im Mittelalter entstand, zuerst in den Städten, eine dritte Form, die sogen. jüngere oder neuere Satzung (frz. obligation). Wie bei der jüngeren Satzung von Fahrnis blieb hierbei die verhaftete Sache in der Gewere des Bestellers und in dessen Nutzung.

Den Übergang von der älteren zur jüngeren Satzung vermittelten Fälle älterer Satzung, bei denen dem Besteller die Gewere unter Begründung eines Leiheverhältnisses oder Mietverhältnisses zurückübertragen wurde oder die Gewere des Gläubigers überhaupt nur in der Form eines vom Besteller zu zahlenden Zinses oder im Besitze einer Urkunde ihren Ausdruck fand. Eine besondere Ausbildung aber erlangte sie in einigen, namentlich den sächsischen, Gebieten erst durch Verknüpfung der Satzung mit der gerichtlichen Fronung (missio in bannum), durch die seit der fränkischen Zeit Grundstücke vom Richter beschlagnahmt, gebannt, wurden, um bei nicht rechtzeitiger Lösung aus dem Banne dem König zu verfallen.

Die neuere Satzung entstand durch Bestellung vor Gericht oder Rat, in Süddeutschland vielfach durch Übergabe der über den Erwerb des Grundstücks ausgestellten Urkunde (Hausbrief, Erbbrief), da und dort auch noch einer besonderen Schuldurkunde. Dazu trat Eintragung im Gerichtsbuch oder einem besonderen Pfandbuch. Eine Auflassung fand auch hier nicht statt. Dagegen wurde das Grundstück bei Verpfändung vor Gericht vom Gerichte zugunsten des Pfandgläubigers gebannt. Das Eigentum des Bestellers blieb unberührt. Doch ist ihm die Befugnis zur Veräußerung und weiteren Verpfändung erst allmählich eingeräumt worden; diese ergriff aber nur den durch die frühere Verpfändung nicht beanspruchten Wertteil des Pfandobjekts, die überteur.

Bei Nichtzahlung der Schuld konnte der Gläubiger zur Befriedigung schreiten, deren Formen aber sehr verschieden waren. Soweit mit der Versetzung eine Bannung verbunden worden war, konnte sofort zur Vollstreckung geschritten werden. Das Pfandobjekt wurde dem Gläubiger entweder übereignet oder es wurde verkauft und der Gläubiger aus dem Erlöse befriedigt. Die Übereignung begann mit einer Einweisung des Gläubigers in den Besitz des Pfandes, der dann ein wiederholtes gerichtliches Aufgebot zur Einlösung folgte. Blieb dieses ergebnislos, so erfolgte die Übereignung (weldigung, insatz, einwerung) an den Gläubiger. Beim Verkauf des Pfandes ging gleichfalls ein Aufgebotsverfahren voraus. Doch konnte vereinbart werden, daß der Gläubiger ohne weitere Formalitäten zum Verkauf schreiten könne; das Pfand galt ohne sie als pignus prosecutum. Ob der Gläubiger den Überschuß des Erlöses über seine Forderung herauszugeben hatte und Ersatz des Minderwerts verlangen konnte, hing davon ab, ob reine Sachhaftung bestand oder nicht. Jene war in der älteren Zeit die Regel, machte aber schon im 13. Jahrhundert der Verbindung von Sachhaftung und Personenhaftung Platz. War die Bannung noch nicht erfolgt, so mußte zunächst das Gericht das Grundstück bannen; es erfolgte die fronung (kummer, besate) oder die Vergantung. Daran schloß sich dann Übereignung oder Verkauf.

Die Gegenstände der neueren Satzung waren die gleichen wie die der älteren Satzung. Außerdem aber bildete sich seit dem Ende des 12. Jahrhunderts die Versetzung des ganzen Vermögens aus oder eines bestimmten Teiles des Vermögens. Sie ergriff bald nur das gegenwärtige, bald auch das künftige Vermögen. Bestellt wurde dies Vermögenspfandrecht vor dem Gericht oder Rat unter Eintrag in das Gerichtsbuch oder Pfandbuch. Über die Wirkung solcher Verpfändung herrschte Unklarheit; meist übertraf sie nicht die der persönlichen Haftung des Bestellers.

Fortsetzung (Hypothek.) § 79.

Die im Mittelalter ausgebildeten Formen der Immobiliarhaftung wichen noch mehr als die der Mobiliarhaftung vom römischen Hypothekenrecht ab, das für Mobilien und Immobilien gleiche Grundsätze hatte und infolge der meist formlosen und nicht öffentlichen Bestellung der Hypothek dem im deutschen Recht streng durchgeführten Grundsatz der Publizität schroff widersprach. Mit dem Verbot der lex commissoria war das Verfallpfand nicht zu vereinen. Gesetzliche Pfandrechte und Pfandprivilegien treten als Neuerscheinungen im Rechtsleben auf. Der Pfandverkauf war Sache des Gläubigers. Trotzdem wurde das römische Recht gemeines Recht. Deutschrechtliche Sätze erhielten sich nur partikulär und wurden stetig zurückgedrängt. So ergab sich aber ein sehr verwickelter und buntscheckiger Rechtszustand. Außerdem zeigten sich bald erhebliche wirtschaftliche Mängel des römischen Systems. Die formlose und nicht öffentliche Bestellung der Hypothek ermöglichte die wiederholte, den Wert des Objekts übersteigende Verpfändung und führte so zu einer großen Unsicherheit des Realkredits. Diese war durch die nun in weiterem Umfange auftretenden Generalhypotheken nur vorübergehend zu beseitigen. Immerhin erhielt sich partikulär die öffentliche Bestellung des Pfandes, auch die Eintragung in Bücher; jene war z. B. in Lübeck und München obligatorisch. Das öffentlich bestellte Pfand genoß ein Vorzugsrecht vor dem formlos bestellten.

IV. Mit dem 18. Jahrhundert setzte eine erfolgreiche Reformbewegung ein, die auf eine Wiederbelebung deutschrechtlicher Ideen abzielte. Insbesondere rückte die preußische Hypothekenordnung von 1722 die gerichtlich bestellte Hypothek in den Vordergrund und begann Pfandprivilegien und gesetzliche Pfandrechte zu beseitigen. Auf dieser Entwicklungslinie liegt auch die preußische Hypothekenordnung von 1783. ALR. läßt sodann ein volles Hypothekenrecht nur durch Eintragung zustande kommen. Auch nach ABGB. (451) ist Eintragung erforderlich und zahlreiche partikuläre Hypothekengesetze des 19. Jahrhunderts (Bayern 1822,

Sachsen 1843, Österreich 1871) schlossen sich an. Hierdurch und im Zusammenhang hiermit gelangte man zur Ausbildung der Leitprinzipien des geltenden Grundpfandrechts, nämlich zum

Grundsatz der Publizität, wonach eine Hypothek nur durch Eintragung in einem öffentlichen Buch entstehen kann, und zum

Grundsatz der Spezialität, demzufolge jedes Grundpfandrecht seinem Objekt wie seinem Umfang nach genau begrenzt sein muß. War mit diesem Grundsatz die Generalhypothek unmöglich, so widersprach jener gesetzlichen Grundpfandrechten. Da sich ferner der Grundsatz des Altersvorrangs durchsetzte, hörten auch die privilegierten Pfandrechte auf. Die Herrschaft gleicher Grundgedanken schloß aber Verschiedenheiten im weiteren Ausbau nicht aus.

Diese Verschiedenheiten betreffen zunächst die Arten der Grundpfandrechte, die sich nach den Beziehungen des Pfandrechts zur Forderung bestimmen. Während das preußische Hypothekenrecht von 1872 nur zwei Arten des Grundpfandrechts kannte, nämlich die von einer Forderung abhängige, akzessorische Hypothek und die abstrakte Grundschuld, sondert das BGB. streng die akzessorische Sicherungshypothek (1184ff.) von der nur beschränkt akzessorischen Verkehrshypothek (1113ff.) und der abstrakten Grundschuld (1191ff.), als deren Abart wiederum die Rentenschuld (1199ff.) erscheint. ZGB. unterscheidet zwischen der akzessorischen Grundpfandverschreibung (824ff.), entsprechend der gemeinrechtlichen Hypothek, der abstrakten Gült (847ff.) und dem Schuldbrief (842ff.), durch den eine persönliche Forderung begründet wird, die grundpfändlich sichergestellt ist.

Das Publizitätsprinzip ist in verschiedener Stärke durchgeführt. Teils herrscht Hypothekenbuchsystem, das nur für die Begründung von Hypotheken Eintragung fordert (Bayern, Mecklenburg), teils Grundbuchsystem, demzufolge alle Grundstücke in einem Grundbuche aufzunehmen sind (Reichsgrundbuchordnung, ZGB. 943, Österreich). In diesem Falle erstreckt sich die Publizität auf alle Rechtsverhältnisse am Grundstück, in jenem nur auf die Pfandrechte. Doch macht BGB. eine Ausnahme von der Notwendigkeit der Eintragung bei der Sicherungshypothek nach 1287, das Schweizer Recht mehrere infolge der gesetzlichen Pfandrechte.

Im Zusammenhang mit der fast restlosen Durchführung des Publizitätsprinzips sind gesetzliche Pfandrechte aus dem deutschen Recht verschwunden. Dagegen gibt es gesetzliche Pfandtitel, d. h. Ansprüche auf Einräumung einer Sicherungshypothek (BGB. 648,

EG. 91). Gesetzliche Pfandrechte kennt aber ZGB. (808, 810, 819, 836) neben gesetzlichen Pfandtiteln (837ff.). Die Folge des durchgeführten Publizitätsprinzipes ist der Schutz des buchmäßigen Scheins der Rechtslage, wo dieser mit der wirklichen Rechtslage in Widerspruch steht (BGB. 891, 892, ZGB. 973).

Das Spezialitätsprinzip ist in der Beseitigung aller Generalpfandrechte wirksam geworden. Das verhaftete Grundstück muß genau bezeichnet werden (ZGB. 797); die Verpfändung mehrerer Grundstücke durch eine Gesamthypothek ist nach ZGB. 798 nur beschränkt zulässig (vgl. aber BGB. 1132). Ferner muß die gesicherte Forderung grundsätzlich in ihrer Höhe begrenzt sein (BGB. 1115; ZGB. 794); eine teilweise Ausnahme hiervon bildet die Höchstbetragshypothek (BGB. 1190; ZGB. 794).

Die Mitwirkung der Behörde drückt sich, von der rein formalen bei der Eintragung abgesehen, im Legalitätsprinzip aus; diesem gemäß erfolgte schon nach älterem preußischem Recht eine Prüfung der Rechtsgültigkeit der der Eintragung zugrunde liegenden Rechtsgeschäfte (materielle Legalität), nach jüngerem Recht nur der äußeren Gesetzmäßigkeit der sachenrechtlichen Erklärungen (formelle Legalität). Nach geltendem Recht sind nur bestimmte Voraussetzungen der Eintragung zu prüfen. Die gerichtliche Feststellung der Zulänglichkeit des Pfandobjekts hat nur landesrechtlich in abgeschwächter Form und bei der schweizerischen Gült statt (848 ZGB.).

Weiter ausgebaut wurde die Verkehrsfähigkeit der Hypothek. Hatte schon das preußische Recht über die Hypothek eine Urkunde, den Hypothekenbrief, ausgestellt, der über die Bedeutung der Beweisurkunde hinausging, so ist nach BGB. das Briefgrundpfandrecht die Regel (1116, 1192, 1195), der Hypothekenbrief Wertpapier und Übergabe des Briefes mit Abtretungserklärung die regelmäßige Form der Übertragung (BGB. 1154). Dem Hypothekenbrief entspricht der bei Schuldbrief und Gült ausgestellte Pfandtitel (ZGB. 856ff.), wogegen die Grundpfandverschreibung, wie die deutsche Sicherungshypothek, ohne entsprechende Urkunde bleibt.

Eine Ausgestaltung erfuhr endlich das Prinzip der festen Pfandstelle. Der hierin ausgedrückte Gedanke der Verhaftung eines bestimmten Wertteils des Grundstücks ermöglicht es, bei Untergang der Schuld und damit der Hypothek vom Nachrücken der folgenden Pfandgläubiger abzusehen (ZGB. 813/14) und die Hypothek als Eigentümerhypothek fortbestehen zu lassen (BGB. 1163, 1177).

§ 80. Reallasten.

I. **Begriff.** Die Reallast (Grundlast [onus reale]) ist Verbindung reiner Sachhaftung eines Grundstückes mit einer reinen Gläubigerschuld; ein Grundstück haftet dafür und zwar allein dafür, daß ein Gläubiger eine bestimmte wiederkehrende Leistung erhält. Dieser reine Begriff der Reallast erscheint getrübt, wenn sich mit der Haftung des Grundstücks eine persönliche Haftung des jeweiligen Besitzers verbindet, oder gar eine Schuld des jeweiligen Besitzers zur Entrichtung der einzelnen Leistungen angenommen wird; doch finden sich in den Quellen des Mittelalters schon auch diese Abweichungen. Die Leistungen sind ursprünglich ihrer Art nach begrenzt durch den Kreis von Leistungen, die aus den natürlichen und menschlichen Kräften eines landwirtschaftlichen Gutes gemacht werden können; im Lauf des Mittelalters tritt hierin eine Änderung ein.

Der Begriff der Reallast ist kontrovers. Man sieht in der Reallast teils ein obligationenrechtliches Gebilde, bei dem der Schuldner durch den Besitz des Grundstücks bestimmt werde, teils ein dingliches Recht, teils eine, im einzelnen wiederum verschieden gedachte Verbindung von dinglichem Recht und obligatorischem Recht. Zu diesen Theorien ist endlich in neuerer Zeit die Auffassung hinzugetreten, daß es sich bei den Reallasten um eine dingliche Belastung eines Grundstücks in Verbindung mit einem dinglichen Recht auf Leistung und einer dinglichen Schuld des jeweiligen Besitzers handle. Von dieser, jedenfalls dem deutschen Recht Rechnung tragenden Meinung wird im obigen durch Ablehnung der dinglichen Schuld und der Dinglichkeit des Rechts auf Leistung abgewichen.

II. **Geschichte.** Die Reallasten sind ihrem geschichtlichen Ursprung nach Umwandlungen, teils von persönlichen Lasten aus hofrechtlichen Verhältnissen und Grundleiheverhältnissen, teils von Leistungen, die in öffentlichrechtlicher Abhängigkeit, teils von solchen, die in Gemeinschaftsverhältnissen wurzelten. In allen Fällen löste sich die Pflicht zu Abgaben und Diensten von der Person und wurde auf das Grundstück radiziert. Damit verschwand der persönliche Schuldner, während der Gläubiger erhalten blieb und die Haftung zur reinen Sachhaftung wurde. Erst im Stadtrecht des Mittelalters sind diesen älteren Reallasten vertraglich begründete Reallasten nachgebildet worden.

Die Rezeption hat, obwohl dem römischen Recht Reallasten fremd waren, die Rechtsform der Reallast nicht verdrängt. Doch hat der Mangel ihr entsprechender Kategorien und Bestimmungen des römischen Rechts vielfach zu einer Verkümmerung der Reallasten und unharmonischen Ausgestaltung geführt. Insbesondere haben die neueren Gesetze meist nur einzelne Reallasten, nicht aber das Institut der Reallast als solches geregelt.

Auch die Zahl der Reallasten ist in der Neuzeit zurückgegangen. Einzelne Leistungen, die früher den Gegenstand von Reallasten gebildet hatten, sind zu öffentlichrechtlichen geworden. Die auf den Bauerngütern ruhenden Reallasten sind durch die Gesetzgebung des 19. Jahrhunderts, einzelne auch schon früher aufgehoben oder für ablösbar erklärt worden (s. auch o. § 47 II); die Ablösung erfolgte gegen Zahlung eines Kapitals oder durch eine bestimmte Jahre dauernde Rentenzahlung. Soweit sich gleichwohl einzelne Reallasten erhalten haben, sind sie auch im geltenden Recht aufrechterhalten (EGBGB. 184, 113). Außerdem regelt das BGB. die Reallasten als solche (1105ff.).

III. **Rechtssätze.** Die Entstehung der einzelnen Reallast beruht unmittelbar auf Rechtssatz (Gesetz, Gewohnheitsrecht, Satzung) oder auf Vertrag; im älteren Recht war jenes die Regel. Die Begründung durch Vertrag erfolgte im Mittelalter in der Form des Liegenschaftsgeschäftes, da nur so Haftung eines Grundstücks begründet werden konnte. Daraus ergab sich im neueren Recht wenigstens partikulär und im geltenden Recht die Begründung durch Eintragung. Ein Erwerb durch Ersitzung kommt nur partikulär in der Neuzeit vor.

Gegenstand der Reallast ist nach dem oben Gesagten immer das Recht eines Reallastgläubigers auf wiederkehrende Leistungen und die Haftung des Grundstücks. Eine Leistungspflicht des jeweiligen Eigentümers bestand nicht notwendig und, wo sie, wie im älteren Recht, regelmäßig fehlte, konnte zwar die Leistung durch den Eigentümer erfolgen, war aber dann nicht Erfüllung seiner Schuld, sondern erfolgte zur Abwendung des mit der Haftung gegebenen Zugriffsrechts. Doch ist namentlich in der Neuzeit dem Eigentümer vielfach eine Leistungspflicht auferlegt worden. Die Haftung ergriff das Grundstück mit Zubehör. Als Haftung des Grundstücks war sie unabhängig von jedem Wechsel des Eigentümers. Auch ein neuer Eigentümer mußte den Zugriff wegen der einzelnen Leistungen dulden, die unter einem Vorgänger im Eigentum fällig geworden, aber nicht geleistet waren. Doch ist diese Regel teilweise nicht durchgeführt worden. Die dem älteren Recht fremde persönliche Haftung des Eigentümers ist im geltenden Recht Regel geworden (BGB. 1108); demzufolge

16*

endet die Aufgabe des Grundstückes nicht die Haftung für die Rückstände.

Die Person des Reallastberechtigten kann verschieden bestimmt sein, indem die Reallast entweder zugunsten einer bestimmten Person oder zugunsten des jeweiligen Eigentümers eines Grundstücks begründet, in diesem Fall also radiziert wird (vgl. BGB. 1105 II, 1110, 1111; ZGB. 782 II).

Die Reallast endet insbesondere durch Rechtsgeschäft, wozu Löschung gehört, insoweit Eintragung zur Begründung erforderlich ist, durch Untergang des Grundstücks, Wegfall des Berechtigten, Nichtausübung während bestimmter Zeit, Ablösung.

IV. **Einzelne Reallasten.** Die Formen der Reallasten sind namentlich im Mittelalter sehr zahlreich. Neben den Deichlasten und der Leibzucht sind insbesondere hervorzuheben Grundzinsen, Zehnten, Fronden und Renten.

1. Grundzinse (Bodenzins, census, census arealis) stammen überwiegend aus den Verhältnissen des Hofrechts und der Grundleihe (s. o. § 46 I 2a). Sie sind Naturalzinse (Korn, Früchte, Hühner, Eier, Honig, Bier, Wein, Schweine, Backwerk, Käse usw.), später auch Geldzinse; dies namentlich bei städtischen Leiheverhältnissen. Die Zinsen waren zu bestimmten Zeiten zu entrichten (daher z. B. ostereier, martinsgans, maienreis) und in älterer Zeit Holschulden, die dem Gläubiger über das Gatter gereicht werden mußten (Gatterzins); in späterer Zeit sind sie meist Bringschulden geworden. Sie charakterisieren sich als Leistungen aus dem Gute durch Bezeichnungen wie rauchhun, wurtzins, herdgeld, während die Namen leibhun, vogthun, vogthafer, gohun auf den Ursprung dieser Zinse hindeuten. Der Leistungsverzug löste im älteren Recht ein Pfändungsrecht des Gläubigers und auch sonst eigenartige Folgen aus (s. o. § 58 II 2a); lange Rückstände konnten auch zum Verlust des Gutes führen. Das neuere Recht läßt meist nur die gewöhnlichen Verzugsfolgen eintreten. Der Umfang der Leistung war dauernd bestimmt; doch kamen vereinzelt Minderungen bei sinkendem Ertrage vor.

2. Zehnten sind Leistungen, die in der Abgabe eines bestimmten Bruchteils aller oder bestimmter Erträgnisse eines Grundstücks bestehen. Sie betreffen in der Regel den zehnten Teil, nur selten einen anderen Bruchteil (z. B. den elften oder zwanzigsten Teil). Die Zehnten wurzeln zum Teil in Leiheverhältnissen und können dann auch Laien zustehen (Laienzehnt, decimae saeculares). Die Hauptrolle aber spielt der Kirchenzehnt (decima ecclesiastica),

den die Kirche von allen Grundstücken forderte, ohne den Laienzehnt je völlig verdrängen zu können. Je nach der Art der Erträgnisse unterscheidet man Generalzehnt und Spezialzehnt (decima generalis, specialis), Feldzehnt (Fruchtzehnt, decima praedialis), der dann als grosser zehnt alles Getreide und Wein erfaßt, als kleiner zehnt Gartenfrüchte, Obst, Kräuter, und Fleischzehnt (Blutzehnt, Tierzehnt, decima carnium) von Tieren und Tierprodukten, wie Eier, Milch, Butter. Von der Art des Grundstücks hat seinen Namen der Neubruchzehnt (Novalzehnt, Rottzehnt), der von früher unbebautem, neu gerodetem Land erhoben wurde.

Der Zehnt muß vom Berechtigten abgeholt, vom Eigentümer (Pächter) des belasteten Grundstücks aber bereit gelegt werden. So hat z. B. beim Getreidezehnt der Berechtigte binnen bestimmter Frist nach Aufforderung durch den Eigentümer die Garben selbst auf dem Felde auszuzählen und auszusuchen; bei Verzug kann der Eigentümer die Auswahl vornehmen.

In neuerer Zeit sind auch die Zehnten partikulär fixiert worden (Sackzehnten), zum Teil sogar in Geldzehnten umgewandelt worden. Die Ablösungsgesetzgebung hat sie fast sämtlich aufgehoben.

3. Die **Fronden** (scharwerk, robot, dienst) gehen teils auf das Hofrecht, teils auf sonstige Grundleihe, teils auf die Zugehörigkeit zu privaten oder öffentlichen Verbänden zurück. Damit hängt ihre spätere Einteilung in Staatsfronden, Gemeindefronden und Herrenfronden zusammen.

Dem Inhalt nach sind sie bald Ackerfronden, bald Jagd- und Forstfronden oder Baufronden, bald erschöpfen sie sich in der Beherbergung des Berechtigten oder in Botendiensten. Bei den erstgenannten sind zu unterscheiden Handdienste und Spanndienste, je nachdem nur Arbeitsgeräte oder auch Geschirre und Zugtiere zu stellen sind. Die Zeit der Leistung ergibt sich zum Teil aus der Art, muß aber auch in diesem Falle durch jeweilige Ansage seitens des Berechtigten genau bestimmt werden. Dem Umfang nach sind die Fronden bald gemessen, bald ungemessen.

In der Neuzeit sind die Fronden fast durchweg aufgehoben, schon früher die ungemessenen Dienste in gemessene verwandelt worden.

4. a) Die **Renten** (gült, gelt, redditus annui) sind **durch Rechtsgeschäft begründete, wiederkehrende Leistungen aus einem Grundstück**, die seit dem 12. Jahrhundert in den Städten sich ausbildeten und daher auch kurz als wicbelde (Weichbildrenten, Wieboldsrenten) bezeichnet werden. Ihrem **Inhalt**

nach unterscheiden sie sich nicht von den Grundzinsen, teilen daher auch deren Namen (z. B. huszins, wurtzins, census arealis). In den Anfängen scheinen sie dem Zwecke der Seelmessenstiftung gedient zu haben. Ihre besondere Bedeutung und Ausprägung aber haben sie als Geldgeschäft erlangt und als solches kommen sie zur Entstehung durch den Rentenkauf, der in der frühkapitalistischen Wirtschaft der mittelalterlichen Stadt rasch an Boden gewann, weil er das vom kanonischen Recht verbotene, aber wirtschaftlich notwendige zinsbare Darlehen ersetzte.

Der Rentenkauf war ein Geschäft, inhaltlich dessen der Rentenkäufer (gültherr, rentherr) dem Grundstückseigentümer ein bestimmtes Kapital übereignete gegen Bestellung einer Rente aus dem Grundstück. So verschaffte er einerseits dem geldbedürftigen Grundeigentümer das benötigte Kapital, andererseits dem Rentenkäufer eine durch die Haftung des Grundstücks gesicherte Verzinsung in Form der Rente, die in der Regel in Geld, nur ausnahmsweise in Naturalien bestand.

Der Abschluß des Rentenkaufes erfolgte in den Formen des Liegenschaftsgeschäfts, also öffentlich vor Rat oder Gericht. Über das Geschäft wurde eine Urkunde ausgestellt (rentenbrief, gültbrief, ewiggeldbrief). Die Höhe der Rente hing von der Vereinbarung ab; erst in der Neuzeit (16. Jahrh.) erfolgte eine Beschränkung auf fünf vom Hundert des hingegebenen Kapitals.

Der Rentenkauf begründete reine Sachhaftung des Grundstücks; Schuld oder Haftung des Rentenverkäufers oder späterer Eigentümer ist unbekannt. Der Rentengläubiger kann sein Rentenrecht veräußern und belasten. Dabei wurde dieses als liegenschaftliches Recht behandelt; doch kommen schon im Mittelalter Rentenbriefe in der Form von Wertpapieren vor, deren Übertragung dann durch Übergabe und formlosen Vertrag erfolgte und die Übertragung des Rentenrechts bewirkte.

Nichtleistung der Rente führte zu Verzugsbußen, vielfach in der Form des census promobilis (s. o. § 58 II 2) und zum Zugriff des Gläubigers zunächst auf die Fahrnis, dann auf das Grundstück selbst.

Die Dauer der Rente war in der Regel unbegrenzt; die Rente war Ewiggeld. Seltener sind auf das Leben einer Person gestellte Leibrenten. Aber auch die Ewigrente konnte durch Rückzahlung des Kapitals (Wiederkauf) abgelöst, jedoch nicht vom Berechtigten gekündigt werden. Das Wiederkaufsrecht wurde vielfach vereinbart, in der Neuzeit reichsrechtlich festgelegt.

b) Nach der Rezeption hat sich der Rentenkauf zunächst erhalten. Er ist aber durch Annahme eines persönlichen Schuldverhältnisses als Grundlage der Haftung des Grundstücks seiner Eigenart entkleidet worden und allmählich in ein zinsbares Darlehen mit Sachhaftung übergegangen. Am reinsten bewahrt hat ihn das Schweizer Recht und das Münchener Stadtrecht im Ewiggeld, das erst 1900 aufgehoben wurde.

In der neuesten Zeit ist der Rentenkauf in der preußischen Gesetzgebung über Ansiedlungs- und Rentengüter wieder aufgenommen worden. Dagegen hat BGB. die ihm entsprechende Rentenschuld den Grundpfandrechten eingereiht.

C. Familienrecht.

I. Abschnitt.

Grundbegriffe.

Die Sippe im allgemeinen. § 81.

I. Mit dem Worte „Sippe" (got. sibja, ahd. sibba, sippa, zu lat. suus) werden zwei verschiedene Begriffe bezeichnet. Sippe bedeutet

a) den Kreis der von einer Ausgangsperson abstammenden Männer und Weiber (sogen. feste Sippe). Diese Sippe geht in historischer Zeit von einem Stammvater aus und innerhalb ihrer wird die Verwandtschaft durch Männer vermittelt; sie ist vaterrechtlich organisiert als ein agnatischer Verband.

b) den Kreis der um eine Person als Mittelpunkt sich bildenden Verwandtschaft (sogen. wechselnde Sippe). Sie umfaßt Männer und Frauen und sowohl die durch Männer wie die durch Frauen vermittelte Verwandtschaft. Daher besteht sie nur für Vollgeschwister aus den gleichen Personen; schon von zwei Halbgeschwistern ist jedes durch den nicht gemeinsamen Elternteil mit verschiedenen Personen verwandt. Die wechselnde Sippe ist der Kreis der Blutsverwandten oder Blutsfreunde des Einzelnen und führt auch, wenngleich nicht konsequent, die Bezeichnung „Magschaft" (lat. parentela).

II. Die Zugehörigkeit zur Sippe des Vaters beruhte schon in älterer Zeit regelmäßig auf Geburt aus einer Ehe, nur zur mütterlichen Sippe auch auf unehelicher Geburt.

Insofern bildet die Ehe den Mittelpunkt der Verwandtschaft, die ihrerseits Blutsverwandtschaft ist. Aber einerseits erkennt das ältere Recht in weitem Umfange die Begründung von verwandtschaftlichen Beziehungen durch Rechtsakt an (künstliche Verwandtschaft) und andererseits muß auch das durch Zeugung und Geburt begründete, tatsächliche Verhältnis erst noch durch Rechtsakt zum Rechtsverhältnis ausgestaltet werden (s. u. § 92 I). Die künstliche Verwandtschaft ist Verwandtschaft von einzelnen Personen teils mit einer Sippe, teils mit einer einzelnen Person. Jene wird erzeugt durch die Geschlechtsleite; für diese stehen die Formen der Wahlkindschaft und Wahlbrüderschaft zur Verfügung.

Doch haben die deutschen Stämme, im Gegensatz zu den nordgermanischen von der Begründung künstlicher Verwandtschaft in historischer Zeit vermutlich wenig Gebrauch gemacht. Eine Aufnahme in das Geschlecht dürfte in germanischer Zeit das Geschäft gewesen sein, das in fränkischer Zeit unter der Bezeichnung adfatimus mit wesentlich beschränkterer Wirkung erscheint; darauf deutet der Name, der mit altfränk. adfathumjan und der zu erschließenden Bezeichnung fathum für den engeren Kreis zusammenhängt. Außerdem kennen noch im Mittelalter die Dithmarschen die Aufnahme Fremder in das Geschlecht. Auch die Wahlbrüderschaft kommt späterhin nur vereinzelt vor. Ihr Typus ist in germanischer Zeit die weitverbreitete Schwurbrüderschaft oder Blutsbrüderschaft. Durch sie wurde ein Verhältnis wie unter leiblichen Brüdern begründet. Die Schwurbrüder waren zur gegenseitigen Unterstützung, zur Blutrache und zur Erfüllung des Totenkults verpflichtet; vielfach bestand unter ihnen auch Vermögensgemeinschaft. In fränkischer Zeit haben sich Ausläufer im angelsächsischen und longobardischen Recht erhalten. Es sind dies der Eidbruder und die gamahalos id est confabulati. Zu ganz beschränktem Zweck, nämlich dem der Vergesellschaftung, diente die ebenfalls hierher gehörende italienische affratatio. Im übrigen ist aus der Schwurbrüderschaft die mittelalterliche Gilde entstanden.

Von größerer Bedeutung und Dauer ist die Wahlkindschaft oder Annahme an Sohnesstatt. Ihre Wirkung war auf den Annehmenden und den Angenommenen beschränkt und bestand meist in der Begründung eines Erbrechts. Beziehungen zwischen dem Angenommenen und den Verwandten des Annehmenden wurden nicht begründet. Die Formen der Annahme waren Waffenreichung und Haarschur (capillaturiae). Dahingestellt bleiben muß, ob andere Formen, nämlich Umarmung, Schoßsetzung, Kniesetzung und Umhüllen mit dem Mantel ebenfalls Adoptionsformen gewesen sind. Im Mittelalter kann man wohl eyns anderen kinder keysen in kindes stait, aber die Adoption scheint nicht nur selten gewesen zu sein, sondern auch schon vom römischen Recht beeinflußt.

Auch in der Neuzeit beruht die Verwandtschaft in der Regel auf Abstammung. Doch wurde aus dem römischen Recht die adoptio aufgenommen; unter dem Einfluß des deutschen Rechts entstand ein Institut, das in seinen Wirkungen der adoptio minus plena des römischen Rechts gleichkommt und von den Quellen als Wahlkindschaft, Anwünschung, Ankindung, Annehmung an Kindesstatt (ABGB.) bezeichnet wird.

Die Wahlkindschaft wurde begründet durch Vertrag zwischen Wahlvater (Wahlmutter) und Wahlkind, der aber staatlicher Mitwirkung bedarf, bei Minderjährigen auch der Zustimmung des Gewalthabers. Wie im römischen Recht wird ein natürlichen Verhältnissen entsprechender, im einzelnen verschieden angesetzter Altersunterschied zwischen dem Annehmenden und dem Angenommenen vorausgesetzt (15—18 Jahre), auch ein höheres Alter des Annehmenden (50—60 Jahre). Die Wirkung der Annahme beschränkt sich auf den Annehmenden (das annehmende Ehepaar) und den Angenommenen; zwischen diesen erzeugt sie Unterhaltspflicht, aber nur für den Angenommenen ein Erbrecht. Der Angenommene scheidet nicht aus der bisherigen Familie aus. Das Adoptivverhältnis kann in den Formen wieder gelöst werden, in denen es eingegangen ist.

Das geltende Recht kennt an künstlichen Verwandtschaftsverhältnissen, wie schon das Mittelalter, nur die Annahme an Kindesstatt (BGB. 1741ff.) oder Kindesannahme (ZGB. 264ff.). Es schließt sich dabei im wesentlichen dem bisherigen Rechte an.

III. Der Aufnahme in die Sippe durch Rechtsgeschäft steht gegenüber der Austritt durch das einseitige Rechtsgeschäft der Entsippung (se de parentilla tollere), der Lossagung von der Sippe, und die strafweise Ausstoßung des Sippengliedes durch die Sippe.

Gliederung der Sippe. § 82.

I. **Allgemeines.** Die Sippe war in verschiedener Weise gegliedert. Diese Gliederungen verfolgten teils den Zweck, größere, geschlossene Gruppen innerhalb der Sippe zu bilden, teils den, die Nähe oder Ferne der Beziehung zwischen einzelnen Verwandten festzustellen, also die Verwandtschaft zu berechnen.

1. Dem Zweck der Gruppenbildung dient die Teilung der blutsverwandten Sippegenossen oder Magen (auch mhd. magen, freunde, holde) in Vatermagen (generatio paterna) und Muttermagen (generatio materna). Jenen gehören die durch den Vater, diesen die durch die Mutter verwandten Personen zu. Diese Einteilung erfaßt nur die Aszendenten und Seitenverwandten, läßt

aber die Deszendenten außer Betracht. Angewendet wurde sie insbesondere bei der Verteilung des Wergeldes, insofern ja ein bestimmter Teil des Wergelds den Vatermagen und Muttermagen zufiel und von ihnen entrichtet werden mußte.

Eine weitere Gruppierung ist die in Speermagen (Schwertmagen, Germagen, lat. pars gladii oder schlechthin lancea) und Spindelmagen (Spillmagen, Kunkelmagen, lat. schlechthin fusus). Zu jenen rechnet man alle Männer des Mannesstammes, zu diesen alle Weiber und die Männer der Weiberseite. Von Bedeutung ist diese Teilung insbesondere für die Ordnung der Vormundschaft.

Ursprünglich wohl weit, späterhin insbesondere im friesischen und holländischen Rechtsgebiet verbreitet ist die Einteilung der Aszendenten und Seitenverwandten in Viertel (vierendeele, klüfte) und Achtel (achtendeele, fächten, fänge) (Gliederung nach Stämmen). Die Viertel werden gebildet von den Abkommen der vier Urgroßelternpaare, die Achtel von denen der Ururgroßelternpaare. Verwendet wird diese Teilung im Vormundschaftsrecht, im Erbrecht und bei der Totschlagsklage und Totschlagssühne.

Der Gegensatz von Aszendenten und Deszendenten kommt in der Gegenüberstellung von Busen und Schoß zum Ausdruck.

2. Bei den Einteilungen der Verwandtschaft zum Zwecke der Berechnung sind zwei Fragen zu scheiden. Es handelt sich einmal darum, welche Methoden der Verwandtschaftszählung das deutsche Recht überhaupt gekannt hat und sodann darum, welche dieser Methoden die älteste ist. Alle Verwandtschaftssysteme aber weisen den gleichen Grundzug auf, daß sie zunächst wiederum Gruppen bilden und erst innerhalb dieser Gruppen zu rechnen beginnen. Ihrer aller Bedeutung liegt vor allem auf erbrechtlichem Gebiet.

a) Das Vetterschaftssystem geht aus von der Gliederung der Verwandtschaft in Altersklassen. Die im gleichen Alter und infolgedessen im modernen Stammbaum auf einer Querlinie stehenden Personen sind einander gleich nah verwandt. Die Personen, die mit der Ausgangsperson auf einer Querlinie stehen und von der gleichen Person abstammen, also ihre Brüder nach heutigem Sprachgebrauch, scheiden für eine Zählung aus. Die Personen, die auf der auf die Ausgangsperson folgenden Querlinie stehen (Geschwisterkinder), sind die ersten Vettern (fläm. rechtzweers) oder ersten Brüder der Ausgangsperson, denen sich dann die zweiten (anderzweers) und dritten (derdezweers) Vettern auf den weiter folgenden Querlinien anschließen.

b) Mit dem Vetterschaftssystem berührt sich ein System konzentrischer Kreise, insofern auch bei diesem die Zählung erst bei den Geschwisterkindern beginnt. Der engere der beiden Kreise (fränk. fathum) umfaßt Vater, Mutter, Sohn, Tochter, Bruder und Schwester der Ausgangsperson, allenfalls noch die Muttergeschwister. Jene nennen friesische Quellen die „sechs gesipptesten Hände" und sondern sie damit aus der Gesamtzahl der Verwandten aus. Nur für diese Personen hat die ältere Rechtssprache einfache, nicht zusammengesetzte Bezeichnungen. Den weiteren Kreis füllen alle übrigen Verwandten. Für diese gibt es die Sammelbezeichnungen der „Neffen" und „Nichten"; sie bilden die Magschaft im engeren Sinne. Einzeln werden sie nur mit zusammengesetzten Namen bezeichnet, wie z. B. Sohnessohn, Brudersohn, Brudersohnessohn.

c) Eine Durchbrechung des genannten Systems bildet die Parentelenordnung oder Linealgradualordnung. Sie knüpft an einen jüngeren Begriff der parentela an, nach dem diese von den durch den nächsten gemeinschaftlichen Aszendenten verwandten Personen gebildet wird. Die erste Parentel besteht aus der Deszendenz der Ausgangsperson, die zweite aus den Eltern der Ausgangsperson und ihrer Deszendenz, die dritte aus den Großeltern und ihrer Deszendenz usw. Ursprünglich bedeutete parentela die Blutsverwandtschaft überhaupt.

d) Nur vereinzelt tritt im Mittelalter Teilung in zwei exzentrische Kreise, den der Deszendenten und den der übrigen Verwandten auf, und ebenso eine Teilung in die drei Gruppen der Deszendenten, Aszendenten und Seitenverwandten (Dreiliniensystem).

Was das Alter dieser verschiedenen Systeme anlangt, so reicht das Vetterschaftssystem in hohes Alter hinauf. Es dürfte das älteste System gewesen sein, dem die Gliederung in konzentrische Kreise folgte, während diese von der Parentelenordnung abgelöst wurde.

Für die frühe Ansetzung des Vetterschaftssystemes spricht neben der Altertümlichkeit seiner Grundlage die Verbreitung zwar in den verschiedensten Gebieten, aber im wesentlichen nur in Folgeerscheinungen. Der Einteilung in konzentrische Kreise im Gegensatz zur herrschenden Meinung (Brunner) ein höheres Alter zuzuweisen (v. Amira), ist dadurch geboten, daß sie eng mit dem Vetterschaftssystem zusammenhängt, die Entwicklung der Parentelenordnung aus ihr leicht zu erklären ist, nicht aber der umgekehrte Entwicklungsgang und endlich die Entwicklung in einigen Rechten sich im Lichte der Quellen vollzieht. Dem entspricht es, daß die Einteilung in konzentrische Kreise im Mittelalter nur noch in der Verwandtschaftszählung des sächsischen Rechtskreises zum Ausdruck kommt, während die Parentelenordnung zur gleichen Zeit das friesische, fränkische, bayerische, schwäbische und anglonormannische Recht und das Lehnrecht beherrscht.

Berechnung der Verwandtschaft. Die älteste Zeit hat von einer Berechnung überhaupt Abstand genommen, da ihr die Bezeichnung des Verwandten, z. B. als Brudersohnestochter, genügend anschaulich war. Sobald man aber zählte und bei den erwähnten Systemen eine Zählung erforderlich war, also beim System konzentrischer Kreise im weiteren Kreise, bei der Parentelenordnung für alle Verwandten, hat man in älterer Zeit und bis ins Mittelalter hinein nach Knien (geniculum, mnd. led) gezählt. Dies rührt daher, daß sich die Germanen die Verwandtschaft nicht am Bild des Baumes und seiner Äste, sondern an dem des Körpers und seiner Glieder vorstellten.

Der engere Kreis wurde im Kopf und im Rumpf gedacht, die Geschwisterkinder im Schultergelenk, deren Kinder im Ellbogengelenk usw. Wer seine Verwandtschaft zu einem anderen beweisen wollte, mußte sich to der sibbe gestuppen, d. h. auf das Gelenk zeigen, in dem er seinen Platz hatte.

Zunächst neben dieser älteren Art der Verwandtschaftsberechnung, dann sie ausschließend, erscheint die Zählung nach Graden. Diese geht aus von einer Auflösung der Verwandtschaft in einzelne Deszendentenlinien und rechnet dann innerhalb der Linie jede Zeugung als einen Grad.

Sie bestimmt z. B. die Verwandtschaft zwischen Geschwisterkindeskindern in der Art, daß sie zunächst die von den beiden Personen zum gemeinschaftlichen Stammvater führenden Linien feststellt und dann auf jeder Linie die Zeugungen zählt. War die Zahl der Zeugungen wie im Beispielsfalle auf beiden Linien gleich, so war die Verwandtschaft durch diese Zahl bestimmt (sogen. Zählung nach Doppelknien). Geschwisterkindeskinder sind demnach im dritten Grad (der Seitenlinie) verwandt. War die Zahl ungleich, so gab man beide Zahlen an, bezeichnete z. B. den A. mit seinem Neffen als im ersten und zweiten Grad, oder indem man nur eine Zahl angab, als im zweiten ungleichen Grad verwandt. (Spätere Regelfassung: tot gradibus collaterales distant inter se, quot remotior distat a stipite communi). Je nachdem man hierbei die Personen des engeren Kreises mitzählte oder, wie noch im Mittelalter der Sachsenspiegel, erst im weiteren Kreise zu zählen begann, war die gefundene Gradzahl verschieden; es ergab sich in diesem Falle eine (um einen Grad) zurückbleibende Zählung.

Während die Gradzählung ihrem Wesen nach unbeschränkt ist, legt schon die Versinnbildung der Verwandtschaft an Körper und Gelenken eine Begrenzung nahe. Dementsprechend finden sich allenthalben Verwandtschaftsgrenzen, d. h. Grenzen der Verwandtschaft, die imstande ist, Rechtswirkungen, Rechte und Pflichten auszulösen. So waren im Sachsenspiegel die im Nagel stehenden Nagelmagen die letzten Personen, die man zu den Magen rechnete. Nach älterem friesischem Recht erhält das Wergeld nur der engere Verwandtschaftskreis, dann, statt des weiteren Kreises, der Fiskus; doch kommt eine gegenteilige Auffassung zum Ausdruck in dem Rechtssprichwort „Freundesblut wallt, und wenn es auch nur ein Tropfen ist."

In der neueren Zeit ging man durchweg von der Parentelenordnung aus und schloß sich des weiteren meist an die Zählweise des römischen Rechts an. Diese unterschied sich von der des deutschen und des von ihm beeinflußten kanonischen Rechts dadurch, daß sie auf der gebrochenen Linie, d. h. von einer Person zur anderen über den gemeinsamen Stammvater hinweg zählte. Berechnet wurde die Zahl der Zeugungen, die erforderlich war, um die Verbindung zwischen zwei bestimmten Personen herzustellen; es galt die Regel: quot generationes, tot gradus. Danach war jemand mit seinem Bruderssohn im 3. (nach deutscher Zählung 2.) Grad verwandt, mit dem Brudersohnessohn im 4. (3.) Grad. Im übrigen teilte man die Verwandtschaft gruppenweise in Linien, unterschied zwischen gerader Linie und Zwerchlinie oder Beseitslinie oder Seitenlinie (Seytlingsverwandte), innerhalb beider Arten wiederum zwischen aufsteigender und absteigender Linie. Man schied ferner die weibliche Linie von der männlichen, die mütterliche Seite von der väterlichen, aber auch noch swertside und spinhalve und, wie früher, Vatermagen und Muttermagen. Die von einer Person abstammenden Personen wurden als deren Stamm bezeichnet.

Haus und Verwandtschaft. § 83.

I. **Ältere Zeit.** 1. Haus. Der Erscheinung des engeren Kreises entspricht in älterer Zeit die Hausgenossenschaft oder das Haus. Da das Ausscheiden von Töchtern aus der Hausgemeinschaft nur durch Verheiratung in echter Ehe (s. § 84 I) bewirkt wurde, andererseits die Verheiratung in Friedelehe und die von Söhnen dieses Ausscheiden nicht regelmäßig mit sich brachte, so war das Zusammenleben dreier Generationen, der Eltern, Kinder und Enkel, allenfalls auch noch der Urenkel, durchaus keine Seltenheit (Großfamilie). Diese Personen bildeten aber, von der mittleren Generation aus gesehen, den engeren Verwandtschaftskreis.

Deckte sich so das Haus verwandtschaftsrechtlich mit dem engeren Kreis und umfaßt es auch, nachdem ein derartiges Zusammenleben mehrerer Generationen seit der fränkischen Zeit verschwand, immerhin nur Personen des engeren Kreises, so erweist sich in anderen Beziehungen das Haus als ein noch weiterer Begriff, als die Gemeinschaft der beieinander Wohnenden (ahd. hiwiski, lat. familia) und ergreift so auch die Ehefrau und das Gesinde.

Im Mittelpunkt des Hauses steht eine echte Ehe (s. u. § 84 I). An der Spitze steht der Hausherr (got. frauja, ahd. fro, herro) als Herrscher über das ganze Haus. Er übt gegen die Ehefrau ehemännliche, gegen die übrigen Freien väterliche, gegen die Unfreien sachenrechtliche Gewalt. Als personenrechtliche ist diese eine Art des weiteren Begriffes der Munt (ahd. munt, lat. mundium [Grundbedeutung: Hand; zu lat. manus]; erhalten, z. B. in Vormund, Mündel); sie umfaßt die Fürsorge für die der Munt Unterworfenen, Recht und Pflicht, diese nach außen hin zu vertreten. Im einzelnen äußert sich die Munt allerdings verschieden; sie trägt wenigstens in historischer Zeit einen anderen Charakter gegenüber der Ehefrau als gegenüber den Kindern. Neben der Munt aber steht die Gewalt, die dem Hausherrn als solchem gegenüber jedem zusteht, der in der Hausgemeinschaft sich befindet, die hausherrliche Gewalt im engeren Sinn.

Innerhalb des Hauses finden sich Vermögensgemeinschaften verschiedenen Umfanges. Keine von ihnen ergreift in subjektiver Richtung alle Hausbewohner, keine auch nur alle Freien und Halbfreien. Wohl aber steht der Grund und Boden, soweit der Dorfkommunismus überwunden ist, im Gesamteigentum des Hausherrn und seiner mündigen Söhne. Das Mobiliareigentum wird zum Teil von der ehelichen Gemeinschaft, zum Teil von einer Gesamthandschaft der freien Hausgenossen erfaßt.

2. Verwandtschaft. Die in der Sippe ausgedrückte Verwandtschaft im ganzen bildete in älterer Zeit einen Verband, der weit über das Privatrecht hinaus rechtliche Bedeutung hatte. Als ältester Schutzverband und Friedensverband bildete die Sippe eine wesentliche Grundlage des politischen Verbandes. Im Privatrecht erscheint sie als Trägerin der Vormundschaft (s. u. § 95 II) und wirkt bei der Eheschließung mit. Auf ursprüngliche Gemeinschaft des Vermögens geht das Erbrecht weiterer Verwandter zurück.

II. **Neuere Zeit.** Zur Zeit der Rezeption war die Bedeutung des weiteren Verwandtschaftsverbandes stark zurückgegangen, die dem älteren Recht eigentümlichen Sippepflichten waren geschwunden; erhalten hat sich u. a. die Heranziehung der Verwandten zur Vormundschaft, die Verbindung des Erbrechts mit der Verwandtschaft. Damit verloren auch die erörterten Gliederungen der Verwandtschaft ihre Bedeutung. Die Gesamtheit der Verwandten wird vielfach als Freunde, Sippschaft, Magschaft, Blutsfreundschaft bezeichnet und der angeheirateten Schwägerschaft gegenübergestellt. Für die einzelnen Verwandten außerhalb des engeren Kreises setzen sich allmählich die heutigen Bezeichnungen durch. Doch begegnen noch Zusammensetzungen wie Kindeskind, Tochtertochtertochter. Vollbürtige Geschwister heißen auch Geschwistergit von beyden Banden oder zweybändige Geschwister.

Am meisten geschlossen blieb der Verwandtschaftsverband zunächst noch im friesischen Gebiet und in der Schweiz. Hier fand die in klüfte zerfallende slaht der Dithmarschen noch im 16. Jahrhundert in dem Institut der Eidhilfe eine starke Stütze. Bis in das 19. Jahrhundert reichen die Vetterschaften auf Fehmarn, deren Glieder sich noch im 17. Jahrhundert Eidhilfe leisteten, vor Gericht und bei der Aufbringung von Bußen unterstützten. Noch im 17. Jahrhundert kommt es in der Schweiz vor, daß das Geschlecht Blutrache übt. Ferner erhielten sich einzelne Züge des alten Sippenrechts in den Familien des hohen Adels. Im übrigen hat sich der Verwandtschaftsverband als solcher aufgelöst und sind nur einzelne aus ihm fließende Rechte erhalten geblieben. So lebt ein wichtiger Rest der Verwandtschaftsrechte in der im einzelnen verschieden ausgebauten gegenseitigen Unterstützungspflicht von Familienmitgliedern fort, als deren Korrelat die Quellen vielfach das Erbrecht behandeln; ferner kennen Schweizer Partikularrechte noch im 17. Jahrhundert eine gerichtliche Tätigkeit der Verwandtschaft. Die Vormundschaft der Sippe hat in allen Rechten Spuren hinterlassen.

Wie die Verwandtschaft, so ist in der Neuzeit auch das Haus als einheitliche Erscheinung des Rechts untergegangen. Die Muntgewalt des Hausherrn, schon früher nicht von gleicher Art gegenüber allen Hausgenossen, hat sich vollends in verschiedene personenrechtliche Befugnisse aufgelöst, die nicht etwa Ausflüsse der Hausgewalt sind, sondern des einzelnen personenrechtlichen Verhältnisses; sie ruhen auf der Ehe, der Kindschaft, der Vormundschaft und dem Gesindeverhältnis. Die Hausgewalt ist auf das enge Gebiet der Hausordnung beschränkt. Es entspricht dies der Tatsache, daß auch das Haus als Zusammenfassung mehrerer Generationen verschwunden ist und der engeren Familie Platz gemacht hat.

Die neuere und **neueste** Zeit hat diese Entwicklung nur fortführen können, die sich ja nicht als eine Folge der Rezeption sondern der Erstarkung des Staates darstellt. Das ALR. spricht zwar noch von „gemeinschaftlichen Familienrechten", „gemeinschaftlichen Familienangelegenheiten", „Familienschlüssen", von dem „Vorsteher der Familie", denkt aber dabei nur an Familienstiftungen und Familienfideikommisse. Immerhin kennt es auch „allgemeine Rechte und Pflichten" der Familie, so allgemeine Unterhaltspflicht der vermögenden gegenüber den unvermögenden Familienmitgliedern, allgemeine Pflicht der Fürsorge für Kinder und insbesondere das gesetzliche Erbrecht. Dabei werden unter der Familie die Abkommen eines gemeinschaftlichen Stammvaters verstanden. Vom gleichen Begriff der Familie geht ABGB. 40 aus.

Im Recht des BGB. spielt die Familie als solche nur noch eine Rolle im Familienrat (1858ff.). Doch knüpft die Unterhaltspflicht an die Verwandtschaft in gerader Linie an (1601) und das gesetzliche Erbrecht ist grundsätzlich Verwandtenerbrecht, aufgebaut auf dem System der Parentelenordnung. Gemeinschaftliches Familienvermögen hat sich in der fortgesetzten Gütergemeinschaft (1483) und landesrechtlich im Fideikommiß erhalten (s. o. § 41 II 2a). Ausgedehntere Bedeutung hat die Familie im Schweizer Recht behalten. Dort ist die Unterhaltspflicht auf Geschwister erstreckt (ZGB. 328) und in Verbindung mit Familienheimstätten gebracht (ZGB. 355), Vermögensgemeinschaft der Familie in zwei Formen, der Familienstiftung und der Gemeinderschaft (ZGB. 335, 336ff.) möglich. Auch das Erbrecht baut auf der Blutsverwandtschaft auf (ZGB. 457ff.). Vor allem aber hat hier auch die „Hausgewalt" als personenrechtliche Gewalt über alle Personen im gemeinsamen Haushalt sich erhalten, die dem gesetzlichen oder herkömmlichen oder vereinbarten „Familienhaupt" zusteht (ZGB. 331ff.); dieses haftet im bestimmten Umfang für die Hausgenossen (333).

II. Abschnitt.

Die Ehe.

§ 84. Eheschließung.

I. **Älteste Zeit.** Die Ehe (ahd. ewa, hirat, mhd. ê, nd. echtschop) ist nach germanischer Auffassung eine dauernde Lebensgemeinschaft zwischen Mann und Frau, ein „consortium omnis vitae" der erst am Ende des Mittelalters so genannten Gatten (ahd. hiun = Hausleute). Im übrigen ist zu unterscheiden zwischen der echten Ehe oder Muntehe (Kaufehe), bei der der

Ehemann die Munt über die Frau hatte und der Friedelehe, bei der diese Munt ihm fehlte und dem bisherigen Muntwalt verblieb.

Dagegen ist nach neueren Forschungen nicht anzunehmen, daß der Raub einer Frau als solcher ehebegründende Wirkung hatte (sogen. Raubehe). Geschah er mit dem Willen der Geraubten, so konnte er zu einer Friedelehe führen. Andernfalls begründete es, wenn nicht nur ein tatsächliches, so jedenfalls kein eherechtliches Verhältnis. Dies ändert aber nichts daran, daß der Frauenraub in älterer Zeit vorkam, als Delikt und Friedensbruch Fehde und Buße zur Folge hatte, vielleicht auch auf die Gestaltung einzelner Erscheinungen bei der Eheschließung Einfluß hatte.

1. Die echte Ehe (Vertragsehe) kommt zustande durch ein Rechtsgeschäft zwischen dem Bräutigam und dem Vater oder dem Vormund der Braut als dem gesetzlichen Vertreter und Inhaber der Munt (über den Vormund s. u. § 95 II). Mindestens die Sippe der Braut hat ihre Zustimmung zu geben; denn die Eheschließung ist jedenfalls auf dieser Seite Familienangelegenheit. Ausgeschaltet vom Abschluß des Rechtsgeschäfts ist die Braut; sie ist nicht Partei.

Das die Ehe begründende Rechtsgeschäft zerfällt innerlich in zwei Teile, die in der Regel auch zeitlich auseinanderfallen, in die Verlobung (got. fragifts, ahd. mahal, desponsatio) und die Trauung (traditio, ahd. prutigeba). Die Verlobung ist ein Realvertrag, also eine Gabe mit Auflage. Gegeben wurde vom Bräutigam, und zwar der sogen. Kaufpreis (lang. meta, alam. widemo, fries. mundsket, mundschatz, lat. mundius); erhalten hat diesen der Vormund als Entgelt für die mit dem Eheabschluß von ihm auf den Ehemann übergehende Munt. Die Höhe des Muntschatzes war in fränkischer Zeit in den einzelnen Rechten verschieden bestimmt, überhaupt aber der Änderung durch Parteiwillen ausgesetzt. Die dem Muntwalt gemachte Auflage war die Übergabe der Braut, die der Muntwalt bei der Verlobung versprach; durch die Gabe wurde die Braut dem Bräutigam „gefestigt". Mit dem Verlobungsvertrag entstand ein familienrechtliches Verhältnis, das auf seiten des Bräutigams in einem Anwartschaftsrecht auf die Braut, auf deren Seite in einer Treupflicht zum Ausdruck kam.

Die Höhe des Kaufpreises deckt sich in einigen Rechten mit der Entführungsbuße. Dies beruht vermutlich darauf, daß der durch Frauenraub hervorgerufene Fehdezustand vielfach durch Abschluß einer Muntehe beendet wurde.

Der zweite Teil des Rechtsgeschäftes, die Trauung, scheint in ältester Zeit der Verlobung rasch gefolgt zu sein, war vielleicht vielfach mit ihr verbunden. Er spielt sich im Hause des Muntwalts ab, als dem Orte, an dem sich die Braut befindet. Den Beginn macht ein Trinkgelage, an dem sich der Bräutigam mit seinen Verwandten und die Frauensippe beteiligen. In dessen Verlauf wird die Braut dem Bräutigam vom gesetzlichen Verlober übergeben (traditio puellae) unter Sprechen einer Trauungsformel. Die Braut wurde dem Bräutigam auf den Schoß gesetzt zum Zeichen dessen, daß sie in seine Gewalt übergeht (s. o. § 20 III).

Verpflichtet zur Annahme der Braut ist der Bräutigam dem Wesen der Gabe mit Auflage entsprechend nach ältestem Recht allerdings nicht; doch war die Verweigerung der Annahme eine Beleidigung der Frauensippe und insofern ein Unrecht.

An die Übergabe der Braut schloß sich deren Heimführung (ahd. heimleiti). Diese erfolgte in der vielleicht aus den Vorgängen bei der Raubehe entlehnten Form des Brautlaufs (mhd. prutlouft). Der Bräutigam, der die Braut mit sich nahm, und sein Gefolge wurden von den Verwandten der Frau verfolgt und es kam allenfalls auch zu einem Scheinkampf. Aber im Hause des Bräutigams symbolisierte ein neues Trinkgelage den friedlichen Charakter des Beisammenseins und zeigte die junge Frau zum erstenmal in ihrer neuen Stellung als Hausherrin. Den Abschluß der Trauung bildete das Beilager der Eheleute, das, weil Teil des Rechtsgeschäftes, vor Zeugen stattfand und das Eheband begründete. Am ersten Morgen nach der Trauung gab der Mann seiner Frau ein Geschenk, die morgengabe (matutinale donum) und kennzeichnete sie damit als die Herrin des Hauses im Gegensatz zur unfreien Kebse. Später wurde diese Gabe als pretium virginitatis aufgefaßt und dementsprechend der Witwe nicht gegeben.

Verlobung und Trauung sind schon früh zeitlich getrennt, die Verlobung so gewissermaßen zum Kreditgeschäft ausgebildet worden. Dies führte dann dazu, daß man mit der Verlobung eine Scheintrauung verband, andererseits Verlobungsgebräuche, z. B. den Ringwechsel (noch heute!) und Verlobungsreden, bei der Trauung wiederholte.

Die Terminologie der Quellen setzt die Vertragsehe in Verbindung mit dem Kauf; sie verwendet Ausdrücke wie pretium nuptiale, uxorem emere, puella empta, feminam vendere, ja sogar mercatio. Daraus wird vielfach geschlossen, daß die Vertragsehe ein Kauf gewesen sei. Insoweit damit gesagt sein soll, daß die Vertragsehe ein Sachenkauf war, ist diese Ansicht unrichtig. Wohl aber konnte die Vertragsehe ein Kauf genannt werden, weil chouf in der älteren Terminologie jeden gegenseitigen Vertrag bezeichnete, und zudem für ihren Abschluß und ihre Erfüllung die Formen allein zur Verfügung standen, die sich für Schuldverträge, in erster Linie wiederum den Kauf, ausgebildet hatten.

2. Die Friedelehe entsteht durch Vertrag zwischen Mann und Frau. Der Muntwalt, dessen Munt hier nicht berührt wird, ist als solcher am Vertrage nicht beteiligt. Doch findet der Abschluß regelmäßig im Kreise der beiderseitigen Verwandten statt. Aus diesem stellt einer, vielleicht der Muntwalt der Braut, an beide Teile die Frage, ob sie die Ehe miteinander schließen wollen. Die Bejahung dieser Konsensfrage bildet den Vertragsschluß. Der ganze Vorgang wird als Konsensgespräch bezeichnet. Auf ihn folgt wie bei der echten Ehe das Beilager und die Überreichung der Morgengabe, die in der Friedelehe überhaupt ihren Ursprung haben dürfte. Dagegen fehlt hier die Leistung des Muntschatzes, der wirtschaftlich durch die Morgengabe ersetzt erscheint.

Die Friedelehe ist, obwohl schon germanisch, jünger als die echte Ehe. Sie setzt eine Lockerung, wenn nicht Beseitigung der Geschlechtsvormundschaft (s. o. § 8 II 2) voraus. In Frage kam sie, wenn der Ehemann in das Haus der Braut zog, das unter der Herrschaft von deren Muntwalt stand, aber auch bei selbständigem Haushalt, wenn die Frau nicht in die Familie des Mannes eintreten wollte oder wegen mangelnder Ebenburt nicht eintreten sollte (s. o. § 6 II 2). Die zweite Alternative lebt fort in der morganatischen Ehe, einem letzten Ausläufer der Friedelehe.

II. **Weiterentwicklung.** Noch in fränkischer Zeit hat die Eheschließung Änderungen erfahren, die teils der Fortbildung des Vertragsrechts, teils der Abschwächung der Munt, teils dem Interesse der Kirche an der Herrenstellung des Mannes wie am Konsens der Ehegatten entsprangen. Sie haben sich im Mittelalter fortgesetzt, während gleichzeitig der Einfluß der Kirche die Entweltlichung des Eheschließungsrechts anbahnte. Bei dieser Entwicklung wurden Formen der verschwindenden Friedelehe mit der Muntehe verschmolzen und insbesondere das Konsensgespräch mit dieser verknüpft.

1. Die Verlobung entwickelt sich zum Arrhalvertrag (vgl. o. § 56 I 2a). Die arrha erhält, so wie früher den Muntschatz, der gesetzliche Verlober. Sie ist im fränkischen Recht als eine Summe von 1 Solidus und 1 Denar bestimmt.

Bei der Verlobung einer Witwe beträgt sie nach demselben Recht 3 Solidi und 1 Denar und führt den Namen reipus (= Ringgeld?); neben diesem war an die Erben des verstorbenen Mannes von der Witwe der achasius in Höhe von zehn Prozent des ersteheIichen Muntschatzes zu zahlen, als Entgelt für den Verlust des von ihr in die zweite Ehe mitgenommenen Teiles des Muntschatzes.

Der Muntschatz selbst wurde dem Arrhalvertrag entsprechend später übergeben. Bestand er in Liegenschaften, so geschah dies vielfach unter Anwendung einer Urkunde (libellus dotis).

Wie beim Schuldvertrag verblaßte schließlich auch beim Verlöbnis die Bedeutung der Arrha; sie wurde zur Vertragsform und der Vertrag selbst zum Formalvertrag. Aber auch die Verbindung mit dem Wettvertrag zum Zwecke der Begründung beiderseitiger Haftung trat ein. Als wadium diente dabei vielfach der Ring und so machte die Ringgabe des Bräutigams dem Ringwechsel unter den Brautleuten Platz. Insoweit eine solche Verwettung erfolgte, wurde die Pflicht zur Vornahme der Trauung auch auf seiten des Bräutigams eine Rechtspflicht. Durch die Verlobung wurde ein gegenseitiges Treueverhältnis begründet, das eine anderweitige Verlobung und Eheschließung, sowie die Beiwohnung mit einer dritten Person verbot, aber aus bestimmten Gründen aufgelöst werden konnte.

2. Hand in Hand mit dieser Umbildung des Vertrages ging die Beteiligung der Braut am Verlöbnis. Der Braut wird zunächst ein Widerspruchsrecht eingeräumt. Im Mittelalter wird sie sodann zur Vertragspartei und der Vormund wird auf die Genehmigung des Vertrages beschränkt. Damit mußte aber auch die arrha an die Braut als den vertragschließenden Teil gegeben werden. Zunächst vielfach noch eine kleine Geldsumme, nimmt sie allmählich die von den Römern entlehnte Form des Ringes an, den infolgedessen der Bräutigam der Braut, nicht diese jenem gibt (subarrhatio cum anulo). Der Abschluß des Vertrags erfolgte im Kreise der Verwandten, im Ring der mittelalterlichen Dichtung, unter Hereinziehung des Konsensgesprächs.

Ferner verschwand auch der Gedanke eines Erwerbs der Munt vom bisherigen Gewalthaber und damit entfiel der innere Grund für die Leistung des Muntschatzes an ihn; zudem eiferte die Kirche ebenso gegen Zahlungen an den Verlober, wie sie andererseits die Dotierung der Braut forderte. Der Muntschatz wurde zunächst vom Verlober, dann unmittelbar vom Bräutigam an die Braut gegeben; unter dem Einfluß der römischen donatio ante nuptias wird er schon in fränkischer Zeit als dos bezeichnet (afränk. tanodo). Die Ehe wird zur Dotalehe (Wittumsehe). Im Mittelalter wird diese Leistung des Bräutigams mit einem bestimmten Zweck erfüllt; sie wird zur Witwenversorgung und damit zum Wittum im üblichen Wortsinn.

3. Auch die Trauung wurde verändert. Wenngleich sie von der allgemeinen Entwicklung des Vertragsrechts nicht berührt wurde, so doch von der neuen Stellung der Braut. Der Selbstverlobung folgte die Selbsttrauung auch mit juristischer Not-

wendigkeit. Vorgenommen wird aber die Übergabe durch eine von der Braut gewählte Person, einen gekorenen Vormund, der hierbei die Stellung eines Treuhänders einnahm. Der Ort der Trauung blieb zunächst das Haus der Braut. Kirchlichem Einfluß folgend, wurde aber die Trauung im Mittelalter vor die Kirchentüre verlegt, so daß die Getrauten anschließend zur Brautmesse und kirchlichen Einsegnung schreiten konnten. Gleicher Einfluß setzte an Stelle der Laientrauung seit dem 13. Jahrhundert die Trauung durch den Geistlichen. Zäh erhalten hat sich das Beilager als wesentlicher Akt bei der Eheschließung; mindestens Besteigen des Ehebettes ist noch lange Zeit erforderlich, damit alle Wirkungen der Ehe eintreten (Rechtssprichwörter: Ist das Bett beschritten, so ist das Recht erstritten; au coucher gagne la femme son douaire). Doch geht das Beilager im Mittelalter nicht selten der Trauung voraus.

Fortsetzung (seit dem Mittelalter). § 85.

III. **Eindringen des kanonischen Rechts.** Hatte schon seit der fränkischen Zeit die Kirche Einfluß auf die Eheschließung ausgeübt, so wurde vom 12. Jahrhundert an das weltliche Eheschließungsrecht durch das kanonische überhaupt verdrängt. Nach diesem war die Eheschließung reiner Konsensualvertrag. Dabei wurde unterschieden zwischen dem Verlöbnis, den sponsalia de futuro, und der Eheschließung selbst, den sponsalia de praesenti. Durch diese, d. h. den Ehekonsens, kam die Ehe ohne weitere Förmlichkeiten zustande. Aber auch die sponsalia de futuro hatten in Verbindung mit einer nachfolgenden copula carnalis die gleiche Wirkung. Die kirchliche Einsegnung und späterhin die Trauung durch den Geistlichen waren ohne rechtliche Bedeutung. Die Folge hiervon waren zahlreiche heimliche Ehen (winkeltruwen, matrimonia clandestina). Die so entstandenen Mißstände suchte das 4. Laterankonzil (1215) durch die Forderung der öffentlichen Verkündigung geschlossener Ehen ohne Erfolg zu beseitigen. Erst das tridentinische Konzil brachte im Dekret Tametsi die endgültige Regelung, indem es Eheschließung (Konsenserklärung) vor dem zuständigen Pfarrer und zwei bis drei Zeugen forderte. Die ehebegründende Kraft der copula carnalis wurde allerdings erst 1892 beseitigt und das Tridentinum galt zunächst nur in einzelnen Teilen Deutschlands, bis es 1906 auf das ganze Gebiet des Reiches,

1907 durch das Dekret Ne temere auch auf die außerdeutschen Gebiete erstreckt wurde.

Das evangelische Kirchenrecht behandelte gleichfalls die Eheschließung als kirchliche Angelegenheit, verwarf aber grundsätzlich den kanonischen Gegensatz der sponsalia de futuro und de praesenti. Es behandelte alle öffentlichen Verlöbnisse als sponsalia de praesenti, die nur unter den gleichen Voraussetzungen wie eine Ehe wieder gelöst werden konnten, und erkannte sie nur dann als sponsalia de futuro an, wenn sie bedingt abgegeben waren; doch ließ man auch aus heimlichen Verlöbnissen durch hinzutretende copula carnalis Ehen entstehen. Die kirchliche Trauung wurde gefordert, war aber zur Begründung der Ehe nicht erforderlich; immerhin ließ man eine Klage auf Trauung und einen Zwang zur Trauung zu. Erst im 18. Jahrhundert wurde unter dem Einfluß von J. H. Böhmer die ehebegründende Kraft dem Verlöbnis genommen und allein der kirchlichen Trauung zugesprochen.

IV. **Zivilehe.** Eine neue Periode des Eheschließungsrechts beginnt mit der Aufnahme der Zivilehe. Sie wurde zuerst 1792 in Frankreich eingeführt und im C. c. (165) aufgenommen. In Deutschland drang die von der Frankfurter Nationalversammlung geforderte obligatorische Zivilehe nur in wenigen Ländern durch. Dagegen fand die fakultative, neben der kirchlichen zur Wahl gestellte Zivilehe und die Notzivilehe, vor allem aber die Zivilehe für Dissidenten und Nichtchristen weitgehende Aufnahme. Endlich brachte das RG. vom 6. 2. 1875 über die Beurkundung des Personenstandes und die Eheschließung für ganz Deutschland die obligatorische Zivilehe, während in Österreich die kirchliche Eheschließung Regel blieb und neben der Notzivilehe nur für solche Personen, die keiner gesetzlich anerkannten Kirche angehören, die obligatorische Zivilehe eingeführt wurde. Die ehebegründende Kraft wurde der Erklärung des Standesbeamten zugesprochen, daß die Verlobten, die ihren Ehewillen erklärt hatten, rechtmäßig verbundene Eheleute seien.

Das geltende Recht ist fast durchweg bei den Bestimmungen von 1875 stehen geblieben. Doch trägt sowohl im BGB. (1317) wie im ZGB. (117) die Erklärung des Standesbeamten rein deklarativen Charakter, und die Ehe kommt durch den vor ihm erklärten Konsens der Eheschließenden zustande. In den Fragen des Standesbeamten lebt das Konsensgespräch fort.

Ehehindernisse. § 86.

Ehehindernisse sind der älteren Zeit nur in geringem Umfang bekannt. Verboten war wohl, bevor sich der kanonische Einfluß geltend machte, nur die Ehe zwischen Aszendenten und Deszendenten und zwischen Geschwistern. Dagegen war die Ehe mit anderen Verwandten und mit verschwägerten Personen gestattet; Ehen mit der verwitweten Stiefmutter und Schwägerin sind noch in fränkischer Zeit bezeugt. Eine bestehende Ehe war in germanischer Zeit und überhaupt so lange nicht Ehehindernis, als die Polygamie zugelassen war (s. u. § 87). Minderjährigkeit des Mannes hindert wohl aus allgemeinen Gründen die Eheschließung, nicht dagegen Minderjährigkeit der Braut, solange diese nicht selbst Vertragspartei war. Die Unmöglichkeit endlich von Ehen zwischen Freien und Unfreien war nur eine Folge der Rechtsunfähigkeit des Unfreien.

Der Einfluß des kanonischen Rechts setzt schon in der fränkischen Zeit ein. Er macht sich geltend in der Einführung des Ehehindernisses der Schwägerschaft, geistlichen Verwandtschaft und der Entführung, sowie in einer Erweiterung des Verbotes von Verwandtenehen. Gegen starken Widerstand wurde das Eheverbot zwischen Geschwisterkindern, dann auch Geschwisterenkeln durchgesetzt, endlich im 8. Jahrhundert bis zum 7. Grade erstreckt; die Zählung der Grade stieß bei der verschiedenen Zählweise der Germanen und Römer auf Schwierigkeiten, die erst im 11. Jahrhundert durch Anschluß des kanonischen Rechts an die deutsche Zählung im wesentlichen beseitigt wurden. Verboten waren auch Ehen zwischen Christen und Juden. Vom weltlichen Recht aus trat in der Beurteilung von Ehen mit Unfreien allmählich und partikulär eine Milderung ein, indem man die Ehe anerkannte und nur den freien Teil unfrei werden ließ. Erwähnung verdient endlich die nötige Zustimmung des Grundherrn zur Eheschließung von Hintersassen.

Das in der Folgezeit herrschend gewordene kanonische Recht geht aus von dem Gegensatz der trennenden Ehehindernisse (impedimenta dirimentia) und der aufschiebenden (impedimenta impedientia). Jene bewirkten Nichtigkeit der trotz ihrer formell geschlossenen Ehe (matrimonium nullum, invalidum), die aber erst durch ein Nullitätsurteil festgestellt werden muß. Die Nullitätsklage kann entweder Jedermann erheben, insbesondere auch der geistliche Richter (impedimenta publica), oder nur einer der Ehegatten (impedimenta privata). Die aufschiebenden Ehehindernisse machten die Ehe illicitum, beließen sie aber als validum. Die Zahl der Ehehindernisse ist sehr gestiegen. Doch bleibt die Aufstellung der Ehehindernisse nach evangelischem Kirchenrecht dem Staate überlassen, nach katholischem Kirchenrecht wenigstens die der aufschiebenden Hindernisse. Die daraus sich ergebende Ungleichheit in der Aufnahme der kanonischen Ehehindernisse hat zu einem in der Neuzeit sehr buntscheckigen Rechtszustand geführt, wobei nicht immer zwischen den rechtlichen Mängeln des Eheschlusses selbst (Irrtum, Zwang, Geschäftsunfähigkeit usw.) und echten Ehehindernissen geschieden wurde. Eng an das kanonische Recht schließt sich ABGB. 47ff. an.

Rechtseinheit für Deutschland brachte wenigstens teilweise das Personenstandsgesetz (s. o. § 85 IV). Es hält wie BGB. (1303ff., 1323ff.) und ZGB. (96ff., 120ff.) an dem Gegensatz der nichtigen und der anfechtbaren Ehe fest. Die Zahl der Ehehindernisse ist insbesondere im ZGB. stark vermindert. Insbesondere sind die rein kirchlicher Auffassung entspringenden Hindernisse beseitigt.

§ 87. Personenrechtliche Wirkungen.

In vorhistorischer Zeit war die Gewalt des Mannes gegenüber seiner Frau unbeschränkt, einer sachenrechtlichen vergleichbar; die Frau hatte dem Mann gegenüber keine Rechte. Dieser Zustand ist in germanischer Zeit im Prinzip überwunden und die Gegenseitigkeit von Rechten und Pflichten wenigstens beschränkt anerkannt; er wirkt aber im einzelnen noch nach.

I. **Ältere Zeit.** 1. Bei der echten Ehe steht die Frau unter eheherrlicher Munt des Mannes (man, wirt) und wie alle Hausgenossen unter seiner hausherrlichen Gewalt (s. o. § 83 I); der Mann ist der muntwalt, vormund seiner Frau. Das Recht des Mannes an der Frau schließt Rechte Dritter an der Frau aus; die Frau gehört ausschließend dem Mann. Daher kennen die Germanen keine Polyandrie, und kann die Frau Ehebruch begehen. Der Mann darf seine Frau aus wichtigen Gründen (Ehebruch, ausnahmsweise Lebensnachstellung) töten, er darf sie züchtigen, verkaufen, sowohl zur Strafe wie im Falle der Not, und aus bestimmten Gründen verstoßen (s. u. § 91 I). Die Ausschließlichkeit der Rechte des Mannes wirkt über seinen Tod hinaus. Auch bei den Germanen dürfte in vorhistorischer Zeit die Frau dem Manne als Teil des Totenteils (s. u. § 97 I) in das Grab gefolgt sein, wie dies noch vereinzelte Fälle in jüngerer Zeit ersehen lassen. Vor allem aber wird noch in historischer Zeit die Wiederverheiratung der Witwen teils verboten, teils erschwert, und auch da, wo sie erlaubt ist, zeigt sich das Bestreben der Verwandten des verstorbenen Mannes, sie zu hindern, dem man dann mit einem Selbstverlobungsrecht der Witwe begegnete. Symbol der ehemännlichen Rechte ist das Schwert.

Rechte der Frau gegenüber dem Manne gab es nur insoweit, als dem Recht des Mannes nach dem eben Gesagten Schranken gezogen waren, so daß sich ein Recht der Frau auf Lebensgemeinschaft ergibt; insoweit wurde die Frau von ihrer Sippe dem Manne gegenüber geschützt. Dagegen fehlt der Frau ein ausschließendes Recht am Mann. Der Mann kann der Frau gegenüber keinen Ehebruch begehen; der Ehebruch ist insofern ein typisches Weibervergehen. Daher ist auch Polygamie durchaus nicht verboten, wenngleich sie schon aus ökonomischen Gründen nicht häufig war und im wesentlichen nur politischen Interessen, insbesondere der Anknüpfung von Beziehungen diente. Diese Stellung der Frau gegenüber dem Manne schließt aber nicht aus, daß die Frau nicht nur seine Genossin ist, sondern dem übrigen Hause gegenüber in ihrem häuslichen Wirkungskreise und in Vertretung des Mannes die Herrin (ahd. frouwa). Sie ist die Wirtin, wie der Mann der Wirt. Daher sind seit ältester Zeit die Schlüssel ihr Symbol. Als Hausfrau und Genossin des Mannes steht sie in schroffem Gegensatz zu der im Hause wohnenden Kebse, die jederzeit, auch grundlos, weggeschickt werden konnte.

2. Bei der Friedelehe fehlt dem Manne die Munt über die Frau. Diese ist dem Manne im wesentlichen gleichberechtigt. Vor allem aber ist sie auch hier Herrin des Hauses.

II. **Fränkische Zeit.** Unter dem Einfluß der Kirche und der Sitte, wohl auch unter dem der Friedelehe, beginnt eine Abschwächung der eheherrlichen Gewalt. Die Stellung des Mannes bekommt ihr Schwergewicht durch die Aufgaben, die dem Mann als Vormund und Vogt seiner Frau erwachsen. Demgemäß verschwindet im Mittelalter das Tötungsrecht, während allerdings das Züchtigungsrecht verbleibt. Das Recht der Frau am Manne wird ein ausschließendes; auch der Mann kann der Frau gegenüber Ehebruch begehen. Die Frau erwirbt das Stammesrecht des Mannes und teilt seinen Wohnsitz als seine Genossin; sie tritt in seinen Stand ein, gleich, ob sie höher oder niederer geboren ist, als er. In Prozessen hat er sie zu vertreten, sei es als ihr gesetzlicher Vertreter, sei es als ihr Beauftragter; im sächsischen Recht allerdings hat die Frau selbst teilweise Prozeßfähigkeit.

An diesem Zustand hat die Neuzeit zunächst wenig geändert. Denn die Vorrangstellung des Mannes entsprach in gleicher Weise dem Vordringen des Absolutismus im Staate, den Sätzen der Bibel und denen des Naturrechts. Selbst das Züchtigungsrecht des Ehemannes hat sich partikulär bis in die neueste Zeit erhalten. Die Reformen des 19. Jahrhunderts brachten vor allem eine freiere Stellung der Ehefrau im Prozeß; zuerst die Handelsfrauen (AHGB.), dann die Gewerbefrauen (GewO.), endlich alle Frauen wurden (ZPO.) prozeßfähig. Doch blieb der Mann wie im ALR. das „Haupt der ehelichen Gemeinschaft", das „Haupt der Familie" (ABGB. 91), das „Haupt der Gemeinschaft" (ZGB. 160), dem die Entscheidung zusteht (BGB. 1354). Dagegen ist die Gleichstellung der Frau in Stand, Namen, Wohnsitz und Staatsangehörigkeit völlig durchgeführt und die hausfrauliche Gewalt und Schlüsselgewalt (BGB. 1356, 1357; ZGB. 163) anerkannt. Neuere Rechte heben auch besonders hervor, daß der Mann die Frau zu unterhalten hat; so schon ALR., dann auch BGB. (1360); ZGB. (160).

§§ 88—90. Vermögensrechtliche Wirkungen.

§ 88. Ältere Zeit.

I. In ältester Zeit entspricht es der fast schrankenlosen Herrschaft des Mannes über die Person der Frau wie den innerhalb des Hauses herrschenden Gemeinschaftsverhältnissen, daß das von der Frau in die echte Ehe gebrachte Vermögen Teil des Hausvermögens und damit der nur durch die Mitberechtigung der Familie gebundenen Herrschaft des Mannes unterstellt wird. Ausgenommen hiervon waren nur die Gegenstände, die dem unmittelbaren persönlichen Gebrauch der Frau dienten, die sogenannte Gerade (ornamenta muliebria, thür. rhedo, lang. malahereda, mnd. gerade), also insbesondere Kleider und Schmuck.

Mit der Auflösung der Hausgemeinschaft in fränkischer Zeit und der gleichzeitigen Abschwächung der eheherrlichen Gewalt (s. o. § 87) wurde die Bahn frei für die besonderen eherechtlichen Wirkungen hinsichtlich des Vermögens, für das sogenannte eheliche Güterrecht. Dieses läßt sich auf eine kleine Zahl von Grundformen zurückzuführen, weist aber im einzelnen außerordentlich viele Verschiedenheiten auf.

II. In der fränkischen Zeit werden vom Güterrecht nur zwei Vermögensmassen erfaßt, nämlich das Vermögen der Frau und die eheliche Errungenschaft. Das voreheliche Vermögen des Mannes bleibt vollkommen unberührt in dessen alleinigem Eigentum; erst mit Auflösung der Ehe kann auch dieses in Mitleidenschaft gezogen werden.

Das Vermögen der Frau setzte sich regelmäßig aus drei Bestandteilen zusammen:

a) Die Aussteuer (lat. maritagium, dotalicium, fries. boldbreng, lang. faderfio, mhd. histiure, heimsteuer, brautschatz).

Diese wurde von der Frau aus ihrem Vaterhause in die Ehe mitgebracht. In ihrem Umfang war sie bei den einzelnen Stämmen verschieden. Bei den Langobarden ist sie als „Vatergut" Erbabfindung, daher etwa gleich dem Erbteil. Bei den übrigen Stämmen besteht sie nur in beweglicher Habe und deckt sich mit der Gerade.

b) Das Wittum (s. o. § 84 II).

c) Die Morgengabe (s. o. § 84 I).

Die Errungenschaft bestand nicht in allem Erwerbe der Ehegatten während der Ehe, sondern nur in dem, was durch Arbeit und entgeltliches Rechtsgeschäft erworben wurde, der conlaboratio (acquaestus coniugalis), und den Früchten des Vermögens; Erbschaften und Schenkungserwerb waren ausgeschlossen und fielen dem erwerbenden Ehegatten zu.

Von diesen Vermögensmassen ausgehend hat die fränkische Zeit zwei Güterrechtssysteme entwickelt, das regelmäßige System der sogenannten Verwaltungsgemeinschaft und das nur partikulär und in Anfängen vorkommende der Errungenschaftsgemeinschaft.

1. Der Güterstand der Verwaltungsgemeinschaft ruht auf der Grundlage unveränderter Eigentumszuständigkeit. Das Vermögen des Mannes bleibt im Eigentum des Mannes, das der Frau in dem der Frau; insofern kann man von einem System unverbundener oder ungeschiedener Güter sprechen. Alles Vermögen aber, auch das der Frau mit Ausnahme der Gerade, kam in die Verwaltung des Mannes; es bestand Gemeinschaft der Verwaltung. Dem Mann wurde, wie die Frau selbst, so auch deren Vermögen übergeben. Er hat Besitz des Frauenguts, Recht und Pflicht der Verwaltung und zieht die Nutzungen, die in sein Vermögen fallen, wie er andererseits aus seinem Vermögen den Unterhalt zu bestreiten hat. Fahrnis kann er veräußern, Liegenschaften nur in Gemeinschaft mit der Frau oder mit ihrer Zu-

stimmung; häufiger noch ist Veräußernng durch die Frau mit Zustimmung des Mannes. Den in diesen Regeln zum Ausdruck kommenden Grundgedanken entspricht endlich auch die Regelung der Haftung für Schulden. Die vorehelichen Schulden der Frau sind aus ihrem eingebrachten Gut zu zahlen, im übrigen nur Schulden aus solchen Geschäften, denen der Mann zugestimmt hatte. Für Deliktsschulden der Frau haftet der Mann als Vormund. Für Schulden des Mannes haftet sein Vermögen; das Vermögen der Frau konnte der Mann höchstens insoweit verhaften, als er es veräußern durfte.

Die **Verhältnisse bei Auflösung der Ehe** waren sehr vielgestaltig. Entscheidend war, welcher von den beiden Ehegatten zuerst starb, ferner, ob die Ehe beerbt oder unbeerbt war, ob sie fruchtbar war oder nicht, endlich ob sie überjährig war. Unter beerbter Ehe verstand man eine solche, deren Bestand wenigstens von einem lebenden Kind überdauert wurde; unter fruchtbarer Ehe eine solche, in der wenigstens ein lebendes Kind geboren wurde, wenn es auch noch vor Auflösung der Ehe verstarb, unter überjähriger Ehe eine solche, die zwar unfruchtbar, aber wenigstens ein Jahr bestanden hatte.

Für den **Fall des Todes der Frau** ist zu scheiden zwischen dem langobardischen und den übrigen Rechten. Nach jenem erbte der Mann das gesamte Frauenvermögen. Aber auch die übrigen Rechte sind untereinander verschieden. Nach alemannischem und bayrischem Recht erhielt der Mann bei fruchtbarer Ehe das gesamte Frauengut auf Lebenszeit. Im übrigen fiel die Morgengabe als höchstpersönliche Zuwendung an den Mann zurück, die Aussteuer fiel bei unbeerbter Ehe an den Besteller zurück, bei beerbter Ehe an die Kinder. Der Muntschatz kam bei beerbter Ehe ebenfalls an die Kinder, bei unbeerbter Ehe fiel er an den Mann zurück.

Im **Fall des Todes des Mannes** verblieben Morgengabe und Wittum grundsätzlich der Frau, ebenso ihr ehelicher Erwerb, z. B. durch Erbschaft. Bei ihrem nachfolgenden Tode aber waren nach den meisten Rechten bei beerbter Ehe Morgengabe und Wittum den Kindern verfangen, während sie bei unbeerbter Ehe an die Verwandten des Mannes zurückfielen (**Rückfallsrecht**, droit de retour). Eine besondere Regelung fand im sächsischen Recht statt, das sich wiederum in zwei Gruppen schied. Nach westfälischem Recht behielt die Frau die dos, d. h. das Wittum bei unfruchtbarer Ehe lebenslänglich; dann fiel sie an den Besteller zurück oder an dessen Erben. Bei fruchtbarer Ehe verlor sie die dos sofort und wurde vielleicht durch ein Beisitzrecht und Nießbrauch an den Liegenschaften des Mannes entschädigt. Außerdem erhielt die Frau die Hälfte der Errungenschaft. Nach dem Rechte der Ostfalen und Engern fiel die dos immer an die Witwe; sie fiel aber nach deren Tode bei fruchtbarer Ehe an die Kinder der Frau, war diesen verfangen, während sie bei unfruchtbarer Ehe an ihre Verwandten fiel.

2. Aus der Zuwendung eines Teiles der Errungenschaft an die Frau bei Auflösung der Ehe hat sich noch in fränkischer Zeit partikulär, bei Franken und Westfalen, eine Errungenschaftsgemeinschaft entwickelt. Der Anteil der Frau betrug bei den Westfalen die Hälfte, bei den Franken ein Drittel der Errungenschaft. Jedoch ist die Errungenschaftsgemeinschaft auch in diesen Gebieten nicht etwa der einzige Güterstand geworden.

Mittelalter. § 89.

Mit den beiden Systemen der Verwaltungsgemeinschaft und der Errungenschaftsgemeinschaft waren die beiden Grundprinzipien gegeben, auf denen die weitere Entwicklung im Mittelalter aufbauen konnte, das Prinzip der Güterscheidung und das der Güterverbindung. Diese Gruppierung unter dem Gesichtspunkte der Eigentumszuständigkeit ist gewissermaßen wieder ausgeschaltet worden vom Gesichtspunkt der Verwaltung des Vermögens aus, indem diese durchweg, bei allen Güterständen, dem Manne zustand. Sie erlitt andererseits eine weitere Verästelung, indem die Güterverbindung entweder das gesamte Vermögen beider Ehegatten ergriff (allgemeine Gütergemeinschaft) oder nur einen Teil, der dann wieder verschieden abgegrenzt sein konnte (Errungenschaftsgemeinschaft, Fahrnisgemeinschaft). Zudem hat der Gedanke der Gebundenheit des Vermögens an die Familie nicht nur in manchen Gebieten die Einführung der Gemeinschaftssysteme verhindert, sondern auch in den übrigen das Schicksal des Ehevermögens, insbesondere nach Auflösung der Ehe, beeinflußt. Endlich hat die Ausbildung des Ehevertrages die Möglichkeit geschaffen, im einzelnen Fall von der gesetzlichen Form des Güterrechts abzugehen.

I. **Verwaltungsgemeinschaft.**

Die Verwaltungsgemeinschaft ist das herrschende Güterrecht des ostfälisch-sächsischen Rechts. Den Grundgedanken der Verwaltungseinheit kleidet der Sachsenspiegel in die Worte: „man unde wif ne hebbet nein getveiet gut to irme live“.

Frauengut und Mannesgut schieden sich wie in früherer Zeit. Zu jenem gehörte demgemäß, was die Frau an Liegenschaften in die Ehe mitbrachte und durch Tausch, Schenkung oder Erbschaft erwarb, die Morgengabe und die eingebrachte Fahrnis. Alles dies blieb im Eigentum der Frau und somit des wives gud; der Mann nahm es aber in seine gewere to rechter vormuntschaft, seine Verwaltung und Nutzung. Die Verfügung über das Frauengut war der Frau entzogen. Ausgenommen war nur das Sondergut, das sich die Frau wenigstens nach jüngeren sächsischen Rechten zu freier Verfügung vorbehalten konnte. Dem Mann stand die Verfügung über die Fahrnis frei, weshalb Erwerb mit fraulicher Fahrnis, auch so erworbene Liegenschaften in sein Vermögen fielen, wogegen die Frau nur einen Ersatzanspruch hatte. Dagegen konnte der Mann über Liegenschaften nur mit Zustimmung der Frau und ihrer Erben verfügen, deren Beispruchsrecht (s. o. § 39) fortbestand. Das Frauengut haftete für die vorehelichen Schulden der Frau, für Eheschulden wie früher nur dann, wenn der Mann dem sie erzeugenden Rechtsgeschäft zugestimmt hatte, außerdem für Schulden bis zu einem bestimmten, niederen Betrag. Für die Schulden des Mannes haftete sein Vermögen und die frauliche Fahrnis. Bei Auflösung der Ehe fiel das unbewegliche Vermögen je nach der Eigentumszuständigkeit an den überlebenden Ehegatten oder die Erben des Verstorbenen. Die Fahrnis schied sich in die gerade und die ungerade.

Zu jener gehörten wie früher die fraulichen Gebrauchsgegenstände. Doch ist der Kreis der Geradestücke stark erweitert, so daß z. B. auch Hausrat und gewisse Tiere dazu zählen und umfangreiche Geradekataloge in den Quellen aufgestellt werden. Es war auch belanglos, ob die einzelnen Stücke aus dem Vermögen des Mannes oder aus dem der Frau kamen.

Diese Gerade fällt beim Tode der Frau als Niftelgerade an die nächste weibliche Verwandte (vgl. § 82 I 2c), bei deren Fehlen an den Richter; die Nichte muß dafür dem Manne den sogenannten Heerpfühl überlassen, sein Bett, Tisch, Bank und Stuhl. Beim Tode des Mannes fällt die Gerade als Witwengerade an die Witwe, die dazu den Musteil (musdel) nimmt, d. h. die Hälfte der beim Todesfall im Hause vorhandenen Speisevorräte.

Außerhalb des ostfälischen Gebietes findet sich die Verwaltungsgemeinschaft in der Schweiz, und für unbeerbte Ehen im friesischen und im westfälischen Gebiet. Doch war sie im einzelnen in diesen Rechten verschieden und wich auch von dem ostfälischen Rechte ab. In der Schweiz fehlte von Anfang an, in den anderen Rechten verschwand sehr bald die Gerade. Infolgedessen konnte bei Auflösung der Ehe das Frauengut genau so herausgegeben werden, wie es eingebracht war (Frauengut wächst und schwindet nicht). In den anderen Gebieten wurde die Regelung bei Auflösung der Ehe durch Erbrechte des überlebenden Ehegatten beeinflußt.

II. Gütergemeinschaft.

1. Beschränkte Gütergemeinschaft. Die beschränkte Gütergemeinschaft des Mittelalters erscheint in zwei Grundformen, in der der Errungenschaftsgemeinschaft und in der der Fahrnisgemeinschaft. Der Unterschied der beiden Formen liegt in der Bildung des Gesamtgutes. Dieses bestand bei der Errungenschaftsgemeinschaft ausschließlich in den während der Ehe erworbenen Mobilien und Immobilien, bei der Fahrnisgemeinschaft dagegen aus der Errungenschaft und der gesamten Fahrnis beider Ehegatten. Neben dem so gebildeten Gesamtgut konnte jeder Ehegatte Sondergut haben, das alles nicht zum Gesamtgut gehörende Vermögen umfaßte. Der Verbreitung nach überwiegt die Fahrnisgemeinschaft. Die Errungenschaftsgemeinschaft gilt in fränkischen, oberdeutschen, westfälischen, nur für beerbte oder auch überjährige Ehen in friesischen Rechten.

Die Rechtsverhältnisse während der Ehe waren stark beeinflußt durch die Ehevogtei des Mannes. Zwar stand das Gesamtgut im Eigentum beider Ehegatten zur gesamten Hand und das Sondergut im Sondereigentum der Ehegatten; aber daraus wurde weder die Folgerung gezogen, daß über das Gesamtgut nur gesamthändig verfügt werden könne, noch die andere, daß über das Sondergut jeder Ehegatte unbeschränkt verfügen könne. Denn einerseits stand die Verfügung über jegliche Fahrnis im Gesamtgut und in seinem Sondergut dem Manne zu, andererseits war eine Verfügung auch über die im Sondergut befindlichen Liegenschaften nur mit gesamter Hand möglich. Auch Verwaltung und Besitz folgten nicht dem Eigentum, denn beide standen am Gesamtgut und an den Sondergütern dem Manne zu.

Für die Schuldenhaftung wurde zwischen Gesamtgut und Sondergut des Mannes einerseits und Sondergut der Frau andererseits geschieden. Jene hafteten für die Gesamtgutsverbindlichkeiten, zu denen alle Schulden des Mannes, die vorehelichen Schulden der Frau und deren Sonderschulden in dem bei der Verwaltungsgemeinschaft üblichen Umfange zählten. Für sonstige Schulden der Frau haftete nur ihr Sondergut. Doch ist die Regelung der Schuldenhaftung in den einzelnen Rechten keineswegs einheitlich.

Für den Fall der Auflösung der Ehe unterscheiden die meisten Rechte zwischen beerbter und unbeerbter Ehe.

a) Bei unbeerbter Ehe kam die Eigentumszuständigkeit nunmehr zum Durchbruch. Die Sondergüter fielen an den überlebenden Ehegatten beziehungsweise in den Nachlaß des Verstorbenen, das Gesamtgut wurde geteilt. Die Teilungsquote war verschieden.

Während die fränkischen Rechte, hierin an die ältere Errungenschaftsgemeinschaft anknüpfend, dem Mann oder seinen Erben zwei Drittel zuwiesen (Schwertteil, Speerteil) und der Frau oder ihren Erben nur ein Drittel (Spindelteil, Kunkelteil), geben die meisten übrigen Rechte jedem Teil die Hälfte. Abweichungen von dieser Teilung ergaben sich aus verschiedenen Gesichtspunkten. So konnte der überlebende Ehegatte zu den Erben des verstorbenen zählen. Ferner wurde vielfach die Errungenschaft dem überlebenden Ehegatten ganz oder teilweise zugewiesen (eherecht, erbrecht), oder ihm an dem Vermögen des Verstorbenen oder einem Teile eine Leibzucht eingeräumt.

Die Gesamtgutsschulden folgten grundsätzlich dem Gesamtgut; es hafteten demnach der überlebende Ehegatte wie die Erben des Verstorbenen grundsätzlich entsprechend ihrem Anteil.

Die Witwe jedoch konnte sich von der Schuldenhaftung befreien, wenn sie gleichzeitig auch auf ihren Anteil verzichtete. Dieser Verzicht wurde symbolisch zum Ausdruck gebracht, indem sie ihre Schlüssel oder den Schlüsselgurt auf den Leichnam oder den Sarg oder das Grab des Mannes legte (Schlüsselrecht).

b) Bei beerbter Ehe macht sich in fast allen Rechten das Anrecht der Kinder geltend, das mit dem Wartrecht der Erben in innerem Zusammenhang steht. Bestimmte Teile des Vermögens erscheinen als den Kindern verfangen (Verfangenschaftsrecht). Hiermit verbindet sich der weitere Gedanke einer Fortführung der unter den Ehegatten bestehenden Vermögensgemeinschaft durch den überlebenden Ehegatten und die Kinder. Demgemäß bleibt der überlebende Ehegatte mit den Kindern im Gute sitzen, hat das Recht des Beisitzes; er hat Besitz, Verwaltung und Nutznießung am Gesamtgute. Andererseits ist das Verfügungsrecht des überlebenden Ehegatten beschränkt auf die freien Güter, während er über die verfangenen Güter nur mit Zustimmung der Kinder verfügen kann. Verfangen sind aber grundsätzlich alle Liegenschaften, die bei Beendigung der Ehe im Ehevermögen vorhanden waren; frei ist die Fahrnis. Der Beisitz war nach einigen Rechten lebenslänglich, nach anderen konnte er vorher enden, sei es bei Wiederverheiratung des überlebenden Ehegatten, sei es ohne diese aus bestimmten Gründen, z. B. auf Wunsch des überlebenden Ehegatten. Das Ende des Beisitzes war verbunden mit einer Teilung des Vermögens zwischen dem überlebenden Ehegatten und den Kindern. Überdauerte aber der Beisitz die Wiederverheiratung des Ehegatten, so blieben die verfangenen Güter den Kindern erster Ehe verfangen (Vorkinder); die Kinder der zweiten Ehe hatten auf sie keinen Anspruch. Damit konnte den Kindern zweiter Ehe Vermögen entzogen werden, das gerade von dem ihnen und den Kindern erster Ehe gemeinsamen Elternteil herrührte. Die hierin liegende Ungerechtigkeit führte seit dem 13. Jahrhundert zur Teilung vor der Wiederverheiratung (Teilrecht). Dabei wurden aber nicht nur die verfangenen, sondern auch die freien Güter geteilt.

Die Teilungsquote war wiederum sehr verschieden. Bald wurde zwischen dem überlebenden Ehegatten und den Kindern nach Köpfen geteilt (z. B. Württemberg, Althessen), bald so, daß der parens binubus ein Drittel erhielt, die Kinder zwei Drittel, bald auch nach Hälften.

2. Allgemeine Gütergemeinschaft. Die allgemeine Gütergemeinschaft ist jünger als die beschränkte Gütergemeinschaft, die eine Durchgangsstufe in der Entwicklung jener darstellt. Sie knüpft an die gesamthändige Verfügung über Liegenschaften bei der beschränkten Gütergemeinschaft an, aber auch an die Sitte, daß sich die Ehegatten im Wege des Ehevertrages gegenseitig ihr Vermögen zuwendeten. Geographisch betrachtet, hat sie ihren Ursprung im nordwestlichen Teile des Gebietes; sie hat sich aber von da aus im ganzen Gebiete verbreitet, wenngleich ihr wesentliches Geltungsgebiet der Norden geblieben ist.

Inhaltlich bietet die allgemeine Gütergemeinschaft während des Bestehens der Ehe gegenüber der beschränkten keine grundlegenden Neuerungen. Der wesentliche Unterschied zwischen ihr und dieser liegt darin, daß das Gesamtgut der allgemeinen Gütergemeinschaft, das mene gud, alles eingebrachte Vermögen beider Ehegatten und allen ehelichen Erwerb umfaßte; Sondergut konnte nur durch Ehevertrag geschaffen werden.

Bei Auflösung der Ehe ist auch hier nach den meisten Rechten zwischen beerbter und unbeerbter Ehe zu unterscheiden. Bei unbeerbter Ehe trat entweder eine Teilung zwischen dem überlebenden Ehegatten und den Erben des Verstorbenen ein oder Anwachsung des Anteils des verstorbenen Ehegatten an den überlebenden Ehegatten (Konsolidationssystem), der damit das Alleineigentum am ganzen Gesamtgut erhielt (längst Leib, längst Gut; der letzte macht die Türe zu). Die Teilung geschah in Anknüpfung an andere Teilungen im Gebiete des Güterrechts teils nach Dritteln, wobei dann der Mann zwei Drittel erhielt, die Frau ein Drittel, teils nach Hälften. Bei beerbter Ehe setzte der überlebende Ehegatte die Gemeinschaft mit den Kindern fort (fortgesetzte Gütergemeinschaft) oder es trat Verfangenschaftsrecht ein.

III. Eheverträge.

Die Eheverträge (geding, etaiding, hinlichs beredung, gemächd, ehestiftung, pacta dotalicia) sind Verträge zwischen den Ehegatten, die teils eine Abänderung oder Ergänzung des gesetzlichen Güterrechts bezwecken, teils auch als Fortsetzung der schon in früherer Zeit mit Verlobung und Trauung verbundenen besonderen vermögensrechtlichen Abreden erscheinen. Sie kommen bei allen Güterständen vor und können in der Regel bei Eingehung der Ehe wie während der Ehe geschlossen werden.

1. Auf frühere Verhältnisse, und zwar auf die dos des sächsischen Rechts geht der Vertrag über die Bestellung einer Leibzucht (liftucht, lifgedinge, zucht) für die Ehefrau zurück. Gegenstand der Leibzucht waren insbesondere Grundstücke und grundstückgleiche Rechte. Die Form der Bestellung war die der Auflassung, erforderte daher auch Zustimmung der Erben des Mannes (s. o. § 39). Doch blieb die Leibzucht im Eigentum des Mannes, der nur nicht ohne Zustimmung der Frau über sie verfügen konnte. Nach seinem Tode hatte die Frau lebenslänglich Besitz und Nutznießung an der Leibzucht, nach einigen Rechten lebenslängliches Eigentum. Am häufigsten findet sich die Leibzucht im sächsischen Rechtsgebiet, da sie mit dem Güterstand der Verwaltungsgemeinschaft am besten sich vereint. Doch kommt sie auch anderwärts, so im fränkischen und alemannischen Gebiet vor und führt hier insbesondere den Namen des Wittums (widem, dotalicium), in dem sich der nunmehrige Zweck der Witwenversorgung ausprägt. Eine besondere Form hat diese insbesondere in den Kreisen des hohen Adels in der Form der widerlegung angenommen, die als eine Art Gegenleistung für die Aussteuer dieser in der Höhe angepaßt war; Ehen mit Widerlegung führen vor allem die Bezeichnung Wittumsehe. Aus der vertraglichen Leibzucht hat sich in einigen Gegenden eine gesetzliche Leibzucht entwickelt.

Nicht minder weit reicht die Bestellung einer Morgengabe zurück. Ursprünglich eine im Wert geringe Gabe (s. o. § 84 I) steigt sie im Mittelalter im Umfang und besteht nicht selten in Grundstücken. Üblich ist sie insbesondere im ostfälischen Recht, das auch für die einzelnen Stände verschiedene Maximaltaxen aufstellt. In den übrigen Rechtsgebieten nur vereinzelt, hat sie sich aber auch im sächsischen Recht nur beim Adel erhalten und ist hier zu einer gesetzlich vorgeschriebenen Gabe geworden. Im übrigen ist sie mit dem Wittum verschmolzen.

2. Aus den güterrechtlichen Verhältnissen haben sich Eheverträge entwickelt zur Sicherung der Frau gegen eine mißbräuchliche Ausübung der Verfügungsrechte des Mannes. Im sächsischen Recht dient diesem Zweck die ursale, die Hingabe von Grundstücken zu Eigentum oder zu Satzungsrecht an einen Treuhänder, die aber früh durch die Leibzucht verdrängt wurde; in anderen Rechten heißt eine gleichartige Gabe Widerlage.

Zu gleichem Zweck dienten Verträge, die der Frau ein dem Einfluß des Mannes entzogenes Sondergut schufen. Ferner vermittelten Eheverträge, in denen sich die Ehegatten gegenseitig ihr Vermögen verschrieben, die Entwicklung der allgemeinen Gütergemeinschaft.

3. Den Eheverträgen verwandt sind die Einkindschaftsverträge zwischen den Kindern einer Ehe und dem Stiefvater oder der Stiefmutter. Durch sie sollten die Kinder der ersten Ehe (Vorkinder) den Kindern der zweiten Ehe (Nachkinder) rechtlich gleichgestellt, eine sog. Einkindschaft (unio prolium) geschaffen werden. Diese Verträge finden sich vor allem im fränkischen Rechtsgebiet seit dem 13. Jahrhundert und haben sich bis in die Neuzeit (ALR.) erhalten. ABGB. (1259) spricht ihnen rechtliche Wirkung ab. Dem geltenden Recht sind sie unbekannt.

Neuzeit. § 90.

I. **Allgemeines.** Das eheliche Güterrecht ist von der Rezeption nur wenig berührt worden; es ist wesentlich nationales Recht geblieben. Allerdings wurde die gemeinrechtliche Geltung des römischen Dotalrechts behauptet. Aber die Zähigkeit des deutschen Rechts hat ihm nur wenige Gebiete und nur geringen Einfluß auf die bestehenden Güterrechte eingeräumt. Andererseits hat sich das deutsche Recht selbst außerordentlich stark zersplittert, nicht nur infolge von abweichenden Bestimmungen der Eheverträge in der Praxis, sondern auch in Gesetzgebung und Gewohnheitsrecht. Kleine und kleinste Gebiete, die sich keineswegs mit den Stammesgebieten oder Herrschaftsgebieten deckten, sondern diese vielfach durchkreuzten, hatten ihr eigenes Güterrecht, das allerdings von dem anderer Gebiete vielfach nur in Einzelheiten abwich. Innerhalb des gleichen Gebietes kamen noch weitere Scheidungen vor, indem für verschiedene Stände oder Konfessionen verschiedenes Güterrecht galt. So galt z. B. Dotalrecht in Würzburg nur für die fränkische Reichsritterschaft, in Eichstädt und Althessen nur für die oberen Stände. Die Folge dieser Zersplitterung war eine Zahl von etwa 200 mehr oder weniger verschiedenen Güterständen.

Die neuere Gesetzgebung hat diesen Zustand nicht beseitigt. Das ALR. hat zwar die Verwaltungsgemeinschaft geregelt, aber ihr nur subsidiäre Geltung zuerkannt, im übrigen das in den einzelnen Gebieten herrschende Güterrecht belassen (sog. Regionalsystem). Der C. c. hat die Fahrnisgemeinschaft als gesetzlichen Güterstand aufgenommen, dessen Ausschluß nur durch Ehevertrag erfolgen kann, aber auch andere Güterstände geregelt, CMB. die Errungenschaftsgemeinschaft, ABGB. die Gütertrennung. Immerhin lassen sich auch in der großen Menge neuzeitlicher Güterstände die alten Typen wiederfinden, wenngleich bei einzelnen die Zuweisung zu einer dieser Typen auf Schwierigkeiten stößt. Eine Gruppierung der partikulären Güterstände nach diesen Typen ergibt für die Zeit vor 1900 für die Verwaltungsgemeinschaft ein Gebiet (insbesondere Norddeutschland) von 21000000, für die Gütertrennung (Dotalrecht) von 3000000, für die allgemeine Gütergemeinschaft (z. B. Preußen, Posen, Hannover, Schleswig-Holstein) von 11000000, für die Errungenschaftsgemeinschaft (insbesondere fränkische Gebiete) von 10000000, für die Fahrnisgemeinschaft (C. c.; linksrheinisches Gebiet) von 9000000 Einwohnern in runden Zahlen.

Das geltende Recht hat die Buntheit der früheren Güterstände in Deutschland wie in der Schweiz beseitigt. Es ist ein sog. gesetzlicher Güterstand aufgestellt (BGB. sog. Verwaltungsgemeinschaft, Güterstand der Verwaltung und Nutznießung, 1363ff.; ZGB. Güterverbindung 178, 194ff. mit der Alleineigentum des Mannes begründenden Abart der Gütereinheit 199). Außerdem sind andere Güterstände eingehend geregelt, nämlich die dem neueren Dotalrecht entsprechende Gütertrennung (BGB. 1426ff., ZGB. 182ff., 241ff.) und die dem deutschen Recht entstammenden Formen der Gütergemeinschaft (BGB. Allgemeine GG. 1437ff., Errungenschaftsgemeinschaft 1519ff., Fahrnisgemeinschaft 1549ff.; ZGB. Gütergemeinschaft 215ff. mit den Abarten der beschränkten GG. und der Errungenschaftsgemeinschaft). Von diesen außerordentlichen Güterständen kann die Gütertrennung durch Vertrag, kraft Gesetzes als außerordentlicher gesetzlicher Güterstand und (ZGB.) kraft Richterspruchs eintreten.

II. **Einzelheiten.** Die inhaltlichen Veränderungen der alten Güterstände sind, soweit nur die Grundzüge in Betracht kommen, nur gering.

1. Die Verwaltungsgemeinschaft blieb für die Dauer der Ehe im wesentlichen unverändert. Die Eigentumszuständigkeit der Güter erlitt grundsätzlich keine Veränderung; nur bares Geld

und vertretbare Sachen der Frau gehen gegen späteren Wertersatz in das Eigentum des Mannes über. Der Mann hatte Besitz, Verwaltung und Nutznießung des eingebrachten Frauengutes; die Frau erhielt zu ihrer Sicherung ein privilegiertes Pfandrecht, an dessen Stelle später, mit Rücksicht auf das Publizitätsprinzip, ein gesetzlicher Hypothekentitel trat. Durch Ehevertrag konnte Sondergut der Frau ausgeschieden und der Verwaltung des Mannes entzogen werden.

Bei Auflösung der Ehe trat nach einigen Rechten die schon im Mittelalter übliche Scheidung der Güter nach der Eigentumszuständigkeit ein. Nach anderen unterblieb diese Scheidung und es kam zur sog. Gütergemeinschaft von Todes wegen. Wieder andere ließen dem überlebenden Ehegatten oder auch nur der Witwe die Wahl zwischen Scheidung und Gütergemeinschaft.

Bei der Gütergemeinschaft von Todes wegen wurde das gesamte Ehevermögen als eine einheitliche Masse behandelt und diese entweder zwischen dem überlebenden Ehegatten und den Kindern oder Erben des Verstorbenen geteilt (Grundteilung, Todteilung) oder jenem ganz überlassen. Doch finden sich zahlreiche Modifikationen. Im 19. Jahrhundert ist die Gütergemeinschaft meist beseitigt worden (z. B. ALR., Sachsen 1829); bestehen blieb sie z. B. in Berlin und der Mark Brandenburg auf Grund der constitutio Joachimica.

Von den alten Gaben des Mannes an die Frau hat sich die freiwillige Morgengabe in ihrer ursprünglichen Bedeutung vielfach erhalten (CMB., ABGB. 1232), die gesetzliche Morgengabe des Adels im sächsischen Recht bis ins 19. Jahrhundert. Partikularrechtlich hat sich auch die Widerlage (Gegenvermächtnis, contrados) erhalten, wobei Bestimmungen des römischen Rechts über die donatio propter nuptias in stark veränderter Form zur Anwendung kamen. Nach ABGB. 1230 ist sie eine Zulage (augmentum dotis) zu dem nach Auflösung der Ehe ebenfalls an die Witwe fallenden Heiratsgut. Im norddeutschen Adelsrecht lebt die Witwenversorgung in den beiden Formen des zum Eingebrachten proportionalen dotalicium und des hiervon unabhängigen vidualicium fort. Im ABGB. entspricht der Witwengehalt (1242 ff.). Ebenso hat sich im Adelsrecht die Witwengerade und das Recht auf den Musteil erhalten. In Deutschland sind noch vor dem BGB. Widerlage, Witwengerade und Musteil verschwunden.

Schwierigkeiten bot der Theorie das Verständnis der Verwaltungsgemeinschaft. Das ehemännliche Recht am eingebrachten Gute wurde als ususfructus maritalis bezeichnet, obwohl die Veräußerungsbefugnis des Mannes mit den Regeln über den ususfructus nicht zu vereinen war.

2. Die Gütergemeinschaft hat in keiner ihrer Formen nennenswerte Änderungen erlitten. Die ihr zugrunde liegende Idee des Gesamteigentums aber war der romanistischen Theorie vollends unzugänglich. Das zwischen den Ehegatten hinsichtlich des Gesamtgutes bestehende Rechtsverhältnis konnte weder als societas noch als communio erklärt werden; auch die Auffassung der Ehegatten als einer juristischen Person, die noch im 19. Jahrhundert Vertreter fand, konnte nicht befriedigen.

Aus der Errungenschaftsgemeinschaft entwickelte sich die Abart der Zugewinnstgemeinschaft, bei der die Errungenschaft während der Ehe nicht Gesamtgut wurde, bei Auflösung der Ehe aber eine Teilung des über das anfängliche Vermögen vorhandenen Überschusses nach Quoten erfolgte. (Vgl. ZGB. 214.)

3. Das Dotalrecht ruhte auf dem Grundgedanken, daß die vermögensrechtliche Stellung der Ehegatten in keiner Richtung beeinflußt werden sollte. Dieser Grundgedanke hat sich erhalten, wogegen sich einzelne Regeln eine starke Veränderung gefallen lassen mußten; man spricht daher mit Recht von einem modifizierten Dotalrecht. Während die römische dos in das Eigentum des Mannes fällt, erlangt dieser am Heiratsgut grundsätzlich nur die Nutznießung (ABGB. 1227/28); anders allenfalls bei Geld und vertretbaren Sachen. Die Unveräußerlichkeit des fundus dotalis ist stark abgeschwächt. Das gesetzliche Pfandrecht der Frau zur Sicherung ihrer Dotalansprüche verwandelte sich meist in einen gesetzlichen Hypothekentitel; das Paraphernalgut (freies Vermögen) der Frau wurde vielfach (so z. B. ABGB. 1238ff.) der Verwaltung des Mannes unterstellt, wodurch eine Angleichung an die Verwaltungsgemeinschaft entstand. Nach Auflösung der Ehe war die dos an die Ehefrau oder ihre Erben herauszugeben; der römische Rückfall der dos profecticia an den Besteller trat grundsätzlich nicht ein (ABGB. 1229).

4. Eheverträge (Ehepakten, Gedinge, pacta dotalia) kennt auch das neuere Recht, obwohl sie im römischen Recht nur eine geringe Rolle spielen; nach einzelnen Partikularrechten sind sie sogar notwendig. Ihr Abschluß ist teils nur vor oder bei Abschluß der Ehe möglich (z. B. C. c.), teils auch während der Ehe. Fast überall bedürfen sie einer bestimmten Form (gerichtlich, notariell, schriftlich); nach einigen Rechten müssen sie veröffentlicht werden. Ihrem Inhalt nach bezwecken sie die Ersetzung des gesetzlichen Güter-

standes durch vertragsmäßige Regelung oder die Ausscheidung von Sondergut für die Ehefrau.

III. Die Güterstände des geltenden Rechts entsprechen in den Grundzügen denen der Neuzeit. Im gesetzlichen Güterstand hat eine Rückkehr zum ältesten Güterstand des deutschen Rechts, dem der Verwaltungsgemeinschaft stattgefunden; im außerordentlichen Güterstand der Gütertrennung ist eine Anlehnung an das römische Recht erfolgt. In Einzelheiten weichen die Güterstände vom früheren Recht ab, wie auch die der Schweiz von den deutschen.

Auflösung der Ehe. § 91.

I. **Älteres Recht.** Das ältere Recht kennt Auflösung der Ehe durch den Tod eines Ehegatten und Scheidung (ahd. sceidunga) unter Lebenden. Diese erfolgte kraft Gesetzes oder kraft Vereinbarung oder kraft einseitiger Erklärung. Von Rechts wegen trat die Auflösung der Ehe ein bei Friedlosigkeit eines Ehegatten, da der Friedlose aller Rechtsbeziehungen unfähig war. Doch galt dies nur bei strenger Friedlosigkeit. Ein eheauflösender Vertrag zwischen dem Manne und der Frauensippe als den Kontrahenten der Eheschließung konnte jederzeit erfolgen. Die einseitige Scheidung stand ursprünglich nur dem Manne zu. In vorhistorischer Zeit konnte er seine Frau beliebig verstoßen. Geschichtlich ist ihm die Verstoßung nur aus bestimmten Gründen gestattet, insbesondere bei Ehebruch, Lebensnachstellung und Unfruchtbarkeit; doch löste auch eine grundlose Verstoßung die Ehe auf und führte nur als Beleidigung der Frauensippe zur Fehde mit dieser, auch zu vermögensrechtlichen Nachteilen, wie z. B. Verlust des Wittums.

Schon in fränkischer Zeit geriet das Scheidungsrecht unter den Einfluß des römischen und des kirchlichen Rechts. Jenem entsprang die Zulassung einer einseitigen Scheidung durch die Frau. Dieses arbeitete in der Richtung der Aufrechterhaltung der Ehe. Im Mittelalter galt, soweit die Herrschaft der Kirche reichte, kirchliches Recht. Doch hat sich das weltliche Recht nicht völlig verdrängen lassen. So löst noch im Mittelalter die Oberacht die Ehe des Ächters auf.

Das katholische Recht verwarf jede Scheidung durch die Ehegatten selbst, erkannte aber auch eine Scheidung der Ehe durch das allein zuständige kirchliche Gericht nur dann an, wenn die Ehe noch nicht durch copula carnalis konsumiert war und auch dann nur in beschränktem Umfang; das matrimonium consummatum ist, vom Tode eines Ehegatten abgesehen, unauflöslich.

II. **Neuzeit.** Die Neuzeit brachte Veränderungen in mehrfacher Richtung. Zunächst erkannte das Konzil von Trient eine separatio quoad thorum et mensam an, die zwar das Eheband nicht löste, aber die eheliche Gemeinschaft aufhob. Sodann ging das evangelische Kirchenrecht von dem Grundsatz der Lösbarkeit der Ehe auch dem Bande nach aus, ließ vorübergehend die Selbstscheidung der Ehegatten wieder zu und beanspruchte nicht die Ehegerichtsbarkeit; als Scheidungsgründe galten von Anfang an Ehebruch, später auch Desertion und sittliches Verschulden. Daneben gab es Trennung von Tisch und Bett. Endlich machte sich unter dem Einfluß des Naturrechts eine freiere Auffassung geltend, da ihm zufolge die Eheschließung auf einem contractus civilis beruhte.

Unter dem Einfluß dieser Anschauungen erfolgte partikulär sowohl die Aufstellung eines staatlichen Ehescheidungsrechts, als auch eine starke Erweiterung der Ehescheidungsgründe. So wurde das Ehescheidungsrecht im ALR. wie im ABGB. geordnet. Während aber jenes eine konfessionslose Ordnung durchführt, trägt dieses den verschiedenen konfessionellen Auffassungen Rechnung und regelt die Ehescheidung verschieden für Katholiken, nichtkatholische Christen und Juden. Daher hat sich hier die Unauflösbarkeit der Ehe von Katholiken unter Lebenden und die bloße Scheidung von Tisch und Bett (im Gegensatz zur Trennung) ebenso erhalten (111), wie die Trennung der jüdischen Ehe durch Übergabe und Annahme eines Scheidungsbriefes (133ff.). Andererseits ist die Zahl der Ehescheidungsgründe im ALR. und für Nichtkatholiken und Nichtjuden im ABGB. (115) vermehrt, so z. B. die Scheidung wegen unüberwindlicher Abneigung unter gewissen Kautelen zugelassen. Soweit nicht in dieser oder jener Art eine partikuläre Regelung erfolgte, blieb gemeinrechtlich das konfessionelle Ehescheidungsrecht bestehen.

Das geltende Recht kennt nur ein interkonfessionelles Ehescheidungsrecht, entsprechend der Auffassung der Ehe als eines rein bürgerlichen Rechtsverhältnisses und der schon 1875 erfolgten Aufhebung der geistlichen Gerichtsbarkeit in Ehesachen. Nichtsdestoweniger liegen dessen geschichtliche Wurzeln im kanonischen Recht und außerdem ist man dem Standpunkte der katholischen Kirche dadurch entgegengekommen, daß man neben der Scheidung der Ehe die Aufhebung der ehelichen Gemeinschaft (BGB. 1575ff.)

oder Trennung (ZGB. 146ff.) aufgenommen hat; allerdings ist diese so ausgestaltet, daß sie gegen den Willen eines Gatten nur beschränkte Zeit dauern kann, also die separatio quoad thorum et mensam perpetuam nicht aufrechterhält. Die Scheidungsgründe sind wiederum vermindert; eine Scheidung durch gegenseitige Übereinkunft (consentement mutuel des C. c. 275ff.) oder auf Grund gegenseitiger Abneigung gibt es nicht.

III. Abschnitt.

Die Kindschaft.

Allgemeines. § 92.

I. **Älteres Recht.** Die Kindschaft geht, von der Möglichkeit rein rechtsgeschäftlicher Begründung dieses Verhältnisses abgesehen (s. o. § 81), von dem natürlichen Verhältnis der Vaterschaft und Mutterschaft aus; dieses natürliche Verhältnis ist aber nach ältestem Recht nicht ipso iure auch Rechtsverhältnis. Zunächst stand das Kind mit dem Augenblick der Geburt unter der Gewalt des Hausherrn, der auch die Mutter unterworfen war. Kraft dieser seiner Gewalt konnte der Hausherr das Kind aussetzen. Dieses Aussetzungsrecht endete mit der Aufnahme des Kindes, die in der Regel durch einen förmlichen Akt erfolgte, nämlich dadurch, daß der Hausherr das Kind vom Boden aufnahm oder das ihm dargereichte Kind entgegennahm. Diese Formalität konnte ersetzt werden durch Verrichtungen der Kindespflege, wie Nahrungsreichung oder Begießen mit Wasser (sogen. Wasserweihe), sofern sie mit Willen des Hausherrn erfolgten, und durch die in der Regel am 9. Tage nach der Geburt erfolgende Namengebung. Für die rechtliche Stellung des so aufgenommenen Kindes war das Verhältnis des Hausherrn zur Mutter und deren Rechtsstellung entscheidend. War diese die Ehefrau des Hausherrn selbst oder seines Sohnes, so trat das Kind als im vollen Sinne eheliches Kind (lang. fulborn) in alle Rechte und Pflichten der Verwandtschaft ein. Das Kind der freien Konkubine (alam. hornung, mhd. kebeskint, banchart, mlat. bastardus) wurde gleichfalls in die väterliche Verwandtschaft aufgenommen. Dagegen kam das Kind aus gelegentlicher Geschlechtsverbindung mit einem freien Weibe, also das uneheliche Kind, nur zu seiner Mutter und deren Sippe in verwandtschaftliche Beziehungen, während das Kind der Unfreien nach ältestem Recht solcher Beziehungen überhaupt darbte.

Diese Grundlagen wurden erschüttert durch die Christianisierung und die Besserstellung der Unfreien. Unter dem Einfluß der Kirche verschwand das Aussetzungsrecht. Dem Kind der Unfreien, das selbst unfrei war (das Kind folgt der ärgeren Hand), wurde Verwandtschaft, wenigstens mit der Mutter zuerkannt. Andererseits trat, wiederum unter kirchlichem Einfluß, infolge der Bekämpfung des Konkubinats eine Schlechterstellung der Konkubinenkinder und ihre Angleichung an die unehelichen Kinder ein. Damit wurde der Gegensatz zwischen ehelicher und unehelicher Geburt zu dem dem Wort entsprechenden Gegensatz zwischen dem von der echten Ehefrau und dem von einer anderen Frau geborenen Kinde. Die Aufnahme aber durch den Vater wurde überflüssig und die verwandtschaftlichen Beziehungen entstanden mit der Geburt. Doch forderte das Mittelalter als Voraussetzung der Ehelichkeit nicht nur Geburt, sondern auch Erzeugung in der Ehe. Gegen das Ende des Mittelalters aber genügte nach den meisten Rechten wiederum Geburt in der Ehe, und es blieb dem Vater die Anfechtung der Ehelichkeit überlassen.

Soweit man Erzeugung in der Ehe forderte, kam es darauf an, ob das Kind innerhalb bestimmter Frist seit Eingehung der Ehe oder seit Auflösung der Ehe geboren wurde; der Beginn dieser Frist, der sogen. Empfängniszeit, mußte innerhalb der Ehe liegen. Als solche Frist nennt der Schwabenspiegel bei Mädchen 40, bei Knaben 41 Wochen, eine andere Quelle 39 Wochen, wenn die Mutter virgo, 40, wenn sie mulier war.

II. **Neuzeit.** Das neuere Recht hat an den Regeln des Mittelalters im wesentlichen festgehalten. Teils gilt für die in der Ehe, aber zu früh geborenen Kinder der dem römischen Recht entlehnte Satz „pater vero is est, quem nuptiae demonstrant“, teils wird bei ihnen wie bei den nach Auflösung der Ehe geborenen Kindern die Einhaltung der Empfängniszeit gefordert. Diese reicht nach gemeinem Recht vom 182.—300. Tage, nach ABGB. vom 7. bis 10. Monat (138; seit 1916: 180.—300. Tag), nach ALR. vom 210.—302. Tage. So wird z. B. nach gemeinem Recht die Vermutung begründet, daß ein Kind, das frühestens am 182. Tage nach Eingehung der Ehe oder spätestens am 300. Tage nach der Auflösung geboren ist, in der Ehe erzeugt wurde. Diese Vermutung kann durch einen auf enge Grenzen beschränkten Gegenbeweis (z. B. Getrenntleben der Ehegatten, aber nicht z. B. Beiwohnung eines Dritten) vom Ehemann entkräftet werden. Diese Anfechtung der Ehelichkeit erfolgt im Wege der Illegitimitätsklage.

In allen Rechten aufgenommen wurden die schon im Mittelalter aus dem römischen Recht rezipierten Formen der Ehelicherklärung unehelicher Kinder durch die Staatsgewalt (legitimatio per rescriptum principis), d. h. durch den Kaiser, den Landesherrn oder eine von diesen bevollmächtigte Person und durch nachfolgende Eheschließung der Eltern (legitimatio per subsequens matrimonium); doch waren die Voraussetzungen und die Wirkungen dieser Legitimationen untereinander und territorial verschieden.

Insbesondere erlangt das durch Reskript legitimierte Kind keine Erbrechte gegenüber den Verwandten des Vaters; ferner hat das Recht des hohen Adels die Legitimation durch nachfolgende Ehe nicht anerkannt. Für diese hat sich aus dem Mittelalter der Brauch erhalten, daß die Mutter die Kinder bei der Einsegnung der Ehe unter ihren Mantel nimmt (Mantelkinder); doch tritt im neueren Recht die Legitimation mit der Eheschließung der Eltern ipso iure ein.

Auch das geltende Recht sieht grundsätzlich nur das vom Ehemann erzeugte und nach Eingehung der Ehe geborene Kind als eheliches an. Es stellt aber Vermutungen auf, teils für die Beiwohnung des Ehemannes (BGB. 1591), aus der dann grundsätzlich die Zeugung durch den Ehemann gefolgert wird, teils hinsichtlich der Empfängniszeit (BGB. 1592; ZGB. 252, 254ff.). Die Empfängniszeit läuft nach deutschem Recht vom 181. bis 302. Tage, nach Schweizer Recht vom 180. bis zum 300. Tage. Im einzelnen ist die Beweisfrage und das Ineinandergreifen der Vermutungen in den beiden Rechten verschieden.

Die Legitimation durch nachfolgende Ehe ist dem geltenden Recht in der Form bekannt, daß das Kind unmittelbar durch die Eheschließung die rechtliche Stellung eines ehelichen Kindes erhält (BGB. 1719; ZGB. 258). Die Legitimation durch die Staatsgewalt hat das BGB. (1723ff.) nur mit der beschränkten Wirkung aufgenommen, daß das Kind nicht mit den Verwandten des Vaters verwandt und nicht mit dessen Frau verschwägert wird. ZGB. 260 kennt eine richterliche Ehelicherklärung nur als Ersatz der Legitimation durch nachfolgende Ehe, wenn der versprochene Abschluß der Ehe unmöglich wurde.

Eheliche Kinder. § 93.

I. Ältere Zeit. 1. Die ehelichen Kinder standen im älteren Recht unter der Munt des Vaters, also unter väterlicher Gewalt. Diese Munt war wesentlich mitbestimmt durch die Einordnung des Kindes in die Hausgemeinschaft und damit die Unterordnung unter die hausherrliche Gewalt, die dem Vater, aber auch dem Großvater zustehen konnte. Sie war außerdem mehr als die Munt des Ehemannes und des Vormundes im Interesse des Vaters ausgestaltet. Dieser verfügte über Person und Vermögen des Kindes. War auch das Recht des Vaters nicht schrankenlos, so konnte er doch das Kind züchtigen, verkaufen seine Arbeitskraft ohne Grenzen in Anspruch nehmen; er hatte über die Erziehung des Kindes zu bestimmen, konnte die Tochter auch gegen ihren Willen verehelichen und im Falle sittlicher Vergehung auch töten. Daneben trat die Verfügungsgewalt über das Kindesvermögen angesichts der im Hause herrschenden Vermögensgemeinschaft (s. o. § 83) in der ältesten Zeit in den Hintergrund, wenngleich auch das Hauskind grundsätzlich vermögensfähig war. Andererseits haftete der Vater als Hausherr für die Übeltaten des Kindes, hatte dieses im Prozeß zu vertreten, bezog aber auch die wegen Verletzung des Kindes fälligen Bußen. Die väterliche Gewalt endete nicht mit der Erreichung eines bestimmten Alters, sondern mit dem Ausscheiden des Kindes aus der Hausgemeinschaft, demnach bei Söhnen mit der Gründung eines eigenen Hausstandes, der Adoption durch einen Dritten, und dem Eintritt in eine Gefolgschaft, bei Töchtern mit der Verheiratung in ein fremdes Haus. Eine mütterliche Gewalt hatte neben der des Vaters in ältester Zeit keinen Platz. Dagegen erschöpfte sich das Rechtsverhältnis zwischen Eltern und Kindern nicht in der Munt, sondern diese wurde ergänzt durch Rechtsbeziehungen der Verwandtschaft, zu denen insbesondere die Unterhaltspflicht gehört.

2. Die fränkische Zeit und das Mittelalter haben die Rechtsstellung des Kindes in den Grundzügen nicht verändert. Es fehlte einerseits, anders als im Eherecht, der Einfluß der Kirche, während andererseits der Einfluß der Hausgemeinschaft blieb. Auch im Mittelalter ist der Vater seiner Kinder Vormund. Er kann sein Kind in echter Not verkaufen, kann es, wenigstens bis zur Volljährigkeit, züchtigen mit der kindeszucht, d. h. mit Ruten, kann es in einem öffentlichen Gefängnis einsperren lassen, wogegen sich allerdings der Heiratszwang zu einem Einwilligungsrecht abgeschwächt hat; er haftet für das Kind und hat es zu vertreten. Das Vermögen des Kindes hat er in seiner Gewere und Nutzung, wogegen er Unterhalt und Erziehung des Kindes zu bestreiten hat; erst sehr spät erscheint die Verpflichtung

des Vaters, die nicht für die Kinder verwendeten Früchte des Kindesvermögens für diese aufzubewahren. Dagegen darf er die Substanz des Kindesvermögens, von Notfällen abgesehen, nicht angreifen (Kindesgut ist eisern Gut) und muß sie bei Beendigung der väterlichen Gewalt unvermindert herausgeben; nur das, was ihm durch Zufall abhanden gekommen ist, braucht er nicht zu ersetzen. Das Kind konnte über sein Vermögen nicht verfügen. Rechtsgeschäfte des Kindes waren dem Vater gegenüber nur wirksam, wenn der Vater zugestimmt hatte. Die mütterliche Gewalt ist auch in dieser Zeit während der Ehe auf die tatsächliche Mitausübung der Erziehung beschränkt. Nach dem Tode des Vaters aber führte die freiere Stellung der Witwe dazu, ihr die Gewalt über die Kinder zu überlassen.

Die Beendigung der väterlichen Gewalt erfolgte wie in älterer Zeit durch Ausscheiden des Kindes aus der Hausgenossenschaft, das nun aber, den veränderten Lebensverhältnissen entsprechend, nicht nur aus den oben erwähnten Gründen, sondern auch durch Eintritt in ein Dienstverhältnis in fremdem Hause bewirkt wurde. Wo dieses Ausscheiden nicht erfolgen konnte, war schon nach fränkischen Rechten eine Scheinadoption möglich, mit der sich vielfach das Symbol des Haarabschneidens verknüpfte. Im Mittelalter findet sich ein gerichtlicher Emanzipationsakt (emancipatio iudicialis), in dem sich der Vater mit dem Sohn vor Gericht hinsichtlich seines Vermögens auseinandersetzte; er tat den Sohn „aus Brot und Pflicht" (exseparare, emancipare, forisfamiliare, mettre hors de pain et pot). Damit hörte es auf, daß der Sohn „das keusche Brot nach Hause brachte" oder „Mus und Brot der Eltern aß". Partikulär konnte der Sohn die Aussonderung von bestimmtem Alter an fordern.

II. Die **Neuzeit** hat den egoistischen Charakter der elterlichen Gewalt abgeschwächt; der Vater gleicht sich auch sachlich dem Vormund an. In personenrechtlicher Beziehung besteht allerdings ein mäßiges Züchtigungsrecht fort (ABGB. 145). Auch die Arbeitskraft des Kindes steht in beschränktem Umfange zur Verfügung der Eltern. Aber im übrigen erscheinen doch Recht und Pflicht der religiösen und beruflichen Erziehung und die Sorge für die Person des Kindes in den Vordergrund gerückt, die wiederum im Interesse des Kindes auszuüben sind. Damit dies geschehe, wird der Obrigkeit die Aufsicht über die Erziehung übertragen und ein Entscheidungsrecht in einzelnen Fragen eingeräumt (vgl. z. B. ABGB. 149). Andererseits kann auch der Vater die

Hilfe der Obrigkeit gegen das Kind in Anspruch nehmen, sowohl zum Zwecke der Erziehung wie insbesondere, um das eigenmächtig aus der Hausgemeinschaft ausgeschiedene Kind zurückzuerlangen.

In vermögensrechtlicher Beziehung sind die Unterscheidungen des römischen Rechts zwischen peculium castrense und quasi castrense, peculium adventicium regulare und irregulare, und peculium profecticium von Einfluß geworden.

Allerdings fand das peculium profecticium in den tatsächlichen Verhältnissen keinen Boden, da in den entsprechenden Fällen eine Absonderung zu erfolgen pflegte. Daher ist es nur in einigen Rechten (z. B. CMB.) aufgenommen worden. Gleiches gilt vom peculium adventicium irregulare, das in den neueren Rechten mit dem peculium castrense verschmolzen ist; nur ABGB. 149, 151 behandelt alles Vermögen des Kindes als pec. adv. irregulare, das zwar in der Verwaltung des Vaters steht, in seiner Nutznießung aber nur insoweit, als er die Erziehungskosten von den Nutzungen bestreiten darf.

Von Bedeutung ist der Gegensatz von peculium castrense (und quasi castrense) und peculium adventicium (regulare) geworden, der als Gegensatz von freiem und nicht freiem Kindesvermögen in alle Partikularrechte übergegangen ist. An jenem steht dem Vater nur während der Minderjährigkeit des Kindes die Verwaltung, aber keine Nutzung zu, an diesem Verwaltung und Nutznießung. Dabei wurde der Begriff des freien Vermögens meist erweitert. Der Vater haftet für Sorgfalt bei der Verwaltung, darf aber über Mobilien verfügen, während dem Kind keinerlei Verfügung zusteht; zur Sicherung des Kindes wurde aus dem römischen Recht ein gesetzliches Pfandrecht am Vermögen des Vaters aufgenommen, das sich später in einen Pfandrechtstitel verwandelte. In bestimmten Fällen bedarf der Vater der Zustimmung der Vormundschaftsbehörde.

Die freiere Stellung der Frauen hat zu einer weiteren Ausbildung der mütterlichen Gewalt nicht geführt, da sie dem römischen Recht nicht entsprach. Nur an Stelle des Vaters übt die Mutter Gewalt aus, insbesondere bei Getrenntleben der Ehegatten und nach Scheidung der Ehe; aber auch während der Ehe steht ihr wenigstens ein Züchtigungsrecht zu.

Die Beendigung der väterlichen Gewalt erfolgt auch nach neueren Rechten durch Erlangung der wirtschaftlichen Selbständigkeit, bei Töchtern mit der Verheiratung; die Theorie sprach von einer emancipatio iuris germanici (saxonica, tacita). Daneben erhielt sich die ausdrückliche Entlassung aus der elterlichen Gewalt vor Gericht (ABGB. 174), deren Seitenstück eine gerichtlich ausgesprochene Belassung in der väterlichen Gewalt bildet (ABGB. 172f.) und wurde die Beendigung mit Erreichung eines bestimmten Alterstermines (ABGB. 172) mehr und mehr aufgenommen.

Das geltende Recht hat inhaltlich an der Gewalt von Vater und Mutter wenig geändert. Dagegen gehen BGB. und ZGB. von einem einheitlichen Begriff der elterlichen Gewalt aus, die nach ZGB. (274) grundsätzlich von beiden Eltern gemeinschaftlich ausgeübt wird, während BGB. die elterliche Gewalt in erster Linie dem Vater gibt, der Mutter nur, wenn die des Vaters untergegangen ist und neben ihm nur hinsichtlich der Sorge für die Person (1626, 1627, 1684, 1634). Im übrigen ist insbesondere die Scheidung in freies und nicht freies Kindesvermögen mit im wesentlichen den gleichen Rechtsfolgen erhalten (BGB. 1650; ZGB. 294), wobei aber das deutsche Recht den Erwerb des Kindes aus eigener Arbeit zum freien Vermögen rechnet (BGB. 1651), während das Schweizer Recht den Erwerb des Hauskindes den Eltern zufallen läßt (ZGB. 295). Das Ende der elterlichen Gewalt fällt jetzt mit dem der Minderjährigkeit (BGB. 1626; ZGB. 273) zusammen. Verheiratung der Tochter schränkt die elterliche Gewalt nach BGB. 1633 nur ein. Die Aufsicht der Vormundschaftsbehörde hat sich erhalten (z. B. BGB. 1643, 1653; ZGB. 282ff.); doch gibt das Schweizer Recht dem Vormundschaftsgericht erheblich größere Befugnisse.

Uneheliche Kinder. § 94.

I. **Ältere Zeit.** Die Rechtsstellung der unehelichen Kinder (ahd. hornung, mhd. banchart) war in ältester Zeit vermutlich die, daß Kinder aus gelegentlicher Geschlechtsverbindung verwandtschaftliche Beziehung nur zu ihrer Mutter hatten, soweit nicht deren Unfreiheit Rechtsbeziehungen überhaupt ausschloß. Doch dürfte es dem Vater möglich gewesen sein, durch förmlichen Rechtsakt auch diesen Kindern verwandtschaftliche Beziehungen zu ihm, vielleicht auch zu seiner Sippe zu schaffen. In fränkischer Zeit hat der Einfluß der Kirche zwar eine Gleichstellung der Konkubinenkinder mit den unehelichen Kindern im engeren Sinne bewirkt, dagegen ist die rechtliche Behandlung der nun auch die Konkubinenkinder umfassenden unehelichen Kinder freier und unfreier Mütter sehr uneinheitlich geworden, je nachdem die frühere, bessere Stellung der Konkubinenkinder maßgebend wurde oder nicht. Im ganzen ist das spätere Mittelalter den Unehelichen günstiger als die unmittelbar voraufgehende Zeit, insbesondere auch dadurch, daß eine Unterhaltspflicht des Vaters anerkannt wurde.

Am schlechtesten war die privatrechtliche Stellung der Unehelichen im sächsischen Recht, das sogar an der rechtlichen Verwandtschaft mit der Mutter zweifelte und die Frage aufwarf, ob ein Kind seiner Mutter Kebskind sein könne. Dagegen zeigen andere Rechte des Mittelalters durch die Beteiligung der Unehelichen am Erbrecht, das ja auf der Verwandtschaft ruhte, daß sie diese den Unehelichen nicht absprechen. Teils ist allerdings nur ein passives Erbrecht anerkannt, teils nur ein Erbrecht gegenüber der Mutter und deren Sippe, teils ist das Erbgut der Mutter den Unehelichen verschlossen; aber andere Quellen geben ihnen wiederum auch Erbrecht gegenüber dem Vater und dessen Sippe. Auch wird dem Kinde ein Unterhaltsanspruch gegeben, bald nur gegen die Mutter, bald auch gegen den Vater. Endlich kann wenigstens partikulär der Vater seinem unehelichen Kinde ohne Zustimmung der Erben eine Schenkung machen (Hornungsgabe).

II. Die **Neuzeit** ist zu grundsätzlichen Änderungen nicht gelangt, wohl aber zu einheitlicherer Regelung. Ein Verwandtschaftsverhältnis zum Vater wird nur insoweit anerkannt, als das Ehehindernis der Blutsverwandtschaft auch durch die uneheliche Geburt begründet wird. Auch ein Alimentationsanspruch des Kindes gegenüber dem Vater findet sich in den meisten Rechten. Er wird gestützt durch die Zulassung einer Klage auf Anerkennung der Vaterschaft (Paternitätsklage; Paternitätsprinzip), die nur das französische Recht (C. c. 340) durch den (1912 aufgehobenen) Satz „la recherche de la paternité est interdite" ausschloß (Maternitätsprinzip). Zum Beweise der Vaterschaft genügte der Nachweis der Beiwohnung innerhalb der Empfängniszeit, die aber in einigen Rechten anders bemessen wird als bei ehelichen Kindern (z. B. ALR. 210. bis 285. Tag; ABGB. 163 [alt]: 6.—10. Monat). Die Einrede der Beiwohnung noch anderer Männer (exceptio plurium concumbentium) ist in manchen Rechten zugelassen (nicht z. B. ABGB.). Nach anderen hat sie nur die Folge, daß die mehreren Konkumbenten gemeinschaftlich oder subsidiär für die Alimentation haften. Grund der Alimentationspflicht ist die Verwandtschaft; doch hat die Theorie darin vorübergehend eine obligatio ex delicto, nämlich dem Beischlaf mit der Mutter, gesehen.

Im übrigen wird das Kind auch rechtlich als mit seiner Mutter verwandt angesehen und meist auch mit deren Verwandten. Die

Mutter übt, neben einem Vormund oder selbst zum Vormund bestellt, die elterliche Gewalt aus, ist aber auch unterhaltspflichtig; das Kind führt ihren Namen.

Eine besondere Stellung nehmen nach einigen Rechten Brautkinder ein, die sich in einem weitergehenden Erbrecht gegenüber dem Vater, in einem Recht auf dessen Namen, partikulär in der Gleichstellung mit ehelichen Kindern äußert. Doch muß die Eheschließung ohne Schuld der Mutter, z. B. durch Tod des Vaters, unterblieben sein.

Im geltenden Recht gilt nach BGB. 1589 das uneheliche Kind als nicht verwandt mit dem Vater, hat aber der Mutter gegenüber die rechtliche Stellung eines ehelichen Kindes (1705); doch ruht auch hier der Unterhaltsanspruch gegen den Vater (1708) wie das Ehehindernis in 1310 auf der Verwandtschaft. Dagegen entsteht nach ZGB. ein Verwandtschaftsverhältnis zwischen dem Kinde und dem Vater, wenn dieser das Kind in bestimmter Form anerkennt oder das Kind ihm durch den Richter zugesprochen wird (303, 323); in beiden Fällen wird ein außereheliches Kindesverhältnis begründet, dem ein beschränktes Erbrecht gegenüber dem Vater und den väterlichen Verwandten entspringt. Fehlt Anerkennung und Zusprechung, so ist der Vater nur unterhaltspflichtig (319). Der Mutter gegenüber hat auch hier das Kind die Stellung eines ehelichen. Beide Rechte kennen die Paternitätsklage (ZGB. 307) und knüpfen an die Beiwohnung in der Empfängniszeit die Vermutung der Vaterschaft; doch anerkennt BGB. 1717 die exceptio plurium concumbentium (vgl. auch ZGB. 315). Die elterliche Gewalt steht der Mutter grundsätzlich nicht zu; das Kind bedarf eines Vormundes.

IV. Abschnitt.

Die Vormundschaft.

Älteres Recht. § 95.

1. **Allgemeines.** Neben der eheherrlichen und der väterlichen Gewalt steht als dritte, ergänzende Spielart der Munt seit ältester Zeit die vormundschaftliche Gewalt, die den Mittelpunkt des Institutes der Vormundschaft (mhd. phlege, mlat. manuburnia, afranz. mainbournie) bildet. Unter Vormundschaft stehen nur Personen, die zwar aus bestimmten Gründen nicht selbständig sein können (s. o. § 8), aber auch

nicht schon väterlicher oder ehemännlicher Gewalt unterworfen sind. Die Selbmündigkeit fehlte in älterer Zeit den Minderjährigen und den Überjährigen, ferner allen Frauen, endlich den Toren und Sinnlosen. Auch Interessengegensätze zwischen Vater und Kind, wie sie sich z. B. bei der Wiederverheiratung des Witwers ergaben, oder Unfähigkeit des Vaters können eine Vormundschaft notwendig machen. So ergaben sich Arten der Vormundschaft, unter denen die Altersvormundschaft und die Geschlechtsvormundschaft von besonderer Bedeutung sind. Die für sie geltenden Regeln sind im einzelnen nicht völlig gleich, ruhen aber auf den gleichen Grundgedanken und sind sich im übrigen so ähnlich, daß sie einheitlich behandelt werden können.

2. **Inhaber der Vormundschaft.** Die Handhabung der Vormundschaft ist in ältester Zeit Angelegenheit der ganzen Sippe gewesen, die sie mit gesamter Hand ausübte. Doch ergab sich aus der Unterordnung jeder Person unter die Gewalt eines Hausherrn von vornherein die Notwendigkeit, einen Teil der vormundschaftlichen Gewalt durch eben den Hausherrn ausüben zu lassen. Als sodann in fränkischer Zeit sowohl der Sippenverband als die Hausgemeinschaft sich aufzulösen begannen, wurde es Rechtsbrauch, die Vormundschaft dem nächsten männlichen Verwandten der Schwertseite, allenfalls auch der Spindelseite des Fürsorgebedürftigen zu übertragen, der dann als Vormund (ahd. foramundo, muntporo, mhd. phleger, vormund, vogt, gerhabe) und Treuhänder der Sippe die Vormundschaft übernahm; er war, wie der Nächste zum Erbe, so auch der Nächste zur Vormundschaft. Die Sippe beschränkte sich auf ein Aufsichtsrecht, auf eine Obervormundschaft, die auch in einer Beteiligung bei der Eheschließung noch zum Ausdruck kam. Doch ist diese Entwicklung nicht gleichmäßig vor sich gegangen, da ja auch die Lockerung des Sippenverbandes nicht überall gleich rasch erfolgte (s. o. § 83). Außerdem wird nach manchen Rechten die verwitwete Mutter Vormund ihrer Kinder bis zur Wiederverheiratung.

Das Mittelalter weist zum Teil schon in der fränkischen Zeit einsetzende Neuerungen auf. Die weitere Lösung der Sippenbande führte dazu, daß die Sippe den Vormund nicht mehr bestellte und auch die Obervormundschaft nicht mehr ausübte. Die Führung der Vormundschaft verblieb gleichwohl dem nächsten männlichen Schwertmagen, der nun aber kraft Rechtssatzes, als geboren vormund, die Vormundschaft übernimmt. War er unfähig oder starb er, so folgte der nach ihm nächste Verwandte.

Daneben aber, ohne jenen ganz zu verdrängen, tritt seit dem 13. Jahrhundert der gekoren vormund auf. Der Vater und die verwitwete Mutter können durch letztwillige Verfügung einen Vormund bestimmen, der dem geborenen Vormund vorgeht. Auch dem Mündel selbst wird vereinzelt unter Aufsicht der Verwandten oder der Obrigkeit die Wahl des Vormunds überlassen. Endlich erscheint auch der von der Obrigkeit bestellte Vormund, der schon im Mittelalter im Gegensatz zum tutor legitimus und zum tutor testamentarius sogenannte tutor dativus. Er wird immer dann eingesetzt, wenn ein anderer Vormund fehlt. Aber auch ein anderer Vormund mußte vielfach vom Gericht bestätigt und konnte bei schlechter Führung der Vormundschaft als balemund abgesetzt werden. Dies hängt damit zusammen, daß die öffentliche Gewalt an Stelle der Sippe die Obervormundschaft in die Hand nahm. Die Wurzeln dieser staatlichen Obervormundschaft liegen in fränkischer Zeit, die den Königsschutz für Witwen und Waisen und, insbesondere im langobardischen Recht, gelegentliches Eingreifen des Richters zur Handhabung dieses Schutzes kannte. Im Mittelalter ist es vor allem der Rat in den Städten, der als obirster vormund tätig wird. Zur Regelung werden besondere Vormundschaftsordnungen erlassen, vielfach auch besondere Vormundschaftsbehörden geschaffen. Auch kam es vor, daß dem gekorenen oder geborenen Vormund die Vormundschaft als Amt von der staatlichen Obervormundschaft übertragen wurde. Oder es erfolgte die Wahl des Vormunds durch die Verwandten in praesentia iudicis.

In einzelnen Quellen findet sich die Aufstellung mehrerer Vormünder, namentlich dann, wenn der nächste Verwandte ausfällt. Teils sind hierfür Rücksichten auf die größere Sicherheit des Mündels maßgebend, teils handelt es sich um Reste der alten Sippenvormundschaft; daher wird vielfach darauf Wert gelegt, daß sowohl die väterliche als die mütterliche Seite an der Vormundschaft beteiligt wird. Auch der die Vormundschaft führenden, verwitweten Mutter wird häufig ein weiterer Vormund beigegeben.

3. **Ausübung.** Der Inhalt der vormundschaftlichen Gewalt war schon in älterer Zeit ein anderer als der Inhalt der Munt über Ehefrauen und Kinder. Die Munt des Vormunds stand zu der des Vaters in besonders klarem Gegensatz; diese war im Interesse des Vaters, jene im Interesse des Mündels ausgestaltet. Zur vollen praktischen Auswirkung ist dieser Gegen-

satz allerdings erst im Laufe der Zeit gekommen, als Munt und Hausgewalt nicht mehr in einer Hand lagen, und insbesondere, als der vom Richter bestellte Vormund häufiger wurde.

Der Vormund hatte die Fürsorge für die Person und das Vermögen des Mündels. Die Sorge für die Person schloß den Unterhalt und die Erziehung des Mündels und ein Züchtigungsrecht ein; der Vormund nahm den Mündel zu sich, sollte sich der kinde und ires gucz underwinden. Ferner hatte der Vormund den Mündel vor Gericht zu vertreten, zog die dem Mündel zufallenden Bußen ein und hatte die von diesem verwirkten Bußen zu bezahlen. Das Vermögen des Mündels nahm der Vormund in seine vormundschaftliche Gewere. Nach älterem Recht zog er auch die Nutzungen; die Vormundschaft war eine tutela usufructuaria. Der Vormund durfte aber nur über die Fahrnis, nicht auch über Liegenschaften verfügen. Bei Beendigung der Vormundschaft mußte er das Mündelgut im Werte unvermindert herausgeben (Mündelgut wächst und schwindet nicht).

Noch im Mittelalter wurde die Stellung des Vormunds gegenüber dem Mündelvermögen eine andere. Der Vormund erhielt nicht mehr das Nutzungsrecht, mußte vielmehr die nach der Versorgung des Mündels bleibenden Überschüsse dem Vermögen hinzufügen und bei Beendigung der Vormundschaft Rechnung legen.

§ 96. Neuzeit.

Der Einfluß des römischen Rechts auf das Vormundschaftsrecht ist nicht erheblich gewesen. Insbesondere hat der Unterschied von cura und tutela nur vorübergehend Anerkennung gefunden und nur in Gegenden, die, dem sächsischen Recht folgend, zwei Alterstermine kannten (s. o. § 8). Im übrigen und in neuerer Zeit durchweg kennen die einzelnen Rechte nur den einheitlichen Begriff der Vormundschaft. Neben ihr hat sich als neue Erscheinung die Pflegschaft entwickelt, die neben elterlicher Gewalt oder Vormundschaft eintritt, regelmäßig zur Vertretung in einzelnen Angelegenheiten, an der Vater oder Vormund rechtlich oder tatsächlich verhindert sind. Von da aus haben sich dann die Sonderfälle einer Pflegschaft für Abwesende (cura anomala entsprechend der römischen cura absentis), für die Leibesfrucht (cura ventris) und für Gebrechliche entwickelt.

Von größerer Bedeutung für die Vormundschaft selbst war ihre zunehmende Verstaatlichung, die aber nur eine Fortsetzung schon mittelalterlicher Bewegungen war. Diese äußert sich in verschiedenen Richtungen. Rein äußerlich findet das gesteigerte Interesse des Staates am Vormundschaftswesen seinen Ausdruck in der Regelung durch Reichspolizeiordnungen (1548, 1577) und in besonderen Vormundschaftsordnungen des 17., 18. und 19. Jahrhunderts, von denen die preußische (5. 7. 1875) für das geltende Recht vorbildlich geworden ist; die Obervormundschaft wurde fast überall, auch in den Städten, den Gerichten übertragen. Die Führung der Vormundschaft wurde zum Amt. Der Umfang der obervormundschaftlichen Befugnisse erweiterte sich zunächst erheblich, so daß in einigen Rechten die Behörde die Vormundschaft führte und der Vormund zum ausführenden Organ herabsank; insbesondere war dies im preußischen und österreichischen Recht der Fall. Eine obligatorische Beteiligung der Familie anerkannte nur das französische Recht im Familienrat, der im ALR. nur fakultativ geregelt wurde. Mit all dem hing es endlich zusammen, daß das Gericht von Amts wegen die Vormundschaft anordnete und den Vormund bestellte, bestimmte Personen (Verwandte, Geistliche, Standesbeamte) zur Anzeige von vormundschaftsbedürftigen Personen verpflichtet wurden, der zum Vormund Berufene die Übernahme der Vormundschaft nur aus wenigen, gesetzlich festgelegten Gründen ablehnen konnte, die im wesentlichen den römischen Exkusationsgründen entsprechen (z. B. hohes Alter, große Zahl eigener Kinder, öffentliches Amt). Die Eignung zum Vormund wurde auch nach der Rezeption den Geistlichen und Fremden, vor allem aber den Frauen, allenfalls mit Ausnahme der Mutter und der Großmutter abgesprochen (ABGB. 192 [alt]).

Der Vormund ist wie früher gesetzlicher Vertreter des Mündels, bedarf aber in allen wichtigen Fällen der Genehmigung der Obervormundschaftsbehörde. Seine Vermögensverwaltung unterlag gleichen Beschränkungen.

Das neueste Recht ist im wesentlichen zu der früheren Auffassung zurückgekehrt, daß der Vormund in weitem Umfang selbständig handeln kann und nur in einzelnen, gesetzlich bestimmten Fällen die Mitwirkung der Vormundschaftsbehörde erforderlich ist (vgl. insbesondere BGB. 1821, 1822; ZGB. 421 f.). Frauen sind nunmehr grundsätzlich als Vormund zugelassen; so auch ABGB. seit 1914.

D. Erbrecht.

I. Abschnitt.

Grundbegriffe.

§ 97. Die Erbschaft.

I. Allgemeines.

1. Der Begriff der Erbschaft (mhd. verlassen gut) deckt sich nicht mit dem Vermögen, das die zu beerbende Person im Augenblick des Erbgangs hatte. Die Erbschaft umfaßt nie mehr als dieses Vermögen, bleibt aber in der Regel hinter diesem zurück. Verschiedene Zeiten und verschiedene Gegenden wichen in der Beantwortung der Frage ab, woraus die auf den Erben übergehende Erbschaft besteht. In dieser Beziehung sind verschiedene Gesichtspunkte zu beachten. In älterer Zeit kam als Erbschaft nur in Frage, was im Sondereigentum des Verstorbenen gestanden hatte. Es schied all das Vermögen aus, an dem der Erblasser nur als Gesamthänder beteiligt war; es rückte nicht etwa der Erbe in die Gesamthandschaft ein, sondern der frei werdende Anteil wuchs den übrigen Gesamthändern zu (s. o. § 14 II). Bei der Verbreitung des Gesamthandeigentums ergab sich hieraus eine erhebliche Beschränkung des vererbbaren Vermögens, die aber mit der Zunahme des Sondereigentums mehr und mehr wegfiel. Insbesondere schieden Grundstücke wohl ganz aus. Auch das Sondereigentum wurde nicht in vollem Umfang Erbschaft. Denn ein Teil davon, die Gebrauchsgegenstände des Toten (Kleider, Waffen, Streitroß), wurde diesem als Totenteil mit in das Grab gegeben. Doch verschwand das Institut des Totenteils noch in fränkischer Zeit. Außerdem sind schon in ältester Zeit gewisse Rechte und Pflichten höchstpersönlicher Art nicht auf den Erben übergegangen, sondern untergegangen.

In der Natur der Sache lag dies bei allen Rechten, die auf die Lebenszeit des Erblassers abgestellt waren, so insbesondere bei allen widerruflichen Schenkungen. Aus älterer Zeit gehört hierher ferner, von den Familienrechten abgesehen, das Gefolgschaftsverhältnis, Nutzungsrechte auf markgenossenschaftlicher Grundlage, in neuerer Zeit der Anspruch auf Schmerzensgeld, die Deliktsschulden und sämtliche persönliche Haftungen im engeren Sinn, also die Geiselschaft und die ältere Bürgschaft (s. o. § 74). Wahrscheinlich gemacht werden kann der Nichtübergang für das Gewährschaftsverhältnis.

2. Bestritten ist, inwieweit solche **Schulden** auf den Erben übergingen, die nicht als höchstpersönliche aufgefaßt werden können. Doch läßt sich wahrscheinlich machen, daß von ihnen nur solche übergingen, für die ein Gegenwert (wederstadinge) in den Aktiven der Erbschaft vorhanden war, wenngleich erst der Sachsenspiegel diesen Grundsatz aussprach.

Demnach wären übergegangen alle Schulden aus zweiseitigen Verträgen, die von der anderen Seite schon erfüllt waren, wie z. B. Kaufschulden, wenn das Kaufobjekt im Nachlaß sich befand, Grundzinse, soweit sie zu Lebzeiten des Erblassers fällig geworden waren oder das Leiheverhältnis noch andauerte. Aber auch Schulden aus einseitigen Verträgen konnten aus dem gleichen Gesichtspunkte übergehen, so z. B. Darlehnsschulden. Wie weit der Übergang dieser Schulden im einzelnen zurückreicht, muß dahingestellt bleiben. Für die älteste Zeit ist eine starke Beschränkung des Übergangs nicht unwahrscheinlich, wird im Gegenteil durch die Beobachtung nahegelegt, daß die Verpflichtung und Berechtigung der Erben in Verträgen häufig besonders festgelegt wird. Andererseits geht die Entwicklung des späteren Mittelalters, vielleicht schon unter römischem Einfluß, dahin, grundsätzlich alle Schulden übergehen zu lassen. Doch gab es wiederum Ausnahmen. So war z. B. der Erbe nicht verpflichtet, Auflassungen und Belehnungen vorzunehmen, die der Erblasser versprochen hatte.

In der Neuzeit wurde der **Übergang der Schulden allgemeiner Grundsatz**. Nur für Schulden aus unerlaubten Handlungen und für Geldstrafen bestehen noch Ausnahmen. Daher ging nun auch die Bürgschaft auf den Erben über, da sie die Form einer Schuld angenommen hatte.

Auch insoweit die Schulden zur Erbschaft gehörten, **haftete der Erbe für sie in ältester Zeit nicht unbeschränkt**. Er haftete nur mit dem Nachlaß und auch nur mit der ererbten beweglichen Habe, nicht mit Grundstücken. Die Beschränkung auf Mobilien erklärt eine mittelalterliche Quelle recht zutreffend damit, daß andernfalls der Erblasser durch Überschuldung des Nachlasses die Wartrechte der Erben (s. o. § 39) hätte gegenstandslos machen können. Dieser Grund traf aber von vornherein nicht zu bei nicht ererbten Liegenschaften und versagte da, wo das Wartrecht verschwand. Im übrigen liegt der innere Grund der beschränkten Haftung darin, daß die persönliche Haftung in ihren älteren Formen unvererblich ist; sie hängt an der Person, wie die Sachhaftung an der Sache. Insoweit der Erbe überhaupt haftet, setzt er nicht die Haftung des Erblassers fort, sondern seine Haftung ist selbständige Folge des Erbgangs.

Erst unter dem Einfluß der Veränderung der Haftung in eine sogen. Vermögenshaftung und in Verbindung mit dem Zusammenwachsen von Schuld und Haftung (s. o. § 54 II) trat hierin eine Änderung ein, die die Aufnahme des römischen Rechts erleichterte. Daher läßt schon im Mittelalter die Mehrzahl der Quellen den Erben auch mit Liegenschaften haften, teils nur mit dem Gewinngut, teils mit allen; es galt der Satz: creditores propinquissimi sunt heredes. Doch bleibt auch dann noch die Haftung des Erben auf den Nachlaß beschränkt.

In der Neuzeit wurde, dem römischen Recht entsprechend, die unbeschränkte Haftung des Erben von den meisten Partikularrechten übernommen, gleichzeitig aber auch die Beschränkbarkeit der Haftung durch Inventarerrichtung. Die Beschränkung war dann teils eine solche auf den Wert des Nachlasses (C. c.), teils auf den Nachlaß selbst (ALR.).

Nach BGB. ist die Haftung des Erben unbeschränkt, wird aber zur beschränkten, wenn der Erbe Nachlaßverwaltung oder Nachlaßkonkurs (1975 ff.) beantragt; sie bleibt unbeschränkt, wenn er die von den Gläubigern verlangte Errichtung eines Inventars versäumt (1994). Insoweit die Haftung des Erben beschränkt ist, liegt eine Beschränkung der Haftung auf den Nachlaß, nicht auf dessen Wert vor. ZGB. geht von der unbeschränkten Haftung des Erben aus, kennt aber die Möglichkeit der Beschränkung durch Inventarerrichtung und öffentliche Liquidation des Nachlasses.

II. **Sondererbschaften.** Die demnach in der Erbschaft vereinigten Rechte und Pflichten konnten auf einen Erben oder eine Mehrheit aus gleichem Grunde berufener und koordinierter Erben übergehen. Doch war dies, wenigstens seit der fränkischen Zeit, weder die Regel noch auch notwendig: die *Erbschaft zerfiel* vielmehr *regelmäßig in eine Reihe einzelner Sondererbschaften*, die verschiedenen Personen zufielen und, je nach ihrer Art, entweder nur aus Rechten bestanden, oder einen Komplex von Rechten und Pflichten darstellten. Die ältesten derart abgeschiedenen Sondervermögen waren *Heergewäte* und *Gerade*. Beide lösen den Totenteil historisch ab, bestehen daher aus den gleichen Gegenständen wie dieser, jenes aus männlichen, diese aus fraulichen Gebrauchsgegenständen (s. o. § 88, 89). Kaum jünger ist die Trennung der *Liegenschaften* von der *Fahrnis*, die aus verschiedenen Gründen notwendig wurde. Teils war sie veranlaßt durch den Ausschluß der Frauen von der Erbschaft in Liegenschaften, teils dadurch, daß die Liegenschaften der Familie erhalten bleiben sollten, aus deren Vermögen sie gekommen waren; dies hängt eng mit den Wurzeln des Wartrechts (s. o. § 39), andererseits mit ihm das Fallrecht (s. u. § 100 II 2) zusammen. Im Mittelalter führt der gleiche Gesichtspunkt zu der weiteren Scheidung der ererbten von den sonst erworbenen Liegenschaften, des Erbguts vom Gewinngut oder Kaufgut; jenes mußte der Familie erhalten bleiben, dieses konnte beliebig vererbt werden. Endlich mußte nach Lehnrecht und Leiherecht eine Trennung des geliehenen Gutes, nach Fideikommißrecht eine Trennung des Fideikommißvermögens vom Allodialvermögen erfolgen.

Der Erbgang. § 98.

Der Übergang der Erbschaft oder einzelner Sondererbschaften auf den Erben (got. arbja, arbinumja, vgl. lat. orbus, ahd. arbeo) stand im deutschen Recht unter einer Reihe von Regeln, die vom römischen Recht stark abwichen und sich auf Art und Zeit des Erwerbes bezogen.

I. **Art des Erwerbs.** Die nach § 97 sich bildenden Erbschaften stellten jede für sich ein einheitliches Vermögen dar, nicht etwa je eine Summe einzelner Rechte und Pflichten. In jedes dieser einzelnen Vermögen wurde kraft einheitlichen Rechtstitels sukzediert, also im Wege der Gesamtnachfolge. Es gab so viele Gesamtnachfolgen, als Sondererbschaften vorhanden waren. Daher konnte jeder Erbe das ihm zufallende Sondervermögen mit einer einheitlichen Erbschaftsklage herausfordern; er brauchte nicht auf Herausgabe der einzelnen Stücke zu klagen. Andererseits ergibt sich aus dem Gesagten, daß, wenn auch Universalsukzession, doch keine Generalsukzession erfolgte, d. h. eine Sukzession in das gesamte Vermögen, dessen Träger der Verstorbene war, sondern Spezialsukzessionen in die einzelnen Vermögensmassen.

Hierzu stand das römische Recht in scharfem Gegensatz. Zwar galt auch hier der Grundsatz der Gesamtnachfolge, des Erwerbes der Erbmasse ipso iure und uno actu. Aber diese Gesamtnachfolge war zugleich Generalsukzession. Der Erbe sukzedierte in das gesamte Vermögen des Erblassers, setzte dessen Persönlichkeit in vollem Umfange fort; es fehlten dem römischen Recht die Spezialsukzessionen. Gleichwohl wurde mit der Rezeption die Generalsukzession nicht völlig durchgeführt; Spezialsukzessionen blieben auf dem Gebiete des Lehnrechts, Fideikommißrechts und Bauernrechts erhalten. Dies ist auch der Standpunkt des geltenden deutschen Rechts. Es läßt den Erwerb der Erbschaft im Wege der Generalsukzession eintreten, schließt aber auf landesrechtlichem Gebiet Spezialsukzessionen nicht aus (vgl. EG. 59).

II. **Zeitpunkt des Erwerbs.** 1. Älteres Recht. Der Vermögensübergang trat grundsätzlich mit dem Augenblick des Todes des Erblassers ein; eine Annahme durch den Erben, ja auch nur dessen Kenntnis vom Erbfall war nicht erforderlich. Daher konnte man den Übergang kraft Erbrechts ein ansterben nennen. Diesen unmittelbaren Anfall von Recht und Pflicht hat eine Reihe jüngerer Rechtssprichwörter zum Ausdruck gebracht. So heißt es „der Tote erbt den Lebendigen“ in dem Sinne, daß der Tote den Lebendigen zum Erben macht; er räumt ihm den Platz (mortuus aperit oculos viventis). In besonderer Beziehung auf den Besitz wird formuliert „le mort saisit le vif“, im Staatsrecht „le roi est mort, vive le roi“.

Dieser Grundsatz des Erwerbes der Erbschaft mit dem Anfall (angevelle, anefal) wird nur scheinbar beseitigt durch die Institute des Dreißigsten und der Besitzergreifung und Besitzeinweisung; er hält auch ihnen gegenüber stand.

a) Bis zum dreißigsten Tage nach dem Todestage, das ist bis zur Beendigung der Totenfeiern, blieben in historischer Zeit die Verhältnisse im Sterbehause im wesentlichen unverändert. Die Witwe (auch der Witwer?) durfte nicht vom Gute gewiesen werden, das Gesinde blieb in Dienst und Lohn, der Haushalt des Verstorbenen wurde auf Kosten der Erbmasse fortgeführt. Dies hinderte aber nicht, daß der Erbe in das Gut zog und die Gewere am Nachlaß erhielt. Er war nur in der Ausübung seiner Rechte beschränkt, wie andererseits Teilung des Nachlasses und Bezahlung von Schulden von ihm nicht verlangt werden konnten. Das Institut des Dreißigsten hat sich das ganze Mittelalter hindurch erhalten.

Nicht unwahrscheinlich ist, daß in vorhistorischer Zeit der Erbe erst mit dem Dreißigsten in das Gut ziehen durfte, die Gewere bis dahin aber dem Toten zugesprochen wurde.

b) Da der Erbfall als solcher dem Erben nur eine ideelle Gewere verschaffen konnte (s. o. § 28 I), ist es durchaus verständlich, daß der Erbe seit ältester Zeit vom Erbe feierlich Besitz ergriff. Er hinderte so die Entstehung rechter Gewere zugunsten eines Dritten, der sich widerrechtlich in den Besitz des Erbes setzen konnte.

Diese Besitzergreifung wurde von niederdeutschen Rechten des Mittelalters zur gerichtlichen Besitzeinweisung fortgebildet. Der Erbe ließ sich nach Prüfung seines Erbrechts das Gut vom Gerichte zuurteilen und nahm dann auf Grund dieses Urteils feierlich Besitz in der Form des Anefangs, indem er Türe und Schwelle ergriff.

Nur Form und Vorsichtsmaßregel in allen Fällen, in denen die Besitzergreifung durch den Erben keinem Widerspruch begegnete, wurde die Besitzeinweisung notwendig, wenn entweder ein Dritter, sei es als Erbprätendent, sei es auch nur als Erbschaftsbesitzer dem Erben widersprach, oder der Nachlaß schon vom Gerichte in Besitz und Verwahrung genommen war, weil der Erbe zunächst unbekannt oder abwesend war. Behauptete der derzeitige Besitzer eigenes Erbrecht, so mußte nach summarischer Prüfung der behaupteten Erbrechte eine vorläufige Besitzeinweisung stattfinden, die dem Eingewiesenen für den nun folgenden Erbschaftsprozeß die Rolle des Beklagten verschaffte. Nach niederdeutschen Rechten spielte sich dieses Verfahren im Erbhause ab (Erbhausgericht). Aber auch in den anderen Fällen mußte nach Untersuchung des Erbrechts eine gerichtliche Besitzeinweisung, die inwiszung erbes, erfolgen; zur Sicherung allenfalls später auftretender und besser berechtigter Erben konnte vom Eingewiesenen eine Kaution verlangt werden.

Besitzergreifung und Besitzeinweisung waren nur innerhalb Jahr und Tag seit der Besitzergreifung durch einen Dritten möglich; denn mit Ablauf der Frist erlangte der Dritte rechte Gewere am Gute. Dann hatte der Erbe nur die Erbschaftsklage oder die Eigentumsklage. Aber auch ohne Besitzergreifung durch einen Dritten entfiel nach Jahr und Tag gemäß einigen Rechten die einfache Besitzeinweisung deshalb, weil nunmehr der Richter den Nachlaß in seinen Besitz nahm und auch in diesem Fall stand dem Erben nur noch die Erbschaftsklage offen.

2. Jüngeres Recht. Nach römischem Recht erfolgte der Erwerb der Erbschaft mit dem Tode des Erblassers nur für einen beschränkten Kreis von Erben, nämlich die heredes necessarii, in erster Linie die sui heredes, während für die übrigen Erben Anfall und Erbschaftserwerb getrennt waren; der Anfall (delatio hereditatis) erfolgte auch für diese Erben mit dem Todesfall, der Erwerb aber setzte eine besondere Antrittshandlung, die aditio hereditatis, voraus. Dementsprechend ist der Grundsatz des sofortigen Erbschaftserwerbes von einer Reihe von Partikularrechten verlassen worden. In noch weiterem Umfang ist dies wenigstens in späterer Zeit hinsichtlich des Besitzüberganges geschehen. In den einzelnen neueren Rechten wie in der Theorie wird überwiegend eine besondere Besitzergreifung durch den Erben verlangt.

Das Institut des Dreißigsten hat sich im sächsischen Gebiet bis in die neueste Zeit, im BGB. allerdings nur in dem beschränkten Umfang erhalten, daß der Erbe verpflichtet ist, den Haushalt des Erblassers während dieser Frist aufrechtzuerhalten (1969).

Das neueste Recht steht im wesentlichen auf deutschrechtlichem Boden. Der Grundsatz des Erbschaftserwerbes mit dem Todesfall ist im allgemeinen (BGB. 1922; ZGB. 560) als auch im besonderen für den Besitz (BGB. 857; ZGB. 560 II) anerkannt; einer Annahme bedarf es nach BGB. überhaupt nicht, nach ZGB. grundsätzlich nicht (Ausnahmen 566, 574, 575).

III. **Ausschlagung.** Der Grundsatz des Erbschaftserwerbs mit dem Tode hinderte begrifflich nicht die Ausschlagung der Erbschaft durch den Erben. Sie war aber nicht angezeigt, solange der Erbe nur beschränkt haftete. Hand in Hand mit der Aufnahme der unbeschränkten Erbenhaftung ging die Anerkennung des unbedingten Rechts der Ausschlagung oder Entsagung in den neueren Rechten. Nach geltendem Recht kann der Erbe binnen bestimmter Frist ausschlagen (BGB. 1942 ff.; ZGB. 566).

II. Abschnitt.

Die Person des Erben.

§ 99. Allgemeines.

I. **Berufungsgründe.** Die Bestimmung des Erben erfolgte nach deutschem Recht seit ältester Zeit durch objektiven Rechtssatz. Erst seit der fränkischen Zeit wurde es möglich, das Vermögen durch Rechtsgeschäft einem Dritten zuzuwenden; für die frühere Zeit galt der Satz „nullum testamentum“, wie ihn Tacitus ausgesprochen hat. Aber die Erbenbestimmung durch Rechtsgeschäft blieb grundsätzlich immer die Ausnahme; dadurch stand das deutsche Recht in entschiedenem Gegensatz zum römischen Recht, das den Standpunkt des deutschen Rechts überwunden hatte und in erste Linie die Erbenbestimmung durch Rechtsgeschäft, durch Testament setzte, erst in zweite Linie die durch Rechtssatz. Diese Ordnung entsprach dem absoluten Charakter des Eigentums im römischen Recht. Aber auch soweit das deutsche Recht die Erbenbestimmung durch Rechtsgeschäft anerkannte, blieb ein weiterer Gegensatz bestehen. Denn im römischen Recht galt der Satz „nemo pro parte testatus, pro parte intestatus decedere potest“, während nach deutschem Recht gesetzliche und rechtsgeschäftliche Erbfolge nebeneinander bestehen konnten. Der Einfluß der Rezeption war in dieser Richtung nur gering. Das Nebeneinander der beiden Berufungsgründe ist geblieben. Praktisch auch der Vorrang der gesetzlichen Erbfolge vor der testamentarischen, namentlich im Bauernstande; „Gott, nicht der Mensch macht den Erben" (Rspw.). Dagegen ist die Gesetzgebung teilweise zur römischen Auffassung übergegangen; so stellt z. B. ALR. die „rechtsgültige Willenserklärung des Erblassers" den „Vorschriften der Gesetze" voran, ebenso das österreichische Recht. BGB. ist völlig zum deutschen Recht zurückgekehrt, stellt die gesetzliche Erbfolge voran und erkennt die Vereinbarkeit verschiedener Berufungsgründe an; ebenso ZGB.

Die gesetzliche Erbfolge ruht nach deutschem wie nach römischem Recht grundsätzlich auf der Blutsverwandtschaft. Darin spiegelt sich die Herkunft des Sondereigentums aus Familieneigentum und Sippeneigentum wieder; das Vermögen kehrt dahin zurück, woher es gekommen ist. Dieser Grundsatz hat schon in ältester Zeit dadurch eine Einschränkung erfahren, daß die künstliche Verwandtschaft der natürlichen gleichgestellt war, wenn auch nur in beschränktem Umfang (s. o. § 81). Seit dem Mittelalter erfolgt eine weitere Einschränkung durch die Ausbildung eines Ehegattenerbrechts. Die Rezeption hat, da das römische Recht auf gleichen Grundsätzen beruhte, eine Veränderung nicht gebracht. Auch im geltenden Recht stehen die Blutsverwandten im Vordergrunde (BGB. 1924ff.; ZGB. 457ff.). Allerdings ist ihnen der Ehegatte gleichgestellt und vermag sogar entferntere Verwandte auszuschließen (BGB. 1931 II; ZGB. 462 II).

II. **Noterbrecht und Pflichtteil.** Die Erbenbestimmung durch Rechtsgeschäft stand, seit sie überhaupt zulässig war, im Gegensatz zu dem die Erbfolge beherrschenden Grundgedanken des Familieneigentums. Dies fand im Mittelalter seinen Ausdruck in der Beschränkung der Verfügung auf einen Freiteil wie in der Notwendigkeit des Erbenkonsenses (s. o. § 39). Mit dem Verschwinden dieser warterechtlichen Erscheinungen wurden neue Bestimmungen zur Sicherung der nächsten Verwandten notwendig. Diese brachte die Rezeption des römischen Noterbenrechts.

Doch nur mit Abänderungen. Nur vereinzelt und vorübergehend wurde das formelle Noterbenrecht rezipiert, das Einsetzung bestimmter Personen als Erben oder Enterbung verlangte. Man begnügte sich mit der Einsetzung quocumque titulo, z. B. als Vermächtnisnehmer, und auch der im Testament Übergangene erhielt später nur einen sogen. Pflichtteilsanspruch, d. h. den Anspruch auf Auszahlung einer bestimmten Summe. So wurde auch das materielle Noterbenrecht, das Recht auf Zuwendung eines bestimmten Teiles des Nachlasses nur in stark abgewandelter Form aufgenommen.

Als pflichtteilsberechtigte Personen erscheinen zunächst die Deszendenten, Aszendenten, Geschwister und der Ehegatte; später sind die Geschwister, vom ABGB. auch der Ehegatte, ausgeschaltet worden. Der Pflichtteil bestand in einem nach der Art der Verwandtschaft und nach der Zahl der Pflichtteilsberechtigten abgestuften Bruchteil des gesetzlichen Erbteils. Einzelne Rechte haben allerdings auch in der Neuzeit den Erblasser stärkeren Beschränkungen zugunsten seiner Verwandten unterworfen; insbesondere gilt dies von Hanseatischen und Schweizer Rechten, die das Erbgut den Verfügungen des Testators entzogen haben. Im geltenden Recht kennt BGB. einen obligatorischen Anspruch der Eltern, Abkömmlinge und des überlebenden Ehegatten auf den Pflichtteil, d. h. die Hälfte des gesetzlichen Erbteils (2303), schließt sich also den neueren Rechten an. Dagegen schließt sich ZGB. älteren deutschen Regeln an, indem es grundsätzlich einen bestimmten Teil des Vermögens der Verfügung entzieht und solche nur für einen Freiteil zuläßt. Jener Teil muß Abkömmlingen, Eltern und Ehegatten hinterlassen werden; das Pflichtteilsrecht der Geschwister ist in einigen Kantonen beseitigt, in anderen auf Geschwisterkinder ausgedehnt worden.

III. **Erbfähigkeit.** Die Berufung zur Erbschaft durch gesetzliche Erbfolgeordnung, Vertrag und letzten Willen machte den Berufenen nur dann zum Erben, wenn er erbfähig war. Die Erbfähigkeit war grundsätzlich auch nach älterem deutschem Recht in der Rechtsfähigkeit enthalten (s. o. § 6, 1d); es entbehrten ihrer daher Friedlose, nicht aufgenommene, später vielfach ungetaufte Kinder, in älterer Zeit auch Fremde. Aber auch Rechtsfähige konnten des Erbrechts darben. So nach der Auffassung des Mittelalters und wohl auch der fränkischen Zeit Aussätzige und Krüppel, auch Zwerge.

Ferner galt gemeingermanisch der Satz, daß der Totschläger den Getöteten nicht beerben könne, was auch auf den Fall fahrlässiger Tötung ausgedehnt wurde (Blutige Hand nimmt kein Erbe). Töchter verloren ihr Erbrecht gegenüber den Eltern durch Verheiratung gegen deren Willen, nach mehreren Rechten auch durch Unkeuschheit. Ferner konnte der Ungenosse den Übergenossen nicht beerben. Endlich war der Weltgeistliche von der Erbfolge in Lehen ausgeschlossen und von der in das

Heergewäte, an dessen Stelle er die Gerade erhielt oder mit der Tochter teilte. Überhaupt war von der landrechtlichen Erbfähigkeit die für Sondererbfolgen (s. u. § 102) verschieden.

Der Erbunfähige schied aus der Reihe der Erben aus; es erbte der nach seinem Wegfall zunächst zum Erbe Berufene.

In den angeführten Sätzen des deutschen Rechts sind die römischen Unterschiede der Erbunfähigkeit, der incapacitas und der indignitas, nicht gemacht, und sie mußten dem deutschen Recht fremd bleiben, weil sie von dem ihm fremden Gegensatz der Delation und Akquisition der Erbschaft ausgingen. Sie sind auch nach der Rezeption nicht aufgenommen worden. Soweit man einzelne Indignitätsfälle herübernahm, erscheinen sie als Fälle der Erbunfähigkeit. Im einzelnen hat sich der Satz erhalten, daß der nicht erben kann, der den Tod des Erblassers verursacht hat. Auch wird dem Klostergeistlichen die Erbfähigkeit vielfach abgesprochen.

Das BGB. kennt keine ipso iure eintretende Erbunfähigkeit. Dagegen hat es Gründe der Erbunwürdigkeit aufgenommen (2339ff.), bei deren Vorliegen der eingetretene Erbschaftserwerb angefochten werden kann. Unter diesen Gründen findet sich Tötung des Erblassers und Tötungsversuch. Ganz ähnliche Bestimmungen trifft ZGB. 540ff., so daß hier beide Rechte die römische Indignität aufgenommen haben.

§§ 100—102. Gesetzliche Erbfolge.

Verwandtenerbfolge. § 100.

Die Erbfolgeordnung des deutschen Rechts darzustellen, ist ausgeschlossen, wenn man nach einer überall, wenn auch nur in einer einzelnen Periode, geltenden sucht. Schon in fränkischer Zeit, erst recht im Mittelalter, haben mehrere Erbfolgeordnungen nebeneinander gegolten, indem verschiedene Rechte auch verschiedene derartige Ordnungen ausgebildet haben. Sogar in germanischer Zeit ist das Nebeneinander verschiedener Grundsätze nicht von der Hand zu weisen. Es kann daher, insbesondere für das Mittelalter, nur eine Darstellung der wichtigsten Folgeordnungen in Frage kommen, sodann der wichtigsten Einzelerscheinungen, die wiederum diese Ordnungen durchbrochen haben. Dabei bringt es die Zersplitterung des deutschen Rechts mit sich, daß noch weniger als im ehelichen Güterrecht von einer Beherrschung größerer, geschlossener Gebiete durch eine einzelne Erbfolgeordnung gesprochen werden kann. Vielmehr sind sämtliche Ordnungen und

Abweichungen über das ganze Rechtsgebiet in buntem Gemisch verbreitet; lediglich im sächsischen Rechtsgebiet ist die Einheitlichkeit etwas größer.

Es ist ferner von vornherein zu beachten, daß die Möglichkeit von Spezialsukzessionen (s. o. § 98 I) dazu führen kann, daß die Erbfolge in das von einer Person hinterlassene Vermögen nach verschiedenen Folgeordnungen sich vollzieht. Die Folge in den Kern des Vermögens, das Stammvermögen, ist von der in die Sondervermögen zu trennen. Endlich ergaben sich Verschiebungen durch den Einfluß des ehelichen Güterrechts (s. z. B. o. §§ 88 II 1; 89 II 2), sowie dadurch, daß die gesamthändige Hausgemeinschaft des Erblassers mit den nächsten Erben Anwachsung statt Erbgang zur Folge hatte.

I **Ältere Zeit.** In ältester Zeit hat sich die Erbfolge zunächst auf den engeren Kreis beschränkt und demgemäß sind Angehörige des weiteren Verwandtschaftskreises erst dann zum Zuge gekommen, wenn solche des engeren Kreises überhaupt fehlten. Innerhalb des engeren Kreises war der Erwerb so lange ein ungeteilter zu gesamter Hand, als sich das Sondereigentum auf bestimmte Gegenstände beschränkte. Mit dem Verschwinden des Gesamteigentums der Hausgenossen mußte auch im engeren Kreise eine Reihenfolge der Personen eintreten. Hierbei hat überwiegend die Reihenfolge Sohn, Tochter, Vater, Mutter, Bruder, Schwester gegolten. Nur vereinzelt findet sich in fränkischer Zeit, daß die Geschwister den Eltern vorgehen. Ob etwa gerade diese Folge die ältere war, muß dahingestellt bleiben. Eine Beeinflussung dieser Ordnung erfolgte aber durch gewisse Bevorzugungen der Männer vor den Frauen, ferner dadurch, daß schon in älterer Zeit nach Bericht von Tacitus der väterliche und der mütterliche Oheim dem engeren Kreise angeschlossen wurden. Hinsichtlich der Erbenfolge im weiteren Kreise, die so gut wie nie praktisch geworden sein mag, kann nur vermutet werden, daß hierbei die Nähe der Verwandtschaft ausschlaggebend war.

Die primäre Erbfolge des engeren Kreises hing eng zusammen mit der Hausgemeinschaft eben dieser Personen (s. o. § 83). Sie verlor mit deren Auflösung ihre wesentlichste Stütze. So erklärt es sich, daß sie in der fränkischen Zeit durch Einführung des Repräsentationsrechts in der Deszendenz durchbrochen werden konnte.

Aber erst Ende des 6. Jahrhunderts wurden bei den Franken die Kinder vorverstorbener Söhne (nepotes) neben ihren Vatersbrüdern zum Erbe berufen und noch 942 mußte in Sachsen das Miterbrecht dieser Kinder durch Gottesurteil festgestellt werden. Ob dieses Repräsentationsrecht auch dann galt, wenn nur Enkel vorhanden waren und ob demgemäß diese Enkel die Eltern und Geschwister des Erblassers vom Erbe ausschlossen oder umgekehrt von ihnen ausgeschlossen wurden, muß dahingestellt bleiben.

Fehlten Angehörige des engeren Kreises und auch, nach Einführung des Repräsentationsrechts, weitere Abkömmlinge, so fiel die Erbschaft an den proximior im weiteren Kreise (über die Berechnung der Verwandtschaft s. o. § 82). Innerhalb des so gezogenen Rahmens waren die Frauen den Männern gegenüber zurückgesetzt.

In dieser Beziehung ergibt sich aus dem Gesagten, daß schon in ältester Zeit die Mutter dem Vater, die Tochter dem Sohne, die Schwester dem Bruder nachgesetzt war. Diese Zurückstellung wurde in fränkischer Zeit insbesondere für ererbten Grundbesitz festgehalten, während im übrigen die Frauen den Männern gleichen Grades in den meisten Rechten gleichgestellt waren. Doch zeigen einige Rechte teils den Ausschluß von Töchtern durch Söhne, teils den Ausschluß von Töchtern durch entferntere männliche Verwandte, wie z. B. Sohnessöhne hinsichtlich der ererbten Grundstücke.

Insoweit Seitenverwandte zum Erbe kommen, ist die Erbfolge schon nach ältestem Recht nicht unbegrenzt, sondern an eine Erbgrenze gebunden, die sich aber keineswegs mit der Grenze der rechtlich zu beachtenden Verwandtschaft zu decken braucht. Erbgrenze und Verwandtschaftsgrenze sind nicht gleich. So wurde nach ribuarischem und thüringischem Recht nur usque ad quintam generationem geerbt. Nach ältestem salischem Recht erbten Grundstücke überhaupt nur Söhne, nach späterem nur der engere Kreis (s. u. § 101 II).

II. **Mittelalter.** Im Mittelalter haben sehr verschieden wirkende Kräfte auf die Gestaltung der Erbfolge eingewirkt und zu einer starken, territorialen Zersplitterung der Erbfolgeordnung geführt. Die Unterschiede zwischen den einzelnen Rechten beziehen sich dabei teils auf die Erbfolgeordnung im ganzen, teils auf einzelne Teile des Nachlasses, teils auf die verschiedene Behandlung der Aszendenten und Seitenverwandten, teils endlich auf die Behandlung des weiblichen Geschlechts.

1. Der Aufbau der Erbfolge auf der Scheidung des engeren und weiteren Verwandtschaftskreises ist auch im Mittelalter nicht verschwunden. Er beherrscht das Rechtsgebiet des Sachsenspiegels. Daneben aber sind andere Ordnungen entstanden. Gemeinsam ist

diesen und jenem und damit allen Folgeordnungen nur der eine, ausnahmslose Satz, daß die Kinder allen übrigen Verwandten vorgehen. Dagegen ist schon das Repräsentationsrecht der Enkel nicht überall anerkannt.

a) Die weitaus größte Verbreitung hat für die Erbfolge die Parentelenordnung gewonnen (s. o. § 82). Sie erscheint als eine folgerichtige Durchführung des Repräsentationsgedankens auf der Grundlage der alten Reihenfolge, Kinder, Eltern, Geschwister. Indem man die Geschwister und deren Abkömmlinge beim Fehlen der Eltern als Erbberechtigte einrücken ließ, durchbrach man wiederum die konzentrische Kreiseinteilung, gewann aber gleichzeitig das leitende Prinzip, demzufolge nun die Großeltern und ihre Abkömmlinge als dritte, die Urgroßeltern und ihre Abkömmlinge als vierte Parentel usf. heranzuziehen waren. Innerhalb der einzelnen Parentel schloß der dem Grad nach Nähere den Entfernteren aus. Vorverstorbene wurden durch ihre Abkömmlinge repräsentiert. Doch ist das Repräsentationsrecht nur sehr langsam durchgedrungen und mußte für Geschwisterkinder neben Geschwistern noch am Beginn der Neuzeit reichsgesetzlich eingeschärft werden.

b) Eine Reihe von Quellen hat sich der Gliederung der Verwandtschaft in die drei Gruppen der Deszendenten, Aszendenten und Seitenverwandten (s. o. § 82) angeschlossen. So z. B. das jüngere sächsische Recht, fränkische und oberdeutsche Rechte.

c) Verbindung der Parentelenordnung mit der Gliederung nach Stämmen fand statt in dem Gebiete des Schependomsrechts (Südholland, Seeland). Hier wurde zunächst nach Parentelen geerbt. Fehlten aber erste und zweite Parentel, so fiel das Erbe zurück (s. u. 2.) in die Hälfte, dann in die Viertel und endlich in die Achtel der Verwandtschaft.

2. Nur auf ererbte Grundstücke (Erbgüter, Stammgüter) bezog sich das sogenannte Fallrecht (ius recadentiae). Ihm zufolge fielen Erbgüter dahin, woher sie erworben waren (Erbgut geht wieder den Weg, daher es gekommen; paterna paternis, materna maternis). Dieser Rückfall, der in friesischen, fränkischen und schweizerischen Quellen sich findet, trat teils schon dann ein, wenn keine Deszendenz vorhanden war, teils erst dann, wenn sowohl Deszendenz als Aszendenz fehlte.

3. Das Erbrecht der Aszendenten und der Seitenverwandten war den umgestaltenden Kräften naturgemäß am meisten ausgesetzt, da deren Anrecht auf das Erbe nicht gleich stark

empfunden wurde wie das der Deszendenten und die Verästelung der Seitenverwandtschaft im besonderen reicheren Raum für Verschiedenheiten bot. Wohl war der grundlegende Gesichtspunkt der, daß die Aszendenz der Seitenverwandtschaft vorgehe und daß der nächste zum blut auch der nächste zum gut sei. Aber aus zum Teil nicht ganz klaren Gründen griffen Abweichungen Platz. Insbesondere war der Unterschied zwischen voller und halber Geburt von Bedeutung, seine Folge aber wiederum sehr verschieden. Teils wurde die halbe Geburt der vollen (um einen Grad) nachgesetzt, teils erbte sie neben ihr, aber nur mit halbem Anteil; sie „mit einer (halben) Hand", die Vollgeburt „mit beiden Händen", „mit voller Hand".

a) Ganz allgemein haben einzelne Rechte (Österreich, Tirol, Schweiz, älteres englisches Recht, französisches Recht, Lehenrecht) die Aszendenten einschließlich der Eltern von der Erbfolge überhaupt ausgeschlossen. (Es stirbt kein Gut zurück; les propres ne remontent pas).

b) Einige Rechte lassen die Geschwister den Eltern vorgehen. Insbesondere griff diese Regelung Platz, wenn der Verstorbene und die erbenden Geschwister von den Eltern abgesondert waren. Andere wiederum schieben die Geschwister zwischen Eltern und Großeltern ein.

c) Friesische, fränkische, französische, hanseatische und schweizerische Quellen teilen den Nachlaß beim Fehlen von Deszendenten in zwei Hälften, von denen die eine an die väterlichen, die andere an die mütterlichen Verwandten fällt.

Erbgrenzen für Seitenverwandte sind im Mittelalter in einigen Rechten überhaupt weggefallen; es wurde geerbt usque ad infinitum. Soweit eine Grenze beibehalten wurde, war sie sehr verschieden, so z. B. der 7. oder 9. Grad.

4. Die Zurücksetzung der Frauen hat sich in den meisten Rechten erhalten. Sie bezieht sich auf Deszendenten, Aszendenten und Seitenverwandte. So erben z. B. Töchter neben Söhnen nach sächsischem Recht nur die Gerade, nach anderen Rechten weniger als die Söhne oder nur Mobilien. Es geht ferner der Vater der Mutter, der Bruder der Schwester vor, wogegen aber z. B. das sächsische Recht bei den weiteren Seitenverwandten (sven en erve versüsteret unde verbruderet) Mann und Frau gleichstellt. Endlich lassen einige Rechte die Vatermagen den Muttermagen (s. o. § 82) vorgehen, sei es überhaupt, sei es um einen Grad.

III. **Neuzeit.** Rezipiert wurde das Erbrecht der Novelle 118. Hiernach erben an erster Stelle die Deszendenten mit Repräsentationsrecht, an zweiter die Aszendenten, vollbürtige Geschwister und deren Kinder nach Repräsentationsrecht, an dritter die halbbürtigen Geschwister und deren Kinder, an vierter die übrigen Seitenverwandten nach Gradesnähe. Doch waren es nur einzelne oberdeutsche und rheinische Rechte, die das gemeine Recht schlechthin aufnahmen. Die Mehrzahl der neueren Rechte hat sich dem römischen Recht nur mit Modifikationen angeschlossen oder ist ihrerseits von ihm beeinflußt worden. So hat z. B. ALR. die Eltern an zweite Stelle gesetzt, die vollbürtigen Geschwister an die dritte gerückt und den weiteren Aszendenten hälftig mit den Halbgeschwistern die vierte Stelle zugewiesen. Nach C. c. sind alle Geschwister in der zweiten, alle Aszendenten in der dritten Klasse vereinigt. Einige Rechte, darunter ABGB. und sächsisches BGB., haben die Parentelenordnung angenommen.

Die Verwandtenerbfolge des BGB. ruht auf der Parentelenordnung; dabei schließt ein Angehöriger einer Parentel die der folgenden Parentelen aus (1930). Innerhalb der drei ersten Parentelen gilt unbeschränktes Repräsentationsrecht. Eine Erbgrenze fehlt. ZGB. hat grundsätzlich Gleiches bestimmt. Dagegen kennt es eine Erbgrenze. Zum Erben kommen nämlich nur die ersten drei Parentelen. An Stelle der vierten erbt das Gemeinwesen (s. u. § 101 II) und es haben nur die Urgroßeltern und an deren Stelle Großonkel und Großtante ein Nutzungsrecht an der ihnen bei Bestehen eines Erbrechts zufallenden Nachlaßquote.

§ 101. Erbfolge von Nichtverwandten.

I. Ein **Erbrecht des Ehegatten** ist in älterer Zeit durch den Mangel einer scharfen Scheidung zwischen güterrechtlichen und erbrechtlichen Erscheinungen in den Quellen nicht klar zum Ausdruck gekommen. Wohl wird der überlebende Ehegatte auch als Erbe bezeichnet und wird gesagt, daß er erbe, aber es handelt sich hierbei in der Regel um die Inbesitznahme des dem Ehegatten zustehenden güterrechtlichen Anteils. Dies erklärt sich aus der engen Verknüpfung des Erbrechts mit der Verwandtschaft, die wohl eine Erbgrenze für die Verwandten und dann Anfall an die Gesamtheit, nicht aber ein Eintreten des Ehegatten gestattete. Es erklärt andererseits, daß gerade zwischen Ehegatten Erbverträge zuerst aufkamen.

Das römische Recht kannte ein allgemeines Erbrecht des überlebenden Ehegatten nur in der Form der bonorum possessio unde vir et uxor, also nur bei Fehlen aller Verwandten. Außerdem hatte nur die arme Witwe neben Verwandten ein Erbrecht in Höhe eines Viertels des Nachlasses, jedoch neben mehr als drei Kindern nicht mehr als einen Kopfteil. Dieses Erbrecht ist als gemeines Recht rezipiert worden. Doch haben die deutschen Rechte der Neuzeit ein meist über den Betrag des römischen Rechts hinausgehendes Erbrecht des überlebenden Ehegatten entwickelt. Es nimmt seinen Ausgang von den vertragsmäßigen Erbeinsetzungen und hat, seinem Sitz in Partikularrechten und Statuten entsprechend, den Namen der statutarischen Portion (portio statutaria) erhalten.

Infolge dieser partikulären Entwicklung ist das Erbrecht des Ehegatten sehr verschieden gestaltet. Es bezieht sich in der Regel auf eine bestimmte Quote des Nachlasses oder auf bestimmte Gegenstände, insbesondere Mobilien; damit sind nicht selten Nießbrauchsrechte an den Quoten der übrigen Erben verbunden. Nach einigen Rechten schließt der Ehegatte entferntere Verwandte überhaupt aus. Eigentümlich ist nach manchen Rechten der statutarischen Portion, daß sie ganz oder teilweise unentziehbar ist, also zugleich den Pflichtteil darstellt.

Das geltende Recht hat am Erbrecht des Ehegatten festgehalten. Der Ehegatte erbt neben Abkömmlingen, Eltern und Großeltern, nach Schweizer Recht auch neben Abkömmlingen der Großeltern (BGB. 1931; ZGB. 462). ZGB. gibt ihm in Anlehnung an deutsches Recht bei Konkurrenz mit Abkömmlingen die Wahl zwischen Erbrecht an einem Viertel oder Nutznießung an der Hälfte, bei Konkurrenz mit anderen Verwandten sowohl Erbrecht als Nutznießung an bestimmten Quoten. Weitere Verwandte schließt der Ehegatte nach beiden Rechten aus.

II. **Erbfolge sonstiger Personen.** 1. Heimfallsrecht. Schon in älterer Zeit konnte ein durch Gesetz oder letztwillige Verfügung berufener Erbe fehlen; dies kam nicht nur bei dem verwandtenlosen oder entsippten Manne vor, sondern infolge der bestehenden Erbgrenzen auch beim Vorhandensein von Verwandtschaft. Der so erblose Nachlaß fiel dann an die Stelle zurück, von der er letzten Endes gekommen war; er fiel heim. Die Wissenschaft spricht hier vielfach von Heimfallsrecht oder Kadukrecht und wendet erst auf die späteren Ausläufer des Heimfallsrechts den Namen Erbrecht an. Dieser Grundsatz führte zum Anfall des erblosen Nachlasses im allgemeinen an das Volk oder einen Volksteil, z. B. eine Hundertschaft, wobei in erster Linie an Immobiliarnachlaß zu denken ist. In der fränkischen Zeit trat an die Stelle des gesamten Volkes, der allgemeinen Entwicklung gemäß, der König, die curtis regia. In Analogie hierzu wurde dem Fiskus beim Fehlen bezugsberechtigter Verwandter das Wergeld zugesprochen. Der Rückfall von Grundstücken an die Dorfgenossenschaft, die vicini, trat nach älterem salischem Recht schon dann ein, wenn Söhne fehlten; seit dem Ende des 6. Jahrhunderts gingen auch Töchter, Brüder und Schwestern dem Fiskus vor.

Im Mittelalter ist das Erbrecht des Fiskus im Prinzip anerkannt geblieben; die bona vacantia werden als Regal bezeichnet. Doch treten neben den König als den obersten Gerichtsherrn auch die niederen Richter, wobei bald der Stand des Verstorbenen, bald die Art des Nachlasses (z. B. Heergewäte; s. u. § 102 I 1) über die Zuteilung entschied. Im späteren Mittelalter trat an die Stelle des Königs der Landesherr oder auch die Stadt, nach deren Recht dann vielfach eine Teilung unter Stadt, Arme und Stadtherrn erfolgte. Die Dorfgenossen mußten mancherorts den nächsten Nachbarn Platz machen; das Heimfallsrecht ging in ein Näherrecht über.

Das Recht des Fiskus auf den erblosen Nachlaß halten auch die neueren Rechte im Prinzip fest, zumal es dem römischen Recht entsprach. Doch machte sich der Einfluß des deutschen Rechts vielfach dahin geltend, daß das Erbrecht nicht dem Staate, sondern dem Inhaber der Gerichtshoheit, z. B. dem Patrimonialgerichtsherrn zugesprochen wurde.

Abspaltungen städtischen Erbrechts dürften die im Mittelalter vereinzelten, in der neueren Zeit häufigeren Erbrechte von Spitälern, Armenhäusern und Waisenhäusern sein, die auch im römischen Recht eine Stütze fanden, im einzelnen aber sehr verschieden ausgestaltet waren.

Das geltende Recht kennt ein Erbrecht des Fiskus (BGB. 1936; ZGB. 466), das aber nach Schweizer Recht durch ein Nutznießungsrecht der Urgroßeltern und Großelterngeschwister beschränkt ist; daneben haben sich landesrechtlich sonstige Anfallsrechte von Körperschaften, Stiftungen und Anstalten erhalten (EG. 138, 139).

2. Neben dem Heimfallsrecht des Fiskus spielt bis ins Mittelalter eine große Rolle das Erbrecht des Grundherrn. Es tritt ursprünglich dann ein, wenn ein Angehöriger seiner Hofgenossenschaft ohne unmittelbare Leibeserben stirbt und bezieht sich auf den gesamten Nachlaß. Allmählich findet eine Milderung statt, indem sich das Recht des Herrn auf den beweglichen Nachlaß beschränkt, während die Immobilien an die Verwandten fallen. Aber auch

vom beweglichen Nachlaß gaben niederdeutsche Rechte dem Herrn nur einen Teil (buteil), z. B. die Hälfte des Viehs (Buteilsrecht, Erbteilungsrecht), während sich in oberdeutschen Rechten das Erbrecht des Herrn zum Sterbfall (s. o. § 46 I 2 b) abgeschwächt hat.

Die Erbfolge in Sondervermögen. § 102.

I. **Erbfolge in Heergewäte und Gerade.** 1. Das Heergewäte fiel an den nächsten ebenbürtigen Schwertmagen; so in fränkischer Zeit. Im Mittelalter ist diese Sondererbfolge vor allem im sächsischen Gebiet bekannt; doch beschränkt der Sachsenspiegel das Institut des Heergewätes auf die Ritterbürtigen. Mehrere Gleichnahe teilen das Heergewäte, doch nimmt der Älteste das Schwert als Voraus. Fehlen Schwertmagen, so fällt das Heergewäte an den Richter. Nach anderen Rechten, insbesondere Stadtrechten und auch süddeutschen Rechten, wurde das Institut des Heergewätes auch auf Bürger und Bauern ausgedehnt, allerdings in teilweiser Umgestaltung; so gehörte bei Handwerkern das Handwerkszeug zum Heergewäte, im übrigen vor allem die Kleider. Vielfach wurde in Nachbildung des Heergewätes den Söhnen oder dem ältesten von ihnen eine Reihe männlicher Gebrauchsgegenstände als Voraus zugesprochen.

In der Neuzeit haben einige Rechte (z. B. ALR., Schweizer Rechte) die Sonderfolge in das Heergewäte beibehalten. Dem geltenden Recht ist sie fremd.

2. Die Gerade fiel an die nächste weibliche Verwandte, die Niftel, bei deren Fehlen wie das Heergewäte an den Richter. Konkurrieren ausgesteuerte Töchter mit nicht ausgesteuerten, so nehmen nur diese die Gerade; im übrigen teilen gleich Nahe.

In der Neuzeit teilt die Gerade das Schicksal des Heergewätes.

II. Die **Erbfolge in Lehen** unterschied sich von der in das Stammvermögen nach deutschem Recht in verschiedenen Punkten. Sie berief vor allem nur die Deszendenten, bis zum 13. Jahrhundert sogar vermutlich nur die Söhne. Nur ganz partikulär oder durch Bestimmung des Lehnsvertrages konnte das Lehen Seitenverwandten oder Aszendenten zufallen. Außerdem konnte die Belehnung zu gesamter Hand das Erbrecht der Seitenverwandten ersetzen (s. o. § 49 VI b). Eine zweite Abweichung war der unbedingte Ausschluß der Frauen von der Lehnserbfolge, der sich aus den ritterlichen Pflichten des Vasallen wie aus der Immobiliarqualität des Lehens erklärt. Doch wurde auch diese Regel vielfach durch Vertrag wenigstens insoweit außer Kraft gesetzt, als den Töchtern für den Fall des Fehlens von Söhnen ein subsidiäres Erbrecht verliehen wurde; seltener war nach Vertrag oder auch partikulär ein Erbrecht der Töchter neben den Söhnen. Grundsätzlich verzichten auf den Ausschluß der Frauen konnten die verschiedenen Rechte bei solchen Lehen, die den Vasallen nicht zu Ritterdiensten verpflichteten. Endlich machte sich beim Lehen der Gedanke der Unteilbarkeit geltend, die aus wirtschaftlichen Gründen und im Hinblick auf die Lehnsdienste im Interesse des Herrn lag. Zunächst stand es, von Vertrag und partikulärem Rechtssatz abgesehen, in der Befugnis des Herrn, das Lehen nur einem Sohne zu leihen; er konnte es ebenso auch mehreren Söhnen zu gesamter Hand leihen. Doch gab es auch Rechte, die mehreren Söhnen den Anspruch auf das Lehen zubilligten und sogar die Teilungsbefugnis einräumten. Andererseits wurden im Mittelalter Reichslehen und Amtslehen für unteilbar erklärt.

Das späterhin rezipierte langobardische Lehnrecht wies dem deutschen Recht gegenüber erhebliche Abweichungen auf. Zur Erbfolge berufen wurden auch hier in erster Linie die Deszendenten. Nach ihnen aber konnten auch Seitenverwandte das Lehen erben. Dieses Erbrecht der Seitenverwandten beschränkte sich aber auf diejenigen, die vom ersten Erwerber des Lehens (primus acquirens) oder doch einem früheren Lehnsbesitzer abstammten; für sie war das Lehen ein feodum paternum, für die übrigen, eben deshalb nicht folgeberechtigten Seitenverwandten ein feodum novum.

Die Seitenverwandten sukzedierten gemäß der Parentelenordnung, also nach Lineal-Gradualfolge. Doch war dies bestritten. Vielfach wurde die Erbfolge des langobardischen Lehnrechts als reine Gradualfolge aufgefaßt, wonach nur die Gradesnähe entschieden hätte. Eine dritte Meinung nimmt Geltung reiner Linealfolge an, also Berufung der nächsten Linien unter Durchführung des Repräsentationsprinzips.

Ob im Einzelfall ein Deszendent oder ein Seitenverwandter sukzedierte, war von besonderer Bedeutung. Der Deszendent konnte, wenn ihm Lehen und Allod anfielen, nur beides annehmen oder ausschlagen; nahm er an, so haftete er auch für die Allodialschulden des Erblassers, und zwar allgemeinen Regeln gemäß auch mit den Früchten des Lehens, mußte ferner die facta defuncti, wie z. B. Verpfändungen von Lehnsobjekten anerkennen. Dagegen konnte der Seitenverwandte das Allod ausschlagen und das Lehen annehmen, womit er der Haftung für die Allodialschulden entging. Er erhielt überhaupt das Lehen so wie der gemeinsame Stammvater; die Theorie nannte dies eine successio ex pacto et providentia maiorum.

Der Ausschluß der Frauen von der Lehnsfolge war grundsätzlich auch dem langobardischen Recht bekannt, wenngleich auch hier Ausnahmen stattfanden. Dagegen war das Lehen grundsätzlich teilbar, so daß bei Vorhandensein mehrerer Folger jedem ein Teil verliehen wurde.

Das langobardische Lehnrecht gewann die Herrschaft in Deutschland als gemeines Lehnrecht. Außerdem ging seine Erbfolgeordnung in die meisten Partikularrechte über, die den theoretischen Kontroversen entsprechend teils die Parentelenordnung, teils die Linealfolge annahmen. Auch die Stellung der Deszendenten war eine verschiedene, da in der Theorie auch für die Deszendenten die Geltung der successio ex pacto et providentia maiorum behauptet wurde. Nur im Gebiete des sächsischen Rechts hielt man an der ausschließlichen Erbfolge der Deszendenten grundsätzlich fest.

III. Die **Erbfolge in Fideikommisse** beruhte in älterer Zeit auf der Stifungsurkunde, später auf Gewohnheitsrecht und Gesetz.

1. Zur Erbfolge in ein Fideikommiß sind grundsätzlich nur die Nachkommen des Stifters oder, bei Stiftung durch einen extraneus, die des ersten Erwerbers berufen. Im Verhältnis zum letzten Besitzer kann der Berufene Deszendent oder Seitenverwandter sein. Regelmäßig werden nur Agnaten, also durch Männer verwandte Männer berufen, doch sind Kognaten teils durch den Stifter, teils durch partikuläre Gesetzgebung wenigstens nach dem Erlöschen des Mannesstammes berufen worden. Auch Frauen kommen vereinzelt, aber nur subsidiär zum Zuge. War in solchem Falle der Mannesstamm erloschen, so erbte der nächste sukzessionsfähige Verwandte des letzten Besitzers.

Strenger als bei der Lehnsfolge wurde hier an der Unteilbarkeit festgehalten, da nur sie dem Zwecke des Fideikommisses gerecht wurde. Die Prinzipien, nach denen man unter mehreren gleich Nahen den Fideikommißerben bestimmte, waren aber sehr verschieden. Die wichtigsten sind folgende:

a) Seniorat. Das Fideikommiß fällt an das älteste Mitglied der Familie ohne Rücksicht auf dessen verwandtschaftliche Beziehungen zum letzten Besitzer. Diese Form ist, da der Bewirtschaftung des Fideikommisses ungünstig, in neuerer Zeit von einigen Gesetzgebungen (z. B. ALR.) verboten worden.

b) Majorat. Das Fideikommiß fällt an den dem Grade nach nächsten Verwandten des letzten Besitzers, bei mehreren gleich Nahen an den Ältesten von ihnen (ALR.; ABGB. 629).

c) Primogenitur. Das Fideikommiß fällt auf der Grundlage der Parentelenordnung an die dem letzten Besitzer nächste Parentel, innerhalb ihrer an die älteste Linie und innerhalb dieser an den Erstgeborenen oder, kraft Repräsentationsrechts, an dessen ältesten Sohn. Die Primogeniturfolge ist verbreiteter als Seniorat und Majorat, insbesondere auch die Erbfolge der Fürstentümer bis in die Gegenwart.

Praktisch selten, wenn auch nach einigen Rechten zulässig, sind das Juniorat als Gegensatz zum Seniorat, sowie Minorat und Ultimogenitur als Gegensätze zum Majorat und zur Primogenitur (ABGB. 622). Eine Art Ergänzung der Primogenitur stellen Sekundogenituren, Tertiogenituren usw. dar. Dies sind Fideikommisse, die in zweiter, dritter usw. Linie vererben, weil sie kraft der Stiftung für diese Linie bestimmt sind.

Die Nachfolge in das Fideikommiß ist immer eine successio ex pacto et providentia maiorum. Es kann daher auch der Deszendent die Allodialerbschaft ausschlagen und das Fideikommiß annehmen mit den oben unter II erörterten Wirkungen.

2. Die Individualsukzession in das Fideikommißgut hat partikulär eine Entschädigungspflicht des Fideikommißerben gegenüber den ihm gleichstehenden Verwandten zur Folge gehabt. Der Fideikommißerbe hat diesen eine bald vererbliche, bald nicht vererbliche Rente zu zahlen (Apanage).

IV. Nur partikulär finden sich besondere Erfolgeordungen für adlige Güter, die weder Lehen noch Fideikommiß waren, also für Stammgüter des hohen Adels, der reichsunmittelbaren Ritterschaft und vereinzelt auch des niederen Adels. Grundlage sind meist autonome Satzungen; doch finden sich besondere Gesetze seit dem 16. Jahrhundert im niederdeutschen, preußischen und schlesischen Gebiet.

Die Ausgestaltung im einzelnen ist sehr mannigfaltig. Hervorspringend ist der Grundsatz der Individualsukzession, demzufolge meist der älteste Sohn Erbe, sei es nur des Stammgutes, sei es des ganzen Vermögens wurde, während die Töchter auf eine Geldabfindung oder die Aussteuer beschränkt wurden.

V. Entwickelt hat sich endlich besonders die **Erbfolge in Bauerngüter.** Sie war im Mittelalter insbesondere dadurch beeinflußt, daß viele Güter im hofrechtlichen Verbande standen und nicht nur die Erbfolge bei der Verleihung des Gutes vom Grundherrn bestimmt wurde, sondern auch ein grundherrliches Heimfallsrecht (s. o. § 101 II) in Frage kommen konnte. Die für hofrechtliche Güter geltenden Regeln sind dann vielfach für freie Güter von der Gesetzgebung übernommen worden. Der leitende Gesichtspunkt ist das wirtschaftliche Interesse ordnungsmäßiger Bewirtschaftung des Gutes. Im einzelnen zeigen sich partikuläre Verschiedenheiten; sieht man von diesen ab, so verbleiben für das Mittelalter folgende Hauptgrundsätze.

a) Immer und überall wird das Erbrecht nur Deszendenten eingeräumt. Die Erbfolge der Seitenverwandten und noch mehr die der Aszendenten hat sich erst allmählich durchsetzen können. Vielfach sind hierbei allgemein landrechtliche, auch lehnrechtliche Grundsätze übernommen worden, so etwa der Satz paterna paternis, materna maternis (s. o. § 100 II 2), der Ausschluß von Deszendenten, die nicht vom ersten Besitzer des Gutes abstammten.

b) Die Rücksicht auf die Bewirtschaftung des Gutes führte zu der Forderung, daß der Erbe eine persona habilis sein müsse, tauglich zur Bewirtschaftung und damit, soweit hofrechtliche Güter in Frage standen, zur Leistung der geschuldeten Abgaben und Dienste. Dies führte vor allem im niedersächsischen Gebiet bei Minderjährigkeit des Erben zu besonderen Maßnahmen. Es wurde entweder das Gut der Witwe überlassen oder es wurde für die Zeit der Minderjährigkeit des Erben oder eine besonders bestimmte Zeit, die sogen. Maljahre (Regierjahre, Setzjahre) ein Interimswirt (Setzwirt, Setzungsmann) eingesetzt, allenfalls der zweite Mann der Witwe. Der Interimswirt ist in der rechtlichen Stellung eines Kolonen. Er hat das Gut zu vertreten und zu bewirtschaften, zieht die Nutzungen, muß aber das Gut bei Beendigung der Interimswirtschaft unverschlechtert herausgeben; der Kolonat ist nicht vererblich und zeitlich beschränkt.

Aus gleichem Grunde wird seit alter Zeit an dem Grundsatz der Individualsukzession in Bauerngüter festgehalten. Nur einer von mehreren gleichnahen Erben erhält das Gut als sogen. Anerbe, wovon das besondere Erbfolgerecht in Bauerngüter den Namen des Anerbenrechts erhalten hat (Rechtssprichwort: der Bauer hat nur ein Kind). Berufen wird dabei kraft Gesetzes entweder der Älteste (Majorat) oder der Jüngste (Minorat); außerdem kann Bestimmung durch den Bauern oder den Gutsherrn oder durch das Los erfolgen.

Damit hängt endlich zusammen, daß Frauen von der Erbfolge zwar nicht ausgeschlossen, aber den Männern nachgesetzt werden; so kommen z. B. Töchter nicht zum Zuge, solange Söhne vorhanden sind (vgl. auch ZGB. 621). Auch wird partikulär verlangt, daß die folgeberechtigte Frau sich verheirate; das Gut fällt dann aber an ihren Mann.

c) Die Individualsukzession hat wie bei der Fideikommißfolge zu Ausgleichungen zugunsten der Miterben geführt. Die Art der Ausgleichung ist sehr verschieden. Vereinzelt erhielt der Anerbe das Gut nur im Rahmen einer gleichheitlichen Verteilung der Erbschaft, also auf seinen Erbteil, zugewiesen. Häufiger war, daß es ihm zu einem unter dem Werte stehenden Preise, zu einem „brüderlichen Anschlag", zum „geschwisterlichen Wert", überlassen wurde. Soweit aber die Erbfolge in Gut und sonstiges Vermögen getrennt war, mußte der Anerbe die Miterben durch Abfindungen entschädigen.

Der Übergang des Bauerngutes auf den Anerben setzte nicht den Tod des Bauern voraus. Es konnte vielmehr schon zu dessen Lebzeiten eine sogen. successio anticipata eintreten und zwar durch rechtsgeschäftliche Übergabe des Gutes an den Anerben. In der Regel wurde hiermit die Bestellung einer Leibzucht (Altenteil) verbunden.

Das Anerbenrecht hat sich bis in die Neuzeit erhalten, auch unter der Herrschaft des BGB. (EG. 64). Sein Geltungsbereich ist im wesentlichen auf Preußen, Mecklenburg und Baden (geschlossene Hofgüter) beschränkt. In Hannover und Lauenburg (ähnlich Bremen, Oldenburg) gilt Anerbenrecht für die in der Höferolle oder Landgüterrolle eingetragenen Güter; in Preußen erfolgt bei den Renten- und Ansiedlungsgütern ein entsprechender Vermerk im Grundbuch. Die für das Anerbenrecht geltenden Grundsätze sind dabei im wesentlichen die alten geblieben. Die Abfindung der Miterben erfolgt nach neuestem Recht nicht in Kapital, sondern durch eine amortisierbare Erbabfindungssumme. Die Interimswirtschaft ist neueren Rechten unbekannt.

§§ 103—106. Erbenbestimmung durch Rechtsgeschäft.

§ 103. Ältere Zeit.

Die gesetzliche Erbfolgeordnung (s. o. § 100) war in ältester Zeit unumstößlich. Die Geringfügigkeit des Sondereigentums, die Gebundenheit des Grundbesitzes durch Gesamthandverhältnisse und Warterechte standen einer Änderung dieser Ordnung im Wege. Seit der fränkischen Zeit dringt das Bedürfnis durch, Vermögen für die Zeit nach dem Tode Personen zuzuwenden, die nicht durch die gesetzliche Erbfolgeordnung berufen sind; dieser Zweck konnte zunächst nur auf dem Umwege einer künstlichen Verwandtschaft erreicht werden. Man mußte denjenigen, dem man das Vermögen zuwenden wollte, in hereditatem adoptare. Am deutlichsten zeigt sich dies noch bei dem als gairethinx oder thingatio bezeichneten Geschäft des longobardischen Rechts, das in seinen Formen der Adoption zur Seite zu stellen ist.

In der Volksversammlung (thing) wurde dem Bedachten vom Geber durch Vermittlung eines Bürgen ein Speer (ger) überreicht. Zulässig war das gairethinx nur, wenn der Geber weder Kinder noch Eltern hatte. Rechte weiterer Verwandter kamen nicht in Frage. Das Heimfallsrecht der Gesamtheit (s. o. § 101 II) wurde durch die Zustimmung der Volksversammlung (später des Königs) ausgeschlossen.

Weniger klar ist der verwandtschaftsrechtliche Charakter bei der salfränkischen **Affatomie** (adfatimus [s. o. § 81]), die sich in der fränkischen Zeit zu einem sachenrechtlichen Geschäft umwandelte und schließlich nur noch im Namen ihr ursprüngliches Wesen erkennen läßt.

Sie zerfällt in drei Akte. Zunächst wirft der Geber einem Mittelsmann (Salmann) eine festuca (s. o. § 20 III) in den Schoß und erklärt ihm, wieviel Vermögen er geben wolle und wem. Sodann begibt sich der Salmann auf das zu vergabende Grundstück und vollzieht dort die sessio triduana. Im letzten Akt, innerhalb eines Jahres seit dem Tode des Gebers, überträgt der Salmann das Grundstück an den Bedachten im echten Ding oder im Königsgericht. Voraussetzung war auch hier das Fehlen folgeberechtigter Verwandter, mindestens solcher des engeren Kreises; für den Fall späterer Geburt von Kindern konnte vertraglich vereinbart werden die Hinfälligkeit der Vergabung. Im ribuarischen Recht wurde auch die Übergabe durch Urkunde zulässig.

Die **Affatomie ist in der rein sachenrechtlichen Vergabung von Todes wegen noch in fränkischer Zeit aufgegangen.** Das zu vergabende Gut wurde einem Treuhänder oder Salmann (erogator) zu treuer Hand übertragen. Dieser hatte es dem Bedachten nach dem Tode des Erblassers zu übergeben. Daneben bildeten sich andere Formen aus, bei denen von der Zuziehung eines Salmannes grundsätzlich abgesehen wurde, die donatio post obitum und die **Schenkung unter Vorbehalt des Nießbrauchs.**

Bei der donatio post obitum wurde dem Bedachten das Eigentum an dem ihm zugewendeten Vermögen oder Vermögensstück übertragen unter der aufschiebenden Bedingung, daß er den Erblasser überlebe. Bis zum Eintritt der Bedingung blieb das Eigentum dem Geber, der aber nicht mehr frei verfügen konnte. Umgekehrt ging bei der Schenkung mit Vorbehalt des Nießbrauchs das Eigentum an den Bedachten sofort über. Dem Vergabenden blieb nur das Nutzungsrecht bis zu seinem Tode, meist in der Form einer precaria oblata oder remuneratoria (s. o. § 45 II). Die Vergabung erfolgte in beiden Fällen in der Regel durch traditio cartae.

Eine wesentliche Unterstützung erfuhr die Ausbildung der Vergabung von Todes wegen durch die Entwicklung des Freiteils (s. o. § 39). Dadurch wurde sie unabhängig von der Voraussetzung der Verwandtenlosigkeit, mit denen Affatomie und Thinx belastet waren, und von den warterechtlichen Beschränkungen. Damit hängt andererseits zusammen, daß ihr Zweck dem des Freiteils gleich war. Sie diente meist der Beratung der Seele durch fromme Stiftungen und Zuwendungen an Kirchen und Klöster.

Im Mittelalter sind Thinx und Affatomie verschwunden. Dagegen haben sich die Vergabungen unter verschiedenen Namen (gemächde, geschäft, seelgeräte) nicht nur erhalten, sondern auch über ihren ursprünglichen Hauptzweck hinaus erheblich ausgedehnt; sie dienen der Vergabung von Aszendenten an ihre Enkel, wo diese nicht durch das Repräsentationsrecht bedacht waren, den Vergabungen unter Ehegatten zur Ergänzung des Ehegattenerbrechts. Die Form der Begründung war, namentlich im sächsischen Gebiet, die gerichtliche, in Süddeutschland später die Übertragung unter Brief und Siegel. Durch diese Form sicherte man die Übertragung gegen Wartrechte und Beispruchsrechte und verschaffte dem Bedachten rechte Gewere. Der rechtliche Charakter dieser Geschäfte wurde dabei nicht verändert. Sie blieben sachenrechtlicher Natur und hatten wohl die Wirkung, daß der Bedachte die ihm zugewendeten Vermögenswerte nach dem Tode des Gebers als unbeschränktes Eigentum erhielt, entbehrten aber jeder erbrechtlichen Wirkung und machten den Bedachten nicht zum Erben; sie gaben ihm schon zu Lebzeiten des Gebers ein beschränktes Recht. Neben ihnen aber und aus ihnen bildeten sich erbrechtliche Geschäfte aus, kraft deren der Bedachte wahrer Erbe wurde, die Erbverträge und Testamente.

§ 104. Erbverträge.

I. **Früheres Recht.** Verträge, durch die Erbrecht begründet (Erbeinsetzungsvertrag; Erbvertrag i. e. S.) oder entzogen wird (Erbverzichtsverträge), kommen seit dem Mittelalter vor, zuerst wohl unter Ehegatten. Die weitere Ausbildung aber, und die scharfe Abgrenzung von güterrechtlichen und sachenrechtlichen Geschäften brachte erst die Neuzeit. Allerdings waren solche Verträge dem römischen Recht unbekannt und sie sind daher bis in die neueste Zeit von der Theorie bekämpft worden. Aber in der Praxis und in den neueren Gesetzgebungen haben sie sich gleichwohl durchgesetzt. Doch beschränkt sie ABGB. auf Ehegatten (602, 1249), C. c. auf Verlobte bei gleichzeitiger Verbindung mit einem Ehevertrag.

a) Der Erbeinsetzungsvertrag ist entweder einseitig, indem er nur einer der Vertragsparteien Erbrecht verschafft, oder gegenseitig; unter Ehegatten war der gegenseitige Erbvertrag die Regel und wurde vielfach mit einem Ehevertrag verbunden. Der Regel nach dient er der Begründung eines nicht bestehenden Erbrechts (pactum successorium acquisitivum); es kann aber auch ein schon bestehendes Erbrecht vertraglich gesichert werden (pactum successorium conservativum). Gegenstand des Vertrags kann der ganze Nachlaß sein, aber auch ein Teil des Nachlasses oder ein einzelnes Vermögensstück; im letztgenannten Falle spricht man von einem Vermächtnisvertrage, der kein Erbrecht, sondern nur einen Vermächtnisanspruch begründet.

Neuere Rechte schreiben für den Abschluß eines Erbvertrags bestimmte Formen vor, teils Schriftlichkeit, teils Gerichtlichkeit, teils schlechthin die bei Testamenten übliche Form (z. B. ABGB. 1249). Nach gemeinem Recht nahm man überwiegend Formlosigkeit an, aber wohl zu Unrecht.

Die erbrechtliche Wirkung des Erbvertrags tritt erst mit dem Tode dessen ein, auf dessen Vermögen sich der Vertrag bezieht. Aber aus der Natur des Vertrags ergibt sich, daß der Erblasser dessen Inhalt nicht einseitig ändern oder widerrufen kann. Darüber hinaus sichern einzelne Rechte den Vertragserben gegen schädliche Verfügungen des Erblassers unter Lebenden, wie etwa Schenkungen, durch Gewährung eines Anfechtungsrechts.

Eine besondere Art des Erbvertrags bilden die Erbverbrüderungen des hohen Adels. Solche Erbverbrüderungen wurden zwischen zwei Familien oder einzelnen Linien abgeschlossen und bezweckten die Sukzession der einen Familie oder Linie im Falle des Aussterbens der anderen; die Regel bildete die Vereinbarung gegenseitiger Sukzessionsrechte (s. o. § 15).

b) Der Erbverzichtvertrag (pactum successorium renunciativum) kommt schon im Mittelalter neben dem einseitigen Erbverzicht vor. Sein Abschluß mußte vielfach vor Gericht oder Rat erfolgen, oder es wurde Schriftlichkeit oder eidliche Bestätigung verlangt; nach sächsischem Recht genoß der gerichtlich abgeschlossene Erbvertrag einen Beweisvorzug vor dem außergerichtlichen. Veranlassung zu solchen Verzichten boten insbesondere die Absonderung von Söhnen und die Aussteuerung von Töchtern. Gegenkontrahent war entweder der Erblasser oder derjenige, zu dessen Gunsten verzichtet wurde.

Nach neuerem Recht ist der Erbverzicht immer Vertrag mit dem Erblasser. Die Formen sind die alten geblieben; doch wird auch hier für das gemeine Recht Formlosigkeit behauptet.

Das Hauptanwendungsgebiet des Erbverzichtvertrags war das Recht des hohen Adels und der Reichsritterschaft. Um adlige Güter, insbesondere die immobilen Familiengüter, vor der Teilung zu bewahren, verzichteten jüngere Söhne und insbesondere Töchter gelegentlich der Aussteuerung auf den Anfall. Doch wurden solche Verzichte häufig nur beschränkt, zugunsten bestimmter Personen erklärt. So verzichteten insbesondere Töchter oft nur bis auf einen ledigen Anfall, d. h. der Verzicht solle unwirksam sein und das Erbe ihnen anfallen, wenn im Augenblick des Anfalls diejenigen Personen, zu deren Gunsten verzichtet wurde, weggefallen waren. War der Verzicht zugunsten des Mannesstammes erklärt, so war bei dessen Aussterben streitig, ob das Vermögen an die sogen. Erbtochter (Tochter oder nächste Verwandte des letzten Besitzers) oder an die sogen. Regredienterbin (verzichtende Tochter und deren Linie) anfalle. Die Wirkung des Verzichts erstreckte sich bald nur auf den Verzichtenden, bald auch auf dessen Deszendenz.

II. Das **geltende Recht** hat den Erbvertrag (BGB. 2274ff.; ZGB. 494ff., 512ff.) beibehalten; BGB. hat allerdings den Erbverzichtsvertrag äußerlich vom Erbvertrag getrennt (2346ff.).

Die Form des Erbvertrags ist die des öffentlichen Testaments (BGB. 2276; ZGB. 512). Inhaltlich kann er Erbeinsetzungsvertrag, Erbverzichtsvertrag (Erbauskauf) und Vermächtnisvertrag sein (BGB. 2278; ZGB. 494). ZGB. hat (496) die Form des Verzichts bis auf den ledigen Anfall beibehalten. Wie nach früherem Recht wird der Erblasser durch den Abschluß des Erbvertrags in der Verfügung über sein Vermögen nicht beschränkt (BGB. 2286; ZGB. 494); den Vertragserben sichert nur in bestimmten, wenigen Fällen ein Bereicherungsanspruch (BGB. 2287ff.). Dagegen ist die Aufhebung nur durch Vertrag möglich (eine Ausnahme ZGB. 513).

§ 105. Testamente.

I. **Älteres Recht.** Nachdem durch die Entwicklung des Freiteils der Weg für letztwillige Verfügungen überhaupt geöffnet war, traten schon in fränkischer Zeit einseitige letztwillige

Verfügungen auf; deren Zweck war, wie der der Erbverträge, die Beratung der Seele. Sie werden in remedium animae gegeben und kommen noch im Mittelalter unter dem Namen selgerät, totgeschäft, geschäft, bescheidung vor. Es sind Stiftungen zugunsten kirchlicher Anstalten, meist mit der Auflage einer Seelenmesse am Todestage des Erblassers. Aus dem Zweck erklärt sich, daß die Kirche an diesen Seelgeräten erhebliches Interesse nahm und ihre Ausbildung nach Kräften förderte; Gelegenheit hierzu fand sie, von der Beeinflussung des Einzelnen abgesehen, insbesondere dadurch, daß ihr die Gerichtsbarkeit in Testamentssachen eingeräumt wurde.

Daß man bei diesen Seelgeräten nicht ausschließlich die Form des Vertrags wählte, wird damit erklärt, daß bei Verfügungen auf dem Totenbett der Gegenkontrahent nicht immer rechtzeitig zur Stelle sein konnte. Es dürfte aber außerdem der Einfluß des römischen Testamentsrechtes schon in fränkischer Zeit zu berücksichtigen sein. Immerhin finden sich auch vertragsmäßige Seelgeräte (s. o. § 103).

Erst dem Mittelalter gehört die Testierfreiheit im weiteren Sinn an, das Recht des Einzelnen, auch zu anderen Zwecken als dem der Seelberatung einseitig letztwillig zu verfügen. Sie wird zuerst von der Kirche für die Geistlichen durchgesetzt. Im Hochmittelalter steht sie auch Nichtgeistlichen zu; doch wurde vielfach im einzelnen Fall eine besondere Genehmigung des Landesherrn oder des Rates eingeholt. Diese Testierfreiheit bezog sich auf das ganze Vermögen oder doch einen den Freiteil übersteigenden Teil. Sie fand jedoch in den Gebieten, die den Freiteil nicht kannten, eine Schranke im Beispruchsrecht, und ganz allgemein in den Heimfallsrechten (s. o. § 101 II) und im Pflichtteilsrecht (s. o. § 99 II), in der Gebundenheit der Lehen, Fideikommisse und Bauerngüter. Der Widerstand gegen die einseitige letztwillige Vergabung war am stärksten und wirksamsten im sächsischen Recht.

Die Form der alten Seelgeräte war dem Zwecke entsprechend einfach. Der letzte Wille konnte mündlich vor Zeugen oder in einer carta erklärt werden. Diese Formen finden sich auch im Mittelalter. Geistliche pflegten ihren letzten Willen beim Offizial des geistlichen Gerichts oder vor einem Notar zu Protokoll zu geben. In den Ländern stärkeren Widerstandes gegen die Testierfreiheit griff man zu Erschwerungen. Die Vergabung von Liegenschaften mußte, vor allem nach sächsischem Recht, vor Gericht oder Rat erfolgen; anderswo verlangte man wenigstens Schriftlichkeit. Man verlangte Zustimmung der nächsten Verwandten, ließ die Vergabung bei Geburt von Kindern hinfällig werden. Die Vergabung von Fahrnis wurde auf dem Siechbett vielfach verboten. Wer vergaben wollte, mußte körperlich noch kräftig sein, z. B. noch ein Pferd gerüstet besteigen, noch einen umbgang umpflügen können. Oder er durfte nur vergaben, was er über das bettbret hinweg reichen konnte. Nur wenige Rechte erkannten die Testierfreiheit schrankenlos an.

II. **Neuzeit.** Da schon in fränkischer Zeit und im Mittelalter das römische Recht Einfluß auf die Ausbildung der letztwilligen Verfügungen gewann, was sich äußerlich in der Verwendung des Wortes testament für solche Verfügungen kund tat, vollzog sich die Rezeption des römischen Testamentsrechts sehr allmählich.

Die Form des römischen Privattestaments mit sieben Zeugen wurde reichsgesetzlich rezipiert, fand aber gleichwohl nur geringe Verbreitung. Die einzelnen Rechte weichen untereinander ab, doch lassen sich die von ihnen zugelassenen Formen in die beiden Gruppen der öffentlichen und der Privattestamente scheiden. Unter den öffentlichen Testamenten erlangte in Fortsetzung des deutschen Rechts die größte Verbreitung das gerichtliche Testament, das entweder bei Gericht aufgenommen (testamentum in iure conditum) oder dem Gericht übergeben wurde (testamentum iudici oblatum); das Gericht konnte dazu auch in die Wohnung des Erblassers kommen, wenn dieser unfähig war, beim Gericht zu erscheinen. Daneben war das notarielle Testament anerkannt, bei dem an Stelle des Gerichts ein Notar mit zwei Zeugen tätig wurde. Dagegen haben andere Formen nur sehr vereinzelt Aufnahme gefunden. So das römische testamentum principi oblatum (z. B. ALR.), die Testamentserrichtung vor dem Rat und die (kanonische) vor dem Pfarrer und zwei oder drei Zeugen.

Ein Privattestament konnte nach gemeinem Recht mündlich oder schriftlich vor sieben Zeugen errichtet werden; andere Rechte haben die Zahl der Zeugen vermindert, so z. B. ABGB. (585) auf drei, andere sogar auf zwei. Ein eigenhändiges schriftliches Testament ohne Zuziehung von Zeugen kennen nur ABGB. (578) und C. c. Besondere, erleichterte Testamentsformen gelten für Soldaten (schon Not.-Ordn. 1512, zuletzt Reichsmilitärgesetz 1874), für testamenta ruri condita, für Testamente, die zur Zeit von Krankheitsepidemien errichtet werden, für Testamente während einer Seefahrt.

Was den Inhalt des Testaments anlangt, so muß dieses in der Neuzeit nach den meisten Rechten eine Erbeinsetzung enthalten;

Verfügungen ohne solche sind Kodizille (ABGB. 553, ALR.) aber als solche meist gültig. Doch sahen einige Rechte von diesem Erfordernis ab (z. B. C. c.).

Eine Abart des gewöhnlichen sind die gemeinschaftlichen Testamente, die schon im Mittelalter zwischen Ehegatten vorkamen. Sie stellen entweder nur eine äußerliche Verbindung zweier Testamente dar (testamenta simultanea) oder enthalten eine gegenseitige Erbeinsetzung (testamenta reciproca); in diesem Fall kann der Zusammenhang der beiderseitigen Verfügungen dahin gesteigert werden, daß sie in ihrem Bestande voneinander abhängig sind, also der Widerruf der einen die andere mit zerstört, die Ausführung der einen die andere unwiderruflich macht (testamentum correspectivum).

III. Das **geltende Recht** hat das öffentliche wie das private Testament beibehalten. Jenes wird vor einer Urkundsperson (BGB.: Gericht, Notar; Schweiz: kantonal verschieden) und zwei Zeugen errichtet; nach beiden Rechten kann die letztwillige Erklärung zu Protokoll genommen, nach BGB. auch schriftlich übergeben werden (BGB. 2238; ZGB. 500). Daneben kennen beide Rechte das private Testament in der Form einer eigenhändig geschriebenen und unterschriebenen Erklärung (BGB. 2231; ZGB. 505). In besonderen Fällen kommen außerordentliche Errichtungsformen zur Anwendung, darunter das mündliche Testament vor Zeugen (BGB. 2250 f.; ZGB. 506 ff.). Das testamentum iudici oblatum hat sich in der amtlichen Aufbewahrung der Testamente erhalten (BGB. 2246, 2248; ZGB. 504, 505, 507).

Das Erfordernis der Erbeinsetzung ist nicht aufgenommen. Gemeinschaftliche Testamente läßt BGB. (2265) nur unter Ehegatten zu, kehrt also damit zu deren Ausgangspunkt zurück; dem ZGB. sind sie unbekannt.

Testamentsvollstrecker. § 106.

Nachdem man schon in älterer Zeit zur Durchführung der Vergabung von Todes wegen eines Treuhänders oder Salmans bedurft hatte, verwendete man diesen im Mittelalter auch zur Durchführung von Seelgeräten nach dem Tode des Erblassers; er erscheint unter sehr verschiedenen Bezeichnungen, wie z. B. selgereter, legatarius, erogator. An sich bei vertraglichen wie bei einseitigen letztwilligen Verfügungen verwendbar, wurde er vor allem bei diesen bestellt und nimmt infolgedessen an der allgemeinen Entwicklung des Testaments teil, von dem er die Namen des testamentarius und später des Testamentsvollstreckers entnommen hat.

Bestellt wurde der Testamentsvollstrecker immer vom Erblasser, und zwar im Testament; nicht selten werden mehrere Testamentsvollstrecker bestimmt. Die Ausübung ihrer Tätigkeit aber vollzog sich unter Aufsicht der Behörde, die auch Unfähige absetzen und ersetzen, vielfach auch Rechnungslegung verlangen konnte.

Die Aufgaben des Testamentsvollstreckers bestimmten sich in erster Linie nach dem Willen des Erblassers; doch ist ihr Aufgabenkreis im wesentlichen immer der gleiche und läßt sich dahin zusammenfassen, daß der Testamentsvollstrecker die letztwilligen Verfügungen des Erblassers zur Ausführung zu bringen hat.

Demgemäß hat er in älterer Zeit das Seelgerät auszuführen, späterhin den Nachlaß zu verteilen, die Gläubiger zu befriedigen, Vermächtnisse auszureichen. Zu diesem Behufe nimmt er den Nachlaß in seine Gewere. Minder regelmäßig ist es, daß ihm die Vormundschaft über die Kinder des Erblassers übertragen wird, selten, daß ihm der Erblasser die Bestimmung des Seelgeräts oder überhaupt die Verfügung über den Nachlaß überläßt.

Die Rezeption hat an dem bestehenden Rechtszustand nichts geändert. Dem römischen Recht war das Institut des Testamentsvollstreckers unbekannt, und das deutsche Recht hat an ihm festgehalten. Doch haben fast alle Rechte die Möglichkeit freier Verfügung über den Nachlaß ausgeschlossen. Bestritten war in der Theorie die rechtliche Stellung des Testamentsvollstreckers. Er wurde bald als Beauftragter des Erblassers, bald als solcher des Erben, bald als Vertreter des Erblassers aufgefaßt. Die geschichtliche Entwicklung zeigt, daß er nur als Treuhänder im Sinne des deutschen Rechts verstanden werden kann. Dem hat sich nun die Forschung angeschlossen.

Das geltende Recht hat den Testamentsvollstrecker (BGB. 2197ff.) oder Willensvollstrecker (ZGB. 517f.) beibehalten. Seine Bestellung erfolgt durch den Erblasser oder (BGB.) kraft dessen Ermächtigung durch das Gericht.

§ 107. Mehrheit von Erben.

I. **Erbengemeinschaft.** Waren zu einer Erbschaft mehrere Personen berufen, so bildeten, solange die Teilung nicht erfolgte, die mehreren Erben eine Gemeinschaft zu gesamter Hand, eine sogen. Ganerbschaft (s. o. § 15). Deren Aufteilung konnte im Mittelalter jeder Erbe verlangen, wenngleich die Sitte, namentlich in ländlichen Gebieten, in denen nicht Anerbenrecht galt, der Teilung widersprach. Wie weit das Recht auf Teilung zurückreichte, ist nicht klar. Doch ist anzunehmen, daß die Widerstände gegen eine Teilung in älterer Zeit noch stärker waren.

Die Auffassung der Miterbengemeinschaft als Gemeinschaft zur gesamten Hand hat sich auch nach der Rezeption teilweise (z. B. ALR.) erhalten. Nach gemeinem Recht und verschiedenen Partikularrechten (z. B. ABGB.) haben die Miterben Miteigentum nach Bruchteilen.

BGB. hat an der deutschrechtlichen Gesamthandschaft festgehalten, diese aber durch teilweise Anlehnung an die Gemeinschaft nach Bruchteilen modifiziert (vgl. z. B. 2033 I, 2038). Dem gleichen Prinzip folgt ZGB. (602), durchbricht es aber bezüglich der Erbschaftsschulden (603).

II. **Teilung**. Sollte eine Teilung eintreten, so wurde im älteren Recht, solange das Repräsentationsrecht fehlte, die Erbschaft unter den Miterben zu gleichen Teilen geteilt; es fand also Teilung (schichtung, teilung, sunderung) nach Köpfen (per capita) statt. Bei Aufnahme des Repräsentationsrechts wurde bestimmt, daß die neben Söhnen erbenden, repräsentierenden Enkel zusammen so viel erhalten sollten, wie ihre Eltern erhalten hätten; es erfolgte also Teilung nach Stämmen (lat. in stirpes oder stollenweise). Dagegen wurde, wenn nur Enkel erbten, wiederum nach Köpfen geteilt, da gleich nah Verwandte gleiches Erbrecht hatten; es galt der Satz: als manig mund, als manig pfund. Das gleiche trat ein, wenn nur Geschwisterkinder zum Erbe kamen.

Die Teilung zu gleichen Teilen ist auch im neueren Recht Regel für das Verhältnis zwischen gleich nah Verwandten. Für entferntere Deszendenten, wie z. B. Enkel, setzte sich die Teilung in stirpes durch. Geschwisterkinder erbten gemäß einem Beschluß des Speyerer Reichstags von 1529 in capita. Dagegen haben die neueren Partikularrechte (z. B. ALR.; ABGB. 735, 736) die Teilung in stirpes angenommen.

Nach geltendem Recht wird unter den Nächsten nach Köpfen, im übrigen durchweg nach Stämmen (Erbstämmen) geteilt (BGB. 2047 mit 1924 III; ZGB. 611). Die Teilung selbst erfolgte im wesentlichen nach den in früherer Zeit entwickelten Regeln. Für unteilbare oder durch eine Teilung an Wert verlierende Gegenstände, Familienschriften, landwirtschaftliche Grundstücke gelten besondere Vorschriften (vgl. BGB. 2047, 2049; ZGB. 612, 613ff., 620ff.).

Für die praktische Verteilung des Erbes stellen Quellen des Mittelalters verschiedene Regeln auf, die zum Teil älter sein dürften. Deren wichtigste ist „die oldere sal delen unde die jüngere sal kiesen". Dieses Kürrecht des Jüngeren galt zunächst zwischen zwei Erben. Waren der Erben mehrere, so griffen einige Quellen zur Teilung durch das Los. Befand sich im Nachlaß ein unteilbarer Gegenstand, insbesondere ein nicht teilbares Grundstück, so wurde er einem der Erben überlassen gegen Entschädigung der übrigen. Der Wert, zu dem das Grundstück zu übernehmen war, wurde vielfach in der Weise festgesetzt, daß ein Miterbe ihn bestimmte; das Grundstück wurde „zu Geld gesetzt". Wer das Recht des Setzens hatte, bestimmte nach einigen Quellen das Los, nach anderen das Lebensalter. Der nicht Setzende hatte die Wahl, ob er das Grundstück zu dem gesetzten Werte übernehmen oder dem Setzenden zu diesem Werte überlassen wollte (Kürrecht). Niederdeutsche und Schweizer Rechte sprechen Grundstücke, insbesondere das Erbgut, einem der Erben zu, indem sie einen Vorzug der Söhne vor den Töchtern oder des Jüngsten vor dem Ältesten oder dieses vor jenem festsetzen. Die Entschädigung der übrigen Erben erfolgte in Kapital oder dadurch, daß der Übernehmende zu deren Gunsten eine Rente auf das Grundstück legte (erbegeld).

Die Durchführung der Teilung war Sache der Erben. Doch findet sich schon früh Zuziehung der Behörde, namentlich dann, wenn minderjährige Erben beteiligt waren; auch bedurfte die Teilung nach allgemeinen Grundsätzen der Vornahme vor Gericht, wenn es sich um ein Grundstück handelte.

Die Teilung durch den Ältesten hat sich im Mittelalter partikulär erhalten. Im übrigen erfolgt, soweit die einzelnen Gegenstände teilbar, Teilung in Natur. Unteilbare Gegenstände werden, allenfalls durch Los, einem Erben zugeschlagen, oder, wenn sie im Werte den Anteil eines Einzelnen übersteigen, verkauft zum Zwecke der Teilung des Erlöses.

III. **Ausgleichungspflicht.** Da nach deutscher Auffassung das Familienvermögen zugunsten der Erben gebunden war und gleich nahe Erben gleichviel davon erhalten sollten, waren schon in älterer Zeit besondere Regeln nötig, wenn ein Erbe, im Regelfall ein Kind, von dem Erblasser schon zu Lebzeiten eine Zuwendung erhalten hatte. Derartige Zuwendungen kamen insbesondere bei der

Verheiratung von Töchtern und bei der Absonderung von Söhnen vor. Soweit diese Zuwendungen nicht als Erbabfindung galten, mußten sie sich die Empfänger bei der Erbteilung anrechnen lassen. Man spricht von einer Pflicht, solche Vorempfänge in den Nachlaß einzuwerfen (konferieren), der Pflicht der inbrengung, obwohl tatsächlich eine Rückgabe zum Nachlaß nicht erfolgte, sondern nur eine Verrechnung, die die durch den Vorempfang entstandene Ungleichheit beseitigte. Die meisten Quellen beschränken die Kollationspflicht auf Deszendenten; nur wenige erstrecken sie auf andere Verwandte. Sachlich sind davon ausgenommen Zuwendungen von Gebrauchsgegenständen, wie z. B. Kleider, Waffen, Harnisch, Pferde. Auch konnte die Einbringung durch den Erblasser ausgeschlossen, die Zuwendung dann als voraus behandelt werden.

Die Ausgleichungspflicht der Miterben ist im geltenden Rechte beibehalten (BGB. 2050ff.; ZGB. 626ff.). Nach dem BGB. findet nur eine rechnerische Ausgleichung statt. ZGB. kennt daneben auch eine „Einwerfung in Natur" (628).

Register.

(Die Zahlen geben die **Seiten** an.)

FSC
www.fsc.org
MIX
Papier | Fördert
gute Waldnutzung
FSC® C083411

Kolibri 360 GmbH
Ferdinand-Jühlke-Straße 7
99095 Erfurt, Deutschland
produktsicherheit@kolibri360.de